DIVERSIDADE SEXUAL E TRABALHO

Dados Internacionais de Catalogação na Publicação (CIP)
(Câmara Brasileira do Livro, SP, Brasil)

Diversidade sexual e trabalho / Maria Ester de
   Freitas, Marcelo Dantas, (orgs.). -- São Paulo :
   Cengage Learning, 2012.

   Bibliografia

   1. Ambiente de trabalho 2. Identidade de gênero
3. Relações culturais 4. Relações de gênero
5. Relações de trabalho 6. Relações Sociais
7. Sexualidade I. Freitas, Maria Ester de.
II. Dantas, Marcelo.

10-14248   CDD-305.3

Índice para catálogo sistemático:

1. Diversidade sexual e trabalho : Relações
   de gênero : Sociologia 305.3

DIVERSIDADE SEXUAL E TRABALHO

Maria Ester de Freitas
Marcelo Dantas
(orgs.)

CENGAGE
Learning™

Austrália • Brasil • Japão • Coreia • México • Cingapura • Espanha • Reino Unido • Estados Unidos

Dedicamos esta obra ao
nosso querido amigo
Jean-François Chanlat

**CENGAGE
Learning**

Diversidade sexual e trabalho
Maria Ester de Freitas e Marcelo Dantas
(Orgs.)

Gerente Editorial: Patricia La Rosa

Editora de Desenvolvimento: Noelma Brocanelli

Supervisora de Produção Editorial: Fabiana Alencar Albuquerque

Copidesque: Iara Arakaki Ramos

Revisão: Alessandra Maria Rodrigues Silva e Cristine Vecchi

Diagramação: Negrito Design

Capa: Souto Crescimento de Marca

© 2012 Cengage Learning Edições Ltda.

Todos os direitos reservados. Nenhuma parte deste livro poderá ser reproduzida, sejam quais forem os meios empregados, sem a permissão, por escrito, da Editora.
Aos infratores aplicam-se as sanções revistas nos artigos 102, 104, 106 e 107 da Lei nº 9.610, de 19 de fevereiro de 1998.

Esta editora empenhou-se em contatar os responsáveis pelos direitos autorais de todas as imagens e de outros materiais utilizados neste livro. Se porventura for constatada a omissão involuntária na identificação de algum deles, dispomo-nos a efetuar, futuramente, os possíveis acertos.

Para informações sobre nossos produtos, entre em contato pelo telefone **0800 11 19 39**

Para permissão de uso de material desta obra, envie seu pedido para **direitosautorais@cengage.com**

© 2012 Cengage Learning. Todos os direitos reservados.

ISBN 13: 978-85-221-1102-2

ISBN 10: 85-221-1102-2

Cengage Learning
Condomínio E-Business Park
Rua Werner Siemens, 111 – Prédio 20 – Espaço 04
Lapa de Baixo – CEP 05069-900 – São Paulo – SP
Tel.: (11) 3665-9900 – Fax: (11) 3665-9901
SAC: 0800 11 19 39

Para suas soluções de curso e aprendizado, visite www.cengage.com.br

Impresso no Brasil.
Printed in Brazil.
1 2 3 4 5 6 7   15 14 13 12 11

APRESENTAÇÃO

A ideia deste livro nasceu, como muitas boas ideias, na mesa de um bar. Estávamos participando de um congresso em Copenhagen, em 2009, e Arthur Irigaray, que estava em férias na Suécia, veio encontrar-nos para um jantar. Tivemos uma daquelas conversas que aborda tudo de maneira panorâmica e misturada, quando começamos a discutir mais especificamente a mudança na questão de gênero nas sociedades antigas, tradicionais e moderna. Só tudo isso!

Lembramos a Grécia Antiga, o Império Romano e o livro de Pierre Clastres, *A sociedade contra o Estado*, resultante da organização de artigos por ele publicados nas décadas de 1960 e 1970 e que viria a tornar-se uma obra de referência em antropologia política, cujas bases foram as experiências vividas pelo autor junto aos povos guayaki, guarani e chulupi, notadamente no Paraguai. Em um dos seus mais instigantes ensaios, a distribuição do trabalho, do poder e as relações de gênero nas tribos são analisadas no capítulo intitulado "O arco e o cesto". O arco, como símbolo da guerra, da caça e da pesca, estrutura as relações entre os homens membros do grupo e entre os homens e as mulheres; o cesto, como símbolo do mundo doméstico que inclui a moradia, os utensílios, a alimentação, a vida quotidiana e o cuidado com as crianças e os demais membros da tribo, estrutura as relações entre as mulheres e entre as mulheres e os homens. Um homem pode não participar do mundo da guerra e continuar tendo o respeito da tribo desde que assuma o cesto e trabalhe com as mulheres, porém, o que é inaceitável, é um homem não assumir o arco e nem o cesto. As relações de gênero são claras e as expectativas explícitas, portanto, nenhuma ambiguidade no papel social vivido na tribo será tolerada. Aquelas sociedades faziam certamente uma grande distinção política entre os dois universos, vistos como necessários e complementares, mas também garantiam o lugar aos que se sentiam inadequados ou infelizes na posição de arco para cesto, ainda que o contrário não fosse nem considerado, sugerindo implicitamente que as mulheres ou são por natureza conformadas com o seu destino biológico e político ou não têm nenhuma razão para almejar uma troca do cesto pelo arco.

A partir disso, a sugestão de um artigo coletivo foi automática, mas diante das múltiplas possibilidades que mesmo aquela pequena mesa conseguia entrever na questão, a ideia de uma coletânea se impôs de imediato. Daí as questões de ordem prática: nomes, convites, prazos, editoras potenciais, *abstracts*, negociações, coautorias, prazos de novo, capítulo definitivo. No meio do caminho, devido às inúmeras pressões do dia a dia, o trio dos organizadores virou um dueto.

Desde o início, o que estimulou este trabalho foi a ideia de uma coletânea que analisasse o tema a partir de múltiplas perspectivas, por acadêmicos renomados em seus campos de atuação, oriundos de diferentes instituições espalhadas pelo Brasil e com o compromisso de lançar um olhar novo, ousado, original sobre a questão, buscando ultrapassar os ranços, as mágoas, as discriminações, os estigmas e os preconceitos. Entendemos que a sociologia tem dado conta da análise histórica das relações sociais envolvidas nas questões de gênero, no entanto sentimos a ausência de uma análise que supere os impasses, que lance a discussão no ambiente de trabalho diverso e moderno como o que temos hoje, que traga contribuições que possam tornar a discussão dessas relações mais explícita, mais corajosa, mais honesta, mais assumida, mais respeitosa e mais objetiva, de forma a se pontuar possibilidades positivas para as novas gerações.

Alguns conceitos se fazem necessários: sexo refere-se à determinação biológica homem e mulher, bem como hermafrodita, que tem os dois sexos, porém, geralmente se autodefine como homem ou mulher. Gênero se refere às relações sociais e culturais de papéis atribuídos ao masculino e ao feminino. Heterossexualismo diz respeito às relações entre pessoas de sexos diferentes. Homossexualismo refere-se às relações entre pessoas do mesmo sexo. Transexual diz respeito a uma pessoa que pertence biologicamente a um sexo, porém tem a convicção de pertencer ao outro sexo e pode ser resolvida através de cirurgias. Travestis são homens, que sabem que são homens, mas podem às vezes se comportar como mulheres, ou seja, a identidade do sexo é estável, mas a de gênero é flutuante. A identidade de gênero diz respeito a homens e mulheres que se aceitam como homens ou mulheres e escolhem outros homens ou mulheres como objetos amorosos. Hermafrodita refere-se à pessoa que tem ambiguidade sexual genética, ou seja, tem fisicamente os dois sexos, podendo ser feita uma cirurgia chamada de redesignação sexual para um ou outro, com a exclusão das características do sexo ao qual o indivíduo não se identifica.

Marcelo Dantas faz a introdução do livro, trazendo a discussão sobre feminino, masculino e plural, sobre gênero e sexualidade, com ênfase nas relações entre a identidade cultural mestiça brasileira e a diversidade sexual na história do país. Os 12 capítulos que se seguem estão estruturados em duas partes; primeiro, os textos mais genéricos nos quais a orientação sexual é analisada face ao contexto social mais abrangente; segundo, casos de profissões específicas que podem ou não ser marcadas pelos estereótipos de gênero construídos ao longo do tempo.

A Parte I é inaugurada pelo texto Heloani e Capitão, que levam a questão de gênero para o divã e analisam a função psíquica do trabalho, como um dos elementos constituintes da identidade e subjetividade individual e a sexualidade como atividade e prazer para além do sexo. O texto de Eccel e Alcadipani, no Capítulo 2, chama a atenção para o fato de que masculino também é um gênero que merece ser estudado nas organizações e busca tratá-lo não como superior ao feminino, mas desvendar como se apresentam as novas masculinidades atualmente e como se expressam no ambiente de trabalho. No Capítulo 3, Flores-Pereira faz uma análise integrada de corpo, gênero e sexo, trazendo três concepções de estudo do corpo humano: corpo biológico, corpo social e corpo pessoa, usando conceitos oriundos principalmente de Franz Boas e Marcel Mauss. Siqueira levanta, no Capítulo 4, a questão da alteridade e do gosto pela diversidade, ilustra o desenvolvimento de ações afirmativas em uma grande empresa do setor financeiro no Brasil, apontando elementos de uma possível pedagogia gay nas organizações. O Capítulo 5, de Irigaray, dá voz aos travestis e transexuais sobre as suas experiências pessoais e profissionais, fazendo uma análise do discurso ancorada na Teoria *Queer*, que permite se ultrapassar categorias fechadas e tradicionais de orientação sexual. O Capítulo 6 é assinado por Saraiva, que traz uma análise dos estigmas que são desenvolvidos em ambientes profissionais, particularmente relacionados aos homossexuais masculinos em profissões consideradas "aceitáveis" ou não.

Abrindo a Parte II, o Capítulo 7 é o convite que Barbosa nos faz para adentrar as cozinhas e questiona se a cozinha ainda é o lugar das mulheres. A autora traz uma detalhada análise das grandes transformações ocorridas na preparação dos alimentos e nas atividades de cozinhar e comer, seja na sua versão simples e caseira ou na vertente glamorizada como gastronomia. No Capítulo 8, Freitas debate o sexo do trabalho intelectual, em especial a sua versão científica e, para isso, analisa pesquisas internacionais e nacionais sobre o lugar e posição das mulheres cientistas, levando possibilidades de se educar as crianças e jovens para o trabalho científico e sua valorização no contexto brasileiro. No Capítulo 9, Cavedon mergulha no universo da perícia, analisando o trabalho de mulheres e homens junto ao Departamento de Criminalística do Rio Grande do Sul, por meio de uma pesquisa etnográfica na qual salienta aspectos distintos que tornam evidentes as diferenças entre esses profissionais e os sentimentos e significados compartilhados pelo grupo. O Capítulo 10 traz a ida de Vergara e Gomes às escolas de negócios para verificar até que ponto a questão de gênero influencia a ocupação dos cargos executivos na academia, realizando entrevistas com gestores e professores de MBA sobre o papel da mulher nessas organizações. Já no Capítulo 11, Fischer e Soares desbravam o mundo do artesanato, com forte presença da figura feminina, no meio rural, buscando identificar os papéis de gênero no processo de produção, aprendizagem de saberes e fazeres e gestão do processo a partir da experiência dos participantes do projeto Artes e Ofícios Populares do Território do SISAL/BA. Fechando o nosso trabalho, a chave está no Capítulo 12, no qual Melo pontua os novos desafios em que o crescimento da presença da mulher no mercado de trabalho trouxe, verificando diferentes fatores que influenciam a vida profissional quotidiana de gestores e como ela consegue superar dificuldades, romper barreiras e assumir posições de maior destaque nas organizações.

Convidamos os leitores para aproveitarem a rica bibliografia sugerida por cada autor e desejamos a todos uma excelente leitura. Alguns autores autorizaram a divulgação de seu endereço eletrônico para contatos.

Maria Ester e Marcelo

SUMÁRIO

Introdução, **1**
 Masculino, Feminino, Plural
 Marcelo Dantas

Parte 1
ORIENTAÇÃO SEXUAL E TRABALHO

1. Sexualidade e trabalho na visão da psicanálise, **23**
   José Roberto Heloani
   Cláudio Garcia Capitão

2. (Re)descobrindo as masculinidades, **51**
   Cláudia Sirangelo Eccel
   Rafael Alcadipani

3. Corpo pessoa, sexo e gênero, **79**
   Maria Tereza Flores-Pereira

4 Em busca de uma pedagogia gay no ambiente de trabalho, **99**
Marcus Vinicius Siqueira
Augusto Andrade

5 Travestis e transexuais no mundo do trabalho, **121**
Hélio Arthur R. Irigaray

6 Além dos estigmas profissionais, **149**
Luiz Alex Silva Saraiva

Parte 2
UM AGIR SEXUAL NO TRABALHO?

7 Os donos e as donas da cozinha, **171**
Lívia Barbosa

8 O sexo do trabalho intelectual, **203**
Maria Ester de Freitas

9 Gênero e o trabalho com a morte violenta, **237**
Neusa Rolita Cavedon

10 Gênero no ambiente acadêmico, **287**
Sylvia Constant Vergara
Ana Paula Cortat Zambrotti Gomes

11 Maestria em artes e ofícios populares: uma questão de gênero, **315**
Tânia Fischer
Rodrigo Maurício Freire Soares

12 Mulheres gerentes entre o empoderamento e o teto de vidro, **337**
Marlene Catarina de Oliveira Lopes Melo

Sobre os autores, 373

INTRODUÇÃO

MASCULINO, FEMININO, PLURAL
Marcelo Dantas

"Para os americanos, branco é branco, preto é preto,
(e a mulata não é a tal)
bicha é bicha, macho é macho,
mulher é mulher e dinheiro é dinheiro.

E assim ganham-se, barganham-se, perdem-se,
concedem-se, conquistam-se direitos.
Enquanto aqui embaixo a indefinição é o regime
E dançamos com uma graça cujo segredo nem eu mesmo sei
Entre a delícia e a desgraça,
Entre o monstruoso e o sublime".

(Caetano Veloso, "Americanos")

Estudos sobre gênero, sexo e sexualidade, diferente de outras áreas mais "estáveis" das ciências socias, vêm, desde as primeiras décadas do século XX, entrando em um processo de aceleração impressionante em função de uma razão muito simples: a vida real tem sido sempre mais ágil, rápida, transformadora e inovadora do que os intelectuais têm conseguido acompanhar. Essa produção variadíssima tem como base os estudos de gênero como instrumentos ideológicos e militantes para a defesa de políticas públicas e leis que apressem o equilíbrio social entre homens e mulheres, especialmente no mundo ocidental.

Esses estudos respaldam decisões políticas e governamentais e arcabouços jurídicos e legais que resultam em novas regras sociais e, também, no uso da repressão e da criminalização, além do recurso de poder de polícia do Estado, para impor o equilíbrio entre homem e mulher. Como, historicamente, era o gênero feminino que se encontrava em desvantagem no ocidente, a maioria dos estudos e das novas leis se referem a ele ou buscam protegê-lo. O aspecto de evolução na direção de uma maior justiça social em relação às mulheres é incontestavelmente um dos maiores avanços do mundo ocidental.

Como afirma Camille Paglia (1996), em nenhum outro momento da história e em nenhum outro lugar do mundo as mulheres alcançaram mais direitos e respeito social do que nos dias de hoje, no chamado mundo ocidental. A diferenciação se faz em função de que a identidade cultural e a fé religiosa mantêm uma boa parte do mundo (o mundo oriental e muçulmano) fora dessa trajetória vertiginosa de conquistas das mulheres ocidentais desde o século XX até os dias atuais.

Partiu-se de uma diferença básica entre os sexos – o macho e a fêmea da espécie humana, que continuam a interessar ao mundo da biologia e ciências afins – para um mundo mais complexo que é o do gênero – o masculino e o feminino, e os papéis sociais historicamente desempenhados por eles –, e somente com a grande obra de Simone de Beauvoir, *O segundo sexo*, as ciências sociais deram um passo definitivo na investigação desse tema, considerando-o de importância capital. Desde o seu lançamento em 1949, na França, o livro de Simone de Beauvoir tornou-se uma obra basilar, traduzida para vários idiomas, e uma influência para o movimento feminista internacional, cuja maior fase de expansão e influência ocorreu nos anos 1970, principalmente no mundo ocidental.

O foco do movimento feminista se deslocou da França para os Estados Unidos, quando, ainda nos anos 1970, se transformou realmente em um movimento social organizado, militante, conquistando força política e repercutindo no mundo inteiro. Era a hora de autoras engajadas como Betty Friedan. A partir de então, as mulheres tornaram-se um ponto fundamental da pauta política, e a influência do feminismo espalhou-se pelas universidades mais importantes do mundo, garantindo uma força no meio acadêmico que evoluiu mesmo quando o movimento, no sentido de militância social, recrudesceu ou perdeu importância, na medida em que as reivindicações de igualdade converteram-se em conquistas passo a passo das sociedades, expressas em novas leis e novos costumes.

A ARENA SEXUAL

Entre os anos 1970 e os dias atuais, principalmente no mundo capitalista ocidental, o papel das mulheres vai adquirir cada vez mais importância e poder no mundo da política, das empresas, nos governos e na esfera doméstica. Essa evolução é tão rápida que acontece praticamente toda dentro do século XX. No início do século passado, a maioria dos países não permitiam sequer o direito de voto às mulheres; já no final do século, as mulheres tornam-se não apenas metade da força de trabalho, como também garantem para si a aprovação de leis e a liberação de costumes que lhes impediam a liberdade de escolha (no casamento, por exemplo), a liberdade sexual (a virgindade era um tabu na maioria das sociedades) e igualdade de oportunidade no mundo do trabalho (o que já evoluiu muito na maioria dos países ocidentais).

O historiador Eric Hobsbawm (1995) cita a verdadeira revolução do papel da mulher na sociedade como a grande mudança do século XX. Ainda assim, desprovido de algumas das suas reivindicações principais – já conquistadas – o movimento feminista americano passa a liderar uma nova lógica na luta contra a opressão às mulheres, criando uma nova bandeira: o assédio sexual. A partir de uma ação intensa e articulada entre a reflexão acadêmica e o mundo da política, conseguem transformar o assédio sexual na bandeira que reanima, revitaliza, dá novas forças ao movimento feminista.

A empolgação com essa nova influência na socieddade é tanta que os Estados Unidos – a partir da ação contundente do movimento feminista – passam a considerar assédio sexual – em geral mais relacionado ao mundo do trabalho, com o uso do poder para submeter alguém sexualmente – como qualquer atitude mais ostensiva dos homens na expressão de suas intenções sexuais com as mulheres.

Essa atitude da sociedade americana vai causar contestações, inclusive no universo feminino. Camille Paglia (1996, p. 99), por exemplo, passa a criticar violentamente as feministas americanas, cuja ação política transforma o assédio sexual (um abuso de poder com intenções sexuais) em um processo de infantilização das mulheres, em plena fase de afirmação do universo feminino no trabalho – verificável em todo o mundo ocidental – colocando-as no papel de mocinhas indefesas que não conseguem reagir com firmeza a uma simples insinuação sexual por parte dos homens:

> O ardil do *quid pro quo* – em que um ato sexual é exigido em troca de promoção ou segurança no emprego – é a mais revoltante das ofensas sexuais, e deveria ser passível de processo e punição, mas fico imaginando até que ponto uma proposta tão canhestramente ruidosa seria comum nos dias de hoje.

Camille, com sua crítica feroz, constesta a vitimização da mulher, que supostamente estaria indefesa contra as investidas masculinas no local de trabalho (1996, p. 98):

> Eu rejeito categoricamente a cantilena feminista que insiste em que o poder diferencial do patrão/empregado ou professor/aluno deixa impotente a parte mais fraca para resistir às mãos no joelho, aos abracinhos de urso, aos beijos melosos ou às brincadeiras vulgares. A subserviência a autoridades para obter favores é uma velha história: isso devia ser corriqueiro na Babilônia. Uma pesquisa objetiva mostraria provavelmente que a incidência de bajulações pelos subordinados é muito maior do que a de coerção pelos patrões. É um absurdo pretender que a mulher, tenha ou não dependentes, não tenha escolha a não ser de se submeter sem protestos a uma situação degradante. As mulheres, tanto quanto os homens, têm a obrigação de preservar sua dignidade humana sem recursos a tribunais *a posteriori* (muito menos uma década depois, como no caso da ardilosa Anita Hill).

A rejeição enfática desse lugar de indefesa e coitadinha para a mulher é coerente com o discurso libertário de Paglia, construído em sintonia com a geração dos anos 1960, que propõe o arregaçar as mangas e ir à luta. Mesmo sendo da geração que contestou através do *slogan* "paz e amor", ela defende ardorosamente que as mulheres se preparem para a guerra que é a competição no mundo do trabalho (1996, p. 102):

> As diretrizes em matéria de assédio sexual, se exageradas, acabarão por prejudicar as mulheres mais do que ajudar. No jogo bruto da arena, as mulheres precisam fazer seu próprio caminho. Se alguém o ofender com palavras, você precisa aprender a se defender com palavras. A resposta não pode ser pedir que uma ajuda de fora restrinja o movimento livre do seu oponente. A mensagem contida em tais atitudes é que as mulheres são demasiado frágeis para vencer na regra dos homens, e devem ser distinguidas com uma vantagem processual antes mesmo de subir no ringue.

Ela relaciona ainda, as estratégias do movimento feminista dos Estados Unidos com a permanência dos bloqueios à ascensão da mulher aos cargos de direção nas organizações americanas (1996, p. 106):

> Quando acionada em excesso, a regulamentação sobre o assédio sexual frustrará inevitavelmente as mulheres em outra área: conseguir romper o assim chamado "teto de vidro", barreira invisível que supostamente bloqueia as mulheres nas posições intermediárias da administração e as mantém fora das salas de diretoria e das suítes de altos executivos. As feministas acusam o "teto de vidro" e o "clube do bolinha" de discriminação de gênero. Mas muitas pessoas, homens e mulheres, têm dificuldades para forjar uma persona de liderança, o que exige talentos diferentes das habilidades orientadas para a pessoa e para os assuntos do escritório dos administradores médios.

E descreve sua visão do ambiente de trabalho – onde as mulheres estão inseridas em relação direta de competição com os homens – que compara a uma arena, uma praça de guerra (1996, p. 106):

> Ao serem levadas a contar excessivamente com as disposições sobre assédio sexual, as mulheres estão sendo privadas precisamente do desenvolvimento das táticas intransigentes e da pele dura de que precisam para atingir os escalões superiores. Não se trata aqui exatamente de uma questão particular, mas da traiçoeira política dos escritórios, que os futuros executivos ambiciosos têm de dominar. Hostilidade e assédio de todos os tipos estão à sua frente. Os homens colocam armadilhas uns para os outros. Uma miragem de bruma cordial encobre o covil das cobras. Para entrar num grupo, não se pode invadir o território de alguém, pois, tanto entre humanos quanto entre outras espécies animais, isso significa escaramuças ferozes e disputa de fronteiras.

As mulheres precisam encontrar o seu próprio lugar na hierarquia social, para o que a agressão aberta é, às vezes, necessária. Você precisa mostrar os seus próprios dentes e não os de alguém mais, se quiser ser o líder do pedaço.

FORA DA ORDEM

Quando se ampliam para as questões da sexualidade, os estudos de gênero continuam, como no caso das mulheres e o movimento feminista, relacionados com a militância dos movimentos sexuais. O movimento gay, incluindo a diversidade entre homossexuais masculino e feminino, por seu ativismo e presença impactante no mundo da política, acaba tendo uma influência crescente dos estudos da área. Estudiosos mais comprometidos com o pensamento crítico, como é o caso de Judith Butler, defendem a autonomia em relação a esses movimentos para manter a contribuição da crítica.

Respeitada pela profundidade e pertinência das suas análises, com um grau de liberdade crítica exemplar, ela coloque em xeque o consenso no mundo ocidental na defesa do casamento gay e questiona essa busca de legitimidade como a possibilidade de uma armadilha que incluiria no *establishment* uma parte dos gays – aqueles que praticam relações mais ou menos monogâmicas e duradouras – e manteria fora do mundo dessa legitimidade concedida pelo Estado, as relações e as expressões de sexualidade menos ortodoxas e de difícil classificação.

Ainda que coloque essa reflexão no ambiente que defende o casamento gay como uma panaceia da aceitação social, ela chama a atenção para uma parte do movimento feminista francês que associa o casamento gay a uma ruptura dos laços de parentesco segundo a ótica do estruturalismo de Lévi-Strauss, basilar na reprodução cultural. A defesa da heterossexualidade como única forma de estabelecimento dos graus de parentesco é criticada por Butler que chama ainda atenção para o fato de, nas entrelinhas desse discurso, haver um complemento racista que exclui não apenas os gays, mas também os imigrantes, em uma espécie de tentativa anacrônica de proteger a França da diluição da sua identidade cultural, em função do número crescente de famílias formadas a partir do casamento heterossexual entre franceses e imigrantes. Butler argumenta (2003, p. 249-50):

> Existe uma conexão entre esses textos, que podem nos ajudar a ler o que acontece na França hoje e o elo cultural entre os medos sobre a imigração e os desejos de regular o parentesco não heterossexual? O tabu do incesto pode ser visto como agindo em conjunção com o tabu contra a miscigenação, especialmente no contexto da França contemporânea, onde até a defesa da cultura, que acontece através da obrigatoriedade da família ser heterossexual, é, ao mesmo tempo, uma extensão de novas formas de racismo europeu. E vemos algo dessa ligação prefigurada em Lévi-Strauss, que explica em parte porque vemos a ressurreição de sua teoria no contexto do debate atual. Quando Lévi-Strauss argumenta que o tabu do incesto é a base da cultura e que ele força obrigatoriamente à exogamia, ou casamento fora do clã, o "clã" é lido em termos de raça ou, mais especificamente, em termos de pressupostos raciais da cultura que mantêm sua pureza através da regulação de sua possibilidade de transmissão? O casamento deve acontecer fora do clã. Deve haver exogamia. Mas também deve haver um limite à exogamia; isto é, o casamento deve ser fora do clã, mas não fora de autoconhecimento racial ou comunidade racial. Assim, o tabu do incesto compele à exogamia, mas o tabu contra a miscigenação limita a exogamia a que o tabu do incesto obriga.

Ela destaca, ainda, esse fechamento na matriz heterossexual do parentesco como única possível, como uma negação da dinâmica das sociedades contemporâneas, que extrapolam em muito essa base única (2003, p. 249-50):

Encurralada, então, entre uma heterossexualidade compulsória e uma miscigenação proibida, algo chamado cultura, saturada de ansiedade e identidade da "brancura" europeia, se reproduzia na, e como a, própria universalidade. O parentesco é sempre tido como heterossexual? Existem, é claro, vários outros modos, que apareceram nos últimos anos, de contestar o modelo lévi-straus-siano e seu estranho ressurgimento no debate político atual, sem dúvida, chocará os antropólogos como o aparecimento espectral de um anacronismo. Tem havido propostas, por exemplo, de que outros tipos de arranjos de parentesco são possíveis em uma cultura e que existem outras maneiras de explicar as práticas de ordenamento que o parentesco exemplificava.

E chama a atenção para as novas configurações do mundo contemporâneo que colocam em questão essa visão restrita do parentesco, inclusive através da evolução da ciência e da tecnologia (2003, p. 253):

Pesquisas antropológicas recentes não definem mais o parentesco como a base da cultura, mas o concebem como um fenômeno cultural complexamente interligado a outros fenômenos culturais, sociais, políticos e econômicos. As antropólogas Franklin e McKinnon escrevem, por exemplo, que o parentesco, em estudos recentes, tem sido vinculado a formações políticas de identidades nacionais e transnacionais, aos movimentos econômicos do capital e do trabalho, às cosmologias da religião, às hierarquias de raça, gênero e taxonomia de espécies e às epistemologias da ciência, medicina e tecnologia.

No caso do Brasil, uma sociedade que foi formada e até hoje é expressa em um processo ilimitado de miscigenação, o impasse francês parece completamente anacrônico. Aqui, historicamente, o parentesco sempre foi mais amplo do que aquele da família consanguínea formada a partir de um casamento heterossexual. Katia Mattoso (1988) chama a atenção para o fato de que o Brasil herdou de Portugal uma linhagem familiar mais ampla, a ponto de a língua portuguesa ter termos específicos para graus de parentesco que não têm correspondentes em outras línguas: bisavô, tetravô, tia-avó. Além disso, as alianças comunitárias que se estabelecem desde a colonização acompanham a evolução da sociedade brasileira mantendo ainda viva a chamada "família por consideração". Em contrapartida, a partir das raízes das religiões africanas, como é o caso do candomblé da Bahia, temos a família de santo, cujos laços costumam, muitas vezes, superar a força da ligação entre parentes por família consanguínea (DANTAS E DAVEL, 2004).

Hoje, para os brasileiros, é muito mais fácil encarar com naturalidade as novas formas híbridas de parentesco surgidas na contemporaneidade, depois do processo de libertação da mulher e na fase atual do mundo urbano caracterizado por famílias nucleares reduzidas ao mínimo ou multiplicadas por meio da diversidade de casamentos. Assim, é possível haver um casal heterossexual que tenha filhos de outros casamentos, formando um grupo de irmãos no qual o pai ou a mãe nunca são os mesmos, ou seja, um casal cujos filhos não tenham sido gerados por ele.

Uma sociedade na qual, em plena escravidão, os negros eram legalmente destituídos de qualquer direito, o processo de mestiçagem vai criar o fenômeno dos libertos (negros alforriados, pela compra da liberdade, mas também pela concessão de pais portugueses que asumiram essa paternidade). Essa miscigenação gerou ainda, através de herança, casos de negros-mestiços proprietários de terras. Ou seja, a questão da propriedade e do direito à herança, começou a ser flexibilizada no Brasil, desde os primeiros tempos da colonização. O parentesco é estendido legalmente a qualquer transmissão genética, mesmo fora do casamento (DANTAS, 2000):

As misturas raciais que, nos primeiros tempos da formação da sociedade brasileira se davam fora do casamento, foram-se tornando cada vez mais aceitáveis e legitimadas pela sociedade brasileira ao ponto de hoje, a paternidade ter um valor dissociado completamente do casamento. Os frutos bastardos do sexo não legalizado – uma regra do passado – se transformaram em frutos legais. Hoje, o Brasil é um dos únicos países do mundo onde deixou de existir juridicamente a figura do filho ilegítimo; pelas leis brasileiras todos os filhos são legítimos, mesmo se concebidos fora do casamento e mesmo se um dos dois ou o casal já for casado fora daquela relação. Assim, um homem casado que tem um filho fora do casamento é obrigado a assumir a paternidade legal, a lhe transferir o sobrenome, e, o que é ainda mais excepcional, o filho fora do casamento tem os mesmos direitos à herança que os filhos do casal casado. Com isso, a sociedade legitima através da lei da família e dos direitos de sucessão todos os frutos das relações sexuais.

NÃO EXISTE PECADO DO LADO DE BAIXO DO EQUADOR

O Brasil é historicamente marcado pela diversidade. Primeiro, a diversidade étnica que está na base da formação do povo brasileiro. Desde a chegada dos portugueses e sua fixação no território, registra-se historicamente a prática sexual entre portugueses e as mulheres indígenas. Em consequência, os primeiros brasileiros são mestiços. Nos séculos seguintes ao descobrimento, o tráfico de escravos para o Brasil promoverá as relações entre portugueses e escravas, resultando em outros tons de mestiçagem, que se amplia, em função dos portos por onde entram as levas de imigrantes e viajantes de várias regiões da Europa e do Oriente. O resultado – a exemplo principalmente da cidade de Salvador, primeira capital do país – é uma mestiçagem em um grau elevadíssimo, que vai marcar profundamente a formação do povo brasileiro.

Esse processo é intensificado, segundo Gilberto Freyre (1996), por uma característica dos portugueses que será transmitida ao povo brasileiro desde os primeiros momentos da colonização: a plasticidade. Esse conceito, desenvolvido por Freyre, atribui aos portugueses da época uma enorme capacidade de adaptar-se étnica e culturalmente aos povos com os quais vai estabelecendo relações permanente no período das Grandes Navegações. Apesar de estabelecer colônia até na distante China – é o caso de Macao – e de chegar com seu espírito aventureiro até as geleiras do Himalaia, é no Brasil que os portugueses de fato estabelecem as bases políticas e econômicas do seu desenvolvimento.

Preocupados em garantir a posse de um território continental com milhares de quilômetros de costa, os portugueses, desde os primeiros anos, mostram-se flexíveis quanto ao sexo inter-racial e mais tarde, no século XVIII, chegam a estimular claramente os casamentos e formação de famílais mestiças no Brasil para se contrapor a um processo de despovoamento no próprio território português. A tendência portuguesa ao sexo inter-racial é reafirmada também por Caio Prado Júnior (1996):

> A mestiçagem, signo sob o qual se formou a etnia brasileira, resulta da excepcional capacidade do português em se cruzar com outras raças. É a uma tal aptidão que o Brasil deveu a sua unidade, a sua própria existência com os característicos que são os seus. Graças a ela, o número relativamente pequeno de colonos brancos que veio povoar o território pôde absorver as massas consideráveis de negros e índios que para ele afluíram ou nele já se encontravam; pôde impor seus padrões e cultura à colônia, que mais tarde, embora separada da mãe-pátria, conservará os caracteres essenciais da sua civilização.

Longe da Corte e das influências políticas mais diretas do poder da Igreja Católica, o Brasil vai formando uma sociedade de maior tolerância moral e econômica, e com um grau de flexibilidade sexual que leva o país a ser reconhecido através da frase "não existe pecado do lado de baixo do Equador", ou seja, no território brasileiro.

Nos primeiros séculos de colonização, no Brasil, as mulheres ficaram entre dois extremos: a sinhazinha que era proibida de sair de casa até para ir à missa, e a mulher livre, das ruas, que ostentava sua atividade de prostituição sem maiores represálias. Enquanto a maioria das mulheres ficavam enquadradas entre a santa e a puta, uma parte delas buscava caminhos, atalhos e encruzilhadas para viver a sua sexualidade. Como descreve Araújo (2009, p. 59):

> Na época colonial a mulher arriscava-se muito ao cometer adultério. Arriscava, aliás, a vida, porque a própria lei permitia que "achando o homem casado sua mulher em adultério, licitamente poderá matar assim a ela como o adúltero". Mas a carne era fraca e a paixão com certeza forte, e não faltam exemplos de casos que acabaram em tragédia. [...] É verdade, por outro lado, que nem sempre as aventuras extraconjugais femininas acabavam assim tão mal. Com frequência o marido ofendido encerrava a mulher num recolhimento ou apenas se separava ou pedia divórcio.

TRANSGRESSÃO NOS TRÓPICOS

Ao mesmo tempo em que as mulheres amadureciam para o sexo muito cedo, já que os casamentos aconteciam comumente quando elas faziam 14 ou 15 anos, como lembra Araújo (2009, p. 65):

> ...pretendia-se controlar a sexualidade feminina de várias formas e em diversos níveis. As mulheres então ou se submetiam aos padrões misóginos impostos ou reagiam com o exercício da sedução (também de várias formas e em diversos níveis) e da transgressão. Uma das maneiras de violar, agredir e se defender estava justamente em refugiar-se no amor de outra mulher.

As punições previstas para a sodomia no século XVI, no Brasil, eram severas e diferente de épocas posteriores, nas quais as leis restritivas sempre omitiam o gênero feminino como se ele não existisse para o problema, a homossexualidade feminina era incluída na interdição, no código filipino, como destaca Araújo (2009, p. 65):

> ...quem "o pecado de sodomia por qualquer maneira cometer, seja queimado e feito fogo em pó, para que nunca de seu corpo e sepultura possa haver memória, e todos os seus bens sejam confiscados para a coroa". E a inclusão feminina: "E esta lei queremos que também se estenda e haja lugar nas mulheres que umas com as outras cometem pecado contra natura, e da maneira que temos dito nos homens.[1]

Entre a intenção e o gesto, uma grande distância, como aliás, se tornou comum no desenvolvimento da sociedade brasileira: leis que eram feitas para uma sociedade idealizada, inexistente, acabavam se desmoralizando pelo desuso e pelo desrespeito a elas pela população que não reconhecia ali os seus valores. Araújo chama a atenção para a frouxidão desses rigores (2009, p. 67): "É fato que no Brasil colonial nenhuma foi queimada ou feita fogo em pó, conforme queria a legislação civil. Aqui elas foram ameaçadas, repreendidas, sujeitas a penitências espirituais."

Desde os primórdios da colonização as relações homossexuais tornaram-se parte do encontro entre as culturas indígena e europeia. A naturalidade com que muitos dos povos indígenas praticavam a homossexualidade e o incesto, atraiu o interesse escandalizado do português que, entretanto, não se furtou a compartilhar de tais práti-

---

[1]. Candido Mendes de Almeida (ed.). Código filipino ou Ordenações e leis do reino de Portugal recopiladas por mandado del-rei dom Filipe I. 14 ed. Rio de Janeiro: Instituto Filomático, 1870. livro 5, título 3, parágrafo 1.

cas. Escrevendo sobre os índios tupinambás, Gabriel Soares de Souza, citado por Paulo Prado, em *Retrato do Brasil* (1997), vai dizer:

> São tão luxuriosos que não há pecado de luxúria que não cometam; os quais sendo de muito pouca idade têm conta com mulheres. (...) É este gentio tão luxurioso que poucas vezes têm respeito às irmãs e tias, e porque este pecado é contra seus costumes, dormem com elas pelos matos, e alguns com suas próprias filhas; (...) E em conversação não sabem falar senão dessas sujidades, que cometem a cada hora. E não contentes estes selvagens de andarem tão encarniçados neste pecado, naturalmente cometido, são mui afeiçoados ao pecado nefando, entre os quais se não tem por afronta; e o que serve de macho se tem por valente, e contam esta bestialidade por proeza; e nas suas aldeias pelo sertão há alguns que têm tenda pública a quantos os querem como mulheres públicas.

A ausência de noção de pecado na cultura indígena, e a visão integrada entre o homem e a natureza das religiões de origem africana, aliadas à tendência histórica dos portugueses à plasticidade, como conceitua Gilberto Freyre, vai contribuir para que, no Brasil, desde o período colonial até os dias atuais, a sociedade seja permeável à diversidade, independente dos valores preponderantes de cada época.

O SILÊNCIO QUE DIZ SIM

Na história brasileira, a homossexualidade vai seguir um percurso social que reflete a nossa construção de identidade como povo e a nossa sociedade marcada pela diversidade. Entre silêncios e clamores, o assunto, muitas vezes, teve a possibilidade de repressão oficial preterida pela omissão silenciosa do "problema". As leis brasileiras costumam ser mais omissas nas proibições, quando elas já eram explícitas em sociedades ocidentais desenvolvidas, como é o caso da Inglaterra, França etc.

Esse silêncio sempre trouxe em si uma espécie de tolerância discreta – muitas vezes contrariada por atos de condenação ostensiva, como uma forma de evitar conflitos ou ostentar o problema. Entre tolerância, hipocrisia e repressão, as práticas homossexuais sempre foram relativamente presentes na sociedade brasileira. A primeira evidência acontece nas culturas indígenas, que chocavam pela naturalidade com que expressavam uma prática considerada, conforme descreve João Silvério Trevisan na sua obra *Devassos no Paraíso* (2000), entre o quatro *clamantia peccata* (pecados que clamam aos céus) da teologia medieval. Várias são as narrativas de visitantes do Brasil, nessa época que descreviam a prática da sodomia entre os índios.

Mas também a homossexualidade feminina foi considerada muito presente nas terras brasileiras, entre tribos indígenas, como destaca Trevisan (2000, p. 67) citando escritos do Padre Pero Correa, de 1551: "Há cá muitas mulheres que assim nas armas como em todas as outras coisas seguem ofício de homens e têm outras mulheres com quem são casadas." E descreve ainda, práticas homossexuais das mulheres tupinambás, descritas por Pero de Magalhães de Gando, nos idos de 1576:

> Algumas índias se acham nestas partes que juram e prometem castidade e assim não casam nem conhecem homem algum de nenhuma qualidade, nem o consentirão ainda que por isso as matem; estas deixam todo o exercício de mulheres e imitam os homens e seguem seus ofícios como se não fossem mulheres, e cortam seus cabelos da mesma maneira que os machos trazem, e vão à guerra com seu arco e flechas e à caça: enfim que andam sempre na companhia dos homens, e cada uma tem mulher que a serve e que lhe faz de comer como se fossem casadas.

O discurso chocado dos europeus que visitavam o Brasil não encontrava eco na população já formada por portugueses e mestiços (através do sexo inter-racial com índios e negros) que vão predominar no país e firmar a nossa sociedade miscigenada. O "paraíso" brasileiro foi usado como uma libertação do puritanismo europeu, como argumenta Trevisan (2000, p. 68):

> Mas, se os europeus manifestavam horror à devassidão pagã, também é verdade que acabaram sendo fascinados por ela, enquanto significava liberação de suas culpas. Para os colonos que vinham de uma Europa dizimada por disputas doutrinárias e firmemente vigiada pela Inquisição, "o ardor dos temperamentos, a amoralidade dos costumes e toda a contínua tumescência da natureza virgem eram um convite à vida solta e infrene em que tudo era permitido", nas palavras do historiador Paulo Prado.

SEXO BARROCO

Essa sociedade mestiça, marcada pela opulência da natureza e pela riqueza da sua diversidade humana e cultural, iria se consolidar em um país que mergulharia nas contradições de um catolicismo profundamente matizado pela influência pagã dos índios nativos e dos negros trazidos da África. É uma sociedade que vai produzir um barroco sensual e voluptuoso na sua arte sacra, cuja carnalidade ressalta de suas bases em madeira ou pedra, como nas esculturas de Aleijadinho.

As sexualidades à brasileira vão assim transitar entre os códigos morais severos – ainda que sempre frouxos na sua expressão legal – a ancestralidade pagã marcante no processo de mestiçagem e um ideal de identidade projetada para um futuro glorioso e singular. É o país do patriarcado da casa-grande e da crueldade da senzala – metáfora de Freyre nunca superada em razão da sua profunda expressão da brasilidade, mas que nessa mesma região nordeste brasileira forjou um universo de mulheres de têmpera, dominadoras na sua seara doméstica, a ponto de gerar a expressão "paraíba, mulher macho" que, surpreendentemente sempre teve menos conotação homossexual do que, na verdade, o sentido de reconhecimento da força e do poder dessas mulheres.

É também um Brasil de homens supostamente autoritários e machistas, mas que, herdeiros da plasticidade de que nos fala Freyre, podem sempre surpreender na disposição a experimentar as flexibilidades que podem levá-los ao gozo. E, ainda, que socialmente a heterossexualidade masculina aparente firmeza de rocha, pode revelar surpresas, como aconteceu de forma corriqueira, no final dos anos 1980, a confissão não muito incomum por homens heterossexuais brasileiros, de desejo por Roberta Close, que se transformou no primeiro travesti aceito pela família brasileira, uma celebridade adorada inclusive pelas crianças, sem nenhum sinal de recriminação dos pais.

O fato de Roberta Close ser um dos exemplos mais impressionantes de feminilidade "natural" em um homem transexual – liberou os homens heterossexuais a considerar "normal" ter fantasias sexuais com ela. Mas é inegável que, desde que ela surgiu e se projetou, sem deixar nenhuma ambiguidade no ar, assumiu-se como transexual. Ela foi celebrizada pela música "Dá um Close nela", composta e cantada por Erasmo Carlos, um dos mais importantes artistas da música brasileira, cujas canções românticas celebrando o amor heterossexual embalou várias gerações até hoje, e que compôs essa espécie de hino à ambiguidade, uma ode a um transexual.

Essas singularidades brasileiras também podem ser vistas no caso do nosso primeiro homossexual assumido e transformado em celebridade, se bem que, na época, celebridade através das páginas policiais: trata-se de Madame Satã, uma verdadeira lenda no Brasil da primeira metade do século XX (TREVISAN, 2000, p. 408). Fisicamente másculo e corpulento, Madame Satã era um homem perigoso: bandido, fora da lei, que se travestia em espetáculos de cabarés da Lapa, o bairro boêmio do Rio de Janeiro da época. Um bandido macho se transforma no primeiro grande exemplo da bicha assumida no Brasil do último século.

BIBLIOGRAFIA

ARAÚJO, E. *A arte da sedução: sexualidade feminina na colônia*. In: DEL PRIORE, M.; BASSANEZI, C. (Orgs.). *História das mulheres no Brasil*. São Paulo: Editora Contexto, 2009.

BEAUVOIR, S. *O segundo sexo*. São Paulo: Círculo do Livro, 1990. v. 1.

BUTLER, J. O parentesco é sempre tido como heterossexual? *Cadernos Pagu*, São Paulo, n. 21, p. 219-60, 2003.

DANTAS, M. E DAVEL, E. Etnicidade e família como princípio de organização: pluralidade da noção de família nos blocos afro do carnaval da Bahia. In: EGOS COLLOQUIUM – Beyond dichotomies and stereotypes: the production and reproduction of "gender" and "ethnicity", 20, jul. 1st a 3rd 2004, Slovenia. *Proceedings of...*

FREYRE, G. *Modos de homem e modos de mulher*. 2. ed. Rio de Janeiro: Record, 1986.

FREYRE, G. *Casa grande e senzala*. Rio de Janeiro: Record, 1996.

HOBSBAWM, E. *A era dos extremos: o breve século XX*. São Paulo: Companhia das Letras, 1995.

MATTOSO, K. *Família e sociedade na Bahia do século XIX*. Salvador: Editora Corrupio, 1988.

PAGLIA, C. *Personas sexuais* – Arte e decadência de Nefertite a Emily Dickinson. São Paulo: Companhia das Letras, 1992.

PAGLIA, C. *Sexo, arte e cultura americana*. São Paulo: Companhia das Letras, 1993.

PAGLIA, C. *Vampes e vadias*. Rio de Janeiro: Francisco Alves Editora, 1996.

PRADO, P. *Retrato do Brasil*. São Paulo: Companhia das Letras, 1997.

PRADO JUNIOR, C. *Formação do Brasil Contemporâneo*. São Paulo: Editora Brasiliense, 1996.

REIS, J. M. D. dos. *Identité, leadership et changement organisationnel dans le blocos afro du carnaval de Bahia*. 2000. Tese (Doutorado) – Universidade de Paris VII, Paris.

TREVISAN, J. S. *Devassos no Paraíso*: a homossexualidade no Brasil, da colônia à atualidade. ed. rev. e amp. Rio de Janeiro: Record, 2000.

PARTE 1

ORIENTAÇÃO SEXUAL E TRABALHO

1
SEXUALIDADE E TRABALHO NA VISÃO DA PSICANÁLISE

José Roberto Heloani
Cláudio Garcia Capitão

Segundo a nossa concepção, o trabalho possui uma função psíquica (constituição da identidade e da subjetividade) e engendra um espaço social de reconhecimento, de gratificação e de mobilização da inteligência (DEJOURS, 1993), de modo que os impedimentos para que tal aconteça estão delimitados pelo horizonte de (im) possibilidades do atual momento histórico e devem ser sistematicamente analisados em prol de sua superação.

O trabalho é a matriz da integração social, e as propostas de intervenção e de transformação do trabalho devem objetivar a substituição do sofrimento/adoecimento pelo prazer/desenvolvimento (do coletivo e da instituição). Tais considerações relacionam-se à abordagem da Psicopatologia e Psicodinâmica do Trabalho (DEJOURS, 2004a, 2004b, 2004c, 1994, 1993, 1992; HELOANI; LANCMAN, 2004) e a outras abordagens interdisciplinares e críticas da grande área das Psicologias Social, Organizacional e do Trabalho (ENRIQUEZ, 1995; HELOANI, 1996; SATO, 1998; SELIGMANN-SILVA, 1995; PAGÈS, 1987).

O termo psicodinâmica do trabalho (PDT) foi adotado por muitos desses pesquisadores para enfatizar o objeto de seus estudos como "a análise dinâmica das situações de trabalho de modo a integrar o entendimento da mobilização subjetiva (da inteligência e dos sentimentos de cada um) e intersubjetiva nas interações que se realizam no âmbito das situações de trabalho" (DEJOURS, 1993).

A psicodinâmica do trabalho é, porém, uma abordagem teórico-metodológica em saúde mental e trabalho, problematizada e interpretada por distintos autores brasileiros de diferentes formas. Compreendemos que contribuir para tal debate e polêmica seja o fundamento ético que nos move assim como alguns autores anteriormente indicados (HELOANI, 1996; SATO, 1998; SELIGMANN-SILVA, 1995).

Segundo Jacques, em texto de 1995, os referenciais da sociologia e da psicologia social, ou ainda, o referencial freudo-marxista, propiciam elucidar os nexos e as articulações indispensáveis entre identidade e trabalho. Em trabalho posterior, o autor, de modo geral, afirma ainda que, embora seja possível apontar tanto para as diferentes ênfases entre a abordagem (clínica) de base psicanalítica da psicodinâmica do trabalho e as abordagens (sociológicas) de base marxista, ambas alinham-se à metodologia qualitativa, ao passo que as abordagens cognitivo-comportamentais que utilizam o conceito de estresse podem ser caracterizadas pelo uso de metodologias quantitativas (JACQUES, 2003).

Existem inúmeras teorias desenvolvidas sobre o trabalho, estresse laboral, organização do trabalho. Não somos juízes da validade e dos objetivos dessas teorias, mas focaremos em formulações que ainda não foram esgotadas em seus recursos, não só de reflexão, mas também de objetivo estratégico futuro.

Nesse contexto, apontamos alguns modelos atuais, como, por exemplo, o de Karasek (1979) e o de Siegrist (1996; 2005). Conforme o modelo de Karasek, a associação de alta demanda e baixo controle no trabalho tem como consequência o estresse. É denominado trabalho passivo a ocorrência simultânea de baixa demanda e baixo controle no trabalho, resultando em perdas de habilidades e de interesse do trabalhador. Dentro desse enfoque, o trabalho ativo ocorre quando se tem, ao mesmo tempo, uma alta demanda e alto controle no trabalho. Para o autor do referido modelo, a situação ideal de trabalho é aquela que se caracteriza pela combinação de baixa demanda e alto controle. Na verdade, o modelo procurou diferenciar os fatores correspondentes ao que se espera do trabalhador dos fatores relativos, denominados de discrição ou latitude de decisão, ou seja, tudo o que a organização do trabalho produz ou que se apresenta ao trabalhador, possibilitando-lhe ou não os meios para decidir como responder de maneira mais adequada. Desse modo, a latitude da decisão de trabalho de cada pessoa que modulará a descarga de estresse (sofrimento) ou a transformação deste em energia para a ação.

Outro modelo em voga, especialmente entre os administradores de recursos humanos, formulado por Siegrist (1996; 2005), é denominado ERI (*effort-reward imbalance*). O modelo aponta que um indivíduo com maior necessidade de controle responde de maneira inflexível às situações de trabalho, principalmente quando exigem de fato muito esforço e oferecem baixa recompensa, possibilitando a incidência de estresse (sofrimento) e deixando a pessoa vulnerável ao adoecimento.

Todos os modelos, independente do alcance e a ideologia que os inspirou, apontam para o desencadeamento do sofrimento na execução do trabalho e para as condições nas quais as tarefas deveriam ser executadas sem que se colocassem em vulnerabilidade os respectivos trabalhadores, não importando de qual seguimento ou atividade. Em nossa opinião, seu valor principal consiste no assinalamento e na identificação do sofrimento.

Após as considerações sobre a psicodinâmica do trabalho, organização, sentimentos e relações intersubjetivas, focaremos nas formulações da psicanálise. Não para explicá-las como técnica, mas com o objetivo de apropriarmos alguns conceitos, especialmente o de sexualidade, para entendermos as razões humanas que, não raro, nos faz ser tão irracionais.

Como bem apontam Laplanche e Pontalis (1983), para a psicanálise, a sexualidade não designa apenas a atividade e o prazer que dependem do funcionamento do aparelho genital, mas toda uma série de excitações e de atividades presentes desde a infância, que proporcionam prazer irredutível à satisfação de uma necessidade fisiológica fundamental (respiração, fome, função de excreção etc.) e que se encontram a título de componentes da chamada forma "normal" do amor sexual. Para não estreitarmos o conceito, podemos dizer que sexualidade não é apenas sexo. Assim, a criança que coloca o dedo na boca e o suga avidamente, sem qualquer função fisiológica, mas com grande prazer, denota uma atividade sexual, pois a necessidade fisiológica bruta transforma-se, modifica-se. A fome vira apetite, desejo de comer, desejo de ser acariciado, desejo amoroso, pois o desejo, por estranho que possa parecer, é a matriz das emoções e não o simples reflexo das necessidades físicas.

Além disso, quando se olha uma bela pintura, o prazer estético causado pelo olhar não deixa de ser sexual, assim como uma ação dolorosa dirigida contra a própria pessoa, que repetida inúmeras vezes sangra e deixa cicatrizes no corpo, pode ser apreciada com volúpia e prazer, também, está na mesma ordem de consideração. Sim, pois o desejo, inclusive o sexual, pode ser muito estranho, e procura-se realizá-lo em situação das mais diversas, inclusive no mundo do trabalho. Para Herrmann (1999), o sentido forte da ampliação da noção de sexualidade não é o de que toda a vida seja um derivado da sexualidade, mas o de que toda a vida é vida sexual, ou seja, todos os movimentos vitais tanto incluem tendências à conservação e à destruição da pessoa, como comportam uma carga de satisfação erótica ou de negação dessa forma de prazer. Nesse sentido, há libido investida em todos os atos psíquicos, de uma forma ou de outra.

Essas características humanas, a do desejar e a de procurar o prazer, são aproveitadas quase ao extremo no universo do trabalho, especialmente quando os objetos, que são desejados, impostos e constituídos também pela cultura, levam as pessoas a erigir objetivos estranhos e incompreensíveis, inclusive desejando coisas que as fazem sofrer, mas que, de alguma forma, propiciam um nível de prazer e gozo. A consequência é o engano causado pelos estranhos objetos de desejo que nos são colocados em nosso cotidiano. Mais uma vez explicando, não apenas o sexual *stricto sensu*, mas aqueles que veiculam o desejo e dele se apropriam.

Na sociedade de massas e coisificada, a indústria cultural tornou-se uma fábrica de invenção de objetos de desejo e formas de veiculá-lo. Se olharmos para a propaganda veiculada pela mídia, quase a totalidade do que nos é oferecido são coisas que poderiam, sem muito esforço, ser dispensadas a qualquer momento, como bem aponta Rouanet (2001) em *O mal-estar na modernidade*.

O capitalismo e seus desdobramentos souberam aproveitar a incansável desejabilidade humana para explorar, investigar, entrar na pessoa e tentar moldá-la desde dentro, propondo-lhe objetos substitutivos aos objetos desejantes originais, estabelecendo ideais a serem cumpridos, exógenos à constituição particular de cada um. Por essas e outras razões, para não sermos chatos, pensamos ser necessário, apesar de conhecido por muitos, um pequeno mergulho nas idcias de Freud, para que o próprio leitor também possa, por meio de seus conceitos, ir progressivamente desvelando a maneira como a sociedade moderna e seu ideário açambarca a nossa psique desde o nascimento, espalhando-se pelo mundo do trabalho e chegando, pelos resultados atuais, quase à escravidão, ao enclausuramento em um universo de objetos-coisa.

O nosso modelo atual de contrato social, o "contrato capitalista", é aquele que sustenta as relações que empreendemos nos diversos contextos sociais. Ao longo da obra *O mal-estar na civilização* (1996a), Freud preocupou-se em pontuar inúmeras evidências da relação de interdependência da constituição psíquica do ser humano e a organização social. Nas palavras do autor:

> o problema que temos pela frente é saber como livrar-se do maior estorvo à civilização – isto é, a inclinação, constitutiva dos seres humanos, para a agressividade mútua; por isso mesmo, estamos particularmente interessados naquela que é provavelmente a mais recente das ordens culturais do superego, o mandamento de amar ao próximo como a si mesmo. (FREUD, 1996a)

Assim, é possível compreender que o homem natural se torna civilizado ao fazer o pacto social que verificamos ser um contrato artificial em que parte de sua satisfação é trocada por uma parcela de segurança. Além disso, observamos que o contrato social influencia a constituição psíquica dos sujeitos em função de sua articulação direta com o circuito pulsional do ser humano, ou melhor, não há civilização possível sem renúncia pulsional.

Consoante Freud, a renúncia pulsional gera uma quantidade de libido que, uma vez investida em uma ideia e em um grupo, estreita e sustenta os laços entre os membros e dos membros para com a ideia que gera o laço. Para sermos mais exatos, o que seria o laço social se não um contrato, isso é, uma ideia compartilhada por seus membros? O ponto-chave dessa união é a libido que liga cada membro a seu semelhante, reconhecido como parte do mesmo pacto. Esse investimento libidinal, que é fruto da renúncia individual, é essencial para que o pacto seja mantido. Assim, é responsável pela recuperação de parte da felicidade empenhada em função da segurança.

A tarefa dessa articulação entre laço social e constituição dos sujeitos é, segundo Freud, unir os indivíduos isolados em uma comunidade apoiados nos vínculos libidinais e no princípio de realidade.

> O desenvolvimento do indivíduo nos parece ser um produto da interação entre duas premências, a premência no sentido da fe-

licidade, que geralmente chamamos de "egoísta", e a premência no sentido da união com os outros da comunidade, que chamamos de "altruísta". [...] De longe, o que mais importa é o objetivo de criar uma unidade a partir dos seres humanos individuais. É verdade que o objetivo da felicidade ainda se encontra aí, mas relegado ao segundo plano. Quase parece que a criação de uma grande comunidade humana seria mais bem-sucedida se não se tivesse de prestar atenção à felicidade do indivíduo. Assim, pode-se esperar que o processo desenvolvimental do indivíduo apresente aspectos especiais, próprios dele, que não são reproduzidos no processo da civilização humana. É apenas na medida em que está em união com a comunidade como objetivo seu, que o primeiro desses processos precisa coincidir com o segundo. Assim como um planeta gira em torno de um corpo central enquanto roda em torno de seu próprio eixo, assim também o indivíduo humano participa do curso do desenvolvimento da humanidade, ao mesmo tempo que persegue o seu próprio caminho na vida. (FREUD, 1996a).

Contudo, a pergunta que nos sentimos obrigados a fazer é: o trabalhador vem sendo atingido em sua subjetividade em decorrência das mudanças macrossociais ou essas mudanças estão se apoiando na subjetividade do trabalhador para poderem se efetivar?

Em suas célebres conferências na Clark University, em Worcester, Massachusetts, em comemoração ao vigésimo ano de sua fundação, Freud (1996b) faz uma série de considerações sobre a psicanálise, disciplina desenvolvida e inventada por ele. Desse modo, ficou atestado que o pensamento freudiano havia sido reconhecido em outro continente, em um tempo em que não havia internet e menos ainda bibliotecas eletrônicas de fácil acesso.

Pensa-se no difundido isolamento de Freud no início de sua profissão. Na verdade, isolamento bastante efêmero, pois entre o início de sua vida clínica e o seu desembarque nos Estados Unidos em

1909, em comparação aos nossos dias, quando uma carreira apenas é consolidada em duas ou mais décadas, é que Freud teve ascensão fulminante.

Sua obra teve aceitação rápida, o que não implica ausência de crítica quanto às suas postulações. Crítica, por sinal, que faz parte do desenvolvimento de qualquer ramo científico. Críticas que se moviam, principalmente, na forma pela qual Freud concebia a sexualidade, e tentava, por meio desta, explicar inúmeras condições psicológicas.

Para Freud (1996b), os pacientes histéricos sofriam de reminiscências e seus sintomas eram resíduos e símbolos mentais de certas experiências. Tais sintomas remontavam, na verdade, a impressões da vida erótica, em que os impulsos patogênicos e carregados de desejo eram de natureza de componentes pulsionais eróticos. Apontava, ainda, que das influências que conduzem à doença, a importância predominante deveria ser atribuída a perturbações eróticas, para ambos os sexos. Eram as experiências de infância que explicavam a suscetibilidade a futuros traumas, e era unicamente pela descoberta desses traços de memória esquecidos, tornando-os conscientes, que se podiam eliminar os sintomas.

Assim, não nos causa espécie que nos estudos concernentes à SMT (saúde mental e trabalho), a partir da década de 1990, novas classificações dos distúrbios com características neuróticas surgiram. O trabalho de Nicole Aubert (1994) tenta fazer isso, sugerindo a categoria *neurose profissional*, ou melhor, "uma afecção psicógena persistente na qual os sintomas são expressão simbólica de um conflito psíquico cujo desenvolvimento se encontra vinculado a uma determinada situação organizacional ou profissional". A pesquisadora, em sua obra, descreve três formas clínicas de neurose profissional, a saber: 1) as *neuroses de excelência* que são produto de determinadas situações laborais que conduzem a certos processos de estresse crônico, *burnout* ou estafa – aqui, para nós, sinônimos – em função, geralmente, de uma complexa idealização da organização, de seu trabalho e de si próprio. Nessa "neurose" a cultura da empresa dá o tom, pois se reforçada por necessidades pessoais de autoafirmação identitária, enformadas por valores sociais narcísicos, geram o caldo de cultura "ideal" para que a excelência em tudo e a todos seja o fiel da balança no julgamento, no trato das pessoas e na formulação de políticas internas organizacionais; 2) a *neurose profissional atual*, na qual o conflito é produto da própria situação de trabalho, sem relacionar-se direta ou indiretamente a um conflito infantil; poder-se-ia dizer que é uma espécie de neurose em consequência de um trauma; e 3) a *psiconeurose profissional*, quando conflitos infantis são reativados em nível inconsciente, em virtude de situações laborais, a situação vivenciada na infância é revivida em decorrência do trabalho. É a história pessoal do sujeito que o torna mais vulnerável psiquicamente a determinados contextos.

Não negamos essas características pessoais, mas hoje estamos convencidos que, quando pesquisamos a saúde mental de trabalhadores, não podemos deslindar os processos de adoecimento mental do contexto social, como explicitado anteriormente; os processos de adoecimento mental relacionados ao trabalho já não podem, na atualidade, ser isolados daqueles que concernem às péssimas condições de trabalho objetivas, como também, as de caráter mais subjetivo, tais como o medo do desemprego, a angústia de não ter "empregabilidade" ou simplesmente de ser "uma peça que não mais se encaixa ao jogo da empresa".

Faz-se mister indicar que na ideologia da *excelência*, na qual a fragilidade se torna um verdadeiro tabu a ser extirpado do imaginário corporativo – tal como um tumor que deve ser eliminado –, mencionar qualquer tipo de doença pode ser perigoso para a ascensão na carreira e até para a manutenção na empresa. Contudo, o senso comum e mesmo muitos profissionais da área de saúde mental e trabalho, ao se depararem com a cruel realidade do sofrimento daqueles que adoecem mentalmente, são seduzidos pela facilidade de certas interpretações simplórias e advogam a tese de que apenas indivíduos predispostos são vulneráveis ao adoecimento mental. Os demais, não! Outros ainda creem que qualquer tentativa de responsabilização da organização do trabalho é injusta, pois o agravo de transtornos mentais teria sua origem na violência social, na família etc., nunca na esfera do trabalho.

Também devemos considerar que certa banalização de conceitos psicológicos e psicanalíticos contribuem para reforçar a falácia da subliteratura organizacional no que se refere a certas predisposições aos transtornos mentais. A vulgarização do conceito de sexualidade é um deles. Não raro se atribui aos subordinados e até mesmo às chefias – mormente se mulheres – atos neuróticos caso expressem sua indignação ou mesmo dor afetiva em relação a uma atitude injusta ou a uma cobrança absurda. As trabalhadoras são tidas como histéricas, ou melhor, carentes de um homem que lhes resolva certo problema. Frases como "é histérica, isto é falta de ferro" são recorrentes no palavriado chulo de muitos marmanjos, metidos a doutores. Alguns até se aventuram a usarem de seus "profundos conhecimentos terapêuticos" e utilizam-se de recursos para "resolverem o problema", tendo atitudes que, sem nenhum esforço, podiam ser classificadas como um crime contra a liberdade sexual, isto é, assédio sexual, quando não estupro.

Contudo, os representantes do "sexo forte" não gozam de melhor destino. Preconceitos e discriminações mesclam-se ao pseudoconhecimento psicanalítico. Comportamentos que tenham um caráter mais humano, sensível ou delicado podem ser interpretados como indícios de uma orientação sexual "mal resolvida" ou mesmo de uma "sexualidade reprimida", ou, ainda, de um "complexo edípico remanescente". Por outro lado, atitudes grosseiras e comportamentos abusivos, beirando ao dano moral quando não ao assédio moral, são justificados pela necessidade de que "às vezes, alguém tem de bater o p... na mesa!".

No rol dos descalabros de teor "psi" a família não escapa: a "falta da presença materna", "o pai ausente, que nos impede de ser resilientes", a indefectível "amante presente" e a "carência afetiva" são as razões para tantas (des)razões que conduzem a algumas aberrações como alguns programas de demissão voluntária (PDV) induzidos, que, quando não aceitos de bom grado, atribui-se ao infeliz que não se "voluntariou" a pecha de indeciso, inseguro ou mesmo dependente da empresa "mãe protetora".

Recentemente, escutamos de uma pessoa que se dizia psicóloga – ao referir-se às constantes situações de assédio moral e sexual que são veiculadas pela mídia – que geralmente tal violência é perpetrada em pessoas que, até certo ponto, colaboraram para tal, que "desejavam ser punidas"! Esse absurdo fruto de uma leitura jornalística de textos de psicanálise, em nada colaboram para clarear o labirinto da psique humana, mas contribuem, e muito, para aumentar a ignorância dos gestores sobre certos assuntos e para justificar barbaridades "legitimadas" em uma razão instrumental.

Em sua quinta conferência, Freud (1996b) afirmava categoricamente que os seres humanos adoecem quando a satisfação de suas necessidades eróticas é frustrada pela realidade, quer seja por obstáculos externos ou por falta interna de adaptação. Quando isso ocorre, eles buscam refúgio na doença, de maneira a poder encontrar uma satisfação para tomar o lugar daquilo que foi frustrado. Na verdade, os sintomas patológicos constituíam uma parcela da atividade sexual da pessoa ou até mesmo a totalidade da sua vida sexual, sendo o afastamento da realidade o principal objetivo da doença, mas também o principal dano por ela causado. Nesse sentido, a resistência à cura se compõe de diversos motivos. A fuga da realidade insatisfatória para a doença segue o caminho da involução, da regressão, de um retorno a uma fase mais primitiva da vida sexual.

Sabemos que algumas estratégias de enfrentamento são utilizadas como formas de se abrandar as agruras da vida. O conformismo, a racionalização e a negação são as mais significativas. Christophe Dejours, que é membro do Laboratório de Psicologia do Trabalho do Conservatório Nacional de Artes e Ofícios, em Paris, avançou no tema das defesas, analisando como os mecanismos de defesa podem ser explorados e como o próprio sofrimento pode sofrer exploração. Suas teorias deram origem a uma linha de estudos sobre as organizações do trabalho e a saúde mental do trabalhador, a chamada "escola dejouriana". Abriu também espaço para reestudar a *sublimação,* cujo valor para a saúde mental, já reconhecido anteriormente, passa a receber um entendimento mais amplo diante da indagação pertinente às situações de trabalho que, ao *impossibilitarem sublimação*, abrem caminho ao mal-estar. Para nós, as Ideologias Defensivas são pactos, estratégias que objetivam se defender de organizações perversas. São homogeneizadoras, em sua função e essência.

Dessa forma, para aguentar o sofrimento, a solução é decretar que o mal-estar não existe, negando as suas causas – as situações perigosas. Estudadas por Dejours, as estratégias coletivas de defesa psicológica incluem práticas de defesa contra o perigo que funcionam como espécie de batismo de fogo (o trote, por exemplo). O perigo torna-se invisível para que o medo também o seja; cria-se uma situação em que o medo desaparece, "desaparecendo" o medo.

Nesse caso, por que utilizariam os equipamentos de proteção individual (EPI)? Utilizá-los seria como desfazer um pacto secreto, em que, para a dimensão consciente, o perigo simplesmente não existe. Mentir sobre certos fatos pode ser utilizado como uma forma de socialização da angústia, um mecanismo menos perigoso de "defesa coletiva contra o sofrimento". Seria uma forma mais eficaz do que a geralmente utilizada "proteção mágica" que torna dispensável o uso dos EPI. É aí que se justifica a ideia de ateliê. O ateliê pode vir a ser exatamente isso: um espaço de expressão da angústia inconsciente que pode gerar um machismo perigoso, que apenas esconde o perigo, jamais o elimina. Parece-nos uma forma de lidar com o sofrimento inerente às profissões de alto risco. É a permissão de uma sensibilidade enrustida.

Nessa mesma linha de raciocínio, Dejours argumenta que há mais sofrimento que prazer no trabalho. Todo trabalho pressupõe sofrimentos e apenas em determinadas situações também existe o prazer. O sofrimento, portanto, pode ser transformado em prazer ou se tornar perigoso para a saúde. Isso nos leva a concluir que o trabalho pode significar tudo para nós, mas nunca é neutro na dimensão subjetiva do sujeito. Nós sempre enfrentamos dificuldades e obstáculos no ambiente laboral e, no intuito de demovê-los, construímos esquemas diferentes, alternativos, nos tornamos criativos. É uma questão de sobrevivência. Muitas vezes, para que isso possa acontecer temos de infringir as normas estipuladas pela organização, o que também não é fácil, pois, não existindo organização de trabalho perfeita, o sofrimento estará sempre presente, e o reconhecimento talvez seja uma das mais eficientes maneiras de transformar o sofrimento em prazer, até porque, com muita ou pouca intensidade, todos nós somos detentores de certo grau de narcisismo, e este se faz necessário para nossa sobrevivência em uma sociedade tão perversa e competitiva, como a que vivemos.

No entanto, entendamos mais sobre uma dimensão um tanto esquecida nas organizações que, no nosso entender, em termos psíquicos, ajuda na sustentação da ideologia pós-fordista de organização do trabalho. Falemos sobre o narcisismo e como as organizações atuais capturam nossa subjetividade mediante sofisticados esquemas de sedução.

Em *Sobre o narcisismo*: uma introdução, uma de suas obras mais importantes, Freud (1996c) resume suas obras anteriores sobre o tema e leva em consideração a posição deste no desenvolvimento sexual humano. No entanto, pelo alcance do tema, acaba abordando problemas mais profundos das relações entre o ego e os objetos externos, bem como estabelece uma nova diferenciação entre a libido do ego e a libido de objeto. Além disso, apresenta os conceitos de ideal do ego e da instância autovigilante, ou seja, a base do que posteriormente seria definido como superego. Diferencia o narcisismo primário do secundário, sendo o primeiro um estado precoce em que a criança investe toda a sua libido em si mesma; o secundário designando um retorno ao ego da libido retirada dos seus investimentos objetais.

Importante também acrescentar que, com a introdução teórica do narcisismo, Freud tentava explicar algumas psicopatologias mentais, como também a razão pela qual a psicanálise não funcionava com pacientes parafrênicos, tal como denominava um conjunto de patologias, entre elas a esquizofrenia. Assim, na hipocondria, por exemplo, ocorria uma retirada tanto do interesse como da libido das coisas do mundo exterior, concentrando ambos no órgão que prendia a atenção do enfermo. Além disso, estabelecia a diferença entre as afecções parafrênicas e as neuroses de transferência, em que, nas primeiras, a libido não permaneceria ligada a objetos da fantasia, mas alojava-se no ego, e as segundas, após algum recolhimento causado por uma frustração, estas poderiam fluir aos objetos da fantasia ou da realidade.

Freud apontava (1996c) que as pulsões libidinais podem sofrer recalcamento patológico quando entram em conflito com as ideias culturais e éticas da pessoa. Para o ego, a formação de um ideal é o fator condicionante do recalcamento. Esse ego ideal será a meta do autoamor que foi experenciado na infância pelo próprio ego. Por essa razão, a sublimação vai ser um processo referente à libido objetal e consiste no fato de o impulso dirigir-se para uma satisfação não sexual. Além disso, e quase como correlato, a idealização será concebida como um processo referente ao objeto, pois, por meio dela, o objeto é engrandecido e exaltado na mente da pessoa.

Essa regulação seria propiciada por uma instância psíquica especial que cumpriria a tarefa de tomar providências para que a satisfação narcísica do ideal do ego fosse assegurada, vigiando constantemente o ego atual, medindo-o por esse ideal, ou seja, pelo superego. O superego, por sua vez, teria origem na resolução do complexo edípico, pois a transformação de uma escolha objetal erótica, os pais da infância, em identificação com estes, resulta em uma alteração no ego e torna-se uma maneira eficaz pela qual o ego vai ganhando controle sobre os impulsos do id (FREUD, 1996d).

Descrevamos o processo: a transformação da libido objetal em libido narcísica implica em uma renúncia aos objetivos sexuais e como resultado, tem-se que, por detrás do ego, oculta-se a primeira e mais importante identificação da pessoa, sua identificação com os pais. O resultado geral da fase sexual dominada pelo complexo de Édipo é a formação de um precipitado no ego, consistindo de duas identificações, com o pai e com a mãe, unidas entre si. A modificação do ego mantém, assim, uma posição especial, confrontando-se com os demais conteúdos do ego como um ideal de ego ou superego. Este último não é apenas um mero resíduo das primeiras escolhas objetais do id, mas representa também uma enérgica formação de reação contra tais escolhas; o superego é uma instância psíquica da qual responde a tudo que é esperado da natureza mais elevada dos seres humanos (FREUD, 1996d).

Freud inaugura com isso, por assim dizer, um modelo de funcionamento mental antropomórfico, ou seja, que tem a forma das relações humanas, não como produto ou resultado espelhado da realidade, mas, muito mais, do produto intersubjetivo de todas as nuances que envolvem essa relação. De acordo com Freud, para sermos sintéticos, o superego, o ego e o id são como três reinos, regiões ou províncias nas quais se pode dividir o aparelho psíquico da pessoa. Entre as características dessas regiões, o id é inconsciente, assim como parte do ego e do superego; o id é a parte sombria e inacessível da personalidade, desconhece os julgamentos de valor, nem bem, nem mal, nem moralidade. Tudo o que nele existe são investimentos pulsionais procurando uma maneira de ser descarregados. O ego, então, seria uma parte do id que está adaptada a receber estímulos do mundo exterior, a memorizá-los, com o objetivo de testar a realidade, controlar a motilidade, sintetizar e organizar os processos mentais. Entretanto, o superego mescla-se com o id, pois, na realidade, como herdeiro do complexo de Édipo, tem estreitas relações com o id, está mais afastado do sistema perceptivo do que o ego. O objetivo da psicanálise é o de fortalecer o ego, torná-lo mais independente do superego, alargar seu campo de visão e ampliar sua organização, de modo que ele consiga apossar-se de novas porções do id; onde está o id deverá estar o ego (FREUD, 1990e).

Em *Feminilidade*, Freud (1996f) discute o processo de formação do feminino dentro do contexto específico dos conhecimentos da sua época e das suas formulações a respeito da formação e do funcionamento do aparelho mental. Dessa feita, aborda o desenvolvimento sexual feminino, apontando para duas situações. A primeira é que a constituição física não se adaptará sem certa luta a sua função, e a segunda é que a alteração decisiva estará de alguma forma preparada ou completa antes da puberdade. Para o autor, nas fases fálicas das meninas, o clitóris é a principal zona erógena e, para se atingir a função feminina, o clitóris cede total ou em parte sua sensibilidade, sua importância em relação à vagina. Para todas as crianças, assim como para a menina, o primeiro objeto de amor é a sua mãe. Com a entrada na situação edípica, no entanto, a menina transforma seu objeto de amor e espera-se que, no processo dito normal de seu desenvolvimento, consiga a menina livrar-se do objeto paterno e encontrar sua escolha final de objeto. Assim, com a entrada no complexo de Édipo, a menina afasta-se da mãe, pois esta não possui os atributos masculinos, especialmente o pênis. Essa descoberta, inerente ao desenvolvimento mental que pode comportar diferenças, pode levar a menina a um complexo de masculinidade ou feminilidade. A resolução da situação edípica e formação do superego ocorrerão quase que da mesma forma, se pensarmos em processo final, com a menina identificando-se com os aspectos femininos da mãe e abandonando o pai como objeto de investimento, para também torná-lo objeto de identificação, formando assim o superego, como instância intrapsíquica autorreguladora.

A identificação é um processo inconsciente e que às vezes se confunde com os esforços deliberados de modelar-se superficialmente segundo uma pessoa real da vida ou um herói da realidade, de alguma história, ou da música. A identificação encontra-se na base da aprendizagem, desde a primeira aprendizagem do bebê com a mãe; durante toda a vida, o incremento de algo novo na personalidade desempenha papel decisivo. No que se refere ao trabalho, desde muito cedo existe a projeção de uma vida idealizada ou da identificação com alguém que o é, tomando-se a empresa, a loja, os objetos e políticas empresariais partes constitutivas de si mesmo. Em consequência, o desejo, pela condição intrapsíquica dos valores introjetados, estará sendo sexualmente realizado na satisfação das metas, das exigências empregatícias. O sofrimento, por sua vez, estará presente desde o início, por ser um engodo ao psiquismo desejar apenas objetos substitutos, porém, agrava-se quando não se encontra forma alguma de realização.

As formulações freudianas, a respeito da constituição da mente, abrem para nós a possibilidade de compreensão do aprisionamento da massa atual de trabalhadores, o qual, infelizmente, não será deslindado passo a passo neste trabalho. No entanto, pode-se notar o universo de substituição que se coloca. As autoridades paternas por instituições, os objetos originários, o impulso sendo desviado para outros objetivos, a capacidade de sublimação, se pudermos falar assim, colocando-se em nível do seu esgotamento, empobrecendo a psique e a possibilidade criativa e criadora de condições melhores.

Por essa e outras razões, sem a pretensão de sermos essencialmente minimalistas ou individualistas, pensamos que o universo da insatisfação, do aprisionamento do homem ao mundo das coisas e do trabalho explorador e sem sentido para a vida, poderá sofrer modificações profundas quando conseguirmos esclarecer não apenas a conjuntura da macropolítica e da economia, mas, muito mais, quando instrumentalizarmos a economia interna e colocá-la à amostra, como vísceras que quando expostas causam estranheza e nojo. Assim, acompanhemos com Freud como a civilização foi engendrada, vamos a raiz para vislumbrarmos o crescimento do tronco, dos galhos e das folhas que hoje recobrem o nosso tecido social.

Dando saltos na obra de Freud, observa-se, em 1930, talvez influenciado pela Primeira Guerra Mundial, com objetivos diferentes da clínica, um exercício de aplicação do método e da teoria psicanalítica para o entendimento da angústia da vida do homem. De acordo com Freud (1996a) o sofrimento tinha três origens, ou seja, a força superior da natureza, a fragilidade de nossos corpos e a inadequação das normas que regulam as relações mútuas dos seres humanos na família, no estado e na sociedade. A civilização é definida como o somatório das realizações e das normas que distinguem as vidas das pessoas dos seus ancestrais animais e que atendem a dois objetivos: proteger os homens contra a natureza e reger suas relações mútuas. Considera culturais todas as atividades e recursos que são úteis aos homens para lhes possibilitar o aproveitamento da terra e protegê-los contra a violência das forças da natureza. Assim, os primeiros atos de civilização foram o emprego de instrumentos, a aquisição do controle sobre o fogo e a construção de habitações.

Depois que o homem primitivo descobriu que, literalmente, estava em suas mãos melhorar sua situação no mundo, não poderia ficar indiferente ao fato de outro homem trabalhar com ele ou contra ele. O fato de ter descoberto que o amor sexual lhe proporcionava as mais fortes experiências de satisfação e, na realidade, propiciava-lhe o protótipo de toda felicidade, deve ter-lhe sugerido que deveria continuar buscando ao longo do caminho das relações sexuais a satisfação de felicidade na vida e tornar o erotismo genital o ponto central de sua existência. Quando o homem adotou a postura ereta e sofreu a diminuição do sentido do olfato, não foi apenas seu erotismo anal que ficou ameaçado de repressão orgânica, mas também toda a sua sexualidade, resultando a partir de então uma repugnância que impede a satisfação completa dessa sexualidade e a afasta da meta sexual, dando origem a sublimações e ao deslocamento da libido. O amor que serviu de alicerce à família continua a existir na civilização, tanto em sua forma original, que não abdica da satisfação sexual, como em sua forma modificada, afeto sublimado. Em ambas continua a desempenhar a função de unir considerável número de pessoas de modo mais intenso do que seria possível pelo interesse do trabalho em comum. A tendência por parte da civilização para restringir a vida sexual não é menos evidente que sua tendência para expandir o âmbito cultural (FREUD, 1996a).

Na verdade, seguindo o pensamento freudiano, os homens não são criaturas meigas, que desejam ser amadas e que, na pior das hipóteses, são capazes de se defender quando atacadas; pelo contrário, são criaturas cujos dois instintivos incluem uma grande parcela de agressividade. A existência dessa inclinação para a agressão é o fator que perturba nossas relações com o próximo e obriga a civilização a tamanho dispêndio de energia. Em consequência dessa primitiva hostilidade mútua entre os seres humanos a sociedade civilizada está perpetuamente ameaçada de desintegração. Nesse sentido, devido aos grandes sacrifícios impostos pela civilização à sexualidade e à agressão humanas, o homem civilizado trocou uma parcela de suas possibilidades de felicidade por uma parcela de segurança (FREUD, 1996a).

Nesse mesmo ensaio, que tanto influenciou e influencia a nossa concepção do homem e da sua vida na sociedade, Freud (1996a) apresenta argumentos poderosos em favor de uma pulsão de agressão e destruição. Para ele, a teoria das pulsões é a parte da teoria analítica que tem feito progressos penosos. Em princípio, pensava-se que as pulsões do ego (fome) e as pulsões de objeto (amor) confrontavam-se. A introdução do conceito de narcisismo apontou para Freud que as pulsões não podiam ser todas da mesma espécie. Além da pulsão de conservação da substância viva e da reunião dessa substância em unidades cada vez maiores, devia existir outra, contrária, que provocava dissolução de tais unidades. Assim, da mesma forma que Eros, existia uma pulsão de morte, cujas atividades não eram fáceis de serem demonstradas. Uma parcela da pulsão é desviada para o mundo exterior e mostra-se como pulsão de agressividade e destrutividade. O sadismo e o masoquismo são exemplos de Eros e da pulsão de morte aparecendo como aliados. Mesmo quando emerge sem qualquer objetivo sexual, a satisfação da pulsão por meio da destruição é acompanhada por um grau extraordinário de elevado prazer narcisista. A inclinação para a agressão é uma disposição instintiva original e autossuficiente. Constitui o maior empecilho à civilização. A civilização é um processo a serviço de Eros, cujo objetivo é combinar entre si os indivíduos humanos e, em seguida, famílias, lugares, povos e nações, em uma grande unidade: a unidade da espécie humana. O trabalho de Eros é exatamente esse. A pulsão agressiva é derivada e a principal representante da pulsão de morte, que encontramos ao lado de Eros e que compartilha com este o domínio sobre o mundo. A evolução da civilização deve apresentar a luta entre o Eros e a Morte, entre a pulsão de vida e a pulsão de destruição, ao agir sobre a espécie humana.

Nesse sentido, a civilização consegue a supremacia sobre o perigoso desejo do indivíduo no sentido da agressão enfraquecendo-o e desarmando-o, implantando no indivíduo uma instância para vigiá-lo. Em consequência, pode-se pensar que existem duas origens do sentimento de culpa: uma, que nasce do medo da autoridade, e outra, que se estabelece posteriormente, proveniente do medo do superego. A primeira insiste em uma renúncia às satisfações pulsionais; a segunda, além disso, exige uma punição, pois a continuação dos desejos proibidos não pode ser ocultada do superego. A severidade do superego é simplesmente uma continuação da severidade da autoridade exterior, à qual sucedeu e, em parte, substituiu. Uma vez que a civilização obedece a uma impulsão erótica interior que leva os seres humanos a se unirem a um grupo intimamente ligado, só pode atingir tal objetivo por meio de um aumento permanente do sentimento de culpa. Se a civilização for uma etapa necessária de desenvolvimento, desde a família até a humanidade como um todo, então terá inseparavelmente ligado a si um aumento do sentimento de culpa que talvez atinja níveis tão elevados que a pessoa ache difícil tolerar (FREUD, 1996a).

Em sua conclusão a respeito dos efeitos da civilização sobre a psique, Freud (1996a) assinala que o superego tem como função manter uma vigilância sobre as ações e intenções do ego, bem como julgá-las, exercendo a censura. O sentimento de culpa, o rigor do superego é, portanto, o mesmo que a severidade da consciência. No processo de desenvolvimento do indivíduo o programa do princípio do prazer, que consiste em encontrar a satisfação da felicidade, constitui a meta principal. A integração ou adaptação a uma comunidade humana surge como uma condição, dificilmente estável, que deve ser satisfeita antes que a meta da felicidade possa ser atingida. O desenvolvimento do indivíduo parece ser o produto da interação entre o impulso de felicidade, em geral chamado egoísta, e o impulso de união com outros na comunidade, geralmente chamado altruísta. Pode-se afirmar que a comunidade dá origem a um superego sob cuja influência se processa o desenvolvimento cultural. O superego cultural estabelece seus ideais e suas exigências. Entre estas últimas, as que se referem às relações entre os seres humanos estão compreendidas no âmbito da ética. Parece que o problema crucial para a espécie humana é verificar se, e até que ponto, seu desenvolvimento cultural conseguirá sobrepujar a perturbação da vida comunitária causada pela pulsão de agressão e de autodestruição.

Como bem assinala Rouanet (2001, p. 96), as renúncias são em parte impostas pela autoridade externa e em parte pela ação da autoridade externa introjetada, ou seja, o superego, continuação endopsíquica do pai e dos seus sucedâneos no mundo adulto. As pulsões sexuais são parcialmente sublimadas, transformando-se em ideais coletivos, e as agressivas, recalcadas, são transferidas ao superego, que as dirige contra o próprio indivíduo, sob a forma de sentimento de culpa. Este aumenta, portanto, com cada sacrifício da pulsão agressiva, em vez de diminuir. Eis o mal-estar: frustração e culpa. O ressentimento contra a civilização é uma consequência lógica desse mal-estar. Por essa visão, o mal-estar é inerente a qualquer tipo de civilização, em qualquer estágio evolutivo. Em nossos dias, pode-se falar em mal-estar moderno ou em um mal-estar na modernidade. É a forma contemporânea assumida pelo mal-estar na civilização.

Chauí (1999) tece objetivas considerações sobre o desvirtuamento da ideia de trabalho, que vai ganhando novas roupagens no decorrer da história. Assinala que mesmo na Bílbia, o termo trabalho tinha uma acepção de pena e castigo a que foram submetidos Adão e Eva. Ao ter-lhes vetado o direito ao ócio que desfrutavam no paraíso, o trabalho lhes foi imputado como forma de punição. Assim, o alimento ingerido seria consequência do suor de seu trabalho, assim como Eva daria à luz por meio da dor, estabelecendo uma relação entre trabalho e sofrimento, pois, nas línguas latinas, o nascimento de um filho é fruto de um trabalho de parto, estabelecendo uma relação direta entre trabalho e dor.

A autora ainda assinala que nas antigas sociedades escravagistas greco-romanas, o ócio era tido como uma virtude necessária para a vida feliz, para o cultivo do espírito, da política, e também para o cultivo do vigor e da beleza do corpo.

Atualmente, corre-se nos poucos parques arborizados da cidade, não como ócio, mas como trabalho para perder a barriga ou com a finalidade de combater o sedentarismo, para sair do ócio; descansa-se assistindo objetos veiculados pelas variadas mídias, como canais de televisão e internet. Somos induzidos a desejar sempre novos objetos, para assim, colocar-nos no rumo dos investimentos que nortearão as nossas atividades, termômetro das nossas realizações e conquistas. Com isso, uma grandiosa máquina é colocada em movimento, consome-se e se é consumido, a produção aumenta, e o trabalho, meio pelo qual os objetos são construídos, açambarca toda existência, toda vida. Chega-se, assim, à aposentadoria ou à morte! Não somos niilistas, não pensamos que tudo deve ser reduzido a pó, mas a reflexão mais profunda leva-nos a pensar em saídas do cerco das coisas, da realidade artificial e mutante, da massificação das individualidades e do embotamento da subjetividade. Sobra sim a angústia indisfarçada, de olharmos para nós mesmos e em nossa volta e constatarmos milhares de homens e mulheres repetindo vidas, repetindo ações, alienadas e cindidas de si mesmos.

Em sua criativa leitura de Freud, Marcuse (1981) também apontou para o fato de que as forças psíquicas opostas ao princípio de realidade manifestam-se, principalmente, relegadas para o inconsciente e agindo com base nele. O domínio do princípio de prazer não modificado prevalece quase restrito aos mais profundos e mais antigos processos inconscientes, não sendo possível servir de padrão para uma mentalidade não repressiva, nem para o valor de verdade de tal construção. No entanto, a fantasia é uma atividade mental que retém um elevado grau de liberdade, em relação ao princípio de realidade, mesmo na esfera da consciência muito bem desenvolvida. A fantasia liga as mais profundas camadas do inconsciente aos mais elevados produtos da consciência, preserva os arquétipos do gênero, as perpétuas, mas reprimidas, ideias da memória coletiva e da individual, as imagens tabus da liberdade. Por ser a sexualidade a única função de um organismo vivo que se estende para além do indivíduo e garante a sua ligação a toda a espécie, a fantasia escapa do controle da realidade sexual padronizada, como também objetiva uma realidade erótica em que os impulsos vitais possam ser satisfeitos livre da repressão, ultrapassando os limites do princípio de realidade estabelecido, desempenhando assim, um papel de grande importância na vida mental.

Marcuse (1981), precisamente, afirma que a espécie normal de trabalho, ou seja, atividade socialmente útil, na divisão do trabalho predominante, é tal que a pessoa, ao trabalhar, não satisfaz seus próprios impulsos, necessidades e particularidades, mas desempenha uma função preestabelecida, um trabalho alienado sob o princípio de realidade vigente. Não se descarta existência do prazer também no trabalho alienado: o digitador que realiza tantos mil toques por hora, a telefonista que atende em telemarketing, o bancário, o vendedor que atinge a sua cota de vendas etc. Associar o desempenho em linhas de montagem, em escritórios e lojas de departamento, às necessidades pulsionais é valorizar a desumanização como prazer. Apontar que a tarefa tem de ser desempenhada, porque se trata de uma tarefa necessária, constitui, na realidade, o ponto mais alto da alienação, corresponde à perda completa da liberdade pulsional e da criatividade intelectual. Na verdade, é a afirmação de certa forma de repressão que se converteu em "natureza humana". Na contramão dessa natureza forjada à custa de muito sofrimento, cabe ao verdadeiro espírito da teoria psicanalítica empreender esforços intransigentes para revelar as forças anti-humanas subtendidas na filosofia geral da produtividade, tanto no passado, como nos dias atuais. Torná-las conscientes e colocá-las a serviço do eu, ou seja, onde era id, um dia será ego.

REFERÊNCIAS BIBLIOGRÁFICAS

AUBERT, N. A neurose profissional. In: CHANLAT, J. F. (Org.). *O indivíduo na organização*: dimensões esquecidas. São Paulo: Atlas, 1994. v. II, p. 163-194.

CHAUÍ, M. Introdução a Paul Lafargue. In: LAFARGUE, P. (Org.). *Direito à preguiça*. São Paulo: Editora da UNESP, 1999, p. 7-56.

DEJOURS, C. A metodologia em psicopatologia do trabalho. In: LANCMAN, S.; SZNELWAR, L. (Orgs.). *Christophe Dejours*: da psicopatologia à psicodinâmica do trabalho. Rio de Janeiro: Fiocruz, 2004a, p. 105-126.

_____. Patologia da comunicação: situação de trabalho e espaço público. In: LANCMAN, S.; SZNELWAR, L. (Orgs.). *Christophe Dejours*: da psicopatologia à psicodinâmica do trabalho. Rio de Janeiro: Fiocruz, 2004b, p. 243-275.

_____. O trabalho como enigma. In: LANCMAN, S.; SZNELWAR, L. (Orgs.). *Christophe Dejours*: da psicopatologia à psicodinâmica do trabalho. Rio de Janeiro: Fiocruz, 2004c, p. 127-139.

_____. *Psicodinâmica do trabalho*: contribuições da escola dejouriana à análise da relação prazer, sofrimento e trabalho. 2. ed. São Paulo: Atlas, 1994.

_____. Inteligência operária e organização do trabalho: a propósito do modelo japonês de produção. In: HIRATA, H. (Org.). *Sobre o modelo japonês*: automatização, novas formas de organização do trabalho e de relações de trabalho. São Paulo: Edusp, 1993, p. 281-309.

_____. *A loucura do trabalho*: estudo de psicopatologia do trabalho. 5. ed. São Paulo: Cortez, 1992.

ENRIQUEZ, E. Prefácio. In: DAVEL, E. P. B.; VASCONCELLOS, J. G. M. (Orgs.). *"Recursos" humanos e subjetividade*. Petrópolis: Vozes, 1995, p. 7-22.

FREUD, S. O mal-estar na civilização. In: *Obras completas*. Rio de Janeiro: Imago, 1996a. v. XX.

_____. Cinco lições de psicanálise. In: *Obras completas*. Rio de Janeiro: Imago, 1996b. v. XI.

_____. Sobre o narcisismo: uma introdução. In: *Obras completas*. Rio de Janeiro: Imago, 1996c. v. XIV.

_____. O Ego e o id. In: *Obras completas*. Rio de Janeiro: Imago, 1996d. v. XIX.

_____. A dissecção da personalidade psíquica. In: *Obras completas*. Rio de Janeiro: Imago, 1996e.

_____. Feminilidade. In: *Obras completas*. Rio de Janeiro: Imago, 1996f. v. XXII.

HELOANI, J. R. A mudança de paradigma no pós-fordismo: a nova subjetividade. *Interações*, v. 1, n. 2, 1996, p. 69-77.

HELOANI, J. R., LANCMAN, S. Psicodinâmica do trabalho: o método clínico de intervenção e investigação. *Revista Produção*, v. 14, n. 3, 2004, p. 77-86.

HERRMANN, F. *O que é psicanálise*. São Paulo: Psique, 1999.

JACQUES, M. DA G. C. Abordagens teórico-metodológicas em saúde/doença mental e trabalho. *Psicologia e Sociedade*, v. 15, n. 1, 2003.

JACQUES, M. DA G. C. Identidade e trabalho: uma articulação indispensável. In: TAMAYO, A.; BORGES-ANDRADE, J. E.; CODO, W. (Orgs.). *Trabalho, organizações e cultura*. São Paulo: Cooperativa de Autores Associados, 1995, p. 41-47.

KARASEK, R. Job demands, job decision latitude and mental strain: implications for job redesign. *Administrative Science Quarterlu*, v. 24, p. 285-308, 1979.

LAPLANCHE, J.; PONTALIS, J. B. *Vocabulário da psicanálise*. Rio de Janeiro: Martins Fontes, 1983.

MARCUSE, H. *Eros e civilização*: uma interpretação filosófica do pensamento de Freud. Rio de Janeiro: Zahar Editores, 1981.

PAGÈS, M. *O poder das organizações*. São Paulo: Atlas, 1987.

ROUANET, S. P. *O mal-estar na modernidade*. São Paulo: Companhia das Letras, 2001.

SATO, L. Trabalho como categoria explicativa dos problemas psicossomáticos e de saúde mental. In: FERRAZ, F. C.; VOLICH, R. M.; ARANTES, M. A. DE A. C. (Orgs.). *Psicossoma II*: psicossomática psicanalítica. São Paulo: Casa do Psicólogo, 1998, p. 175-180.

SELIGMANN-SILVA, E. Psicopatologia e psicodinâmica do trabalho. In: MENDES, R. (Org.). *Patologia do trabalho*. São Paulo: Atheneu, 1995, p. 287-310.

SIEGRIST, J. Adverse health effects of high-effort/low rewards condition. *J. Occup. Health Psycholo*, v. 1, n. 1, p. 27-41, 1996.

SIEGRIST, J. Social reciprocity and health: new scientific evidence and police implications. *Psychoneuoendocrinology*, v. 10, n. 30, p. 1033-1038, 2005.

BIBLIOGRAFIA

ENRIQUEZ, E. *Da horda ao Estado*: psicanálise do vínculo social. Rio de Janeiro: Vozes, 1997.

_____. *A organização em análise*. São Paulo: Vozes, 1997.

_____. O trabalho de morte nas instituições. In: KAËS. R. (Org.). *A instituição e as instituições*. São Paulo: Casa do Psicólogo, 1991. cap. 3, p. 53-79.

FREITAS, M. E.; HELOANI, J. R.; BARRETO, M. *Assédio moral no trabalho*. São Paulo: Cengage Learning, 2008.

HELOANI, J. R. *Gestão e organização no capitalismo globalizado*: história da manipulação psicológica no mundo do trabalho. São Paulo: Atlas, 2003.

_____. Assédio moral: um ensaio sobre a expropriação da dignidade no trabalho. *RAE-eletrônica,* v. 3, n. 1, p. 1-8, jan.-jun. 2004.

_____. Violência invisível. *RAE executivo-FGV*, n. 3, jul.-ago. 2003.

_____.; SOBOLL, L. A. P. Interfaces da violência entre o trabalho e a família. In: ROMARO, R. A.; CAPITÃO, C. G. (Orgs.). *As faces da violência*: aproximações, pesquisas e reflexões. São Paulo: Vetor, 2007. cap. 2, p. 33-68.

LAURELL, A. C., NORIEGA, M. *Processo de produção e saúde*: trabalho e desgaste operário. São Paulo: Hucitec, 1989.

SELIGMANN-SILVA, E. *Desgaste mental no trabalho dominado*. São Paulo: Cortez, 1994.

2

(RE)DESCOBRINDO AS MASCULINIDADES

Cláudia Sirangelo Eccel
Rafael Alcadipani

INTRODUÇÃO

Professor, demorou muito para eu entender que como mulher e negra eu era bonita e poderia ter um bom trabalho. Quando eu era criança, todas as bonecas da loja eram loiras de olho azul. Na minha adolescência, em todas as novelas as mulheres negras não tinham um trabalho decente. Foi muito difícil chegar aos 30 anos acreditando que eu era capaz.

Em tom de desabafo, um dos autores deste artigo ouviu uma aluna comentar, durante uma de suas aulas, as dificuldades que enfrentou na vida por ser mulher e negra. A jovem comentava que, nas revistas, jornais e livros que lia, e nas novelas e filmes que assistia, a mulher negra nunca ocupava posição de destaque. Tal desabafo representa uma realidade do nosso mundo: as mulheres não estão no comando e, se ainda forem de uma etnia diferente da branca, os problemas e a exclusão tendem a ser ainda maior. Basta abrir uma revista, assistir a um telejornal ou comprar um livro de introdução a gestão para notar que as mulheres são colocadas em posição de inferioridade com relação ao homem na sociedade. No mundo corporativo, tal fato ainda parece muito presente. Mulheres ganham menos quando em posições similares às ocupadas por homens, sofrem mais preconceitos e têm mais dificuldades em comparação ao gênero masculino. Em contrapartida ao que parece estabelecido há tempos, elas têm conseguido maior participação no mercado de trabalho, e os ideais de masculinidade parecem em transição. Neste capítulo vamos explorar a questão do masculino nas organizações com o intuito de mostrar que, da mesma forma que o feminino, ele é também um gênero que merece ser estudado. Ao colocar o masculino como objeto de análise, pretendemos auxiliar na subversão da sua posição de superioridade com relação ao feminino.

MASCULINIDADES E HEGEMONIA

Em "O estrangeiro", Caetano Veloso relata aquilo que parece ser algumas "obviedades" do conservadorismo contemporâneo, entre elas, o eu lírico da música anuncia: "o macho adulto branco sempre no comando". A dominação do masculino na civilização humana é praticamente inquestionável. Bourdieu (1995), sustentado por uma pesquisa etnográfica na sociedade cabila, desenvolve um dos principais estudos já realizado nas ciências sociais a respeito do tema. Em seu estudo, o autor analisa que a divisão hierárquica entre os sexos com a subjacente dominação dos homens sobre as mulheres fazia-se ver pela demarcação entre trabalhos e atividades masculinas e femininas, que contavam com *status* e valorizações diferentes, até as nominações referentes aos órgãos e ato sexual. Tal dominação fazia-se presente em inúmeras práticas sociais e discursivas daquele grupo social e podia ser notada até mesmo em gestos e posturas corporais. Para o sociólogo, tal dominação também se manifestava no nível simbólico. Por fazer parte do *habitus*, a dominação simbólica permanecia inacessível ao consciente e mantinha-se pela repetição ilimitada das práticas rituais, independente das memórias individuais. Além disso, a dominação masculina assume a faceta de uma violência simbólica, sustentada tanto pelos homens quanto pelas mulheres, visto que os dominados incorporam a dominação, reconhecida como natural. Nessa relação, o homem é sempre colocado em uma posição superior.

O interessante da obra de Bourdieu (1995) é a discussão sobre o fato de que a sociedade cabila é apenas um microcosmo do que acontece universalmente, ou seja, para o autor a dominação masculina é subjacente às demais relações sociais, constituindo-se como universal nas sociedades humanas. Em certo sentido, é possível afirmar que o monopólio da violência, ou melhor, a possibilidade do exercício da violência está muito mais presente nos homens do que nas mulheres nas diversas sociedades, fator que talvez possa explicar tal preponderância masculina. A dominação masculina naturalizou-se de tal ordem que se tornou praticamente invisível. Corroborando com Bourdieu, Connell (1998) aponta que a ordem de gênero global é inquestionavelmente patriarcal, no sentido de privilegiar os homens em relação às mulheres. Destas relações desiguais resultam os dividendos patriarcais, que são vantagens práticas que os homens têm sobre as mulheres, tais como salários mais altos, controle do poder político, da riqueza e da violência. A música de Caetano pode ser útil mais uma vez. Parafraseando o cantor, "estamos cegos de tanto ver" o masculino no comando.

No entanto, não existe uma configuração única e universal do que é ser masculino. Stearns (2010) argumenta que nas cavernas e antigamente em países muçulmanos a bissexualidade e a homossexualidade eram práticas aceitas socialmente. Na civilização grega era comum que homens mais velhos tivessem relacionamentos de cunho sexual com homens mais jovens, algo que poderia render a morte em algumas regiões da Turquia de hoje onde os assassinatos de homossexuais ainda é cometido para "limpar" a honra da família. Há países árabes em que homens caminham pelas ruas de mãos dadas, algo que traria olhares suspeitos em algumas cidades do interior do Brasil. Dessa forma, o contexto histórico-social é preponderante na construção das noções de masculinidade e feminilidade.

Assim, a masculinidade não pode ser reduzida a um simples sinônimo de homens. Não advém naturalmente de um corpo biologicamente masculino, pois consiste em uma noção socialmente construída e relacionada aos eixos de espaços temporais e cultura, nos quais os significados de ser homem aliam-se também à classe, à geração, à sexualidade etc. (KIMMEL, 2006). A masculinidade pode ser vista como "um lugar simbólico/imaginário de sentido estruturante nos processos de subjetivação. [...] Uma significação social, um ideal culturalmente elaborado ou sistema relacional que aponta para uma ordem de comportamentos socialmente sancionados" (OLIVEIRA, 2004, p. 13). Desenvolvendo mais este ponto, concordamos com Connell (1995) que prefere falar em masculinidades, isso porque ela pode ser encarada como uma configuração ao redor da posição dos homens na estrutura das relações de gênero, havendo mais de uma configuração de gênero possível em dada sociedade. O gênero, entendido como relacional, é um regime classificatório e opera entre homens e mulheres, mas também entre homens, possibilitando hierarquias e diferenças de poder entre eles.

Mesmo que remetam a um corpo biologicamente masculino, a construção e vivência das masculinidades ultrapassam a predeterminação física, uma vez que os corpos masculinos são construídos, significados, definidos e disciplinados especificamente conforme o contexto. As masculinidades são, neste sentido, ativamente produzidas com base nos recursos e nas estratégias disponíveis em determinada cultura e época (CONNELL, 1998; 2003). Cada cultura produz expectativas de condutas para homens e mulheres, que são estimuladas e ensinadas pelas diversas instituições sociais, como a família, a escola, a mídia e o ambiente de trabalho. Ou seja, alguns comportamentos são valorizados ou extintos de acordo com as significações recebidas.

Outro aspecto importante é a relação de hierarquia e hegemonia entre as masculinidades. Por coexistirem diversas masculinidades, operam entre estas relações de hierarquização e exclusão, e em cada momento, há uma ou mais formas de masculinidade hegemônica, ou seja, masculinidades privilegiadas ou desejadas, que podem não ser as mais comuns numericamente, mas são mais legitimadas e aceitas. Para Prestes Motta:

> o conceito de masculinidade hegemônica pode ser usado como uma analogia do conceito gramsciano de hegemonia. Trata-se do gênero dominante e a masculinidade culturalmente idealizada num dado período histórico. No Ocidente, os componentes mais fortes da hegemonia masculina estão centrados no trabalho pago, na subordinação da mulher e na heterossexualidade. (PRESTES MOTTA, 2000, p. 38)

Em larga medida, a heterossexualidade é a definição social do que é ser um homem.

A dominância da masculinidade hegemônica impõe-se pela desvalorização daquilo que é diferente, o que pode ser exercido de modo implícito, ou mesmo violento. Além da *hegemonia*, há, nas relações entre as masculinidades, diferentes posições possíveis: a *cumplicidade*, caracterizada por aqueles que não se ajustam aos modelos hegemônicos, mas o defendem e praticam, com vistas a desfrutar das vantagens decorrentes da dominação sobre as mulheres (CONNELL, 1998; 2003); e a *subordinação*, representada principalmente pelos homens homossexuais que sofrem opressão material, exclusão social e política, violência legal, homofobia e discriminação de ordem econômica e pessoal. Connell (2003) aponta também para a relação de *marginalização* relativa a uma posição de autoridade que a masculinidade hegemônica do grupo dominante exerce sobre classes ou etnias dominadas. Aliás, pode ser tomado como um indicativo deste fato quando o atleta negro Jesse Owns dos Estados Unidos, durante a Olimpíada de Berlim em 1936, "calou" Hitler ao conquistar quatro medalhas de ouro em provas de atletismo.

Nesta linha, para o entendimento de masculinidades hegemônicas e subalternas, Kimmel (1998) reafirma que outros predicados, tais como etnia, geração, classe social e região onde habita, transformam o que é ser homem. Estas outras características, que adicionam predicados ao homem – pobre, heterossexual, negro, morador de uma pequena cidade do interior – o posicionam em certas redes de significado.

Pensar a masculinidade hegemônica implica estabelecer diferenças com o que não é masculino, ou seja, com o feminino e o afeminado. Assim, desvalorizando o que é diferente, a masculinidade hegemônica impõe-se e, para se manter, necessita reafirmar o quão dominantes e ativos são os "verdadeiros" homens, numa constante demarcação da diferença. A hegemonia de uma masculinidade constrói-se nas relações e em disputas de poder, nas quais se transformam os outros em desqualificados (CONNELL, 1998; KIMMEL, 1998; SEFFNER, 2003; SAAVEDRA, 2004). Saavedra (2004) afirma que essa é uma estratégia coletiva bem-sucedida e que pode não ser explícita, mas serve de base para as relações sociais e é reforçada pelas instituições. Além disso, a masculinidade hegemônica é definida de forma a não ser acessível a todos os homens e, deste modo, opera como um aparelho de dominação. Connell (2003) afirma que poucos homens se ajustam de fato aos padrões, enquanto inúmeros outros agem por imitação a fim de não serem rejeitados.

As masculinidades são postas em ação não apenas por indivíduos, mas também por grupos e instituições, tais como escolas e ambientes de trabalho, ou pelo mercado de trabalho, e dependem da interação social, sendo passíveis de mudanças e reconstruções. Além disso, as masculinidades concentram desejos e condutas contraditórios entre formas de masculinidades hegemônicas e subordinadas. A seguir, discutiremos algumas expressões hegemônicas que as masculinidades podem assumir.

EXPRESSÕES HEGEMÔNICAS DAS MASCULINIDADES

A caracterização das masculinidades e, sobretudo, da masculinidade hegemônica historicamente baseou-se em instituições sociais, tais como o Estado, o Exército, a religião, o trabalho e a família (CONNELL, 2003; OLIVEIRA, 2004). Além disso, formas de masculinidades hegemônicas surgiram em diferentes contextos. Ou seja, a visão dominante do que é ser masculino varia de sociedade para sociedade, de contexto social para contexto social. Por exemplo, a honra foi um demarcador da masculinidade, nos tempos medievais, em que ela era provada em duelos. Já na modernidade, marcada por conflitos entre nações e civilizações, os ideais de masculinidade basearam-se especialmente na instituição militar. A masculinidade era associada ao sacrifício em defesa da soberania; a possibilidade de suportar sofrimentos igualava-se à virilidade, e a imagem do guerreiro que lutava em prol de uma causa nobre era socialmente reconhecida. No período das guerras mundiais os regimes nazista, fascista e socialista valorizaram atributos como força, vigor, amor à pátria, disciplina, obediência, trabalho e ordem, sempre em defesa do Estado (OLIVEIRA, 2004).

Concomitantemente, o ideal de homem burguês foi sendo reforçado. Tal ideal era personificado no mantenedor da base familiar, dedicado ao trabalho e perseverante. O ideal moderno de masculinidade simbolizava também a manutenção da sociedade, da família e das tradições mesmo em tempos de mudança, o que era reforçado pela cristalização de preconceitos e intolerância para com aqueles que fugiam desse padrão. Os valores da religião cristã somaram-se ao ideal burguês do masculino. O modelo de família nuclear centralizado na figura do pai provedor, o casamento como destino natural, e a separação de papéis entre os homens e as mulheres tornaram-se organizadores sociais. Os ideais burgueses não se restringiram somente a sua classe de origem, foram, ao menos parcialmente, assumidos também pelos menos favorecidos socialmente e incluíam a relação amorosa dos pais com os filhos, a valorização dos laços consanguíneos, a proteção da intimidade e a organização das práticas sexuais, priorizando que estas ocorressem entre casais após o enlace oficial. Além disso, o casamento afastava possíveis dúvidas quanto à sexualidade masculina, em momentos nos quais a afeminação era vista como uma das maiores máculas (OLIVEIRA, 2004).

No final do século XVIII, havia dois modelos de masculinidade na América do Norte, os quais coexistiram em certa harmonia até serem substituídos por um novo ideal. Havia o modelo do Patriarcal Gentil, que tinha como atributos o refinamento aristocrático, a elegância, a cordialidade e a sensualidade. O outro modelo, o do Artesão Heroico, detinha força física e era um trabalhador urbano independente que ensinaria o ofício aos filhos (KIMMEL, 1998). No início do século XIX, o *Self-Made Man* surgiu como novo modelo de masculinidade, desbancando os anteriores. Eram empresários urbanos, homens de negócios, que demonstravam seu valor com base no que construíam, sem uma tradição familiar que os amparasse. Essa masculinidade necessitava ser constantemente afirmada no mercado de trabalho e passava pela instabilidade de ser posta à prova repetidamente, correndo o risco de falhar. Fazia-se presente a ameaça de que, sendo homens feitos por si mesmos, podiam também desfazer-se como homens se viessem a falhar em suas atribuições. A demonstração dessa masculinidade se dá pela possibilidade de comprovar acumulação de capital. Para afirmarem-se como hegemônicos, os *Self-Made Men* geraram uma ressignificação pejorativa aos modelos anteriores: o Patriarcal Gentil passou a ser visto como excessivamente afeminado, enquanto o Artesão Heroico tornou-se mão de obra desqualificada (KIMMEL, 1998).

É possível, ainda, especular a respeito de quais seriam as masculinidades hegemônicas brasileiras. Gilberto Freyre em *Casa-grande e senzala* nos fala de um Senhor de Engenho absoluto, controlador de suas terras, sexualmente potente e opressor dos escravos. Não é apenas a obra de Freyre que nos mostra tal ideal. Em uma de suas obras mais famosas, *Slavery in Brazil* Jean-Baptiste Debret pintou um homem branco de aparência forte e trajado em roupas europeias açoitando um negro, sem camisa, amarrado e rendido no solo. Em ambos os casos, falamos do ideal de masculino personificado em homens brancos de modo de vida europeia, que se impôs tanto sobre os negros quanto sobre os locais. É possível ainda argumentar que as masculinidades hegemônicas se afirmam por aquilo que elas não são. Nesse sentido, seria possível afirmar que o anti-herói brasileiro, Macunaíma, seria a personificação do oposto do ideal de masculinidade que foi dominante no Brasil. Representado por Sebastião Bernardes de Sousa Prata (o Grande Othelo), Macunaíma aparece nas telas do cinema como o oposto de uma suposta masculinidade hegemônica europeia: um homem negro, baixo, destituído de caráter e sem força física. Na realidade, a menção às masculinidades hegemônicas na América do Norte anteriormente não é acidental. O estrangeiro do mundo considerado desenvolvido ocupa um papel central no imaginário brasileiro (PRESTES MOTTA *et al.*, 2001) e a nossa visão do que seria o masculino hegemônico tende a ser focada primeiro no modelo do homem cortês europeu e, posteriormente, no modelo de homem bem-sucedido norte-americano, inclusive, ainda muito presente na mídia nacional de negócios.

Falar de um modelo único de masculinidade para um país de dimensões continentais como o Brasil pode ser bastante temerário. O gaúcho de bombacha, o sertanejo e até mesmo o caipira são configurações que os modelos de masculinidades podem assumir. Isso sem falar em figuras como o cangaceiro, ou até mesmo o traficante, ou o líder de organização criminosa em alguns centros urbanos. A ideia aqui é apontar que existem inúmeras facetas possíveis que as masculinidades podem assumir em diferentes contextos sociais brasileiros.

Além disso, devemos lembrar que a mídia é um meio relevante pelo qual se faz a difusão de modelos e modos de vida. No Brasil, telenovelas e propagandas são de especial importância. Ribeiro e Siqueira (2005) discutem a função que as telenovelas desempenham na construção de uma masculinidade hegemônica em adolescentes das camadas populares por meio de comentários que estes fazem sobre os dotes físicos e a sensualidade de personagens mulheres, e, também, sobre as características que correspondem ou não ao modelo considerado "macho" de personagens homens. Eles evidenciam a construção de identidades masculinas como uma construção social que tem lugar nas interações sociais com telenovelas, mostrando que os meninos respaldam suas posições na mídia. Medrano-Dantas (1997) analisou os repertórios sobre masculinidade que compõem a propaganda de televisão no Brasil em horário nobre. Ele indica que tais repertórios reafirmam os padrões culturais amplamente aceitos do homem provedor e líder instrumental da família e da mulher como dona de casa, dependente, afetiva e líder expressiva da família. Já em 1996, apareciam sinais de quebra desse modelo por meio da utilização do humor. Vale lembrar que o humor e as ofensas em nosso país possuem faces bastante associadas à questão da masculinidade ou da suposta evidenciação de que um homem não é "macho", demonstrando faces sutis, mas perversas da imposição da hegemonia masculina.

Quando falamos da masculinidade hegemônica, invariavelmente nos referimos ao homem branco e heterossexual que raramente são oprimidos ao mesmo tempo em que as suas masculinidades são privilegiadas. Louro (2000a) aponta para o fato de a identidade heterossexual branca ser essencialmente não problemática e, portanto, invisível por se constituir como regra. Consequentemente, tem-se essa identidade muitas vezes naturalizada, tomada como normal, enquanto aquelas que dela se distanciam são estigmatizadas como desvios ou anormais. Esse fenômeno parece especialmente evidente no campo da gestão como veremos a seguir.

ADMINISTRAÇÃO: "COISA DE MENINOS"

A Administração estruturou-se como um campo do conhecimento após a Revolução Industrial, no século XVIII. Para tanto, baseou-

-se no trabalho entendido como uma atividade racional e objetiva, que teria a produtividade maximizada por meio de técnicas de otimização das tarefas. As primeiras iniciativas que ganharam notoriedade foram os estudos de Frederick Taylor sobre tempos e movimentos e a linha de produção fordista. O pensamento taylorista possui traços como racionalidade, precisão e imposição de hierarquia. Tais aspectos podem ser considerados como presente naquilo que consideramos masculino (ALVESSON E BILLING, 1997). Em tal cenário, o trabalho demandava força física e, portanto, um corpo apto para exercê-la. No filme "Tempos Modernos", protagonizado por Charlie Chaplin, vemos com clareza o homem como o trabalhador típico da industrialização em ascensão e a mulher em posições de menos destaque. De um modo geral, as mulheres trabalhavam em alguns setores considerados leves, como o têxtil, e as indústrias pesadas empregavam basicamente homens. Além disso, a burocracia, organização geralmente assumida na emergência do capitalismo industrial, possui faces essencialmente masculinas (MORGAN, 1996).

Nesse cenário, o corpo próprio para o trabalho foi concebido com base no ideal de corpo masculino, disciplinado, desvinculado da reprodução, emocionalmente controlado e disponível para a produção (HASSARD et al., 2000). Entretanto, este não se tornou imediatamente visível nas teorias organizacionais. Durante muito tempo o corpo esteve presente como aparato para a produção, sem ser de fato considerado e analisado nos estudos da área, fenômeno ao qual Dale (2001) se refere como uma presença ausente. Consequentemente, as relações de gênero foram silenciadas na Administração (COLLINSON E HEARN, 1996; ALVESSON E BILLING, 1997) ao mesmo tempo em que o gênero surge nos estudos organizacionais como uma questão referente ao corpo, sendo que o feminino não conta com a mesma valorização que o masculino (TIENARI et al. 2002).

Analisando a exclusão das questões de gênero dos debates da área, Linstead (2000) afirma que os fundadores da disciplina, Taylor,

Weber, Mayo e Maslow, conscientemente retiraram o gênero de suas teorizações, pois o projeto epistemológico em que se sustentavam reduzia toda a diferença a uma interferência, ou seja, um padrão desviante que precisava ser excluído do sistema. Já as teorias organizacionais mais recentes, ao mesmo tempo em que consideram a natureza relacional e a processual do gerenciamento, tornam invisíveis as questões de gênero na sua construção e podem ser criticadas por operarem sob uma cegueira de gênero. Mavin *et al.* (2004) afirmam que essa limitação restringe as possibilidades de mudanças nas práticas organizacionais, pois o gerenciamento é entendido como masculino. Ou seja, gerenciamento (*management*) é entendido como "aquilo que os homens fazem" (*man-agement*), uma vez que as formas tradicionais de administrar foram desenvolvidas em contextos dominados por homens (COLLINSON E HEARN, 1994).

Na realidade, existe um fato simples que escancara a naturalização do gênero masculino nas organizações: "a maioria dos gestores, na maioria das organizações na maioria dos países são homens" (COLLINSON E HEARN, 1996, p. 1). Assumindo tal lógica, Prestes Motta destaca que

> as empresas constituem um *locus* de reprodução dos gêneros, tal como se encontram ordenados na sociedade maior. Assim sendo, as empresas e outras organizações reproduzem a dominação masculina e é masculina a cultura da maioria dessas instituições. [...] o gênero é parte significativa da cultura das organizações, sendo também um dos eixos principais em termos do qual a vida social se organiza, constituindo, no nível macroestrutural, algo tão relevante quanto classe e raça na alocação e distribuição de recompensas na hierarquia social. (PRESTES MOTTA, 2000, p. 9)

O entendimento de que gerenciamento guarda estreita relação com o masculino é partilhado por diversos autores (DALE, 2001; HASSARD *et al.*, 2000; LINSTEAD, 2004; GHERARDI, 1994; BELLE, 1991).

As teorias do *mainstream* podem ser vistas como *malestream*, enfatizando seu caráter masculinizado e, mesmo assim, sem reconhecer as relações entre gerenciamento e gênero: primeiro, porque não abrem espaço para analisar os indivíduos que de fato ocupam as posições de comando e, segundo, porque não reconhecem gênero como uma variável importante (LINSTEAD, 2004). Tal fato está até mesmo presente nos livros-texto utilizados em cursos de graduação em administração em que os gestores sempre são homens, brancos e anglo-saxões (MILLS E HATFIELD, 1999). Ou seja, muito daquilo que é lido nas disciplinas da área reforçam a ideia do "macho adulto branco sempre no comando".

Uma vez que a construção do gerenciamento está intrinsecamente ligada a qualidades relacionadas aos homens, as mulheres nas organizações, especialmente em postos de comando, são percebidas como fora de lugar, como afirma Gherardi (1994), para a qual o contexto organizacional relaciona-se aos atributos masculinos como racionalidade, autoridade, combatividade e competitividade. A autora expõe que, quando as mulheres entram nos espaços masculinos, elas provocam uma quebra na ordem simbólica de separação entre homens e mulheres, o que gera reações em diferentes momentos. A primeira delas é uma ação formal, que reafirma a diferença entre mulheres e homens, ou seja, de que se elas constituem como a exceção nas organizações, o que pode ser ilustrado por comentários e comportamentos específicos dos homens dirigidos às mulheres, como cuidar do vocabulário ou puxar a cadeira para que ela sente. Já a segunda é uma ação corretiva, que atua na suspensão da ordem simbólica de gênero, como uma aceitação ou reconhecimento do trabalho da mulher, que pode ser exemplificada por comentários que indicam que a mulher já foi incorporada à organização e pode ser tratada (quase) como os homens. Porém, considerando a intensidade com que se faz presente a diferença, a autora questiona-se se é possível que exista uma participação equitativa entre homens e mulheres nas organizações.

Além disso, para o senso comum a "dominação masculina" pode ser vista em xeque na medida em que há um número crescente de mulheres no mercado de trabalho. Nos anos 1960, muitas universidades nos Estados Unidos nem sequer possuíam banheiros femininos, ao passo que, hoje, a presença de mulheres recebendo educação universitária é cada vez maior em inúmeras regiões do mundo. Defendendo a necessidade de ampliar a abrangência dos estudos de gênero, Hansen (2002) afirma que a participação das mulheres no mercado gera mudanças no próprio entendimento do trabalho. Contudo, será que tal inserção altera a natureza masculina das organizações?

A INSERÇÃO DAS MULHERES NO MERCADO DE TRABALHO: ALGO MUDA?

A atual realidade brasileira demonstra que, de fato, a participação feminina no mercado de trabalho tem acarretado mudanças nas relações familiares. O relatório de pesquisa do Instituto de Pesquisa Econômica Aplicada (IPEA) de 2008 revela que nos últimos 15 anos houve um aumento na proporção de famílias, compostas por casais com filhos, chefiadas por mulheres, que somavam 3,4%, em 1993, e, em 2007, chegaram a 18,3% dos domicílios. Estes dados, de acordo com o relatório, "apontam para um questionamento do lugar simbólico do homem como o provedor exclusivo" (PINHEIRO et al., 2008, p. 17).

De acordo com Simpson e Lewis (2005), inúmeras teorias feministas liberais têm-se atido ao desequilíbrio numérico entre homens e mulheres no mercado de trabalho e a visibilidade das poucas mulheres em posições de muito destaque (nomeadas *tokens*, ou símbolos). Tal qual a crítica feita por Calás e Smircich (1998), Simpson e Lewis (2005) consideram esta uma visão restritiva. Antes de qualquer coisa, é preciso considerar que as noções de racionalidade são articuladas a uma concepção socialmente construída de masculinidade, que é sustentada não apenas por homens, mas muitas vezes também por mulheres no intuito de competirem e igualarem-se aos homens (HASSARD et al., 2000).

Quando o olhar dirigido ao mercado de trabalho se faz pela via das teorias feministas liberais, pode-se difundir uma ideia otimista de que as mulheres vêm entrando nele com força crescente. Especialmente após a década de 1960, as mulheres pertencentes à classe média ingressaram nas organizações e, desde então, conquistaram postos de trabalho, antes ocupados apenas por homens. Porém, é preciso atentar para as maneiras como tem acontecido essa inserção. O emprego de mulheres aumentou consideravelmente após a disseminação do modo de produção taylorista, o qual simplificou o trabalho por meio de sua decomposição em pequenas tarefas, e permitiu o emprego de pessoal menos qualificado ou mesmo com menos força física, mas também se justificou pela escassez de trabalhadores homens nos períodos de guerras. A utilização da mão de obra feminina foi interessante aos industriais, pois permitiu aumentar a lucratividade, baixando os custos de produção, uma vez que as mulheres recebiam salários mais baixos (ECCEL, 2010).

Para pensar a inserção das mulheres, é preciso ter em mente a divisão sexual do trabalho. Para Marcondes et al. (2003), essa divisão é primordialmente social, pois se dá com base em hierarquias, valores e significados compartilhados culturalmente. Para Cattani e Holzmann (2006) a divisão sexual do trabalho diz respeito à atribuição de atividades produtivas e reprodutivas com base no sexo do indivíduo. Historicamente, o trabalho reprodutivo, que se vincula ao mundo doméstico, é endereçado às mulheres, enquanto aos homens cabe o trabalho produtivo, relacionado com o espaço público e de maior *status*. Conforme aprofundado anteriormente, as justificativas para tal divisão basearam-se no aspecto biológico e foram rebatidas pelos movimentos feministas.

Como consequência de tal divisão sexual, os trabalhos produtivo e reprodutivo são diferentemente valorizados. Tarefas domésticas não são remuneradas, nem reconhecidas como trabalho, e são as mulheres que, mesmo quando empregadas, cuidam da casa e dos filhos (MARCONDES et al., 2003; MADALOZZO et al., 2008). Carlotto

(2002) afirma que o papel de mulher dona de casa, tão arraigado simbolicamente na sociedade, projeta uma sombra sobre a mulher trabalhadora, condicionando seus meios de inserção no mercado e contribuindo para a exploração da mão de obra feminina.

Além disso, as características atribuídas aos homens e às mulheres são norteadoras das funções que vão executar. Paciência, delicadeza, minúcia, afetividade e comunicação são entendidas como habilidades femininas, que as permitem inserirem-se em funções que não são tidas como próprias para homens, os quais são vistos como mais fortes, objetivos e racionais (CARLOTTO, 2002; CASACA, 2005; 2006). Marcondes et al. (2003) observaram que em um ambiente fabril havia uma hierarquização do trabalho feminino e masculino com base nas noções de trabalho "leve" ou "pesado". As funções consideradas leves eram aquelas supostamente mais fáceis e que requeriam cuidado com detalhes. Já as tarefas pesadas que necessitavam de força física, eram vistas como mais difíceis e arriscadas, e, em função disso, o trabalho pesado era entendido como mais importante e difícil, além de melhor remunerado.

Autores como Posthuma e Lombardi (1997), Carlotto (2002), Marcondes et al. (2003), Casaca (2005; 2006), e, as pesquisas de Eccel, Flach e Oltramari (2007) apontam que, apesar de as mulheres ocuparem espaços no mercado de trabalho, sua inserção não se dá equitativamente à dos homens. As mulheres vivem uma segregação ocupacional, ou seja, inserem-se em setores de atividade com menor valorização, ou em atividades mais simples, recebem menor remuneração e comumente sofrem mais com a flexibilização e a precarização das relações de trabalho. Mesmo no "Olimpo" das organizações, as mulheres possuem problemas significativos. Carvalho Neto et al. (2010) analisaram executivas que ocupam cargos no *top* da hierarquia das maiores empresas brasileiras. A pesquisa mostra que elas vivem o dilema de "trabalhar como homem ou ser feminina" ao mesmo tempo em que os obstáculos às altas exigências do trabalho somam-se aos preconceitos arraigados contra as mulheres, à pressão do relógio biológico, à sobrecarga com os cuidados com os filhos *versus* jornada de trabalho muito extensa e dificuldades com o parceiro amoroso.

Além disso, Mazzei-Nogueira (2004) afirma que a partir das décadas de 1980 e 1990, a globalização teve efeitos desiguais sobre o trabalho de mulheres e homens. Em relação ao trabalho masculino, houve uma estagnação ou mesmo um retrocesso, já o emprego feminino mostrou crescimento especialmente em áreas em que predominam precarização e vulnerabilidade. Vale esclarecer que a precarização atinge também os trabalhadores homens, mas com menor intensidade. Ademais, o gênero, associado à etnia, gera mais uma diferenciação entre os trabalhadores, que produz e torna visíveis desigualdades sociais. Sobre o contexto brasileiro, Carlotto (2002, p. 9) afirma: "Trabalhadores pretos e pardos ganham em média, menos que os homens brancos e mulheres brancas, mas são as trabalhadoras não brancas as mais discriminadas de todos os grupos em todas as regiões do país".

A entrada das mulheres no mercado de trabalho gera necessidades de ajustes familiares e individuais, considerando arranjos tradicionais. O "novo homem" comumente referido pela mídia que assume tarefas no lar pode ser visto como um reflexo das mudanças pelas quais vem passando a sociedade. O trabalho feminino relaciona-se a essas transformações pela saída da mulher do ambiente exclusivamente familiar, o que leva a reorganizar o trabalho doméstico, que, em alguns casos, é repassado ao homem. Além disso, com o ganho salarial, as mulheres podem alcançar independência financeira e construir novas estruturas familiares, nas quais não se faz necessária a figura de um homem para o sustento da família (ECCEL, 2010). Tais fatos indicam uma possível crise do modelo tradicional de masculinidade hegemônica ao mesmo tempo em que sugere que a simples inserção das mulheres no mercado de trabalho não significa uma consequente diminuição da preponderância masculina nas organizações. A seguir discutiremos como os novos exercícios das masculinidades na contemporaneidade possibilitam pensar o masculino como um gênero que merece ser estudado.

"DESNATURALIZANDO" A ORDEM DE GÊNERO: O "NOVO HOMEM" E O MASCULINO COMO OBJETO DE ESTUDO

Nos dias atuais têm sido comum referências, especialmente na mídia[1], sobre a emergência de "novos homens". As representações de masculinidade hegemônica têm sido questionadas, a ponto de o senso comum referir-se a uma crise da masculinidade como um todo na sociedade contemporânea. Seffner (2003) afirma que, pelo menos em parte, tal crise deve-se ao atual estágio do capitalismo que impõe mudanças para todos, não apenas para os homens. Trata-se, então, de uma crise na ordem de gênero, não apenas da masculinidade, pois se percebem mudanças nas relações de gênero e nos papéis tradicionalmente estabelecidos para cada indivíduo.

Se as instituições que organizaram a vida em períodos anteriores foram derrubadas, há consequências para os regimes de gênero. Ao questionar instituições, questiona-se, também, os padrões de masculinidade que nelas se basearam. O modelo de soldado-trabalhador demandado na sociedade moderna e que parecia inabalável deixou de valer quando da mudança para uma sociedade de consumo (OLIVEIRA, 2004). Desse modo, as formas hegemônicas de masculinidade da contemporaneidade não podem ser compreendidas sem menções ao contexto histórico mundial e as instituições que as produzem con-

---

1. Para ilustrar, veja algumas dessas reportagens: "Tudo sobre eles: pesquisa inédita e exclusiva revela os hábitos e as preferências dos homens gaúchos e aponta novas tendências de comportamento". Caderno Donna, *Zero Hora*, 13 set. 2009, p. 14-18; "Nossa, como eles sofrem". *Revista Veja*, 3 jun. 2009, p. 17-21; "Foi-se o martelo: homens que fazem consertos e cuidam da manutenção da própria casa estão em extinção – para tristeza das mulheres". Caderno Donna, *Zero Hora*, 11 mar. 2007, p. 9-11; "A nova masculinidade". Caderno Donna, *Zero Hora*, 20 ago. 2006, p. 8-11.

forme destacamos anteriormente. De acordo com Connell e Wood (2005), as formas hegemônicas de masculinidade historicamente derivaram do crescimento do capitalismo industrial e do imperialismo, e a globalização emergiu como uma arena de reconstruções das masculinidades. Do mesmo modo, Giffin (2005) considera que na contemporaneidade o mercado de trabalho assumiu espaço importante na definição das masculinidades hegemônicas.

As corporações multinacionais que atuam nos mercados globalizados levam para os países periféricos não só produtos e tecnologias, mas também suas formas de masculinidade (CONNELL, 1995; 1998). Além disso, a globalização, ao mesmo tempo em que possibilita multiplicar as formas de masculinidade, cria condições novas de dominação para pequenos grupos de homens, dominação esta que se institucionaliza em padrões de masculinidade que se tornam comuns (KIMMEL, 1998).

Segundo Connell (1998), o que acontece nas localidades é influenciado pelo que acontece nos países, que, por sua vez, são afetados pela história mundial. Vidas situadas localmente são influenciadas por questões geopolíticas globais (RITZER, 2003) e, portanto, nos estudos sobre masculinidades contemporâneas não se pode ignorar o contexto mais amplo. Não se trata, contudo, de considerar que se multipliquem cópias fiéis de determinadas identidades masculinas, mas a interação global ajuda a criar novas formas de masculinidade hegemônicas, uma vez que atua diretamente na mudança de contexto.

Faz-se, assim, necessário pensar os efeitos da globalização no gênero. As instituições, tais como o Estado, as organizações transnacionais, os mercados globais são "generificados", pois são espaços de constituição de políticas de gênero. Dessa forma, pode-se reconhecer a existência de uma ordem de gênero mundial, que Connell (1998) define como estruturas de relacionamento que interconectam os regimes de gênero das instituições às sociedades locais em escala mundial. Apesar do discurso de neutralidade de gênero do neoliberalismo, o que se vê são políticas implícitas. Com o desmantelamento do estado de bem-estar, nos países em que existiu, houve um enfraquecimento da posição das mulheres, tornando o homem o indivíduo com atributos que interessam à economia, além de o poder estratégico das grandes corporações se manter restrito a pequenos grupos de homens (CONNELL, 1998).

Connell (1998) considera três momentos da globalização para pensar os processos de construção de masculinidades. Em primeiro lugar, sobre as masculinidades dos tempos das conquistas coloniais, afirma que aqueles que realizaram, na prática, as conquistas eram homens, e que estes destruíram as ordens de gênero locais dos colonizados impondo as suas. Em segundo, na estabilização das sociedades coloniais, novas divisões de gênero foram estabelecidas nas economias agrícolas, levando em conta hierarquias raciais, que desvalorizavam os nativos colonizados e cristalizavam símbolos de superioridade e inferioridade próprios da cultura europeia. E, em terceiro, na era do neoliberalismo e globalização, testemunha-se uma nova divisão de gênero, que, apesar das supostas oportunidades igualitárias no mercado global, concede novas condições para grupos específicos.

De acordo com Connell (1998), o momento contemporâneo apresenta uma reconstrução das masculinidades, que pode ser apontada em vários níveis: em relação aos corpos, à vida pessoal e às práticas coletivas. Aos corpos, uma vez que estão sendo realocados em função das migrações laborais, gerando possibilidades de hibridização no imaginário de gênero e sexualidades. À vida pessoal, posto que venha sendo gerida pelas exigências profissionais nas corporações que a coloca sob pressão, supondo que executivos levem em consideração estruturas familiares que deem conta de suas casas e filhos. Às práticas coletivas, pois, além da influência da mídia que faz circular mundialmente imagens de gênero estereotipadas das metrópoles, há a exportação de instituições, que instalam em diferentes países os mesmos modelos dos países desenvolvidos do norte, tais como corporações, mercados de capital etc.

Sobre a forma atualmente hegemônica de masculinidade, Seffner (2003) faz a ressalva de que não existe um consenso absoluto entre os teóricos. Ainda assim, há aproximações entre Connell (1998) e Kimmel (1998), para os quais a masculinidade hegemônica contemporânea é ilustrada pelo executivo internacional, viajante do mundo e equipado com tecnologias comunicacionais. No filme *Up in the Air* [*Amor sem Escalas*], George Clooney, ator que personifica um dos ideais de homem na contemporaneidade, faz o papel de um executivo que viaja pelos Estados Unidos demitindo pessoas. Em uma das cenas do filme, ao passar pela checagem de segurança de um aeroporto, ele retira seus pertences e coloca sua mala de mão para passar no raio x. Ele se movimenta como se fosse um super-herói retirando seus equipamentos. Nesta passagem, o filme parece ilustrar o executivo contemporâneo como o novo herói, o herói da globalização.

Assim, a masculinidade hegemônica contemporânea está associada àqueles que detêm o controle nas instituições dominantes e que gerenciam os mercados e empresas globais (CONNELL, 1998). Com base nessa constatação, Connell e Wood (2005) denominam a masculinidade de negócios transnacionais. Esta é representada por executivos nômades globais que se caracterizam por um crescente egocentrismo, lealdades condicionais mesmo para com as corporações que os empregam e declínio do senso de responsabilidade com os outros, a não ser com vistas à construção de sua própria imagem. Ademais, não há comprometimentos permanentes que não sejam com propósitos de acumulação e são orientados por teorias gerencialistas. O personagem de Clooney no filme citado parece corporificar vários desses aspectos.

Connell e Wood (2005) consideram que a masculinidade de negócios transnacionais mostra, em alguns aspectos, continuidades com a masculinidade hegemônica burguesa, como a permanência do poder, o domínio financeiro e o técnico. Contudo, essa nova masculinidade não apresenta algumas características anteriormente vigentes, como o patriarcado doméstico, esnobismo, autoridade social, patriotismo e religiosidade. Caracteriza-se por maior tolerância à diversidade – devido aos contatos compulsórios com diferentes culturas – e uma grande incerteza a respeito de sua posição no mundo, em função da instabilidade inerente ao ocupar cargos altamente remunerados, mas sem garantias de permanência. Além disso, há de se considerar que o discurso padrão entre jovens executivos é o da equidade de gênero e da não discriminação da homossexualidade, embora as práticas cotidianas possam ser outras. Outro ponto no qual essa masculinidade se afasta do ideal anterior se refere ao comportamento sexual e os novos tipos de relações com as mulheres, uma vez que são oferecidos variados serviços sexuais aos executivos internacionais (CONNELL, 1998; CONNELL E WOOD, 2005).

A força física, ainda que não mais requerida por essa nova masculinidade, continua sendo confirmada pela imagem de esportistas patrocinados pelas corporações (CONNELL, 1998). Para os executivos de negócios transnacionais, segundo Connell e Wood (2005), os corpos são recursos a serem gerenciados, assim como o são mais amplamente suas vidas. Esse gerenciamento é uma prática material e corporificada: as pressões, tensões e infindáveis horas dedicadas ao trabalho são parte constitutiva do que é ser um executivo e, desse modo, esses homens devem administrar seus corpos como o fazem com suas carreiras (ECCEL, GRISCI E TONON, 2010). A relação com o próprio corpo não é uma prática somente autorreflexiva, mas sim coletiva, que cria estilos de vida, e que insere os corpos em matrizes e valores institucionais e culturais (CONNELL E WOOD, 2005).

É importante salientar que a masculinidade referida anteriormente é um modelo fortemente relacionado aos países desenvolvidos, em especial aos Estados Unidos, mas que se impõe em outros contextos, assim como os modelos de gestão, hábitos e estilos de vida. Na realidade, refere-se aos globais (BAUMAN, 1999), pessoas que possuem estilos de vida e vivem os benefícios da globalização. Porém, há adaptações e variações locais que indicam que a dominância dessa masculinidade não está completamente assegurada, sobretudo no que tange aos valores culturais, enfatizando a relevância de considerar estes localizados na constituição das masculinidades e seus desníveis de legitimação.

Além disso, a possibilidade de transformação dos ideais mostra-se possível nas oposições ao modelo, como movimentos antissexistas por parte de homens heterossexuais em diversas partes do mundo e pelos movimentos gays (CONNELL, 1998). Connell e Wood (2005) observaram que os dilemas de gênero e as indefinições ao longo da vida indicam que essa hegemonia não está firmemente estabelecida, assim como ressaltam que esse modelo dá conta apenas de uma parcela das mudanças na masculinidade na era da globalização, mesmo no mundo dos negócios.

De qualquer modo, há aqueles homens que mesmo tendo contato com os predicados hegemônicos de masculinidade, resistem a moldar-se e encontram maneiras alternativas de viver. Além disso, talvez essa seja uma das características distintivas do tempo que vivemos. A perda de referenciais sólidos, algo que gera inúmeros problemas por um lado e, por outro, permite uma infinidade de possibilidades, "outros viveres". A simples existência de um livro como este mostra que novas possibilidades se abrem. Não que as coisas sejam melhores, mas sem dúvida diferentes. Em uma entrevista de pesquisa feita por um dos autores deste capítulo, uma professora contava que, quando ela fez seu doutoramento nos Estados Unidos, não havia banheiro feminino na Universidade de Harvard, algo que parece estapafúrdio hoje. Ou seja, as coisas estão diferentes.

Recentemente, um dos autores deste artigo participou de uma conferência em que o conferencista começou a sua exposição mostrando a foto de uma mulher, vestida em trajes indianos, sentada em uma mesa e olhando para um monitor de computador antigo. Ela trabalhava em uma ONG. O apresentador iniciou sua fala dizendo *"she is a manager"*. Foi muito interessante perceber como aquela imagem subvertia totalmente a imagem arraigada que temos de um gestor como o macho adulto branco que trabalha em uma empresa tradicional, rodeado por tecnologias de ponta. Da mesma forma, a masculinidade hegemônica da contemporaneidade representada pelo executivo internacional de negócios parece uma imagem muito mais frágil do que o homem que duelava pela sua honra ou do "macho" que vive sob a égide do "homem não chora". No filme *Up in the Air* usado de exemplo anteriormente, o personagem principal mostra inúmeras coisas que poderiam ser encaradas como fragilidades (apaixonar-se, sentir solidão etc). Há, no entanto, os que questionam a imagem do executivo de negócios transnacionais como representante universal da masculinidade hegemônica contemporânea (BEASLEY, 2008; COLES, 2009; LUSHER E ROBINS, 2009). Isso talvez comece a indicar a possibilidade de pensarmos em inúmeras opções de masculinidade abrindo caminho para uma não hierarquização das mesmas. Nesse sentido, o masculino emerge como um gênero igual ao feminino, não como algo considerado naturalmente superior sem se quer ser questionado.

Law (2004) discute que ao descrever a realidade, ajudamos a criar a realidade e que a ciência não apenas descreve, mas torna algumas possibilidades mais reais do que outras. Ao encarar apenas o feminino como o gênero que deve ser estudado (ECCEL, 2010), a academia transforma-o em objeto e reitera o masculino como dominante. Assim, um passo fundamental na direção de subverter o domínio do masculino na gestão é considerá-lo, também, como um gênero que deve ser estudado e analisado. É transformar o masculino também em objeto, em objeto de estudo.

BIBLIOGRAFIA

ALVESSON, M.; BILLING, Y. *Understanding gender and organizations*. London: Sage, 1997.

BAUMAN, Z. *Liquid Modernity*. Cambridge: Polity, 1999.

BEASLEY, C. Rethinking hegemonic masculinity in a globalizing world. *Men and Masculinities*, v. 11, n. 1, 2008.

BELLE, F. Cultura de empresa e identidades profissionais. *Revista de Administração (RAUSP)*, v. 26, n. 2, abr.-jun., 1991.

BOURDIEU, P. A dominação masculina. *Educação e Realidade*, v. 20, n. 2, jul.-dez., 1995.

CALÁS, M. B.; SMIRCICH, L.. Do ponto de vista da mulher: abordagens feministas em estudos organizacionais. In: CLEGG, Stewart R.; HARDY, Cynthia; NORD, Walter R. (Orgs.). *Handbook de estudos organizacionais*. São Paulo: Atlas, 1998.

CARLOTTO, C. M. Gênero, reestruturação produtiva e trabalho feminino. *Serviço Social em Revista*, v. 4, n. 2, jan-jun. 2002.

CARVALHO NETO, A.; TENURE, B.; ANDRADE, J. Executivas: carreira, maternidade, amores e preconceitos. *RAE*, v. 9, n. 1, 2010.

CASACA, S. F. A segregação sexual no sector das tecnologias de informação e comunicação (TIC) – Observando o Caso de Portugal. In: MISSÃO DE COOPERAÇÃO NO BRASIL, IV, 2005, Florianópolis e Porto Alegre. *Projeto de Cooperação CAPES/GRICE, UFSC/UFRGS/UTL*. Florianópolis e Porto Alegre, 2005.

_____. Flexibilidade, precariedade e relações de gênero nos novos sectores dos serviços. In. PICCININI, Valmíria *et al.* (Orgs.). *O mosaico do trabalho na sociedade contemporânea*: persistências e inovações. Porto Alegre: Editora da UFRGS, 2006.

CATTANI, A. D.; HOLZMANN, L. Divisão sexual do trabalho. *Dicionário de trabalho e tecnologia*. Porto Alegre: Editora da UFRGS, 2006.

COLES, T. Negotiating the field of masculinity: the production and reproduction of multiple dominant masculinities. *Men and Masculinities*, v. 12, n. 1, 2009.

COLLINSON, D.; HEARN, J. "Theorizing unities and differences between men and between masculinities". In. BROD, H., KAUFMAN, M. (Eds), Theorizing Masculinities, Sage, Thousand Oaks, CA, p. 97-118, 1994.

COLLINSON, D.; HEARN, J. *Men as managers, managers as men*. London: Sage, 1996.

CONNELL, Robert W. Políticas da masculinidade. *Educação e Realidade*, v. 20, n. 2, jul.-dez., 1995.

_____. Masculinities and globalization. *Men and Masculinities*, v. 1, n. 1, jul., 1998.

_____. *Masculinidades*. México: UNAN-PUEG, 2003.

CONNELL, R.; WOOD, J. Globalization and Business Masculinities. *Men and Masculinities*, v. 7, n. 4, p. 347-264, 2005.

DALE, Karen. *Anatomizing embodiment and organization theory*. Basingstoke: Palgrave, 2001.

ECCEL, C. S. *Subjetividades contemporâneas, trabalho e masculinidades*. Porto Alegre: 2010. Tese (Doutorado em Administração) – Programa de Pós-Graduação em Administração, Universidade Federal do Rio Grande do Sul, Porto Alegre.

ECCEL, C. S.; GRISCI, C. L. I; TONON, L. Representações do corpo em uma revista de negócios. *Psicologia e Sociedade*, v. 22, n. 2, 2010.

ECCEL, C. S.; FLACH, L.; OLTRAMARI, A. P. *Relações de gênero e flexibilidade no trabalho de profissionais de tecnologia da informação de Porto Alegre*: um Estudo Multi-Caso. In: ENGPR, 1, Natal, Anais..., 2007. CD-ROM.

FREYRE, Gilberto. *Casa-grande e senzala*. 34. ed. Rio de Janeiro: Record, 1998.

GHERARDI, Silvia. The gender we think the gender we do in our everyday organizational lives. *Human Relations*, v. 47, n. 6, 1994.

GIFFIN, Karen. A inserção dos homens nos estudos de gênero: contribuições de um sujeito histórico. *Ciência & Saúde Coletiva*, Rio de Janeiro: v. 10, n. 1, jan.-mar. 2005.

HANSEN, Lise Lotte. Rethinking the industrial relations tradition from a gender perspective: an invitation to integration. *Employee Relations*, v. 24, n. 2, 2002.

HASSARD, John; HOLLYDAY, Ruth; WILLMOT, Hugh. Introduction: the body and organization. In: _____. *Bodies and organization*. London/Thousand Oaks/New Delhi: Sage Publications, 2000.

KIMMEL, M. S. A. Produção simultânea de masculinidades hegemônicas e subalternas. *Horizontes Antropológicos*, ano 4, n. 9, out., 1998.

_____. A. *Manhood in America*: a cultural history. 2. ed. Nova York: Oxford United Press, 2006.

LAW, John. *After method*: mess in social science research. London: Routledge, 2004.

LINSTEAD, Stephen. Gender blindness or gender suppression? A comment on Fiona Wilson's research note. *Organization Studies*, v. 21, n. 1, p. 297-303, 2000.

LOURO, Guacira Lopes. Corpo, escola e identidade. *Educação e Realidade*, Porto Alegre: v. 25, n. 2, jul.-dez., 2000a.

LUSHER, Dean; ROBINS, Garry. Hegemonic and other masculinities in local social contexts. *Men and Masculinities*, v. 11, n. 4, 2009.

MADALOZZO, Regina; MARTINS, Sergio Ricardo; SHIRATORI, Ludmila. Participação no mercado de trabalho e no trabalho doméstico: homens e mulheres têm condições iguais? In: ENANPAD, 32, 2008. Rio de Janeiro, *Anais...* Rio de Janeiro: 2008.

MARCONDES, Willer B.; ROTEMBERG, L.; PORTELA, L. F.; MORENO, C. R. C. O peso do trabalho "leve" feminino à saúde. *São Paulo em Perspectiva*, São Paulo: v. 17, n. 2, abr.-jun., 2003.

MAVIN, S.; BRYANS, P.; WARING, T. Unlearning gender blindness: new directions in management education. *Management Decision*, v. 42. n. 3-4, 2004.

MAZZEI-NOGUEIRA, C. A feminização no mundo do trabalho: entre a emancipação e a precarização. In: CONFERÊNCIA INTERNACIONAL "LA OBRA DE CARLOS MARX Y LOS DESAFÍOS DEL SIGLO XXI", II, Havana, Cuba, Maio 2004. Disponível em: <http://www.nodo50.org/cubasigloXXI/congreso04/mazzei_290204.pdf.> Acesso em: set. 2007.

MEDRANO-DANTAS, B. *Repertórios sobre masculinidade na propaganda televisiva brasileira*. Dissertação (Mestrado). 1997. Pontifícia Universidade Católica de São Paulo.

MILLS, A.; HATFIELD, J. From imperialism to globalization: internationalization and the management text. In: CLEGG, S.; IBARRA COLADO, E.; BUENO RODRIGUEZ, L. (Eds.). *Global management*: universal theories and local realities. London: Sage, 1999.

MORGAN, D. The gender of bureaucracy. In: COLLINSON, David; HEARN, J. *Men as managers, managers as men*. London: Sage, 1996.

OLIVEIRA, P. P. *A construção social da masculinidade*. Belo Horizonte: UFMG; Rio de Janeiro: IUPERJ, 2004.

PINHEIRO, L.; FONTOURA, N.; QUERINO, A. C.; BONETTI, A.; ROSA, W. *Retrato das desigualdades de gênero e raça*. 3. ed. Brasília: IPEA, SPM, UNIFEM, 2008.

POSTHUMA, A. C.; LOMBARDI, M. R. Mercado de trabalho e exclusão social da força de trabalho feminina. *São Paulo em Perspectiva*, v. 11, n. 1, 1997.

PRESTES MOTTA, F. C. *Masculino e feminino nas organizações*. São Paulo: 2000. Relatório de Pesquisa. Gv Pesquisa.

PRESTES MOTTA, F. C.; ALCADIPANI, R.; BRESLER, R. Estrangeirismo como segregação nas organizações. *Revista de Administração Contemporânea (RAC)*, v. 14, n. 2, 2001.

RIBEIRO, C.; SIQUEIRA, V. Construindo a masculinidade hegemônica: acomodações e resistência a partir da apropriação de personagens de novelas por adolescente das camadas populares. In: ANPED, 28, 2005, Rio de Janeiro. Anais... Rio de Janeiro: 2005.

RITZER, G. Rethinking globalization: glocalization/grobalization and something/nothing. *Sociological Theory*, v. 21, n. 3, p. 193-209, 2003.

SAAVEDRA, L. Diversidade na identidade: a escola e as múltiplas formas de ser masculino. In: *Psicologia Educação e Cultura*, v. 8, n. 1, Vila Nova de Gaia, 2004.

SEFFNER, F. *Derivas da masculinidade*: representação, identidade e diferença no âmbito da masculinidade bissexual. Tese (Doutorado em Educação). Programa de Pós-Graduação em Educação. Universidade Federal do Rio Grande do Sul, Porto Alegre: 2003.

SIMPSON, R.; LEWIS, P. An investigation of silence and a scrutiny of transparency: re-examining gender in organization literature through the concepts of voice and visibility. *Human Relations*, v. 58, n. 10, 2005.

STEARNS, P. *História da sexualidade*. São Paulo: Contexto, 2010.

TIENARI, J.; QUACK, S.; THEOBALD, H. Organizational reforms, "ideal workers" and gender orders: a cross-societal comparison. *Organization Studies*. v. 23, n. 2, 2002.

3

CORPO PESSOA, SEXO E GÊNERO

Maria Tereza Flores-Pereira

INTRODUÇÃO

O meu objetivo neste capítulo, um ensaio teórico, é discutir que uma análise integrada (não comparada) dos construtos de gênero e sexo é possível e necessária. Para realizar tal apreciação, eu parto de três concepções e formas de estudo do corpo humano: o corpo biológico, o corpo social e o corpo pessoa (*embodiment*).

Em princípio, apresento os construtos de sexo e gênero com base em uma perspectiva comparativa, forma de análise mais usual dessas duas temáticas. Nessa linha de análise, a conceituação de corpo biológico auxilia a melhor compreender o construto de sexo, uma vez que ambas temáticas partem do pressuposto de que o corpo é um objeto biológico, anatômico e natural e, portanto, uma incumbência das Ciências Biológicas e Médicas. Os estudos de corpo social, no entanto, auxiliam a compreender o construto de gênero, pois tanto um quanto outro entendem o corpo como um objeto que, ao entrar no mundo da cultura, é moldado, marcado e significado com base, por exemplo, nas suas diferenças anatômico-biológicas de sexo.

Posteriormente, apresentarei o conceito de corpo pessoa (*embodiment*) demonstrando que tal perspectiva compreende o mundo de maneira não dicotômica e que por isso nos permite passar de uma análise comparativa dos construtos sexo e gênero para uma perspectiva integrada. É nesse ponto do capítulo que trabalho com a argumentação do meu objetivo principal, ou seja, a possibilidade e a necessidade de realizarmos uma discussão integrada dos construtos sexo e gênero. Enfim, pensar sobre o futuro que a análise integrada dos construtos de sexo e gênero possa (deva) vir a ter em estudos e pesquisas da área é a principal questão que eu lanço na conclusão.

SEXO E GÊNERO: UMA ANÁLISE COMPARATIVA

Meninos e meninas nascem diferentes? Mulheres e homens são biologicamente programados para diferentes vidas (e mortes)? Ou todas essas diferenças são culturais? Estas são perguntas representativas de um questionamento realizado por filósofos desde a Antiguidade e por cientistas na modernidade, que está presente naquilo que denominamos conhecimento senso comum. São perguntas que remontam a discussão natureza-criação, ao indagar, nesse caso específico, se as diferenças entre homens e mulheres ocorrem por uma questão biológica ou cultural (SYNNOTT, 1993).

Esse questionamento também funciona como a base da construção dos construtos de sexo e gênero. Pendendo para o lado de considerar que mulheres e homens são construídos basicamente a partir de diferenças biológicas, está o construto de sexo, enquanto a consideração de que essas diferenças são culturais é uma ideia defendida com base na construção teórica do construto de gênero.

Cientistas naturais, por exemplo, têm argumentado que as diferenças biológicas de cada sexo – genéticas, hormonais e/ou lateralidade do cérebro – são aquelas que determinam as diferenças entre homens e mulheres no que se refere às questões, por exemplo, de comportamento, de pensamento, de agressividade e nos padrões de sexualidade. Cientistas sociais, no entanto, vêm trabalhando na construção do construto de gênero que se embasa em uma ideia de semelhança entre os sexos, acreditando que as diferenças são causadas pela socialização realizada por meio de pais, escola, pares, mídia, propaganda, igrejas, brinquedos, contos de fadas, filmes e videogames. Gênero não é, portanto, simplesmente uma questão biológica, pois é um construto que conecta a pessoa ao mundo que, por sua vez, deve ser analisado com base em especificidades de tempo e espaço (SYNNOTT, 1993).

De acordo com Gatens (1996, p. 4) a defesa do construto de gênero em relação ao construto de sexo vem sendo realizada em termos do "perigo do reducionismo biológico". O reducionismo biológico do qual a autora fala está ligado a uma visão essencialista da pessoa, a qual acredita existir "uma essência, de caráter imutável e não histórico, e que muitas vezes é um elemento supostamente dado pela natureza" (SEFFNER, 2003, p. 103). O construto de gênero, diferentemente, está prioritariamente alinhado com uma análise construcionista da pessoa por acreditar que "o ser humano não está amarrado a seguir um destino já traçado pela biologia" (SEFFNER, 2003, p. 105).

O perigo do reducionismo biológico refere-se, por exemplo, à incompreensão de um grupo social em relação às vivências e aos desejos que não estejam encaixados em um modelo heterossexual "naturalmente" designado a homens e mulheres. O construto de gênero pretende nos alertar, também, sobre a tradicional argumentação de uma "natural" propensão das mulheres à maternidade, às emoções e, junto a isso, a uma obediência ao masculino. E, ainda, alerta-nos do risco de os homens "comprarem" a ideia de que existe apenas um padrão de masculinidade – viril, macho, racional – que muitas vezes os tornam sujeitos a uma série de perigos que os levam a ter, por exemplo, maiores taxas de morte violenta do que as mulheres (SYNNOTT, 1993).

É nesse contexto que teóricos que defendem o uso do construto de gênero marcam em suas ideias que é indispensável ver "sexo como uma categoria biológica e gênero como uma categoria social" (GATENS, 1996, p. 4). Scott (1986) trabalha um pouco mais com essa ideia ao trazer uma definição cujo núcleo repousa em uma conexão integral entre duas proposições: "[...] gênero é um elemento constitutivo de relações sociais baseadas nas percepções de diferenças entre os sexos, e gênero é uma forma primária de dar significados às relações de poder" (SCOTT, 1986, p. 1067). No que se refere à sua segunda proposição (as relações de poder), a autora alerta para a possibilidade do construto de gênero nos permitir melhor compreender que os ideais do que é ser homem e mulher estão baseados em construções sócio-histórico-culturais e, portanto, de poder. Tal posicionamento visa a uma prevenção acerca dos já comentados perigos do reducionismo biológico e de uma visão essencialista da pessoa. A primeira proposição da autora, por sua vez, marca essa distinção da categoria gênero em relação à categoria sexo. Nesse sentido, esta proposição parece aproximar a autora dos estudos de gênero que o usam como uma maneira de demonstrar as construções sociais que se aplicam sobre os sexos: "gênero é, segundo esta definição, uma categoria social imposta sobre um corpo sexuado" (SCOTT, 1986, p. 1056).

Realizada essa primeira construção dos conceitos de sexo e gênero, parto agora para a demonstração teórica da relação de cada uma dessas conceituações a uma concepção específica de corpo humano. Na próxima seção, mais especificamente, trarei a conceituação de corpo biológico à luz do construto sexo.

CORPO BIOLÓGICO E O CONSTRUTO SEXO

Uma das principais preocupações dos estudos antropológicos do corpo humano sob a perspectiva cultural refere-se à formação de um tipo de conhecimento que se contrapunha a sua compreensão moderna, ou seja, o corpo como uma entidade exclusivamente biológica. Chamado por Le Breton (2002a) de corpo anatomizado e por Dale (2001) de corpo organismo, a ideia de corpo biológico (anatômico, organismo) é construída principalmente a partir do Renascimento, quando um gradual processo de separação da pessoa em relação ao mundo, ao outro e a si mesmo começa a acontecer (LE BRETON, 2002a). Apesar de todas essas separações estarem interligadas, a que mais nos interessa, para fins de compreensão do conceito de corpo biológico, é a última: a separação da pessoa em relação a si mesmo.

A separação da pessoa em relação a si mesmo está alicerçada na ideia moderna de que a pessoa é a sua capacidade de pensar, de raciocinar. Portanto, a pessoa é a sua mente. Sendo a pessoa sua mente, o que resta, ou seja, o corpo, passa a ser tratado apenas como um objeto, algo no qual a pessoa é "depositada" e que, portanto, está a serviço dessa pessoa mental-racional. Ou seja, o corpo não é pessoa, mas um objeto a serviço dela.

Como estamos tão imersos em uma realidade, na qual somos pessoas racionais, e que o corpo é algo que nós "detemos", é importante marcar que essa compreensão de pessoa e de corpo está restrita a um tempo e espaço, ou seja, restrita a uma configuração cultural específica. Para demonstrar isso, a disciplina antropológica vem produzindo uma série de estudos, alguns baseados em referências históricas, outros em casos mais contemporâneos, nos quais, por exemplo, sociedades medievais, tradicionais ou não ocidentais constroem uma diferente relação com o corpo. Sobre essa relação é importante, em princípio, apresentar a "revolucionária" constatação (pelo menos para nós modernos ocidentais) que para alguns desses "outros" grupos humanos a própria ideia da existência de um corpo é algo desconhecido. Ou seja, utilizando agora as palavras de Le Breton (2002a, p. 27): "[...] o 'corpo' só existe quando o homem o constrói culturalmente".

De modo diferente, conforme já comentado, para a sociedade ocidental e moderna, o corpo passa a ter uma existência autônoma, é considerado um objeto distanciado da pessoa. Adiciona-se ainda a essa caracterização a compreensão de que o corpo é um objeto exclusivamente biológico e, ainda, que, para conhecê-lo, torna-se necessária a utilização de um tipo específico de conhecimento. O conhecimento do qual se fala é, a princípio, o científico, pois é nos primórdios da modernidade que o conhecimento, com base na técnica e na ciência, começa a desafiar o conhecimento da Igreja, do divino. Mais especificamente, as áreas da ciência que começam a se constituir para conhecer a "admirável máquina" (parafraseando René Descartes) do corpo humano são a Biologia e a Medicina.

Conhecer o corpo, um objeto biológico, passa então a ser uma preocupação dessas áreas do conhecimento. Os processos de dissecação, por exemplo, são considerados uma das primeiras técnicas constituídas para se construir um conhecimento científico sobre o corpo biológico. Apesar de os primeiros registros sobre uma dissecação em um corpo humano serem datados do século 500 a.C., foi no Renascimento que o maior interesse por esta prática começou a surgir. Leonardo da Vinci (1452-1519), por exemplo, conduziu pelo menos 30 dissecações de corpos humanos. Entretanto, o Papa Leão X, em razão destas, proibiu o acesso de Leonardo aos hospitais romanos e seu trabalho sobre anatomia nunca foi publicado (DALE, 2001).

Essa situação histórica fala mais diretamente de um jogo de forças entre o conhecimento de mundo da Igreja (tradicional) e do cientista (moderno), mas também da formação de uma diferente ontologia, ou seja, uma diferente compreensão de mundo e da pessoa. Em uma visão tradicional, o corpo (lembrando aqui que não necessariamente no sentido de que existia um objeto denominado como corpo) não está distanciado da pessoa, pois o corpo é a pessoa, a pessoa é o corpo. Portanto, o ato de dissecar, assim como qualquer ato de cura que transgredisse os limites do corpo, não eram atos que

"[...] gozavam de grande estima" (LE BRETON, 2002a, p. 38) uma vez que o que se transgredia não era simplesmente um objeto, mas sim a pessoa, sendo esta uma "[...] criação de Deus" (DALE, 2001, p. 86). Mesmo com a presença de resistência, o processo de dissecação prosseguiu com Versalius, e com base em suas dissecações de corpos humanos mortos, ele publica um livro-texto intitulado *De humani corporis fabrica* em 1543 (DALE, 2001).

A possibilidade de abrir o corpo humano e estudá-lo como um objeto separado da pessoa, portanto, é o ponto de partida para a construção dos principais alicerces para o desenvolvimento de um tipo específico de conhecimento sobre o corpo: o conhecimento científico. Diferente da visão holística da pessoa, esse conhecimento privilegia o estudo do corpo como se ele fosse "[...] uma máquina que, tendo sido construída pelas mãos de Deus, é incomparavelmente mais bem-ordenada e contém movimentos mais admiráveis do que qualquer das que possam ser inventadas pelos homens" (DESCARTES, 1989, p. 75). Essa ideia de Descartes demonstra um momento histórico de transição (Idade Média para a Modernidade), pois une o domínio da fé ao da ciência. Segundo a análise do filósofo, Deus cria o corpo humano, e tal corpo é construído com base em um modelo específico, como uma máquina, que pode, então, ser estudado cientificamente a partir, por exemplo, das leis da mecânica.

Apropriar-se das leis da mecânica para o estudo do corpo humano significa dizer que, para conhecê-lo, deve-se estudá-lo com base em suas partes. O ato de dissecar (assim como diversas outras técnicas de investigação médica) enfatiza esse olhar para as partes e acaba por conduzir um processo que prevê em um momento anterior a fragmentação do corpo, e uma posterior reordenação deste "em uma totalidade mais coerente e gerenciável" (DALE, 2001, p. 90). Com base na utilização da técnica – dissecações, microscópios, radiologia – o corpo moderno-ocidental transforma-se em um conjunto de células, órgãos e sistemas. Ou seja, além de não estar mais integrado à pessoa, o corpo passa a desintegrar-se em si mesmo.

Constrói-se, portanto, com base nesse contexto aquilo que estou aqui denominando corpo biológico. Entendo, portanto, que o corpo biológico não é uma entidade absoluta, uma verdade universal, mas sim uma compreensão datada e localizada – nas sociedades moderno-ocidentais – do que é o corpo e do que é a pessoa. O corpo biológico é, portanto, uma importante e, possivelmente, a mais recorrente representação de corpo que temos, ou seja, o corpo como um objeto anatômico e biológico, um organismo estruturado e ordenado por células, órgãos e sistemas que realizam funções definidas. Junto a essa concepção está também uma ideia de pessoa, como alguém distanciada de "seu" corpo, uma mente racional e pensante.

Essa conceituação de corpo biológico, por sua vez, pode ser relacionada ao construto de sexo uma vez que este se refere à diferenciação entre homens e mulheres com base em critérios biológicos. Sexo é tratado como um construto biológico, diz Gatens (1996). Scott (1986), buscando uma análise comparativa entre os construtos de sexo e gênero, traz a ideia de que existe, em princípio, um corpo sexuado (sexo) sobre o qual o social se impõe, ou seja, o gênero.

Essa ideia trazida por Scott (1986) é especialmente interessante para analisarmos a relação entre a conceituação de corpo biológico e a categoria sexo. Uma das ideias iniciais sobre a conceituação de corpo biológico é a de que o corpo se torna um objeto que se detém ou, ainda, algo no qual a pessoa é "depositada" e que, portanto, está a serviço dessa pessoa mental-racional. Quando Scott (1986, p. 1056) conceitua que o "gênero é [...] uma categoria social imposta sobre um corpo sexuado", ele parte da ideia pressuposta do corpo objeto e, mais especificamente, de um corpo biológico. Trata-se de um objeto, pois é passivo, o social lhe é "imposto". Contra o social, o corpo tem muito pouco a fazer, afinal de contas, ele é um objeto. É, ainda, um objeto biológico, pois sua caracterização é fragmentada, ou seja, é um corpo sexuado, pois o processo de definição do sexo é uma composição biológico-anatômica (órgãos, hormônios, cromossomos).

Desse modo, uma primeira relação que eu me propus a construir neste trabalho foi realizada: fazer a relação entre a construção de uma concepção de corpo específica a partir da Modernidade, o corpo biológico e a formação do construto denominado sexo. Na próxima seção, partirei para uma nova análise, a relação entre a conceituação antropológica de corpo social e a construção do construto de gênero.

CORPO SOCIAL E O CONSTRUTO GÊNERO

O estudo daquilo que estou denominando corpo social está, em prícípio, contemplado na área de estudo antropológica e, de modo mais específico, com a construção da conhecida Antropologia Cultural, principalmente a partir de Franz Boas (BOAS, 2004). Buscando distanciar-se dos etnocêntricos estudos antropológicos evolucionistas, os estudos culturais tinham como preocupação central conhecer a pessoa com base em seu contexto sociocultural e de sua diversidade. O período em questão trata-se do final do século XIX e início do século XX, e por tratarem basicamente do estudo de sociedades simples (na época, denominadas primitivas), uma das intenções dessas monografias clássicas era a de estudar o grupo social da maneira mais completa possível (OLIVEIRA, 1998), ou seja, a partir de todos os seus participantes e de todas as suas manifestações/vivências culturais.

É nesse contexto que Marcel Mauss publica o seu trabalho intitulado *Les techniques du corps*, traduzido para o português como *As técnicas do corpo* (MAUSS, 2003). Em sua obra, discorre sobre a mutabilidade das técnicas corporais como um processo de adaptação ao grupo cultural de convivência: "Entendo por essa expressão [as técnicas corporais] as maneiras pelas quais os homens, de sociedade a sociedade, de forma tradicional, sabem servir-se de seu corpo" (MAUSS, 2003, p. 401). A intenção de Mauss é construir (mais uma) categoria de estudo da cultura:

Eu via como tudo podia ser descrito, mas não organizado; não sabia que nome, que título dar a tudo aquilo. Era muito simples, eu só precisava referir-me à divisão dos atos tradicionais em técnicas e ritos, que considero fundada. Todos esses modos de agir eram técnicas, são técnicas do corpo (MAUSS, 2003, p. 407).

Assim, ao fazer a análise das técnicas corporais, no início do século XX, Mauss estava construindo uma nova categoria de estudo da cultura ao dizer que, finalmente, poderia criar uma nova rubrica que incluiria várias categorias daquilo que, em Sociologia descritiva, vinha sendo catalogado como "diversos". Pensando com base nesse contexto, fica fácil compreender a forma didática pela qual o tema é exposto pelo autor em seu texto, quase um processo de alfabetização dos leitores sobre a temática que ele estava a descrever: o corpo como matéria emissora de símbolos e, por via de consequência, de análise da cultura.

A construção dessa categoria de estudo da cultura acabou por propiciar a formação de um campo do conhecimento na Antropologia denominado Antropologia (Sociologia) do Corpo a qual tem como pressuposto básico a ideia de que o corpo, mais do que um objeto biológico, é "[...] matéria simbólica, objeto de representações e imaginários" (LE BRETON, 2002b, p. 7). O corpo humano, portanto, entendido como um objeto, um artefato sobre o qual se inscrevem símbolos, significados e que, por sua vez, encontra-se ancorado em determinado tempo-espaço que o constitui com base em especificidades. No sentido de ressaltar essa ideia, um grupo de teóricos – principalmente simbólicos e estruturalistas – deram início a uma produção mais contínua e volumosa sobre a temática, constituindo aquilo que Scheper-Hughes e Lock (1987) denominam estudos do corpo social. Tais pesquisas compreendem que a imagem da sociedade é marcada corporalmente nos indivíduos por meio de inscrições físicas, estéticas e comportamentais (VICTORA et al., 2000) tornando o corpo um símbolo da sociedade humana, uma miniatura da estrutura social (DOUGLAS, 1966).

Nessa construção teórica do corpo social, incluem-se discussões sobre a temática sexo/gênero. Retornando a Mauss (2003), por exemplo, o autor ao apresentar os preceitos de classificação das técnicas do corpo, já anuncia, como seu primeiro princípio, a divisão das técnicas do corpo entre os sexos, e as outras duas, a variação das técnicas do corpo com as idades e a classificação das técnicas do corpo em relação ao rendimento.

No que se refere à divisão das técnicas do corpo entre os sexos, ponto que nos é importante para este capítulo, Mauss (2003, p. 409) apresenta técnicas corporais de homens e mulheres com base no seguinte contexto: "O soco, o arremesso do golpe, na mulher, são frouxos. E todos sabem que, ao lançar uma pedra, o arremesso da mulher é não apenas frouxo, mas sempre diferente do do homem: plano vertical em vez de horizontal". Em um primeiro momento, o autor apresenta-se androcêntrico ao dizer que os movimentos das mulheres são "frouxos" e, ainda, quando diz que o arremesso da mulher é "sempre diferente do do homem". Ou seja, o arremesso "da mulher" é um desvio em relação à regra (homem) e não uma unidade em si. Entretanto, em um parágrafo seguinte faz um interessante complemento à sua argumentação:

> Talvez se trate aqui de duas instruções. Pois há uma sociedade dos homens e uma sociedade das mulheres. Mas creio também que há talvez coisas biológicas e outras psicológicas, a ver. Seja como for, o psicólogo sozinho não poderá oferecer senão explicações duvidosas e precisará da colaboração de duas ciências vizinhas: fisiologia, sociologia. (MAUSS, 2003, p. 409)

Mesmo que ainda um pouco confuso com os seus pensamentos, afinal são séculos de uma sociedade patriarcalista e misógina (SYNNOTT, 1993), Mauss apresenta uma dúvida que pode ter sido um dos pontos de partida para os estudos de gênero: a ideia de que há "uma sociedade dos homens e outra das mulheres". Mais contemporaneamente o estudo antropológico de Dutra fala um pouco mais dessas "duas sociedades":

> [...] desde a mais tenra infância meninos e meninas vão sendo diferenciados pelo artifício das roupas e sendo ensinados sobre a forma adequada como cada sexo deve se vestir. As meninas são vestidas com roupas em tons rosa ou amarelo, com estampas florais ou de animais domésticos, podendo ter enfeites colocados na cabeça (laços) ou nas orelhas (brincos). Já os meninos são vestidos de azul, com estampas de bolas de futebol ou de animais selvagens, como leões ou tigres. Enfeites são impensáveis. (DUTRA, 2002, p. 362)

Dutra (2002) parte da questão da roupa como um elemento social que participa ativamente do processo de construção de uma identidade de gênero. Ao homem, ao menos para que se atinja um tipo específico de masculinidade, é recomendada a exclusão incondicional de todo e qualquer emblema feminino. Como comenta em seu texto: "Enfeites são impensáveis".

De maneira mais ampla, sem se ater a questões específicas como as das vestimentas, Louro (2000) argumenta que "definição" sexual e de gênero se constitui, via de regra, como a referência primordial sobre os sujeitos, tornando necessária a aquisição de "marcas" que indiquem – sem ambiguidade – essa identidade. Essas marcas, entre outras tantas, também se referem a marcações corporais, pois: "Afinal, o sujeito é masculino ou feminino? É branco ou negro? O corpo deveria fornecer as garantias para tais identificações", analisa criticamente a autora (LOURO, 2000, p. 62).

Esses exemplos de pesquisas que estudam o sociocultural com base no corpo e, mais especificamente, a partir do corpo do homem e da mulher, parecem estar ligados a outro construto com o qual estamos trabalhando neste capítulo: o gênero. No binômio natureza-criação o construto de gênero privilegia a dimensão da criação, o que significa dizer que se refere a um construto social. Relembrando a análise comparativa entre os construtos de sexo e gênero que Scott (1986, p. 1056) apresenta: gênero é [...] uma categoria social imposta sobre um corpo sexuado".

Mais uma vez, essa ideia trazida por Scott (1986) se mostra didática, porém nesta seção serve para construirmos uma relação entre a conceituação de corpo social e o construto de gênero. Conforme já trabalhado, um importante pressuposto do conhecimento produzido acerca do corpo social é o de que este é um objeto sobre o qual se inscrevem símbolos e significados, *locus* no qual a imagem da sociedade é marcada e com base no qual essa mesma sociedade pode ser compreendida. Mesmo que utilize uma abordagem mais política – discussão de relações de poder, gênero como categoria social imposta – Scott (1986) também está falando de valores sociais que se inscrevem, no caso, sobre um corpo sexuado. Ao trazer a história e a cultura para a compreensão do corpo, no caso, para o corpo feminino e masculino, os estudos de corpo social e gênero unem-se também no que se refere à construção de um contraponto ao reducionismo biológico e, ainda, a uma visão essencialista da pessoa. O corpo social e o gênero, portanto, são construídos a partir de uma concepção diferenciada do corpo biológico e o sexo.

Desse modo, a segunda relação que me propus a construir neste trabalho foi realizada: a associação entre os estudos do corpo social e a formação do construto de gênero. Na próxima seção proponho uma análise integrada dos construtos de sexo e gênero, utilizando como base os estudos de corpo pessoa ou, em uma nomenclatura mais conhecida da língua inglesa, os estudos de *embodiment*.

CORPO PESSOA, SEXO E GÊNERO: UMA ANÁLISE INTEGRADA

Para sairmos de uma análise comparativa e chegarmos a uma análise integrada dos construtos de sexo e gênero, buscarei mais uma vez apoio nos estudos de corpo, nesse caso, nas teorizações referentes ao corpo pessoa (FLORES-PEREIRA, 2010) ou, como é mais conhecido internacionalmente, os estudos de *embodiment*. A inclusão dos estudos de corpo pessoa na análise dos construtos de sexo e gênero torna-se relevante à medida que percebemos haver limitações não apenas nos pressupostos de estudo e análise do corpo biológico, como também nos estudos de corpo social. A limitação a que me refiro é o fato de que em ambas as abordagens o corpo continua sendo tratado como um objeto.

Nos estudos de corpo biológico, o corpo é um objeto à disposição da pessoa (racional-mental) que o "detém". Esse corpo é estudado com base em suas partes, é dissecado, radiografado e reconstruído de uma maneira mais "ordenada" aos olhos de quem o estuda. Nos estudos de corpo social, o corpo é um objeto a serviço do grupo social no qual está inserido. O social impõe-se e inscreve-se nele, marca-o, tornando-o uma espécie de texto para que a cultura, o gênero, a história e as relações de poder, por exemplo, sejam estudadas. Os estudos de corpo social e, por associação, os de gênero, trazem consigo a ideia de que existe (previamente) um corpo "puro", biológico, natural sobre o qual é colocada uma espécie de capa (a marca, a inscrição, a imposição) sócio-histórico-cultural.

É nesse contexto de crítica à caracterização de corpo como um objeto (biológico ou sociocultural) que se constroem os estudos de corpo pessoa (*embodiment*). Estes buscam construir um conhecimento que tome como ponto de partida o caráter unificado entre pessoa e corpo e, portanto, retira sua caracterização de objeto. Falar sobre o corpo pessoa significa compreender a experiência imediata (corporal) que é construída entre pessoa e um mundo que é, desde sempre, histórico e cultural. São as relações entrelaçadas pessoa-corpo-mundo que os estudos de corpo pessoa buscam compreender, uma relação que ocorre antes da racional construção do mundo dos objetos e da cultura como um sistema de representação. Nesse contexto, por exemplo, não existe a ideia de um corpo natural puro que é "posteriormente" introduzido no mundo da cultura. O corpo está, desde sempre e simultaneamente, constituindo e sendo constituído pela cultura (CSORDAS, 1988; FLORES-PEREIRA et al. 2008).

Os estudos de corpo pessoa, portanto, tem como um de seus pressupostos principais a quebra de uma compreensão de mundo, principalmente dos modernos e ocidentais, com base em dualidades. Mais diretamente, essa conceituação questiona as dicotomias corpo e mente (a pessoa é uma pessoa corpo), pessoa e objeto (a pessoa está sempre em relação com o objeto, o mundo) e natureza e cultura (a natureza nunca é "pura" quando relacionada a pessoas). É nesse mesmo intuito de questionar dicotomias que busco os estudos de corpo pessoa para este capítulo, ou seja, tais estudos funcionando como referência para questionar aquilo que denomino dicotomia sexo-gênero.

Assim como a tradicional dicotomia natureza-cultura está presente na formação de um pensamento dualista que constituiu os estudos de corpo biológico e corpo social, ela também aparece fortemente no desenvolvimento de conceitos formulados para os construtos de sexo e gênero que, respectivamente e exclusivamente, se referem à natureza e à cultura. Portanto, a discussão que se constrói com base em tais construtos tem sido realizada no sentido de excluir uma da outra, ou seja, estudamos se tal comportamento é uma questão social **ou** biológica, se é da natureza **ou** da cultura. Ao buscarmos respostas para essas questões, entretanto, muitas outras perguntas e respostas ficam em aberto, pois o pensamento dualista está muito atento para os polos, para os extremos, mas esquece de observar as inúmeras nuances intermediárias.

Gatens (1996) já havia realizado uma análise não dualista e polarizadora dos construtos de sexo e gênero. Ela analisa, por exemplo, que a diferenciação entre sexo e gênero é uma distinção entre corpo e mente e procura discutir esse caráter de exclusividade de temáticas com as quais cada um desses construtos se ocupa, ou seja, ora as pessoas são totalmente biológicas, ora elas são totalmente sócio-histórico-culturais. Na realidade, a autora opta por não "se filiar" a nenhuma dessas correntes. A sua compreensão em relação a estudos que busquem compreender diferenças sexuais com base em um paradigma exclusivamente biológico é a de que estes apresentam uma cansativa carga essencialista e biologista. A autora também não poupa os estudos de gênero. Sobre estes, critica o fato de priorizarem questões de classe, discurso e poder como se os corpos (de homens e mulheres) não fossem questões centrais nessa luta (GATENS, 1996). Nesse sentido, a autora não corrobora o pressuposto dos estudos de gênero acerca de uma suposta neutralidade e passividade do corpo em relação à formação das consciências. Tampouco crê na ideia, também pressuposta nos estudos de gênero, de que as pessoas podem alterar os efeitos de especificidades históricas e culturais de suas experiências de vida por meio de uma mudança consciente das práticas materiais da cultura em questão.

Gatens (1996) considera, diferentemente, que, seja no campo da consciência (mente) ou do corpo, a pessoa é sexuada e, ainda que o corpo do homem ou da mulher tenha valores e significados sociais diferentes, também tem um efeito marcado nas suas consciências. Na realidade, analisa a autora, não existe tal neutralidade do corpo, existem sim, pelo menos, dois tipos de corpo: o corpo masculino e o corpo feminino. A ideia de Gatens é colaborada por Lindermann (1997), quando este argumenta que a questão a ser debatida não é a de provar que sexo (biologia) é irrelevante em determinar o gênero, mas, sim, a de que os dois gêneros são distintos em diferentes níveis (anatômico, biológico, sócio-histórico-cultural) e que essas distinções devem ser estudadas de maneira profunda, e, eu ainda incluiria, de maneira integrada. Essa postura é essencial em um contexto no qual se acredita que a significação social do gênero apresenta uma relação íntima com uma biologia que, por sua vez, é vivida em um contexto social e em um contexto histórico específicos (GATENS, 1996). Projetar diferenças entre sexo e gênero torna essa perspectiva de estudo impossível (LINDERMANN, 1997).

Ao trazermos os estudos de corpo pessoa e, junto a estes, as análises críticas de outros autores sobre a distinção dos construtos de sexo e gênero podemos ter uma compreensão diferente da maneira como sexo e gênero se relacionam na vida prática. Em uma visão incorporada (*embodied*) uma pessoa não (pelo menos não apenas) representa o gênero, ela o incorpora. Diferente de uma visão abstrata (racional), essa perspectiva incorporada de gênero compreende, por exemplo, que a alteração dos efeitos de especificidades históricas e culturais não pode ser simplesmente apagada das experiências de vida das pessoas por meio de uma mudança consciente das práticas materiais da cultura em questão (GATENS, 1996). Tais práticas, na realidade, foram incorporadas (*embodied*) em uma relação entrelaçada entre pessoa-corpo-mundo. Nesse contexto e, ainda, relembrando a questão do arremesso da bola apresentado por Mauss (2003), mais importante do que indagar se a mulher pode ou não arremessar a bola como um homem (na horizontal), deve-se perguntar: por que o arremesso horizontal é mais valoroso que o vertical?

CONCLUSÃO

O presente capítulo teve como objetivo final construir uma análise integrada dos construtos de sexo e gênero, aquele uma categoria exclusivamente biológica e este prioritariamente social. O pressuposto geral do qual eu parto para a realização desta análise é o de que o dualismo, como uma ideologia polarizadora e confinadora, é por si mesmo problemático. De maneira específica, está subtendido nesta minha argumentação o fato de que uma análise exclusivamente separada entre os construtos de sexo e gênero encoraja ou engendra a neutralização da diferença sexual e, portanto, de uma política sexual que considere as particularidades advindas de uma relação pessoa, corpo e mundo que é desde sempre entrelaçada.

Para apoiar a construção desta crítica à polarização dos construtos de sexo e gênero utilizei como recurso principal os estudos e as teorizações realizadas acerca de três concepções de corpo humano: o corpo biológico, o corpo social e o corpo pessoa (*embodiment*). Relacionei a conceituação de corpo biológico com o construto sexo, no sentido de que ambos atribuem uma definição exclusivamente biológica e natural ao corpo humano. Argumentei que os estudos de corpo social, aproximam-se da construção do construto gênero, pois ambos partem do pressuposto de que existe, em princípio, um corpo natural, biológico, sexuado e passivo, sobre o qual a cultura e a sociedade agem (marcam, inscrevem-se, impõem-se).

Construída a relação entre os estudos de corpo biológico, corpo social e, respectivamente, os construtos de sexo e gênero, passei para a parte final deste capítulo que tinha o objetivo de realizar uma análise integrada (não comparativa) de tais construtos. Utilizei, para isso, a conceituação de corpo pessoa (*embodiment*) que, de maneira geral, é uma teorização que busca entender a relação entre pessoa e mundo de modo entrelaçado. Nessa teorização, não existe a ideia de uma pessoa natural (um corpo, um sexo) a qual é posteriormente inserida no mundo (sócio-histórico-cultural). A pessoa, nessa perspectiva, está desde sempre no mundo e é com base nesse mundo que se constitui como uma pessoa-corpo-sexuado.

Gostaria de finalizar este capítulo levantando a possibilidade e o desafio da criação de uma diferente nomenclatura para essa compreensão das questões de sexo e gênero de maneira não distanciada, polarizada. Uma nomenclatura que permita uma compreensão incorporada (*embodied*) das questões de sexo e gênero. Outra possibilidade que aparece é a de os próprios estudos de gênero inserirem cada vez mais na sua agenda de pesquisa a temática do corpo, principalmente com base na linha de estudo do corpo pessoa (*embodiment*). Alguns trabalhos com essa proposta já vem sendo construídos, mas ainda temos muito espaço de discussão a ser preenchido.

REFERÊNCIAS BIBLIOGRÁFICAS

BOAS, F. *Antropologia cultural*. Rio de Janeiro: Jorge Zahar, 2004.

CSORDAS, T. J. Embodiment as a paradigm for anthropology. *Ethos*, v. 18, p. 5-47, 1988.

DALE, K. *Anatomising embodiment and organization theory*. Basingstoke: Palgrave, 2001.

DESCARTES, R. *Discurso do método*. Brasília: UnB, 1989.

DOUGLAS, M. *Pureza e perigo*. São Paulo: Perspectiva, 1966.

DUTRA, J. L. *"Onde você comprou esta roupa tem para homem?"*: a construção de masculinidades nos mercados alternativos de moda. In: GOLDENBERG, M. (Ed.). *Nu e vestido*. Rio de Janeiro: Record, 2002, p. 359-411.

FLORES-PEREIRA, M. T. Corpo, pessoa e organizações. *Organizações e Sociedade*, 2010.

FLORES-PEREIRA, M. T.; DAVEL, E.; CAVEDON, N. Drinking beer and understanding organizational culture embodiment. *Human Relations*, v. 61, n. 7, p. 1007-1027, 2008.

GATENS, M. *Imaginary bodies. Ethics, power and corporeality*. Londres: Routledge, 1996.

LE BRETON, D. *Antropología del cuerpo y modernidad*. Buenos Aires: Nueva Visión, 2002a.

LE BRETON, D. *La sociología del cuerpo*. Buenos Aires: Nueva Visión, 2002b.

LINDERMANN, G. The body of gender difference. In: DAVIS, K. (Ed.). *Embodied practices: feminist perspectives on the body*. Londres: Sage, 1997, p. 73-92.

LOURO, G. L. Corpo, escola e identidade. *Educação e Realidade*, v. 25, n. 2, p. 59-76, 2000.

MAUSS, M. *Sociologia e antropologia*. São Paulo: Cosac & Naify, 2003.

OLIVEIRA, R. C. *O trabalho do antropólogo*. São Paulo: UNESP, 1998.

SCHEPER-HUGES, N.; LOCK, M. The mindful body: a prolegomen on to future work in medical anthropology. *Medical Anthropology Quarterly*, v. 1, n. 1, p. 6-41, 1987.

SCOTT, J. W. Gender: a useful category of historical analysis. *The American Historical Review*, v. 91, n. 5, p. 1053-1075, 1986.

SEFFNER, F. *Derivas da masculinidade:* representação, identidade e diferença no âmbito da masculinidade bissexual. Porto Alegre: Editora da UFRGS, 2003.

SYNNOTT, A. *The body social*: symbolism, self and society. Londres: Routledge, 1993.

VICTORA, C. G.; KNAUTH, D.; HASSEN, M. *Pesquisa qualitativa em saúde*: uma introdução ao tema. Porto Alegre: Tomo, 2000.

4

EM BUSCA DE UMA PEDAGOGIA GAY NO AMBIENTE DE TRABALHO

Marcus Vinícius Siqueira
Augusto Andrade

INTRODUÇÃO

O gosto pela alteridade. O gosto pela diversidade. O gosto pelo outro, independente do que seja ou do que pense. É a partir desse marco que o presente estudo se direciona, objetivando compreender não apenas o universo gay no ambiente de trabalho, mas o de analisar o desenvolvimento de políticas afirmativas e inclusivas em uma grande empresa do setor bancário. Pretende-se, além disso, apontar elementos que possam auxiliar na constituição de uma pedagogia gay, de um processo de sensibilização e de conscientização quanto à questão da inclusão sócio-organizacional do indivíduo gay. Neste sentido, o artigo faz uso do relato de pesquisa como elemento central, em termos de percurso metodológico, de forma a se compreender de modo aprofundado a implantação de direitos gays na empresa pesquisada. Tal relato de pesquisa teve como fonte um dos principais agentes fomentadores da atual política de diversidade, no que se refere à orientação sexual, da organização estudada. A partir desse relato e do referencial teórico apresentado, além da análise de ações realizadas em um grupo gay, foi possível traçar elementos constituintes de uma pedagogia gay, sem obviamente esgotar a temática e nem tampouco configurar-se em um modelo prescritivo. A ideia é que a partir do diálogo entre teoria e prática, possam ser elencados elementos que propiciem um ambiente de trabalho mais plural. Desse modo, o estudo está organizado da seguinte maneira: em um primeiro momento é traçado um arcabouço teórico que discute elementos como identidade gay, violência homofóbica e alteridade; a partir desse quadro teórico, o estudo expõe o relato de pesquisa mostrando como foram implantadas políticas de inclusão do indivíduo homossexual em uma grande empresa nacional do setor bancário. Em um terceiro momento, o artigo conclui com a discussão de uma pedagogia, que pode ser nomeada como uma pedagogia gay.

IDENTIDADE GAY E HOMOFOBIA NO MUNDO DO TRABALHO

Assim como o amor, o trabalho, como nos diria Freud, é essencial para o equilíbrio psíquico dos indivíduos, sendo necessário ainda se evocar a dinâmica do reconhecimento e a não violência como elementos essenciais para o desenvolvimento de ambientes de trabalho que minimizem o sofrimento do indivíduo e possibilite transformar estas vivências em momentos de prazer. Não que tal busca seja uma utopia, por mais distante que pareça estar, mas é necessário identificar em que medida o trabalho vem adoecendo os indivíduos na contemporaneidade, como bem nos lembra Gaulejac (2007), em um contexto de individualidade e competitividade, como salienta o filósofo da hipermodernidade, Lipovetsky (2004). É mister propor alternativas que transformem as relações de trabalho e minimizem a precarização em que este se encontra, assim como buscar formas não violentas de organização e relacionamento, mesmo que tais violências sejam em certa medida, violências sutis.

Uma das modalidades de violência que permeia as relações de trabalho, nas mais diversas organizações, é a violência contra o homossexual, seja por atos explícitos de homofobia, por verbalizações com duplo sentido, piadas homofóbicas ou restrições a promoções, por exemplo. Sem recorrer à vitimização, não se pode ignorar que o indivíduo gay vivencia inúmeras situações humilhantes e constrangedoras no ambiente de trabalho, tanto que as organizações começaram a definir políticas de diversidade que abranjam esse grupo específico. A definição dessas políticas está na "crista da onda", como uma das principais categorias do discurso organizacional moderno. Mulheres, negros, pessoas com deficiências, imigrantes e homossexuais têm sido objeto de esforço das políticas estratégicas em gestão de pessoas de grandes empresas no sentido de minimizar os efeitos causados pelo estigma e por estereótipos negativos por que passam pessoas pertencentes a esses grupos. Promove-se, ao menos no discurso, ações de apoio que possam difundir a imagem da empresa mostrando-se efetivamente preocupada com a diversidade, ou seja, com as diversas representações em um contexto específico, de pessoas com as mais diversas identidades grupais.

As empresas, dessa forma, utilizam várias ações que contribuem na minimização dos efeitos da discriminação ao diferente, como o homossexual. Algumas ações, como a concessão de planos de saúde a parceiros de funcionários homossexuais ou a punição a atos homofóbicos, tanto por parte de colegas de trabalho quanto por superiores hierárquicos, além do treinamento para a sensibilização voltada a não discriminação, timidamente, criam um ambiente mais seguro, para o indivíduo gay no mundo do trabalho.

Pretende-se um trabalhador homossexual emancipado da violência em que está envolvido no ambiente de trabalho, mesmo que esta seja extremamente sutil, como piadas homofóbicas. Essa emancipação envolve, antes de tudo, uma luta política para o alcance de relações de trabalho mais inclusivas no que diz respeito ao indivíduo gay.

Entretanto, para que essa busca seja efetivada, ela não pode ocorrer de modo isolado, envolvendo apenas o indivíduo estigmatizado, como no caso de concessão de planos de saúde para parceiros. A busca deve envolver todos os funcionários da organização – possibilitando o desenvolvimento de um trabalho de sensibilização junto a estes, recorrendo, em última instância à punição em casos de violência. Além disso, é preciso haver discussões sobre a alteridade como um todo, sobre a necessidade em se respeitar o outro, o diferente; isso pode ser catalisado por meio do reforço ao coletivo de trabalho e à ampliação de um espaço público da palavra.

O alcance de um ambiente de trabalho com maior inclusão e menor estigmatização de homossexuais depende não apenas de políticas tradicionais de prevenção e combate à homofobia, mas também de um reordenamento das relações de poder.

No contexto social, contudo, ressalta-se que, apesar dos esforços de prevenção e combate à homofobia que vários países têm realizado nos últimos anos, ainda é alarmante o número de homossexuais mortos, em função de sua orientação sexual. Gays são assassinados com requinte de crueldade e, também, de tortura, como vem acontecendo em alguns países como o Iraque, inclusive com o apoio da família da vítima, em alguns casos. Ocorrem espancamento de indivíduos gays em função da orientação sexual e proibição legal do ato homossexual em diversos países. Adolescentes e jovens gays são expulsos de casa pela família nas mais diversas culturas. Sem contar a propagação de piadas homofóbicas na escola e em empresas.

Pesquisas em diversos países ocidentais mostram que parte significativa de indivíduos heterossexuais não se sentem confortáveis em trabalhar ou estudar com um indivíduo homossexual, inclusive CEO´s (DAY E SCHOENRADE, 2000). Nas escolas, o índice é ainda maior, e o mais grave é que neste último caso estamos falando de crianças e adolescentes. Estes são apenas alguns exemplos de como a homossexualidade ainda permanece um tabu e é visto como tara, por parte significativa da sociedade.

É indiscutível o desenvolvimento de políticas de proteção aos direitos dos homossexuais, especialmente nos países ocidentais. Políticas públicas são fundamentais para se garantir a mínima segurança para esse grupo social. Não que essas políticas diminuirão automaticamente o preconceito e a discriminação, mas auxiliam o indivíduo gay no processo de *coming out* diante da família, amigos e colegas de trabalho. Auxiliam na ampliação de espaços de expressão afetiva rompendo com a invisibilidade. Daí a importância dos movimentos afirmativos na busca dos direitos de identidades coletivas minoritárias. Como nos recorda Wieviorka:

> até os anos 1970, afirmar-se visivelmente como homossexual ou como judeu, para permanecer no quadro desses dois casos, implicava incomodar o resto da sociedade, reclamar um reconhecimento, dizer que sua identidade sexual ou religiosa merece seu lugar, que ela não é uma infâmia ou uma barbárie, nem a marca de uma inferioridade incapacitante, como sugere o discurso dominante (WIEVIORKA, 2006, p. 149).

E ainda hoje o indivíduo gay se silencia diante do medo e da vergonha de sua orientação sexual, acreditando que ele não tem "nenhum lugar ao sol", devendo se resguardar em espaços restritos. Vale ressaltar, entretanto, que os espaços específicos de interação homossexual também têm papel de relevância tanto na criação e na promoção da cultura gay, bem como na política, no que tange à luta por direitos iguais.

De acordo com Siqueira e Zauli-Fellows (2006), são várias as experiências negativas vivenciadas pelo gay no ambiente de trabalho, em virtude da sua orientação sexual, tais como a perda do emprego quando descoberta a identidade sexual do sujeito, a influência da orientação sexual em processos de promoção e avaliação de desempenho, a energia desprendida pelo indivíduo para omitir a sua orientação sexual, dentre outros fatores. No que diz respeito à carreira, é mister aprofundar pesquisas junto a indivíduos gays quanto às barreiras que o *coming out* pode gerar em sua carreira, assim como fomentar estudos que possam verificar se escolhas de carreira são influenciadas pela orientação sexual do sujeito. Dessa forma, políticas organizacionais que punam casos de discriminação e o apoio da alta cúpula são positivos – apesar de insuficientes, criando um sentimento de maior satisfação no emprego, conforme pesquisa realizada por Day e Schoenrade (2000), junto a 744 trabalhadores homossexuais. E a área de gestão de pessoas de empresas que contam com políticas de diversidade ainda é omitida, ao menos parcialmente, em relação à diversidade sexual.

É nítido o medo do homossexual em revelar a sua orientação sexual no trabalho, mesmo que a empresa tenha política contra a discriminação por orientação sexual. O indivíduo gay se depara com dois caminhos: o *coming out* e o *in closeted*. Nas duas situações, o indivíduo vivencia situações delicadas. Na primeira, ele passa a temer ser alvo de retaliações e, na segunda, angustia-se em omitir uma dimensão fundamental de sua vida. Como nos diz Croteau,

> o medo ou a antecipação da discriminação parecem ser importantes e muito citados como sendo relevantes considerações em como trabalhadores gerenciam suas identidades gay, lésbica e bissexual no trabalho (CROTEAU, 1996, p. 199).

De acordo com McNaught (1993), as empresas preferem que o indivíduo continue "no armário", inclusive as que contam com políticas de combate à discriminação. Vale dizer ainda que isso se deve não apenas ao fato do receio organizacional quanto à perda de produtividade, mas também ao próprio preconceito velado por parte de seus dirigentes. Neste sentido, Day e Schoenrade (2000, p. 347) nos recordam que a partir de pesquisa realizada nos Estados Unidos pelo *Wall Street Journal*, "66% dos CEO's entrevistados se dizem relutantes em incluir um homossexual no comitê de gestão". Um último elemento a ser abordado quanto a essa temática, refere-se ao modo com que o indivíduo gay exprime a sua orientação sexual. Ward e Winstanley (2005) afirmam que alguns elementos são tomados em consideração pelo indivíduo gay, como as atitudes de colegas quanto à homossexualidade, os mecanismos de defesa do indivíduo ao desafiar a homofobia e as estratégias para responder a colegas quanto a essa questão.

Diante desse quadro, discutir diferença e alteridade nas organizações, além de não ser tarefa fácil, se mostra algumas vezes frustrante. Isso porque qualquer análise nesse sentido se direciona ao caminho das contradições. E uma delas refere-se ao fato de que o discurso da diversidade revela-se, *a priori*, no respeito ao outro, no interesse pela diferença, pela alteridade, o que não é muito comum nas organizações. No contexto do imaginário organizacional moderno, prioriza-se a homogeneização do comportamento humano, sem que haja espaço para a transgressão e para o diferente. A cola social que se forma é produzida sob o império da identificação à organização e a consequente geração de comprometimento à determinada cultura organizacional. Pretende-se, então, desenvolver políticas de diversidade cultural em ambientes que questionam a diferença, o pensar criativo que não seja aquele restrito à melhoria do desempenho organizacional. E o que é diversidade cultural, se não o respeito às diferenças, não se restringindo a grupos específicos, mas estando voltado a qualquer indivíduo independente se esteja ou não incluído em alguma identidade grupal específica? Prega-se o respeito ao outro, mas o indivíduo não é respeitado na organização atual, como bem demonstra Gaulejac (2007) ao identificar, no contexto do poder gerencialista, diversas modalidades de dominação e controle social nas organizações.

O indivíduo vivencia diversas modalidades de violência no contexto organizacional, das mais explícitas, relacionadas à violência moral, às mais sutis, como a gestão do afetivo, uma forma de controle social nas organizações. O amor, enquanto objeto de sedução e fascinação, auxilia o indivíduo a se deixar envolver de tal forma, que na busca da cura de suas feridas narcísicas, se lança integralmente aos anseios da gestão, submetendo-se e tornando-se um servo voluntário da empresa. Não nos cabe, no conjunto dessas reflexões, nos ater de modo aprofundado nas características desse poder gerencialista, que mantém inalteradas as relações de poder nas organizações contemporâneas, abrindo espaço às mais diversas modalidades de violência.

O que nos é relevante, neste momento, é ressaltar o não reconhecimento do trabalhador, especialmente, da diferença. Na medida em que se torna possível notar a luta continuada entre a pulsão de destruição e os modos de convivência, não resta muito espaço para o diferente, que tende a ser alvo de ódio e de aversão. Uma vez que se ignora a definição de espaços públicos da palavra, não se permite que determinados temas, como a homossexualidade, sejam efetivamente debatidos.

O que está em jogo não são simplesmente políticas afirmativas, mas a negociação de regras de convívio social que permitam o desenvolvimento de outro olhar para as diferenças, inclusive as relacionadas à orientação sexual. Nega-se o outro, não apenas o homossexual, mas principalmente o diferente, aquele que não comunga com determinados aspectos culturais e sociais. De acordo com Weeks,

> a política de identidade não é uma luta entre sujeitos naturais; é uma luta em favor da própria expressão da identidade, na qual permanecem abertas as possibilidades para valores políticos que podem validar tanto a diversidade quanto a solidariedade (WEEKS apud SILVA, 2000, p. 37).

A luta está presente na busca de um espaço público da palavra, em que o diálogo seja um elemento central nas organizações e que o indivíduo se sinta minimamente seguro em revelar a sua própria identidade, sem qualquer forma de temor.

OS AVANÇOS DOS DIREITOS GAYS EM UMA GRANDE EMPRESA NO BRASIL

Percebe-se, com clareza, a dificuldade de se falar em diversidade cultural com o foco em orientação sexual nas organizações, especialmente em empresas brasileiras. Muito do que tem sido conquistado a respeito de direitos gays no ambiente de trabalho deve-se a uma luta política em âmbito social, por meio de formulação e implantação de políticas públicas e a ação coordenada de um lobby político gay, resultando em benefícios para LGBT (lésbicas, gays, bissexuais, travestis, transexuais e transgêneros).

Nos Estados Unidos, identifica-se maior avanço no alcance de direitos gays em grandes empresas. Isso se deve a dois fatores essenciais: a necessidade organizacional em se ter uma imagem institucional moderna, de respeito à diversidade e à responsabilidade social, e a luta de grupos LGBT formais ou informais em âmbito organizacional. Salienta-se ainda que, o desenvolvimento significativo de direitos gays nas empresas está intimamente relacionado ao ambiente, ao clima social existente no país em termos políticos, não sendo possível dissociar o organizacional do que ocorre no social.

De acordo com pesquisa realizada por Raeburn (apud GITHENS E ARAGON, 2009, p. 124), o avanço de grupos LGBT em empresas americanas é perceptível. O número desses grupos cresceu de dois, em 1980, para 69, em 1998. E em 2008, já estavam em 160 dentre as 1.000 maiores empresas americanas. O autor ressalta que tal fato foi influenciado pela luta e conquistas do movimento gay no contexto social, especialmente nos anos do governo Clinton.

Githens e Aragon (2009) ao analisarem os diversos tipos de grupos LGBT nas empresas citam como exemplo o desenvolvimento de um desses grupos na Metropolitan Healthcare, empresa de grande porte norte-americana. O grupo surge informalmente em 1985, a partir da ação de alguns amigos em termos de relações sociais. Em 1993, o grupo decide se aproximar da cúpula estratégica a fim de tratar de algumas questões como o clima hostil a gays no ambiente de trabalho e a expansão de uma política de não discriminação. No ano 2000, a partir de uma proposta institucional, o grupo torna-se formalmente reconhecido pela empresa. A partir de então, intensifica-se a pressão por maiores direitos para trabalhadores homossexuais, com a preocupação preponderante de se promover sessões educacionais de respeito à diversidade na organização.

Desse modo, o clima organizacional, em relação a normas informais e práticas organizacionais formais, é essencial para a decisão do indivíduo em se assumir como homossexual no ambiente de trabalho. De acordo com King, Reilley e Hebl (2008, p. 574), "se um empregado LGBT revela sua orientação sexual em um contexto de clima homofóbico, as reações do grupo são negativas. Entretanto, se o funcionário LGBT revelar a sua orientação sexual em um ambiente de apoio, as reações serão mais positivas".

Githens e Aragon (2009, p. 126) traçam um quadro sintético para se compreender a diversidade das estruturas organizacionais entre grupos LGBT, a partir de conceitos da teoria organizacional. Identificam-se nesse esquema quatro quadrantes: 1) *queer radical approaches* – "grupos informais que trabalham para propiciar mudanças por meio de ações subversivas. Rejeita o binário gay-hetero, trabalha com coalizões e integra questões sociais no contexto do ativismo *queer*"; 2) *organized unofficial approaches* – "grupos estruturados mas que não são sancionados pela organização. Busca mudanças sociais e organizacionais"; 3) *internally responsive informal approaches* – "grupos não oficiais para o desenvolvimento de carreiras, apoio social entre trabalhadores LGBT e encorajamento da diversidade no contexto de vantagens competitivas"; 4) *conventional approaches* – "estruturado, grupo sancionado formalmente que organiza programas formais e encorajam a discussão sobre diversidade tendo em vista o benefício da organização".

É claro que no Brasil, ainda se está muito aquém do mínimo que deveria ser realizado em termos institucionais no que se refere a políticas de promoção a direitos gays no ambiente organizacional. E não se trata simplesmente de direito ao plano de saúde para parceiros de funcionários, mas de respeito ao outro, ao diferente, ao gay. Como nos coloca Tejeda (2006), as políticas de não discriminação são necessárias para sua redução no ambiente de trabalho, institucionalizando práticas de combate à homofobia.

Em certa medida, o que as empresas têm desenvolvido em termos de valorização do indivíduo gay no ambiente de trabalho é muito pouco quando comparada com políticas voltadas para mulheres e pessoas com deficiência. E quando tal política se faz presente, está longe de trabalhar de modo sistemático para a maior inclusão, via sensibilização e conscientização, do indivíduo gay no ambiente de trabalho. Em algumas situações, estes direitos se impõem a partir de iniciativas isoladas de membros da organização, como é o relato de pesquisa a ser exposto a seguir.

Na organização em que trabalha, uma grande empresa do setor bancário, A. J. pontua que sua atuação ocorreu de forma mais expressiva e direta na luta pelos direitos LGBT, após 2003, com a mudança de orientação político-estratégica da empresa. Foi criada uma Diretoria de Responsabilidade Socioambiental, que dentre outros objetivos, inclui a discussão da diversidade no ambiente de trabalho.

A primeira ação da empresa foi a criação de uma Carta de Princípios que balizasse todas as suas ações. Nela constava que a empresa se comprometia a repelir todas as formas de discriminação, inclusive, aquelas por orientação sexual. Nesse momento, iniciou-se a sua ação individual para que a questão LGBT fosse contemplada.

A segunda ação pretendia iniciar um processo de discussão, sensibilização e educação para o tema da Diversidade. Veiculou-se na televisão interna da organização um programa chamado "Diversidade no XX:" em que se discutia gênero, negritude, acessibilidade e orientação sexual com a participação de funcionários que representavam essas diferenças. Essa ação representou um marco, pois, pela primeira vez um funcionário gay falava, no ambiente organizacional, com apoio institucional, abertamente de sua vida e suas experiências como funcionário. Posteriormente, este programa foi formatado como treinamento à distância e colocado à disposição de todos os funcionários.

Para fazer com que as conquistas fossem além da sensibilização, o entrevistado, utilizando-se das normas internas que dispunham sobre companheiros heterossexuais, formalizou, em 2003, um pedido de inclusão de seu companheiro no Plano de Saúde da Empresa, o que gerou tanto um desconforto quanto uma justificativa para que os responsáveis por sua implantação agissem. Apesar de todos os atores envolvidos na época mostrarem-se favoráveis, o medo de decidir da parte de todos foi imenso e a aprovação apenas ocorreu depois de dois anos, em 2005. Durante esse período, A. J. promoveu articulações individuais, além de coordenar ações com o movimento LGBT e com o movimento sindical no intuito de criar condições propícias às decisões.

Dessa forma, um aspecto chama a atenção: o papel do ativista gay como promotor de transformações também em âmbito organizacional. A despeito de fazer questão de afirmar que sua atuação só foi possível em decorrência do momento sócio-histórico em que vivia, ele relatou que de alguma forma, "sutilmente protagonizou" esse processo.

Ele coordenava o movimento de funcionários que "cobravam" a implantação de ações. Acompanhava o andamento dos estudos nas áreas da empresa. Se o processo estancava, começavam "coincidentemente" a chegar mensagens do movimento organizado LGBT parabenizando a empresa pela iniciativa e perguntando a partir de quando os funcionários homossexuais poderiam incluir seus companheiros(as) no plano de saúde.

Para iniciar o processo de inclusão dos enteados dos funcionários(as) gays no plano de saúde, por exemplo, A. J. fez parceria com uma funcionária para que a solicitação dela de inclusão de seu enteado suscitasse novos movimentos na empresa em prol dos homossexuais.

Outras conquistas foram a inclusão dos companheiros(as) do mesmo sexo como dependentes econômicos para efeito de pensão em caso de morte e a alteração paulatina das políticas de gestão de pessoas. Estas últimas, cavadas uma a uma, na expressão de A. J. O levantamento do que necessitava ser alterado nos normativos foi feito por meio de uma rede de funcionários LGBT, acessados via internet, sob a coordenação de A. J.

Por fim, referiu-se ainda à importância de uma pequena mudança ocorrida recentemente. Relatou que certo dia chegou ao trabalho e, ao ligar seu computador, defrontou-se com uma mensagem alertando que os funcionários teriam, a partir daquela data, um dia por ano para acompanhar a internação de pessoa enferma da família. O benefício era extensivo a companheiros(as) e entre parênteses a frase "inclusive do mesmo sexo". Ele conta que chegou a emocionar-se, pois, pela primeira vez, uma mudança não tinha tido nenhuma participação de sua parte. Sinal de institucionalização das políticas direcionadas ao público LGBT.

Sem negar os importantes avanços ocorridos na empresa nos últimos anos, no que se refere à equidade de direitos e benefícios, A. J. alerta que o trabalho principal, o processo de erradicação da homofobia internalizada, nos próprios funcionários e na cultura organizacional, está longe de acontecer. Acredita que só um trabalho protagonizado pelo próprio "grupo oprimido", os funcionários LGBT, suscitaria resultados mais rápidos e efetivos.

Explica que de nada adianta criar um espaço para discussão do tema na empresa e políticas específicas ao segmento, se os funcionários(as) gays não tiverem coragem de participar das discussões, de mostrarem-se e de usufruir das políticas. Eles precisam sentir-se minimamente amparados, seguros de que não sofrerão retaliações. Afirma que, para haver mudança em uma relação de poder assimétrica, o tratamento tem de ser diferenciado.

Sugere a criação de grupos LGBT que se reunam regularmente, a exemplo do que já existe em empresas fora do país, para identificar, a partir de suas próprias vivências como funcionários, as dificuldades específicas por que passam em função de sua orientação sexual. Esses insumos serviriam de subsídios à revisão de políticas, programas e processos de gestão de pessoas e responsabilidade social.

EM BUSCA DE UMA PEDAGOGIA GAY

Na sociedade brasileira, o padrão hegemônico com o qual nos confrontamos e reproduzimos de forma "naturalizada" é representado, dentre outras características, como: macho, papel de gênero masculino, branco, classe média, heterossexual, de meia-idade, morador de um grande centro urbano da região sudeste brasileira, cristão, alfabetizado, antropocêntrico, etnocêntrico e, do ponto de vista do consumo, usufrui dos produtos decorrentes do desenvolvimento científico e tecnológico relativos à automação, à informática, à computação, à internet, aos meios de comunicação e às realidades virtuais.

Quando se fala nas relações por orientação sexual, o que fica claro são as relações de poder assimétricas que se estabelecem polarizadas, entre homossexuais e heterossexuais, e corporificadas em mecanismos de exclusão. Essa desigualdade de tratamentos se reflete no dia a dia das empresas, tanto nos relacionamentos interpessoais, bem como nas políticas de gestão de pessoas.

Como já se disse anteriormente, um dos grandes problemas enfrentados pelos homossexuais masculinos – os gays – e pelas homossexuais femininas – as lésbicas – é a invisibilidade. Essa invisibilidade tanto é decorrente quanto geradora de violências, sejam simbólicas ou ostensivas, sinalizando a negação de existência pública.

Dessa perspectiva, a opressão surge, para os homossexuais, travestida de processos de invisibilização. Trata-se de um segmento social que não pode se expressar livremente, seja verbalmente ou por meio da linguagem corporal, o qual, ao vivenciar seus desejos, tem de tomar várias precauções para se resguardar de uma possível repressão/violência, tendendo a tornar-se "enferrujado", amedrontado, invisível.

Esse processo abala também o bem-estar subjetivo desses indivíduos que incluiria, segundo Ryff (apud RANGEL, 2004, p. 407), "autoestima, autoaceitação e autodeterminação, relações sociais positivas, qualificação e acolhimento, superação de medos, opressões e fatores de tensão que afetam a tranquilidade e a saúde".

Apesar de novas representações sociais (MOSCOVICI, 2003, p. 21) que associam homossexuais masculinos de alto poder aquisitivo e a imagens masculinas (estereotipadas), ainda subsistem, na sociedade brasileira, como alerta Andrade (1998, p. 18), representações que descrevem os gays como "o homem que quer ser mulher, frágil, só pensa em sexo, passivo no ato sexual e em todos os outros aspectos da vida. Incapaz de estabelecer uma relação afetiva, muito menos estável, e um cidadão de segunda categoria".

Do mesmo modo, a partir de uma perspectiva histórica e discursiva, todos nós somos afetados por um tipo de esquecimento que é da ordem do inconsciente e advém da maneira pela qual somos afetados pela ideologia. Esse esquecimento nos dá a falsa sensação de sermos o ponto de origem daquilo que dizemos quando, na verdade, estamos nos reapropriando de sentidos que já existiam previamente.

No Brasil, a santa Inquisição mandava para a fogueira os pecadores "sodomitas" até 1830. Posteriormente, ao final do século XIX, em função do estatuto de doença atribuído à homossexualidade, muitos homossexuais foram mandados para manicômios e prisões para serem tratados. Esses são aspectos da construção histórica do que hoje chamamos homofobia, doença social caracterizada pelo ódio aos homossexuais.

Essa homofobia, conforme Mott (1997), está baseada em uma cultura que produz e se reproduz em um discurso que associa os homossexuais ao pecado, à doença, ao desvio da ilegalidade, à submissão, ou seja, aos confrontos das diferenças com as instituições.

Observa-se que o processo de significação desses discursos ocorre a partir de um ponto de vista externo aos indivíduos a quem são atribuídas essas características e/ou identidades. São perspectivas de exclusão, conhecimentos construídos de forma não democrática, refletindo em sua historicidade todas as relações de poder hegemônicas e suas decorrentes hierarquizações.

Nesta reflexão sobre uma pedagogia gay ou LGBT, pode-se, então, inferir que a orientação sexual referencia uma bagagem peculiar na construção da linguagem e da cultura, não determinada por diferenças essenciais ou biológicas, mas por diferenças experimentadas no decorrer da própria vida, a partir de certas conformações sociais e culturais, como, por exemplo, os confrontos com a homofobia. O objetivo maior de uma pedagogia LGBT seria, então, a erradicação da homofobia e de todas as outras facetas dos preconceitos e discriminações simbólicas presentes na construção desses sujeitos.

Toda pedagogia pressupõe um ideal de ser humano representado por múltiplos atributos e expectativas. A construção desse sujeito traz subjacente uma teoria de conhecimento, ou seja, uma discussão sobre questões relacionadas aos processos de produção, sistematização e transmissão do conhecimento. No mesmo sentido, a heterogeneidade da população e suas diferentes necessidades e, mais do que isso, seus diferentes desejos moldados em experiências concretas, em acordo com seus universos simbólicos, exigem diferentes estratégias pedagógicas.

A concepção freireana de educação, citada em nossa pesquisa como a que mais se aproximou da experiência vivenciada no início das atividades do Grupo Arco-Íris de Conscientização Homossexual, do Rio de Janeiro, e que explicitaremos logo adiante, destaca o papel político que a educação pode desempenhar na transformação da sociedade. E pode servir de espelho para ações a serem desenvolvidas nas organizações. A ideia fundamental é a de identificar aspectos dessa experiência que possam ser utilizados no desenvolvimento de grupos LGBT nas organizações. A partir daí, esse trabalho se prolongaria em direção ao indivíduo heterossexual.

Na filosofia educacional de Paulo Freire, dois elementos são fundamentais: a conscientização e o diálogo. Ele refere-se ao processo de conscientização por parte do educando de sua condição existencial e à discussão da constituição histórica da consciência dominada e sua relação dialética com a consciência dominadora. Ele considera que há uma imersão da consciência dos oprimidos nos valores, desejos, interesses, ideologia e visão de mundo dos dominadores. Haveria uma hospedagem da consciência do dominador.

> Somente na medida em que se descubram hospedeiros do opressor poderão contribuir para o partejamento de sua pedagogia libertadora. Enquanto vivam a dualidade na qual ser é parecer e parecer é parecer com o opressor, é impossível fazê-lo. A pedagogia do oprimido, que não pode ser elaborada pelos opressores, é um dos instrumentos para esta descoberta crítica – a dos oprimidos por si mesmos e a dos opressores pelos oprimidos, como manifestações da desumanização. (FREIRE, 1987, p. 32)

Diálogo, para ele, seria a negação de uma "concepção bancária de educação" onde o saber seria depositado pelos que detêm o conhecimento aos que nada sabem. Ele defende a dialogicidade de uma educação problematizadora, uma relação dialógico-dialética entre educador e educando. Nesse enfoque interacionista, é a ação do sujeito sobre o objeto que elabora o conhecimento. A ação dos seres humanos não muda só o mundo, muda também os sujeitos dessa ação. Em sua abordagem, o fenômeno educativo não está restrito à educação formal, refere-se a um olhar mais amplo de ensino e aprendizagem inscrito na sociedade. A educação é um ato político.

O ato educativo de afirmação das diferenças se dá em um espaço simbólico de tensão. Como afirma Ferreiro (2002, p. 78), "a negação das diferenças caracteriza, pois, uma primeira etapa na democratização do ensino", o que se evidencia na afirmação de antigos ideais, tais como: 1) criar um só povo, uma só nação; 2) eliminar as diferenças; 3) todos são iguais perante a lei etc.

O Grupo Arco-Íris (fundado na cidade do Rio de Janeiro, em 1993) originou-se, entre outras razões, de uma situação vivenciada pelos seus dois fundadores, namorados à época. Em uma viagem à comunidade gay em Castro, São Francisco – Estados Unidos, eles, por mais que tentassem, não conseguiam expressar afeto espontaneamente nos espaços públicos, o que era comum naquela comunidade. Eles percebiam que não estavam com medo, estavam orgulhosos de si e mesmo assim era difícil. Entenderam, então, que a impossibilidade do exercício cotidiano, espontâneo e público do afeto os havia deixado "enferrujados". No Brasil, como não tinham oportunidade de demonstrar afeto publicamente, o braço no ombro não se encaixava e andar de mãos dadas não parecia espontâneo. A partir dessa experiência, sentiram na pele o que a opressão era capaz de fazer e entenderam que o afeto e o amor também se constroem pelo exercício da liberdade.

O primeiro passo é sempre a autoaceitação, porém, para a construção desses sujeitos, para alcançar o conhecimento de si próprios e de sua realidade, o exercício e a prática, a expressão pública do afeto é fundamental. Em relação a gays e lésbicas as esferas privadas e públicas se confundem e a expressão do afeto é também um ato político.

As primeiras atividades (depois percebidas como um processo educativo) levadas a efeito no Grupo visavam levar os indivíduos a "assumir-se" (esfera privada) tendo como contrapartida a "visibilidade" (esfera pública) além da construção de um sentimento de pertencimento de grupo – formação/ressignificação de "identidades" – juntando grupos de pessoas na construção de um objetivo maior e comum: erradicar a homofobia.

O trabalho era guiado por três intenções básicas que poderiam se traduzir eventualmente na mesma atividade:

1. Desconstruir a homofobia internalizada (trabalhar a emoção/atitude/corpo) por meio de dinâmicas, oficinas, vivências, aulas de

teatro, aulas de luta que possibilitassem ao máximo: a) a expressão (exercício fundamental em um segmento oprimido nas possibilidades de expressão); b) o exercício do afeto/emoções; c) elevação da autoestima.
2. Formação de um discurso favorável (trabalho emocional/racional) por meio de círculos de cultura e oficinas, que possibilitassem: a) a criação de referências positivas (construção coletiva, criação de outros olhares, ressignificações); b) reflexões sobre a situação do próprio grupo, da instituição, do movimento organizado e do segmento LGBT; c) troca de experiências e reflexões sobre as diferentes estratégias de enfrentamento ao ambiente hostil vivenciadas e narradas pelos participantes; d) aquisição e trocas de informações; e) discussões e reflexões sobre temas e situações afins; f) história do movimento organizado no Brasil e no mundo.
3. Fomento do exercício e prática de ações de "visibilidade".

Por fim, percebe-se que alguns frequentadores do grupo, após algum tempo experienciando o trabalho citado (que não se dava de forma linear), passavam a fazer parte da vida orgânica da organização. Outros criavam seus próprios caminhos de luta contra a homofobia, e havia aqueles que não mais apareciam tendo usufruído do grupo como espaço de autoaceitação.

A busca de uma pedagogia gay nas organizações exigiria a mesma lógica. Em um primeiro momento, a necessidade de incentivos para a formação de grupos LGBT no ambiente organizacional. Esses grupos identificariam em seus participantes a homofobia internalizada e, em um processo de conscientização da ideologia "opressora", ressignificariam seus discursos para, aí, sim, todos tornarem-se aptos ao diálogo e a visibilidade.

Em um segundo momento, com a formação desses indivíduos, seria possível iniciar o diálogo com o padrão hetero-normativo predominante, por meio da inserção das questões relacionadas ao universo LGBT em todas as esferas da empresa, como por exemplo:

cartas de princípios, códigos de ética, normas de conduta, cursos, treinamentos, seminários, oficinas, campanhas de endomarketing, criação de políticas e programas específicos, discursos institucionais, locais de acolhimento de denúncias de homofobia, penalização dos abusos e outros.

CONSIDERAÇÕES FINAIS

A consciência opressora, como aponta Paulo Freire (1987), ainda continua hospedada em boa parte dos gays e lésbicas. Um trabalho como o desenvolvido no Grupo Arco-Íris ainda mostra-se muito difícil no ambiente organizacional, pois persiste o conflito velado entre os discursos e um ato educativo nunca é neutro. Como afirmava Paulo Freire, toda neutralidade afirmada é uma opção escondida.

Quanto ao papel do ativista gay dentro ou fora da organização, sua função sócio-histórica de agente de transformação que opera com o público LGBT, no que tange à orientação sexual, seria a de contribuir na construção de espaços de produção de sentido e significação, no qual os sujeitos LGBT sejam os agentes da narrativa a expressar sua afetividade/sexualidade.

Por fim, é necessário reforçar a necessidade de duas ações essenciais a serem desenvolvidas nas empresas. A primeira é a de se promover a criação de grupos LGBT ao mesmo tempo em que se implantam ações que propiciem direitos iguais aos dos indivíduos heterossexuais. Em um segundo momento, cabe ao grupo desenvolver um aprendizado no sentido de se trabalhar com a homofobia internalizada, fazendo com que este possa lutar pela ampliação de seus direitos, tanto em nível organizacional quanto no social. Nesse sentido, é significativo falar em uma pedagogia gay ou LGBT que possa auxiliar no desenvolvimento de um processo com vistas a minimizar a homofobia no mundo do trabalho.

REFERÊNCIAS BIBLIOGRÁFICAS

ANDRADE, A. *Grupo gay*. Rio de Janeiro: Planeta Gay Books, 1998.

CROTEAU, J. Research on the work experiences of lesbian, gay and bisexual people: na integrative review of methodology and findings. *Journal of vocational behavior*, v. 48, p. 195-209, 1996.

DAY, N.; SCHOENRADE, P. The relationship among reported disclosure of sexual orientation, anti-discrimination policies, top management support and work attitudes of gay and lesbian employees. *Personnel Review*, v. 29, n. 3, p. 346-363, 2000.

FERREIRO, E. *Passado e presente dos verbos ler e escrever*, São Paulo: Cortez, 2002.

FREIRE, P. *Pedagogia do oprimido*. Rio de Janeiro: Paz e Terra, 1987.

GAULEJAC, V. *A gestão como doença social*. Aparecida: Ideias e Letras, 2007.

GITHENS, R.; ARAGON, S. LGBT Employee Groups: goals and organizational structures. *Advances in Developing Human Resources*, v. 11, n. 1, p. 121-135, 2009.

KING, E.; REILLEY, C.; HEBL, M. The best of times, the worst of times: exploring dual perspectives of coming out in the workplace. *Group e Organization management*, p. 566-601, 2008.

LIPOVETSKY, G. *Os tempos hipermodernos*. São Paulo: Barcarolla, 2004.

MOSCOVICI, S. *Representações sociais*: investigações em psicologia social. Petropolis: Vozes, 2003.

MOTT, L. *Homofobia*. San Francisco: The International Gay and Lesbian Human Rights Comission IGLHRC / Grupo Gay da Bahia, 1997.

RAEBURN apud GITHENS, R.; ARAGON, S. LGBT Employee Groups: goals and organizational structures. *Advances in Developing Human Resources*, v. 11, n. 1, p. 124, 2009.

RYFF apud RANGEL, M. *Homossexualidade e educação*. In: LOPES, D. et al. (Org.). *Imagem e Diversidade Sexual*: estudos da homocultura. São Paulo: Nojosa Edições, 2004.

SIQUEIRA, M. V. S.; ZAULI-FELLOWS. Diversidade e identidade sexual. Recife, *Gestão.org*, vol.4, n.3, nov.-dez., 2006.

TEJEDA, M. Nondiscrimination policies and sexual identity disclosure: do they make difference in employee outcomes? *Employee Responsibility and Rights Journal*, 2006.

WARD, J.; WINSTANLEY, D. Coming out at work: performativity and the recognition and renegotiation of identity. *The sociological review*, 2005.

WEEKS. apud SILVA T. *Identidade e diferença*: a perspectiva dos estudos culturais. Petrópolis: Vozes, 2000.

WIEVIORKA, M. *Em que mundo viveremos?* São Paulo: Perspectiva, 2006.

BIBLIOGRAFIA

BARRETO, V. *Paulo Freire para educadores*. São Paulo: Arte & Ciência, 2003.

ERIBON, D. *Les études gay e lesbiennes*. Paris: Éditions Du Centre Pompidou, 1998.

FREIRE, P. *Pedagogia da autonomia*. Rio de Janeiro: Paz e Terra, 1996.

LONBORG, S.; PHILLIPS, J. Investigating the career development of gay, lesbian, and bisexual people: methodological considerations and recommendations. *Journal of vocational behavior*, v. 48, p. 176-194, 1996.

MAYA, A. *Psicologia e homossexualidade*. Rio de Janeiro: Planeta Gay Books, 1998.

MCNAUGHT, B. *Gay issues in the workplace*. Nova York: St. Martin's Press, 1993.

RANGEL, M. *Homossexualidade e educação*. In: LOPES, D. et al. (Org.). *Imagem e Diversidade Sexual*: estudos da homocultura. São Paulo: Nojosa Edições, 2004.

SILVA, T. *Identidade e diferença:* a perspectiva dos estudos culturais. Petrópolis: Vozes, 2000.

5

TRAVESTIS E TRANSEXUAIS NO MUNDO DO TRABALHO

Hélio Arthur R. Irigaray

INTRODUÇÃO

Os estudos sobre a correlação entre investimento em capital humano e pobreza, bem como escolaridade e determinação dos salários da força de trabalho, sugerem que a facilidade em se obter estágio, ou emprego, notadamente em grandes empresas, é diretamente proporcional à instituição de ensino de origem, idade, desempenho acadêmico e classe social dos discentes (CAMARGO E ALMEIDA, 1994; SEABRA, 2002). Mas e se esse indivíduo, apesar de jovem, rico, aluno de uma das melhores escolas de Administração do país e com alto CR (coeficiente de rendimento) for um travesti e quiser estagiar no mercado financeiro?

Essa é a história de vida de um jovem, que neste estudo é referido pelo nome social (fictício) Fernanda. Ela teria todos os atributos necessários para estagiar em qualquer empresa de grande porte: articulação, fluência em idiomas estrangeiros e bom desempenho escolar. O desejo de Fernanda sempre foi estagiar em um banco de investimento ou na área financeira de uma grande empresa.

No sentido de ajudá-la, mas ciente de que sua identidade social poderia ser um problema, pessoalmente, entrei em contato com nove amigos, os quais exercem as funções de diretores, presidentes e gerentes gerais de grandes bancos e empresas, que declaram possuir uma ampla política de diversidade e respeito às diferenças. Todas as respostas, sem exceção, foram negativas e muito semelhantes: "sim, ela, ele [pausa de dúvida] pode ser bom, mas é **um** travesti. Não há lugar para este tipo de gente no mundo corporativo [em tom de voz assertivo]"; ou ainda, "será que ela não prefere trabalhar com artes ou moda?"; "aqui no banco não, mas tenho um amigo que tem uma agência de turismo, talvez lá se possa arrumar alguma coisa", "mas você também conhece cada tipo tão estranho, aqui não é a Suécia não" [diretor de uma empresa multinacional de origem sueca].

Por que não há espaço para **as** travestis no ambiente de trabalho? Essa realidade é resultante do fato de essas cidadãs serem discriminadas (THOMPSON et al., 2004) e segregadas, uma vez que, a elas é negado – ou severamente limitado – acesso aos espaços públicos (KULICK, 2009). Ademais, historicamente, as empresas têm sido administradas – e estudadas – como entidades assépticas e hegemônicas, nas quais os indivíduos convivem de forma funcional e neutra em prol de objetivos comuns (IRIGARAY, 2008). A rigor, apenas em meados do século passado, a diversidade da força de trabalho entrou na pauta das discussões corporativas e acadêmicas (FLEURY, 2000; ALVES; GALEÃO-SILVA, 2004). No entanto, ainda persevera uma lacuna sobre os indivíduos que se comportam socialmente como membros do sexo oposto: as travestis e as transexuais. Elas são o objeto deste estudo, cuja pergunta de investigação ficou assim definida: como os indivíduos cuja identidade sexual não é hegemônica se inserem no mundo do trabalho?

Para respondê-la, apoiamo-nos nas premissas ontológicas da flexibilidade existente no tecido social (HASSARD, 1993), no qual múltiplas vozes e realidades dissonantes são esquecidas, negligenciadas e silenciadas pelo *mainstream* (BENHABIB, 2005). Metodologicamente, valemo-nos da fenomenologia, a qual nos permite tomar emprestado o olhar do outro e apreender o mundo sob uma nova ótica. Dessa forma, obviamente, não acreditamos que seja possível a neutralidade epistemológica; no entanto, ao longo desta pesquisa, buscamos manter total imparcialidade (*epoché*). A coleta de dados, por sua vez, consistiu de técnicas de observação sistemática e entrevistas, as quais visaram acessar a realidade e a percepção desses indivíduos por meio de suas histórias de vida (CAVEDON; FERRAZ, 2003; WODAK, 1997). Os dados foram submetidos à análise do discurso, no sentido de apreender o *corpus* de interação social dos actantes, os diferentes participantes implicados em uma ação e que têm nela um papel ativo ou passivo (CHARAUDEAU E MAINGUENAU, 2004).

Este trabalho está estruturado em cinco seções, incluindo esta introdução. Na próxima discute-se sua justificativa e limitação. Na terceira, apresenta-se o percurso metodológico. A quarta trata das revelações do campo, as quais são analisadas à luz do aporte teórico, o qual é apresentado e discutido simultaneamente. Finalmente, na quinta e última seção, são apresentadas as reflexões finais.

RELEVÂNCIA E DELIMITAÇÃO DO ESTUDO

No que tange aos homossexuais, há um *locus* social de tolerância (e não respeito) reservado apenas àqueles que são detentores de capital econômico ("*pink dollar*") e intelectual (IRIGARAY, 2008), dado que, na sociedade capitalista, há o esvaziamento político da cidadania, da privatização da vida das pessoas e da projeção da economia sobre a política.

Já as travestis e transexuais, em sua grande maioria, pertencem às classes sociais mais baixas (PELÚCIO, 2005), o que agrava a estigmatização por conta de sua identidade sexual (BENEDETTI, 2005). Dessa forma, a relevância deste estudo jaz no fato de dar-se voz a essa minoria, combatendo assim a naturalização da ideia de que a existência dessas cidadãs só seja autorizada dentro de um gueto. Estudar a incorporação das travestis ao mundo do trabalho, notadamente o formal, é contribuir para que sua cidadania seja reconhecida e devidamente instaurada, no sentido de que elas possam participar, ativamente, do processo produtivo e da vida social.

O objeto de estudo desta pesquisa limita-se a homens, entre 19 e 65 anos, residentes na área metropolitana do Rio de Janeiro, que se travestem, assumindo uma identidade social feminina, e que estão inseridos no mercado de trabalho, formal ou informal. Alguns desses homens efetuaram a operação de mudança de sexo. Não se contempla nesta pesquisa, as mulheres na mesma situação, nem as intergêneros e *drag queens*, nem objetiva-se aprofundar as discussões antropológicas, sociológicas e psicológicas sobre as travestis e transexuais; entretanto, fez-se imperioso tangenciá-las para responder a pergunta de investigação que pautou esta pesquisa.

Por definição, travestis são indivíduos do sexo masculino que se vestem de mulher durante todo o dia; intergêneros são os popularmente denominados de hermafroditas; transexuais, aqueles que se submeteram à operação para mudança de sexo e, finalmente, *drag queens*, homens que se vestem de mulher, geralmente de forma caricaturesca para espetáculos.

A PESQUISA DE CAMPO

Por partir do pressuposto que existem múltiplas realidades, a ida ao campo pautou-se na busca por tomar emprestado o olhar do outro: entender e interpretar as experiências de cada indivíduo a partir de suas perspectivas peculiares. Todavia, por se tratar de um estudo de cunho subjetivo, as crenças e paradigmas do pesquisador foram articuladas com o objeto de pesquisa, para que o mesmo fosse apreendido.

A coleta de dados se deu por meio da técnica de bola de neve (*snowball*), em que um indivíduo indica o outro. Por serem mais facilmente identificadas, estarem organizadas civilmente, e serem alvo de um projeto de inclusão social da Prefeitura do Rio de Janeiro (Projeto Damas), as travestis foram mais acessíveis. Por meio delas, obteve-se acesso às transexuais. No total, foram entrevistadas dez travestis e quatro transexuais.

Das 14 entrevistas, duas foram realizadas no ambiente de trabalho das participantes; as restantes, na sede da associação civil da qual elas fazem parte, a Associação das Travestis e Liberados (Astral). As conversas duraram em média 50 minutos. Todas as entrevistadas foram informadas sobre o objetivo final da pesquisa e, após catalogados e analisados os dados, foi efetuado o movimento de *saída de campo*, ou seja, foi entregue uma cópia do relatório final a cada uma das 14 entrevistadas, com as conclusões da pesquisa.

As entrevistas, que, em sua essência relatam histórias de vida, foram transcritas e submetidas à análise do discurso em sua versão francesa, pois entender a linguagem dos actantes é entender suas ações sociais (WODAK, 1997). Esse *agir social* caracteriza-se pelo fato de que toda ação é *teleológica*, na medida em que os atores sociais põem em ação estratégias eficazes, racionais, a fim de chegar a um consenso; *regulada*, no sentido de que movimentos acionais dependem de normas que são estabelecidas pelo grupo de que esses atores fazem parte; *intersubjetiva*, na medida em que os atores sociais colocam-se em cena, oferecendo ao outro uma certa imagem de si, para produzir um certo efeito sobre eles.

Neste estudo, não se entende como análise do discurso apenas uma extensão dos procedimentos distribucionais a unidades transfrásticas (HARRIS, 2004), etnografia da comunicação (GUMPERZ E HYMES, 1964), nem a análise conversacional de inspiração etnometodológica (GARFINKEL, 1967); antes, como um instrumento de análise do deslocamento da história das ideias para os dispositivos enunciativos (FOUCAULT, 2010) e para a dimensão dialógica da atividade discursiva (BAKTHINE, 2003). Por isso, optou-se por um roteiro compatível com a entrevista focada, semiestruturada (GOLDENBERG,

2000) e por entrevistados inseridos na arena cultural da situação e que se mostraram dispostos a participar (RUBIN E RUBIN, 1995).

Ademais, como já apontado por Cavedon e Ferraz (2003), trabalhar com histórias de vida possibilita trazer à cena da pesquisa novos fatos e preocupações teóricas, algo que a historiografia ou os relatos oficiais disponibilizados nas fontes escritas não são capazes de captar. A partir dos relatos dos participantes, teorizações podem ser postas em xeque ou repensadas.

Para Becker (1994) a história de vida, assim como a observação participante, permite ao pesquisador ter uma noção de processo daquilo que investiga. Becker (1994) e Debert (1986) chamam atenção para o fato de que nas histórias de vida, obtém-se fragmentos desconexos, incoerentes e ambíguos que vão contribuir para a compreensão do todo. As histórias de vida são mosaicos em que "os diferentes fragmentos contribuem diferentemente para a nossa compreensão: alguns são úteis pela sua cor, outros porque realçam os contornos de um objeto" (BECKER, 1994, p. 104).

Bourdieu (1999) também corrobora com a ideia de que, por meio de histórias de vida, os pesquisadores podem acessar as estruturas sociais e seu funcionamento, e que as narrativas das dificuldades mais pessoais, das tensões e contradições, na aparência, mais estritamente subjetivas acabem exprimindo, muitas vezes, as estruturas mais profundas do mundo social e suas contradições. Essa concepção de "dispositivos analisadores práticos" (BOURDIEU, 1999, p. 236) foi extremamente útil no tratamento dos dados coletados, pois os entrevistados se reconheceram, mesmo que não explicitamente, "numa zona de conflitos e contradições sociais". Dispositivos analisadores práticos são indivíduos que ocupam posições instáveis, nas quais as estruturas sociais estão em ação e, por esse fato, são movidos pelas contradições da mesma, são obrigados, para viver ou sobreviver, "a praticar uma forma de autoanálise que, muitas vezes, dá acesso às contradições objetivas de que são vítimas e às estruturas que se exprimem por meio delas" (BOURDIEU, 1999, p. 236).

Isso posto, na seção que se segue, apresentam-se e discutem-se as revelações obtidas no campo à luz do referencial teórico, o qual é também apresentado.

REVELAÇÕES DO CAMPO

Sexo, gênero e cultura: a ótica queer

A sociedade capitalista industrial, a qual se desenvolveu a partir do século XVIII, não tem se recusado em conhecer o sexo; pelo contrário, buscou instaurar e capacitar um eficaz aparelho de produção de discursos sobre o sexo (FOUCAULT, 1994). Dessa forma, o sexo passa a ser uma atividade econômica; contudo, ele se inscreve não somente em uma "economia do prazer, mas também em um regime ordenado do saber" (FOUCAULT, 1988, p. 68). Assim, na visão modernista, a qual pauta a lógica burguesa, o sexo, bem como o gênero, caráter, orientação sexual, se reduz a uma lógica binária dicotômica: lícito ou ilícito; permitido ou proibido (FOUCAULT, 1988). É essa premissa ontológica que a teoria *queer* questiona.

A teoria *queer* é uma visão mais radical do humanismo crítico de Dewey, Rorty, Blumer e Becker, que tem por objetivo desmascarar a aparente lógica da realidade, quebrando todas as suas articulações; portanto, ela é a *pós-modernização* dos estudos sobre gênero e sexo. Ela traz no seu bojo a desconstrução de todas as categorias convencionais de sexualidade e gênero, pois questiona todos os textos e discursos ortodoxos sobre as funções e papéis do gênero e sexualidade no mundo moderno (PLUMMER, 2005). Nesse sentido, estruturar uma pesquisa, abordar o objeto científico e ordenar os fenômenos observados, valendo-se da lógica *queer*, significa confrontar as ideias de que haja uma única leitura da realidade e de que exista algo que possa ser chamado de "normal" ou "normalidade".

Entre todas as descrições de teoria *queer*, neste estudo, aceita-se que ela seja uma "forma particular de leitura cultural e codificação textual capaz de criar espaço para categorias não convencionais como homo, hétero, bi e transexuais" (DOTY, 2000, p. 4). Dessa forma, valer-se desse método preconiza descontruir os discursos existentes por meio de novas abordagens e categorias, desafiando todo tipo de interpretação fechada em categorias predefinidas pela hegemonia masculina; combatendo, assim, a ideia de que os gêneros, papéis e posições – masculino e feminino – limitam-se às vivências sexuais.

A teoria *queer* volta-se contra a legislação não voluntária da identidade (BUTLER, 2006, p. 22) e, nesse sentido, busca desvelar os mecanismos sociais que estabelecem imposições identitárias, as quais, posteriormente, resultarão em uma rígida barreira de inserção social e, consequentemente, no mercado de trabalho.

A imposição social das identidades sexuais revelou-se uma principal fonte de sofrimento para os entrevistados. Emanuelle, a mais velha de todas as travestis, relatou que:

> (01)
> eu sempre me vi como uma menina, me sentia uma menina; mas meu pai queria um filho **homem**. Me deu nome de homem (...) quanto mais crescia, mais me via como menina (...) ele [o pai] **me batia** como se eu fosse culpada, **pois tinha que ser homem** (...) **Na minha cabeça eu tinha de ser alguma coisa** e decidi viver como **mulher**, me vestir como mulher, me rebatizei, mas sei que não sou uma mulher, mas também não sou homem. Nem eu sei o que eu sou. Ah, sei sim. Sou uma estrela, uma diva, mas um doutor uma vez me chamou de **anomalia** da natureza. (Grifo do autor)

Nesse fragmento de texto (01), na seleção lexical "na minha cabeça eu tinha de ser alguma coisa", a interlocutora denuncia que seu maior dilema, desde a infância, foi necessitar de uma categoria, a qual fora socialmente criada e previamente estabelecida, para tornar a sua vida habitável. Não raramente, as transexuais e travestis são adjetivadas como uma "anomalia", seres que subvertem a ordem da natureza. No entanto, esses sujeitos, cujas identidades sexuais não são hegemônicas, compartilham, com o resto da sociedade, dos mesmos sistemas simbólicos significativos para os gêneros.

Emanuelle valeu-se de dois tropos interlocutórios (DUMARSAIS, 1968). Os tropos, por definição, são figuras por meio das quais se atribui uma significação que não é precisamente aquela própria da palavra, nesse caso "estrela" e "diva". Estes dois tropos emprestam às ideias uma forma estrangeira que "as mascara sem as esconder" (FONTANIER, 168, p. 167); assim, a camuflagem do verdadeiro sentido leva ao seu desvelamento; ou seja, a autoimagem percebida de Emanuelle em contraposição a do médico, cuja profissão o posiciona em um patamar quase mítico, o qual representa a sociedade hegemônica. Coube a mim, como receptor da mensagem, não capturar o sentido literal, mas apreender a duplicidade do tropo utilizado pela emissora, uma vez que este implicou em uma espécie de *clivagem* da mesma.

A questão do gênero também se fez presente no mesmo fragmento de discurso (01). A seleção lexical "na minha cabeça eu tinha que ser alguma coisa" remete-nos à questão de gênero, o qual no *Weltanschauung* pós-moderno, reflete o conceito de *performatividade* discutido por Butler (2006). Sob a ótica *queer*, gênero é totalmente desassociado da ideia voluntarista de representar um papel socialmente definido como masculino ou feminino, mas se fundamenta na reiteração de normas, as quais precedem os agentes e que, sendo permanentemente reiteradas, reificam aquilo que nomeiam. Dessa forma, corroboramos com os argumentos de Miskolci e Pelúcio (2007) de que as normas reguladoras do sexo são performativas, dado que reiteram práticas previamente reguladas e reificam-se nos corpos, marcando o sexo, exigindo práticas que resultam em "generificação". A fala de Emanuelle reforça o argumento destes autores de que gênero não é uma questão de escolha, mas de coibição, conforme explicitado pela seleção lexical "ele [o pai] me batia".

Apesar de as travestis e transexuais não compartilharem da mesma autoidentidade percebida, elas experimentaram o mesmo conflito com a ordem vigente de gênero, a qual lhes impede a legislação voluntária da identidade. Nos seus discursos, as travestis denunciaram que, sistematicamente, nas interações sociais, são referidas e referenciadas pela utilização de substantivos e adjetivos masculinos. Essa realidade foi explicitada por uma travesti, cujo nome social é Keyla Christinne:

(02)
(...) parece que o povo tem prazer de me chamar de Valdemar (...) gritam meu nome de batismo nas filas, nos bancos, me chamam de senhor, coisas do tipo... **é um risinho aqui, um deboche ali**, (...) não percebem que sou **quase mulher** [jogando o cabelo exageradamente para o lado]. (Grifo do autor)

O fragmento de discurso de Keyla Christinne (02) indica que o humor é um instrumento de discriminação e humilhação. O mesmo acontece com os demais homossexuais masculinos (SARAIVA E IRIGARAY, 2009). Já a seleção lexical "quase mulher", utilizada pela interlocutora, desvela a crueldade existente em se demandar desses indivíduos que se posicionem fora das normas, parâmetros vigentes, que confrontem *categorias rígidas* (BUTLER, 2003), as quais foram socialmente construídas e, historicamente, solidificadas e que, por fim, se categorizam fora da gramática social, histórica e cultural que dispõem.

Durante toda a sua entrevista, Keyla Christinne, assim como a maioria das entrevistadas, valeu-se de uma gestualidade comunicativa exagerada, tom de voz afeminado e uso de gírias.

A gestualidade comunicativa compreende qualquer movimento corporal (gesto, postura, olhar, mímica), que sobrevém no decorrer de uma interação social e que é percebido pelo interlocutor. Para o emissor, esses gestos coverbais exercem uma função cognitiva, a qual lhe parece indispensável ao seu bom desenvolvimento. A rigor, a gestualidade do falante representa um papel importante do ponto de vista da regulação emocional, permitindo uma moderação da emotividade subjacente (CHARAUDEAU E MAINGUENAU, 2004). Efetivamente, no caso das entrevistadas, os gestos coverbais ocorreram nos momentos mais dramáticos das entrevistas (relatos de atos de violência e agressões que sofreram) ou, como no caso de Keyla, para reforçar a seleção lexical "quase mulher".

A constante utilização de gírias, a maioria composta de vocábulos derivados das línguas nagô e yorubá ("edi", "alibã", "aqué", por exemplo, que significam "nádegas", "polícia" e "dinheiro", respectivamente), exercem uma função críptica identitária. São marcadores de coesão do grupo sexual e social, uma vez que são utilizadas, exclusivamente, pelas travestis e transexuais mais pobres. Quando estas ascendem socialmente, evitam utilizar essas gírias, discriminam e penalizam as que o fazem (PELÚCIO, 2005).

A sensação de "ter nascido em um corpo errado" fez-se presente em todos os discursos das entrevistadas. Não obstante, paradoxalmente, as travestis afirmarem "ter orgulho de pertencer ao sexo masculino", de "não terem a menor vontade de ser mulher"; "gostarem muito do que têm entre as pernas" e que o grande prazer é "não ser nem uma coisa nem outra, e serem tudo ao mesmo tempo".

Assim, apesar de adotarem nomes femininos, tratarem-se por pronomes e adjetivos femininos, usarem roupas femininas, consumirem hormônios femininos e injetarem litros e litros de silicone industrial, em um doloroso processo para adquirirem formas femininas – seios, quadris largos, coxas e nádegas grandes – as travestis se percebem como "homens que desejam outros homens, tão ardentemente, a ponto de se modelarem como o objeto de prazer e desejos destes homens" (KULICK, 2005, p. 22).

As falas das entrevistadas apontaram para um processo de desnaturalização dos gêneros, à medida que reconhecem que sua própria existência como ser humano subverte os conceitos dicotômicos de gênero. Nesse sentido, não se pode mais falar de gênero como uma escolha, um simples papel social ou uma roupa que alguém decida usar (BUTLER, 2003).

Mas a sociedade exige essa postura rígida, uma escolha definida. Então, como esses indivíduos se socializam? Como se engajam no sistema produtivo? Esse é o objeto da próxima seção.

Na noite nem todos os gatos são pardos... muito menos de dia
Pelúcio (2005), em sua pesquisa sobre travestis e prostituição, "Na noite nem todos os gatos são pardos", constatou como esses indivíduos são visíveis e vítimas de atos de violência (extorsão, surras, ovadas, assassinatos). De fato, no Brasil, a cada três dias um homossexual é assassinado em virtude de sua orientação sexual (MOTT, 2006), e o Observatório de Segurança (2010) estima que o risco de uma travesti ou transexual ser assassinada, geralmente por arma de fogo, na rua, é 259 vezes superior a dos gays e lésbicas. Atualmente, residem no país, aproximadamente 40 mil travestis e transexuais (Observatório de Segurança, 2010) e sua grande maioria trabalha no mercado informal ou indústria do sexo (ABLGT, 2010).

A quase inexistência das travestis no mercado de trabalho é resultado da estigmatização e preconceito dos quais elas são alvos, os quais, muitas vezes, se reificam em atos de violência física, desde a infância. Raros são as travestis que conseguem terminar o ensino fundamental, pois são objetos de discriminação e violência nas escolas. Nesse sentido, observa-se uma forte correlação entre a violência experimentada por esses indivíduos e sua baixa qualificação profissional.

Ao analisar os discursos das entrevistadas, três categorias emergiram: rejeição, violência e transitoriedade. A primeira se fez presente nos relatos das interações familiares e sociais (principalmente a escola, na infância e adolescência). A segunda caracterizou-se pela extrapolação da primeira, pois todas as travestis narraram terem sido agredidas física e emocionalmente por parentes, professores, colegas de classe e desconhecidos. A mais sutil de todas as categorias emergentes foi a transitoriedade. Ficou patente, ao longo de suas falas, a dificuldade em estabelecer laços afetivos sólidos, exceto com a própria genitora. As interlocutoras, quando questionadas a respeito, afirmaram nunca ter se dado conta de tal fato; mas associaram "tal possibilidade" ao medo de serem rejeitadas. No entanto, tudo na vida desses indivíduos é transitório, principalmente seus corpos, os quais estão em permanente estado de construção. Mais do que isso, suas histórias de vida foram narradas, às vezes, como um filme policial, no qual elas, as protagonistas, estão sempre em fuga: do lar, da cidade de origem, da polícia, do cafetão, de *pitboys*, do traficante de drogas...

O fragmento de discurso de Débora foi o mais explícito nesse sentido:

(03)
Eu sempre tive esse jeitinho assim de menina. Minha mãe me dava carinho, mas meu pai me **espancava**. Aliás ele só não, meus irmãos, **colegas de escola e até os professores** (...) fui **expulsa da escola com nove anos e de casa com onze**, então caí na rua. Tinha que **fazer programa para me sustentar**. Até hoje me viro, moro aqui, ali, vivo como dá (...) corro para cá, corro para lá, **sempre tem alguém atrás da gente** (...) **sei que não posso confiar em ninguém** (...) **médico só o SUS, e olhe lá, quando alguma ziquizira aparece** [Esta entrevistada se declarou soropositiva.] (Grifo do autor.)

De todas as relatadas, a história de vida de Débora foi a mais impactante, pois ela foi violentada pelo próprio pai aos quatro anos de idade; espancada, propositalmente queimada com um ferro quente e expulsa de casa aos onze e, logo em seguida, começou a se prostituir, nas ruas, com menos de 12 anos. À medida que narrava sobre sua vida, mostrava as marcas em seu corpo: queimaduras, facadas e tiros. Em nenhum momento se fez de vítima; seu tom de voz, pelo contrário, muito agressivo e firme, em momento algum, deixou de fitar o interlocutor.

A categoria "violência" foi, de fato a mais recorrente; não só a física, mas também a psicológica, como desvelado no seguinte fragmento de discurso (04), da jovem Jenniffer:

(04)
Vim para esse mundo só para levar porrada: do pai, da mãe, dos irmãos, do povo da **escola**, dos **homens**, dos **pitiboys**, da **polícia**. Já estou acostumada a **viver toda roxa** (...) mas isto não é nada perto da **solidão**, do fato de ser olhada como uma **leprosa**, ser **sacaneada** por todo mundo... se lembra daquela música: joga pedra na Geni? Geni sou eu, mas jamais teria um nome tão xulé. Sou Jenniffer, com dois enes e dois efes! (Grifo do autor.)

Mais uma vez a seleção lexical "porrada" se faz presente; mas, no caso dessa interlocutora, se destacou a angústia da segregação ("solidão", "leprosa"). No entanto, assim como em outras entrevistas, ficou patente o mesmo humor que pode ser usado como instrumento de discriminação (SARAIVA E IRIGARAY, 2009); no caso das travestis – não tanto das transexuais – é uma estratégia de sobrevivência.

Esse "bom humor" se faz presente nas suas narrativas por meio de seus gestos dêiticos, trejeitos, tom de voz exageradamente afeminado, roupas exuberantes, pesadas maquiagens e, também, seus nomes sociais, os quais, geralmente, são duplos e de origem inglesa ou francesa; elas fazem questão de soletrá-los para garantir que haja dois enes, efes ou eles.

Percebeu-se também que as travestis e transexuais se discriminam entre si, não só por classe social (as *tops*, que são mais bonitas ou que fizeram bons "casamentos"), mas também por idade. Essa realidade ficou patente no seguinte fragmento de discurso de Heloísa, uma travesti de meia-idade:

(05)
Nem morta falo minha idade... **sou como a Susana Vieira, não passo dos 30, nunca, mas já não tem mais silicone e botox que dê jeito**. Lógico que eu queria ter outra vida, ser um doutor; ter uma família, um **marido**, mas não consegui terminar nem o primário.

De primeiro **fazia programa**, agora **trabalho como manicure**. Até porque, **quem vai pagar para comer uma cacura** [homossexual de mais idade]? (Grifo do autor.)

Heloísa, durante sua fala, revelou como o processo de envelhecimento é difícil para as travestis; não somente para as que trabalham como prostitutas e passam a ter dificuldade em conseguir clientes, conforme explictado pela seleção lexical "quem vai pagar para comer uma cacura?". Na realidade, as mais velhas passam por um projeto de autodiscriminação. As travestis vivem em um eterno e contínuo processo de construção (e busca) do corpo perfeito, cujo limite é determinado pela idade. Durante uma reflexão sobre sua vida, Heloísa relembrou bons momentos ("tive meus dias de glória"), mas também deixou claro que gostaria de ter construído outra vida (ter sido "doutor", ter uma família, marido).

Os cinco fragmentos de discursos apresentados anteriormente indicam que a miséria, a qual as travestis estão sujeitas, se reifica não apenas no baixo nível de educação formal, mas também na falta de qualidade de vida, saúde precária, instabilidade ou ausência de emprego, condições inadequadas de moradia e mal-estar físico--emocional, como evidenciado, respectivamente, nas seleções lexicais "expulsa da escola", "SUS e olhe lá", "vim para este mundo para levar porrada","viver toda roxa" e "eu queria ter outra vida".

O mal-estar emocional também jaz na percepção por parte das travestis de serem percebidas como mulheres incompletas ou mal--sucedidas. Essa desqualificação, assim como acontece com os homossexuais (IRIGARAY E SARAIVA, 2009), se dá por meio do humor. As travestis são zombadas por sua pretensa feminilidade, bem como associação à homossexualidade, AIDS e prostituição (KULICK, 2008).

Mais do que isso, as entrevistas com as travestis revelou que elas não têm direito ao espaço público, a transitar de dia pela cidade sem ser alvo de algum tipo de agressão. Por diversas vezes, elas mencionaram que suas áreas públicas são Lapa e Copacabana. A mesma limitação é experimentada pelas transexuais, as quais são confundidas com as travestis.

Por serem segregados da sociedade, da família e, não raramente, expulsos das escolas, esses indivíduos se veem impelidos à vida à margem da sociedade. De fato, sua grande maioria já se prostituiu – ou ainda o faz. Os que não estão "na pista", segundo seu linguajar, muitas vezes, também trabalham à noite, em estabelecimentos voltados para o público GLS ou, ainda, em salões de beleza. Ademais, quando aceitas no mercado de trabalho formal, as travestis e as transexuais ocupam posições subalternas e, majoritariamente, operacionais em indústrias específicas (entretenimento, lazer, beleza).

A orientação sexual, por si só, já é fonte de pressão e discriminação no ambiente de trabalho (IRIGARAY, 2008) e, geralmente, quando se trata de políticas de diversidade, a sociedade é mais propensa a aceitar as diferenças étnicas, sociais e de gênero; mas têm resistência à diversidade de orientações sexuais (SIQUEIRA et al., 2006). Como essa resistência se manifesta na inserção das travestis no mercado de trabalho, sob a ótica desses indivíduos? Suas histórias de vida, nessa dimensão, são o objeto da próxima seção.

Travestis e transexuais no mundo do trabalho: mamãe, eu quero fazer cestos
Em seu livro *A sociedade contra o Estado* (1974), Pierre Clastres conta sobre uma tribo de índios, no Paraguai, na qual as tarefas são divididas rigidamente por gênero: os homens vão à caça e pesca; enquanto as mulheres ficam na aldeia fazendo cestos. Entretanto, se um indivíduo do sexo masculino optar por viver como mulher e ficar na aldeia fazendo cestos, ele pode fazê-lo. As mesmas realidades foram observadas por Darcy Ribeiro (1970) e Ehrenheich (1985), entre algumas tribos brasileiras e equatorianas, respectivamente.

A mesma facilidade, todavia, não existe na sociedade *mainstream* brasileira. Ao optarem por "fazer cestos", todas as entrevistadas contaram que foram rejeitadas pela família (exceto pela genitora, às vezes), perseguidas nos espaços públicos e, também, nos privados. Samanta, uma jovem de 25 anos conta que:

(06)
a gente aprende a levar **porrada** cedo (...) **não há um único dia que eu não seja xingada na rua** (...) já levei **ovada**, **picharam** a porta do meu cafofo (...) **nunca fiz programa**, sempre trabalhei no salão como auxiliar, manicure e, cabelereira, depois que fiz o curso do Senac (...) eu sabia que **era a única alternativa que eu tinha**, ou você acha que eu podia ser uma dentista, professora ou advogada? [em tom de frustração] (...) **mas muitos homens se aproximam de mim perguntando quanto cobro**. (Grifo do autor.)

As seleções lexicais "porrada", "ovada" e "picharam", no fragmento de discurso (06), denunciam o alto custo que existe em se optar por uma identidade sexual não hegemônica. Assim como os demais homossexuais masculinos (IRIGARAY, 2008), travestis também são estigmatizadas como promíscuas e, em seu caso especificamente, percebidas socialmente como prostitutas; pois raras são aquelas que conseguem entrar no mercado de trabalho formal.

Ao falar sobre sua trajetória profissional e a mágoa em não poder ser dentista, professora ou advogada, Samantha lembrou que Laura de Vison (uma famosa transformista carioca da década de 1980) era professora de História do Colégio Pedro II (Federal), mas se vestia de homem e usava bandagem para esconder os abundantes peitos, resultado de diversas aplicações de silicone.

Margô, por sua vez, trabalha travestida como cobradora de uma linha de ônibus que serve à Baixada Fluminense. Ela contou que foi contratada como homem e que sua transformação em "quase mulher" ocorreu ao longo dos últimos 10 anos. Ela se referiu à empresa, colegas e passageiros como "família", pois se sente protegida entre eles:

(07)
(...) mas eu sei que lá fora não é assim (...) **eu dei sorte** (...) aqui o que a gente se preocupa é em um **ajudar um ao outro nesta vida de cão**.

No seu fragmento de discurso (07), Margô deixa claro que a identificação entre ela e seus colegas e passageiros se dá por uma questão social e pela busca da sobrevivência econômica, conforme desvelado pela seleção lexical "ajudar um ao outro nesta vida de cão".

Margô se percebe como uma pessoa de sorte por ter conseguido um emprego formal por ter burlado a barreira (in)visível, a qual discrimina a entrada das travestis nas empresas. Estas últimas têm adotado uma perspectiva de homogeneidade no seu cotidiano, possivelmente por conta de um ideal de neutralidade e tecnicismo desde a sua origem. Lidam com os indivíduos que nelas trabalham como se suas diferenças pudessem ser ocultadas sem maiores problemas sob o manto da formalidade, dos rituais e processos organizacionais, das posições hierárquicas (IRIGARAY, 2008). Negligenciam que no caso dos homossexuais (aqui incluídas as travestis e transexuais), sua orientação sexual tem sido considerada crime, pecado e patologia pelo Estado, catolicismo e ciência, respectivamente (LOPES, 2002).

No limite, as empresas assumem que seus funcionários separam suas características e interesses pessoais dos profissionais, subjulgando sua dimensão de indivíduo ao "bem comum" organizacional. Essa visão é limitada, uma vez que se pode identificar a presença de racionalidades concorrentes na organização, e que, portanto, os indivíduos não apresentam qualquer tipo de clivagem entre quem são, como homens e mulheres, dos papéis e exigências de suas profissões.

No caso das travestis, sua identificação com o que foi construído como socialmente feminino tende a ser rejeitada fora das indústrias da moda, entretenimento e artes, nas quais, pelo contrário, chega a ser valorizada. Esses foram os casos dos maquiadores, cabeleireiros e costureiros entrevistados. Eles narraram como são valorizados e admirados por serem travestis. De fato, uma das entrevistadas chegou a afirmar que:

(08)
o povo sabe que por sermos **quase mulheres** somos **atenciosas**, **dedicadas**, temos **glamour**, temos o **poder**, meu bem. Todo mundo só quer saber de cortar cabelo comigo, até os bofes [homens heterossexuais]. (Grifo do autor.)

No fragmento de discurso (08), mais uma vez, fez-se presente a seleção lexical "quase mulher"; só que dessa vez associada ao glamour, dedicação e atenção. Esses discursos revelaram que, para a sociedade em geral, as travestis e transexuais, assim como os homossexuais masculinos (IRIGARAY, 2008), são vítimas da lógica androcêntrica que prevalece na sociedade brasileira.

A lógica da dominação masculina faz-se presente em todas as relações sociais, visto que é exercida em nome de um princípio simbólico conhecido e reconhecido tanto pelo dominador quanto pelo dominado (BOURDIEU, 1999). O exercício desse poder é dado por meio: a) da língua e da linguagem (a maneira de falar, expressões que podem ser utilizadas, uso de gênero); b) da cristalização da maneira de pensar (o homem deve ser mais objetivo que a mulher); c) do culto à forma de falar (o homem deve ser mais silencioso); d) da imposição de estilos de vida específicos (determinação do vestuário, de cores masculinas e femininas); e) pelo controle do corpo (os "machos" devem ser mais contidos, gesticularem menos); e, principalmente, na divisão de papéis (ativo = masculino e passivo = feminino) nas práticas sexuais. Esse princípio "cria, organiza, expressa e dirige o desejo" (BOURDIEU, 2007, p. 31). De um lado, existe o desejo masculino, de posse e dominação erotizada; de outro, o feminino, o qual aquiesce o desejo de dominação masculina, submetendo a mulher a uma subordinação erotizada. Assim, as relações sexuais passam a ser relações sociais, nas quais existe o reconhecimento erotizado da dominação.

Se esta dominação tem um gosto doce e suave, como expresso no fragmento de discurso (08), para as travestis que ocupam os lugares que lhes são reservados pelo *mainstream*, o mesmo não se pode dizer para as que se prostituem e tornam-se alvo fácil da violência e da homofobia; nem das que ousam assumir sua identidade sexual nos ambientes de trabalho mais ortodoxos.

Este é o caso de Marcos, um rapaz cujo nome social é Dayane. Ele se candidatou a uma vaga de caixa, em um supermercado na Zona Oeste do Rio de Janeiro. Desde o início do processo seletivo não omitiu que era homossexual; mas compareceu a todas entrevistas e dinâmicas vestido em roupas ambíguas, as quais com a leve sombra nos olhos e brilho nos lábios que costuma usar, lhe conferiam uma aparência andrógena. Marcos/Dayane estava ciente, ao ser contratado, que usaria uniforme masculino; contudo, o ritual de boas-vindas e familiarização foi muito além. Ao chegar ao supermercado, seu supervisor e colegas de trabalho levaram-no ao vestiário masculino, cortaram seu cabelo à força, lavaram seu rosto brutalmente e, por diversas vezes, repetiram: "lá fora você pode ser o que quiser, mas aqui tem que se vestir e comportar como homem. A gente *tolera* até boiola, mas desde que se vista como homem". Marcos se sujeitou a essa humilhação mas, ao fim do expediente, reportou o acontecido ao Departamento de Recursos Humanos, que o contratara. Qual não foi sua surpresa quando, a mesma pessoa que o entrevistara, e tinha se demonstrado afável, lhe perguntou: "Você já tem o emprego, não tem que ganhar a vida na rua e quer mais o quê? Ser paparicada?"

No discurso do representante oficial da empresa, encontra-se a seleção lexical "toleramos". Tolerar significa suportar algo desagradável ou que não se aceita. Não podemos afirmar com exatidão se é o caso desta organização, mas algumas viram-se obrigadas a incorporar/tolerar minorias dentro de seus quadros, em função de política de quotas ou mesmo, pressão da sociedade. Cabe-nos perguntar: Por que tolerar e não respeitar? O que foi feito da promessa burguesa de cidadania proferida pelo modernismo?

Os atos de violência impingidos às Dayanes, Emanuelles – e mesmos aos gays e lésbicas (IRIGARAY, 2008) – revelam que, realmente, cidadania ainda é uma promessa, a qual só é cumprida para aqueles que possuem capital. De fato, as travestis e transexuais mais ricas, como a Roberta Close, por exemplo, ocupam espaço na mídia, têm acesso aos espaços sociais reservados à elite, nem que seja por mera curiosadade da mesma.

No caso das travestis, ao contrário dos gays e lésbicas, cuja identidade social é invisível e pode ser camuflada como *estratégia de sobrevivência* (IRIGARAY, 2007), a classe social *per se* e o nível educacional não facilitam a entrada no mundo corporativo. Efetivamente, as travestis deixam claro estar cientes de que sua aparência física é uma barreira de entrada no mercado de trabalho formal.

Ao longo das entrevistas, as travestis e transexuais referiram-se a *mitos* e *lendas* (suas próprias palavras), como o do brasileiro que imigrou para a França e tornou-se um respeitado médico, da outra que chegou a ser eleita síndica, prefeita; mas não houve um único relato – nem nas pesquisas realizadas – de uma travesti ou transexual que tenha feito carreira corporativa. Há, apenas, um relato de um executivo norte-americano, da indústria farmacêutica, que fez a operação de mudança de sexo; mas, logo em seguida, foi aposentado (ABLGT, 2010).

Essa realidade é reversível? Os primeiros passos já foram adotados pelos governos estaduais do Rio de Janeiro e Ceará, os quais asseguram a esses indivíduos a utilização de seus nomes sociais nas escolas e instituições públicas. No entanto, cabe aos poderes Executivo e Legislativo, em Brasília, formularem e aprovarem leis que garantam a esses indivíduos sua cidadania (educação, saúde, trabalho) e, também, seu acesso aos espaços públicos, por meio da criminalização da homofobia. Ademais, é de responsabilidade da academia estudar e discutir as realidades dessas cidadãs, resgatando-as da invisibilidade e silêncio que lhes são impostos. Quanto às empresas, cabe-lhes formular e implantar, eficazmente, políticas que viabilizem a inclusão das travestis e transexuais em seus quadros de funcionários, bem como sua ascensão organizacional.

PARA CONCLUIR

Esta pesquisa originou-se em um esforço individual de se encontrar uma colocação profissional para uma jovem, cuja identidade sexual é não heterogênea. Mergulhar no universo desses indivíduos, no caso as travestis e transexuais, significou reordenar o mundo e entender que *queer* é ir além de, meramente, questionar o repertório dicotômico existente. É buscar apreender o mundo pelo olhar de sujeitos que vivem em conflito com a ordem de gênero vigente, indivíduos que são silenciados, ignorados, perseguidos e assassinados.

A pesquisa de campo realizada, a qual consistiu em entrevistas com dez travestis e quatro transexuais, indicou que esses indivíduos não constituem uma categoria identitária homogênea; pois, dentro desta, há subdivisões em função de etnia, classe social e faixa etária.

A grande maioria não teve acesso à escola e, consequentemente, estão excluídos do mercado de trabalho. Em geral, as travestis e transexuais têm baixa educação formal, saúde precária, baixa renda, ausência/instabilidade de emprego e condições precárias de moradia. No Brasil, a miséria e a violência experimentadas por esses indivíduos são cruciais para decidir o seu destino: a grande maioria se prostitui e, os que conseguiram entrar no mercado de trabalho formal, exercem funções operacionais; mesmo assim, são vítimas de agressões, violência e intolerância por parte de seus colegas de trabalho, inclusive nas empresas que afirmam possuir políticas de diversidade e respeito às diferenças.

Por essas razões, as travestis e transexuais devem ser incorporadas na agenda de discussão sobre diversidade nas organizações, assim como foram os homossexuais, negros, mulheres, bem como os deficientes físicos e mentais. Deve ser o papel fundamental da academia defender o *advocacy*, ou seja, a defesa de direitos de todo e qualquer indivíduo, quando houver risco de violação dos mesmos; pois, não serão sujeitos individuais que modificarão a ordem vigente, mas sim grupos organizados que busquem articular alternativas ao que existe (BUTLER, 2006, p. 16).

Cabe a nós, portanto, estabelecer uma agenda política, a qual traga para as arenas das organizações o compromisso de tornar as travestis e transexuais – assim como toda e qualquer minoria – qualificadas como seres humanos, cidadãs e, assim, garantir-lhes um mundo habitável e mais acolhedor, como todos nós merecemos ter e viver.

REFERÊNCIAS BIBLIOGRÁFICAS

ABLGT – Associação Brasileira de *Gays*, Lésbicas e Travestis. Disponível em http://www.ablgt.org.br . Acesso em: 12 jan. 2010.

ALVES, M.; GALEÃO-SILVA, L. A crítica da gestão da diversidade nas organizações. RAE – *Revista de Administração de Empresas*, v. 21, p. 18-25, 2004.

BAKHTIN, M. *Estética da criação verbal*. São Paulo: Martins Fontes, 2003.

BECKER, H. *Métodos de pesquisa em ciências sociais*. São Paulo: HUCITEC, 1994.

BENEDETTI, M. *Toda feita:* o corpo e o gênero das travestis. Rio de Janeiro: Garamond, 2005.

BENHABIB, S. Postmoderism and critical theory: on the interplay of ethics, aesthetics and utopia in critical theory. *Cordozo Law School Review*, v. 11, p. 1435-1449, jul./ago., 1990.

BOURDIEU, P. *A dominação masculina*. Rio de Janeiro: Bertand, 1999.

BOURDIEU, P. *A Distinção* – Crítrica Social do Julgamento. São Paulo: Jorge Zahar, 2007.

BUTLER, J. *Deshacer del dénero*. Barcelona: Paidós, 2006.

BUTLER, J. *Gender Trouble*: Feminism and the Subversion of Identity. New Jersey: Rotledge, 2003.

CAMARGO, J.; Almeida, H. *Human capital investment and poverty*. Rio de Janeiro: PUCRio, 1994. (Texto para discussão, n. 319).

CAVEDON, N.; FERRAZ, D. O Reflexo do simbólico nas estratégias dos permissionários do viaduto Otávio Rocha. In: ENCONTROS DE ESTUDOS E ESTRATÉGIAS (3Es), 1°, 2003, Curitiba: *Anais...*, 2003. (CD-ROM).

CHARAUDEAU, P; MAINGUENAU, D. *Dicionário de análise do discurso.* São Paulo: Contexto, 2004.

CLASTRES, P. *A sociedade contra o Estado.* Rio de Janeiro: Cosac Naify, 1974.

DEBERT, G. Problemas relativos à utilização da história de vida e história oral. In: CARDOSO, R. *A aventura antropológica.* Rio de Janeiro: Paz e Terra, 1986.

DOTY, A. *Flaming classics*: queering the film canon. London: Routledge, 2000.

DUMARSAIS, C. *Des tropes ou des differents sens.* Paris: Flammarion, 1968.

EHRENREICH, J. *The political anthropology of Ecuador.* Albavy: Cambridge Press, 1985.

FLEURY, M. Gerenciando a diversidade cultural: experiência de empresas brasileiras. *RAE – Revista de Administração de Empresas,* São Paulo, v. 40, n. 3, p. 18-25. jul./set., 2000.

FONTANIER, P. *Les figures des discours.* Paris: Flammarion, 1968.

FOUCAULT, M. *Ditos e Escritos*: Ética, Sexualidade e Política, vol. 5. Rio de Janeiro: Forense Universitária, 2010.

KULICK, D. *Travesti*: prostituição, sexo, gênero e cultura no Brasil. Rio de Janeiro: Fundação Oswaldo Cruz, 2008.

GARFINKEL, H. *Studies in ethnomethodology.* Englewoods Clif: Prentice Hall, 1967.

GOLDENBERG, M. *A arte de pesquisar:* como fazer pesquisa qualitativa em ciências sociais. 4. ed. Rio de Janeiro: Record, 2000.

GUMPERZ, J.; HYMES, D. The ethnography of communication. *American Anthropologist,* v. 66, n. 6, p. 2-24, 1964.

HARRIS, C. *Acknowledging lesbians in the workplace*: confronting the heterosexuality of organizations. Paper presented at the annual meeting of the Academy of Management, Dallas, TX, 1994.

HASSARD, J. *Sociology and organization theory:* positivism, paradigms and postmodernity. Cambridge: Cambridge University Press, 1993.

IRIGARAY, H. Discriminação por orientação no ambiente de trabalho: uma questão de classe social? uma análise sob a ótica da teoria *queer*. In: ENAPG, III, 2008. Salvador. *Anais...* ENAPG, 2008.

IRIGARAY, H. Estratégia de Sobrevivência dos Gays no Ambiente de Trabalho. In: ENANPAD, XXXI, 2007. Rio de Janeiro. *Anais...* ENANPAD, 2007.

LOPES, D. *O homem que amava rapazes e outros ensaios.* Rio de Janeiro: Aeroplano, 2002.

MISKOLCI, R.; PELÚCIO, L. *Fora do Sujeito e Fora do Lugar*: reflexões sobre performatividade a partir de uma etnografia entre travestis. Gênero, v. 7, p. 257-267, 2007.

MOTT, L. Homofobia no Brasil. *Arquipélago*: revista de livros e ideias, Porto Alegre, n. 7, Instituto Estadual do Livro, p. 19-21, out. 2006.

OBSERVATÓRIO DE SEGURANÇA. Disponível em: http://www.observatoriodeseguranca.org/dados/debate. Acesso em: 8 fev. 2010.

PELÚCIO, L. Nem todos os gatos são pardos. *Cadernos Pagu*, n. 25, p. 217--248, jul./dez., 2005.

PLUMMER, K. *Sexual stigma*: an interactionist account. Londres: Routledge & KeganPaul, 2005.

RIBEIRO, D. *Os índios e a civilização.* São Paulo: Cia. das Letras, 1970.

RUBIN, H.; RUBIN I. *Qualitative Interviewing;* the art of hearing data. California: Sage Publications, 1995.

saraiva, L.; IRIGARAY, H. Humor e discriminação por orientação sexual nas organizações: um estudo sobre histórias de vida. In: EnANPAD, XXXIII, 2009. São Paulo: *Anais...* EnANPAD, 2009.

SEABRA, A. *Escolaridade, salários e empregabilidade*: implicações no mercado de empregos do Rio de Janeiro. Rio de Janeiro, 2002. 58f. Dissertação (Mestrado) – Escola Brasileira de Administração Pública e de Empresas/Fundação Getulio Vargas, Rio de Janeiro.

SIQUEIRA, M.; FERREIRA, R.; ZAULI-FELLOWS, A. Gays no ambiente de trabalho: uma agenda de pesquisa. In: ENANPAD, XXX, 2006. Salvador: *Anais EnANPAD*, 2006.

THOMPSON, V.; NOEL, J.; CAMPBELL, J. Stigmatization, discrimination, and mental health the impact of multiple identity status. *American Journal of Orthopsychiatry*, v. 74, n. 4, p. 529-544, 2004.

WODAK, R. *Gender and discourse*. Londres: Sage, 1997.

BIBLIOGRAFIA

BAUDRILLARD, J. *Simulacra et simulation*. Paris: Gallimard, 1968.

CACP – *Centro apologético cristão de pesquisas*. http://www.cacp.org.br. Acesso em: 7 fev. 2007.

CARRIERI, A. Pesquisa sobre estratégia: do discurso dominante a uma nova narrativa. In: ENANPAD, 22, 1998, Foz do Iguaçu: *Anais...*, 1998. (CD-ROM).

DENIZART, H. *Engenharia Erótica*: travestis no Rio de Janeiro. Rio de Janeiro: Zahar, 1997.

FOUCAULT, M. *As palavras e as coisas*: uma arqueologia as ciências humanas. São Paulo: Martins Fontes, 2002.

_____. *Ditos e Escritos*. São Paulo: Galimard, 1994. v. IV.

FRY, P. *Para inglês ver:* identidade e política na cultura brasileira. Rio de Janeiro: Zahar, 1982.

GERGEN, K. *The concept of self*. Nova York: Holt, Rinehart & Winston, 1991.

GOFFMAN, E. *A representação do eu na vida cotidiana*. Petrópolis: Vozes, 1963.

GUIMARÃES, A. O programa Brasil sem homofobia. *O Social em Questão*, Rio de Janeiro, ano XI, n. 20, Rio de Janeiro: 15.

HOGG, M.; TERRY, T. Social identity and self-categorization processes in organizational contexts. *Academy of Management Review*, v. 25, p. 121--140, 2000.

INTERAGIR. ONG *Interagir*. Disponível em: http://www.interagir.org.br/politica/boletim/arquivos. Acesso em: 8 fev. 2007.

SEARS, J. Thinking criticically/intervening effectively about heterosexism and homophobia: a twenty-five year research perspective. In: SEARS, J.;

WILLIAMS, W. (Eds.). *Overcoming heterosexism and homophobia*. Nova York: Columbia University Press, 1997, p. 15.

SCHULTZ, T. *O valor econômico da educação*. 1. ed. Rio de Janeiro: Zahar, 1967.

SOARES, R.; GONZAGA, G. *Determinação de salários no Brasil*: dualidade ou não-linearidade no retorno à educação? Rio de Janeiro: IPEA, dez. 1997. (Texto para discussão, n. 380).

_____. *Determinação de salários no Brasil*: dualidade ou não-linearidade no retorno à educação? Rio de Janeiro: PUC-Rio, 2008, p. 61-89.

6

ALÉM DOS ESTIGMAS PROFISSIONAIS

Luiz Alex Silva Saraiva

INTRODUÇÃO

Neste capítulo me proponho a discutir a questão da superação dos estigmas profissionais. Esse tema já me intriga há algum tempo, e a participação em uma recente pesquisa renovou meus interesses nesse aspecto, em especial sobre a questão dos estigmatizados profissionalmente por conta do gênero ou de sua orientação sexual. Ainda que o gênero seja importante para delinear o percurso da minha argumentação, opto por enveredar, na forma de um ensaio, pelos meandros da sexualidade, pondo em pauta, em particular, a dos homossexuais masculinos.

A partir da noção de estigma de Goffman (2008), pretendo problematizar inicialmente o que se identifica em boa parte do mercado de trabalho: profissões estigmatizadas por relações de gênero, como se fosse uma escolha "natural" dos indivíduos assumirem para si determinadas carreiras em função do seu gênero, cujos exemplos mais evidentes são "a" enfermeira e "a" professora.

A lógica de estereótipos em que esse estigma se baseia se estende à orientação sexual, um processo que "condena" homossexuais a profissões para as quais ser gay é "aceitável" ou "recomendável", a exemplo de "cabeleireiro", "maquiador", "esteticista", só para ficar em alguns casos. O argumento principal do capítulo é discutir, sob uma ótica crítica, o que, a quem e por que interessa a redução do homossexual masculino a papéis profissionais estigmatizados, uma defesa, sobretudo, da potencialidade do ser humano no ambiente profissional e dos entraves a essa plenitude.

Em um primeiro momento, procedo a essa discussão aterrissando na relação entre doenças e estigmas, o que me leva a uma discussão sobre gênero e estigmas profissionais, necessária para discutir a sexualidade e a orientação sexual. Em seguida, me debruço sobre o que é central nessa questão, a quem ela interessa, e por que essa temática precisa ser levantada como legítima e necessária, o que precede as conclusões do capítulo.

ESTIGMA, SAÚDE E DOENÇA

Goffman (2008, p. 13) se refere a estigma como "um tipo especial de relação entre atributo e estereótipo, embora eu proponha a modificação desse conceito, em parte porque há importantes atributos que em quase toda a nossa sociedade levam ao descrédito". O estigmatizado é, em consequência, alguém basicamente desacreditado em função de alguma característica que o torna diferente daqueles considerados "normais". Esses passam a estigmatizar o portador do atributo que os diferencia como meio de, simultaneamente, ressaltar a normalidade ao destacar as diferenças.

O estigma pode ser associado a inúmeras categorias: etnia, idade, doença, aparência, comportamento, escolaridade, forma de falar, enfim a qualquer possibilidade de leitura de diferença eventualmente possível. Tratando-se de uma relação dinâmica, o estigmatizador se vale de uma noção, muitas vezes, implícita de normalidade para infligir ao não normal níveis diversos de depreciação, de maneira a não apenas enfatizar a diferença, como também para regular os outros "normais", mostrando-lhes o que eventualmente pode acontecer aos que não se ajustarem ao esperado. A hegemonia do processo subjuga os diferentes à periferia da sociedade à medida que lhes retira as possibilidades de interlocução à altura: a diferença fala mais alto do que as semelhanças, quaisquer que sejam elas. Os estigmas são particularmente visíveis quando se referem a limitações ocasionadas por doenças, quando não dizem respeito ao fato de se ser portador da doença em si.

Nunes (2009) é enfático quanto a que a sociologia da saúde teria sido reforçada com as ideias de Goffman. Para o autor, ao por em pauta a discussão do *self* na vida diária, considerando os manicômios e o estigma, só para ficar em alguns dos pontos por ele privilegiados. Goffman permitiu que se configurasse uma sociologia da saúde metodologicamente inovadora, principalmente por conta do uso da abordagem etnográfica. Embora ele nunca tenha particularmente se classificado com um pesquisador da área de saúde, são inegáveis suas contribuições para o estudo da doença, da saúde e da medicina.

Particularmente sobre a noção de estigma, foco deste capítulo, e suas relações com doenças, são indisfarçáveis os ecos das ideias de Goffman. A respeito da Aids, por exemplo, Almeida e Labronici (2007) fizeram um estudo com base em relatos junto a portadores do HIV. As autoras identificaram que o principal fator que leva os entrevistados a não procurarem os serviços de saúde para tratamento é o receio de serem identificados por pessoas de seu convívio nas unidades de saúde próximas às suas casas. De certa forma, antecipam que vão ser discriminados e estigmatizados em função das representações sociais da doença, e, para evitar isso, mantêm o segredo para se proteger e, simultaneamente, aumentam seu sofrimento pessoal e sua vulnerabilidade diante da Aids.

Cueto (2002) se propôs a analisar historicamente a epidemia de Aids no Peru entre 1983 e 2000, cujo crescimento esteve em parte relacionado à violência terrorista e à crise econômica, que dificultavam as respostas legais, os estudos e intervenções médicas naquele país. Ele concluiu que a gradativa aproximação entre cientistas, profissionais da saúde, políticos e pacientes verificada naquele contexto é semelhante ao ocorrido em outros lugares, com efeitos sobre a cultura e a qualidade de resposta sanitária à doença.

Já Garcia e Koyama (2008) observam dois anos específicos em que houve expansão nos casos de Aids no Brasil, 1998 e 2005, dirigindo seus esforços de pesquisa para compreender a prevalência de atitudes discriminatórias nesses momentos e as possíveis mudanças ocorridas. Os resultados sugerem que ser mulher, ter níveis menores de escolaridade, faixa etária acima de 45 anos e residir na região norte ou nordeste são aspectos associados à intenção de discriminação de portadores do HIV. As pesquisadoras sugerem melhor elaboração das informações sobre as formas de transmissão e não transmissão da Aids para esses públicos a fim de reduzir o estigma dos portadores da doença.

Araújo, Moreira e Cavalcante Júnior (2008) debruçaram-se sobre o estigma de ser doente mental na cidade de Fortaleza. Para tanto, analisaram, por meio da abordagem fenomenológica e de um estudo etnográfico, o caso de um homem de 20 anos, que é estigmatizado no bairro e nas suas relações cotidianas pela sua doença. Na região em que vive, presenciam-se estigmas, seja porque alguns moradores classificam traumas sofridos como "frescura", ou pela postura defensiva – e autoestigmatizante – do rapaz, que não permite a aproximação de outras pessoas, distanciando-se delas e isolando-se socialmente.

A epilepsia, uma das doenças crônicas com maior nível de estigma, é tratada em diversos estudos. Schlindwein-Zanini et al. (2008) comparam epilepsia refratária, uma variação em que o uso de drogas antiepilépticas não permite o controle de crises, à asma grave, outra doença crônica, com o intuito de avaliar as possíveis diferenças na percepção do estigma entre os dois grupos. Os dados sugerem que as crianças e seus cuidadores notam claramente o estigma de suas doenças.

Fernandes e Li (2006) se voltam especificamente para analisar a vivência do estigma, que na visão dos autores, é muitas vezes mais prejudicial que a doença em si, já que afeta a família toda, caracterizando-se, assim, com um impacto biossocial. No estudo de Fernandes et al. (2008), levado a cabo nas cidades de Curitiba, Ipatinga, São Paulo e Vila Velha, foi identificado que o estigma associado à epilepsia é percebido de distintas maneiras, dependendo de diferenças regionais e culturais, o que deve ser levado em consideração para que se proponham campanhas mais efetivas. Na pesquisa de Fernandes e Souza (2004), efetuada com professores da rede pública estadual de Campinas, foi identificado que eles percebem a doença como uma desordem neurológica, que deve ser tratada mediante acompanhamento médico, e que não impede a frequência à escola comum. Possivelmente devido ao nível de escolaridade dos entrevistados, suas percepções divergem das de outros estudos, que estigmatizam o portador de epilepsia. O fato de servirem como "modelos" para as crianças, com forte influência sobre elas, pode ser um importante elemento no processo de construção de outra realidade, com uma comunidade mais bem informada sobre as diferenças e o preconceito a estas associado.

Outros grupos de doenças são também fortemente associados ao estigma, como a hanseníase, a tuberculose e a obesidade. No caso da hanseníase, contribuem para que o Brasil seja o segundo país com o maior número de casos, de acordo com Moreira (2003), o diagnóstico tardio da doença e a desarticulação das ações do poder público com as associações de pacientes e ex-pacientes, principalmente no norte e centro-oeste do país. Para Martins e Caponi (2010), que estudaram mulheres catarinenses, os tratamentos "excludentes" a que foram submetidas contribuíram para um certo "repúdio" em relação à hanseníase, e, com isso, o agravamento do estigma. Esse quadro também se verifica na

Venezuela, onde a representação social da doença, conforme Romero-Salazar et al. (1995) se baseia em estereótipos que reforçam a rejeição social dos doentes.

A tuberculose é uma doença representada socialmente de maneira fortemente estigmatizada pelo menos desde o século XIX. Na época, era associada a uma visão romântica, a dos poetas que morriam jovens e platonicamente apaixonados por suas musas. Aos poucos tal perspectiva se transformou em uma visão mais naturalista, o que não impede de manter alguns preconceitos ligados à doença. Mesmo com a evolução das representações associadas à doença, permanece a estigmatização da doença e do doente, o que constitui um entrave ao controle da tuberculose, conforme Pôrto (2007). A obesidade, uma doença dos tempos atuais, também carrega consigo uma carga considerável de estigma. Mattos e Luz (2009), ao analisar os motivos pelos quais obesos permanecem em programas de exercício físico no Rio de Janeiro, chegaram a dados que sugerem que o compartilhamento de atividades sociais por pessoas que sofrem do mesmo estigma pode apresentar consequências positivas para o grupo, uma vez que o convívio entre semelhantes permite que experiências sejam compartilhadas.

Deficiências diversas também podem ser fontes de estigma, conforme os estudos de Magalhães e Cardoso (2010), Grieve et al. (2009) e Soares et al. (2008). Magalhães e Cardoso (2010) alertam que o estigma, antes de qualquer coisa, precisa ser associado à noção original de Goffman (2008): manipulação da identidade dos sujeitos que discrepam das expectativas sociais. Isso significa politizar a ideia de construção identitária, que precisa ser compreendida como um fluido e variável constructo histórico-cultural mediado por relações de poder. Como a identidade é uma noção relacional, qualquer discussão sobre a diferença pressupõe uma identidade que antecede a diferença, um padrão que deve ser tomado como referência, o que é reforçado pelos estudos de Moreira e Guedes (2007) sobre mulheres cearenses abandonadas pelos maridos, e Rios e Gomes (2009), sobre casais sem filhos, em que o estigma é diretamente relacionado à diferença de um padrão socialmente esperado.

A sexualidade de pessoas com deficiências de aprendizagem, ao invés de proporcionar um senso de semelhança, pode atuar no sentido contrário, reforçando a diferença, e com isso, o estigma. É o que mostra o estudo de Grieve et al. (2009), realizado com enfermeiras escocesas, cujos resultados apontam para a necessidade de formação específica para que esses profissionais se conscientizem das maneiras pelas quais pessoas com deficiências de aprendizagem estabelecem suas relações pessoais e afetivas.

A partir de entrevistas com jovens portadores de espinha bífida das cidades de Washington e do Rio de Janeiro, Soares, Moreira e Monteiro (2008) identificaram que a sexualidade é estigmatizada em função da doença. Isso se dá nas dimensões de cuidado que os portadores da doença devem apresentar em relação à sua imagem corporal, elemento associado à construção de identidades deterioradas pelo estigma. Há um sentimento de receio da sociedade e das possíveis manifestações de discriminação quanto aos portadores de espinha bífida, por não serem "iguais" aos demais. De certa forma os entrevistados colocam em segundo plano a sexualidade porque há limitações estabelecidas pela doença, e até que a medicina aponte algum avanço significativo, investir nessa área é reforçar o estigma. A interface com a saúde e com as doenças não esgota os aspectos relacionados ao estigma, conforme a seção a seguir.

GÊNERO E OS ESTIGMAS PROFISSIONAIS

Além de ser uma questão polêmica em si, o gênero encerra muitas possibilidades de leitura e de abordagem em termos de pesquisa. Além das tradicionais, que abordam a discussão em torno da divisão entre os pólos masculino e feminino, têm sido abertas frentes promissoras, que colocam o gênero em contato com outras temáticas, permitindo que se visualizem discussões e possibilidades pouco presentes na agenda atual.

Um tema, que não é propriamente novo, é o da estigmatização de profissões por gênero. Diversos estudiosos já se debruçaram sobre o fato de certas profissões serem "naturalmente" indicadas para homens ou para mulheres de acordo com estereótipos de gênero. Aos homens caberiam tarefas que demandassem mais do físico, bem como atividades que requeressem tomadas rápidas de decisões. Às mulheres seriam indicadas tarefas repetitivas e que exigissem minúcia. O que tal divisão sexual do trabalho não esconde é que se trata de estereotipar para definir e restringir a atuação, principalmente a feminina, a posições em territórios para os quais fossem "talhadas". Haveria, por conseguinte, um jeito certo de trabalhar para homens e para mulheres, um evidente equívoco.

Para Hirata (1990), raras são as exceções em que os modelos produtivos e as teses macroeconômicas sobre globalização levam em consideração a diferenciação entre a população masculina e a feminina. Isso é, as oportunidades em relação à qualificação, a formação profissional entre outras não se estendem às mulheres com o mesmo alcance e significação que aos homens. O contexto organizacional reforça a separação vigente do trabalho entre homens e mulheres na sociedade. Aos homens cabem as atividades mais importantes, o que inclui as esferas de decisão, e às mulheres as funções menos especializadas, mal remuneradas, precarizadas. Essa separação reproduz, no ambiente das organizações, o observado na esfera doméstica, em que o homem assumiu a função de provedor da família e a mulher continua como a responsável pelas atividades domésticas, sendo o seu salário apenas um complemento da renda familiar (STEIL, 1997).

Não chega a surpreender que a maior parte dos empregados afastados por distúrbios osteomoleculares relacionados ao trabalho (Dort) seja de mulheres, que desempenham atividades repetitivas e muito mais impactantes sobre o organismo do que as levadas a cabo por homens. A "reserva" de determinado tipo de atividades para mulheres implica definir o espaço que lhes cabe na organização, e o que se espera delas em termos produtivos. Qualquer movimento além da área prescrita pode resultar desconforto, já que se sabe, embora não se diga com frequência, que as empresas são ambientes predominantemente masculinos.

Mas quais as funções associadas às mulheres? Os estereótipos mais comuns são o "da" professora e o "da" enfermeira, profissões que são endereçadas a um gênero específico por encerrarem, na dinâmica da atividade profissional, traços estereotipadamente associados ao gênero feminino, como paciência, delicadeza, organização, higiene, presteza. Harding (2007) estudou o caso de homens neozelandeses que abraçam a enfermagem como profissão e o estereótipo da homossexualidade associado a essa escolha. O estereótipo por gênero é tão estabelecido, que somente um homem não heterossexual se interessaria pela enfermagem como atividade profissional. Por isso, os enfermeiros ficam expostos a manifestações homofóbicas no ambiente de trabalho, mesmo que em sua maioria sejam heterossexuais, e procurem se afastar de colegas gays.

Outro exemplo de profissão estereotipada é a "das" profissionais do sexo. Mesmo com a entrada de homens nesse nicho de mercado, a prostituição ainda é uma atividade predominantemente feminina em todo o mundo. Naifei (2006, p. 326), por exemplo, que discute essa questão com base em um estudo realizado em Taiwan à luz dos movimentos feministas locais, faz considerações,

a partir de um pensamento crítico, [sobre] as hierarquias de sexo, políticas de sexo e sexualidade não formativas, sexo e sexualidades femininas dissidentes não reprodutivas, juventude e sexo, sexo e dinheiro, e assim por diante.

A posição feminina, simbolicamente inferior nas hierarquias sociais de gênero (ECCEL E SARAIVA, 2009) favoreceria a submissão em parte necessária à dinâmica do sexo profissional.

Ngo et al. (2007), ao analisar o caso das profissionais do sexo do Vietnã, chegam a posições semelhantes, particularmente no que se refere às relações entre vida e trabalho, que ocorrem em uma complexa e interdependente interface. A necessidade econômica leva a que muitas dessas mulheres se submetam a práticas sexuais inseguras em troca da cobrança de valores mais altos pelos serviços. Embora muitas delas expressem o desejo de abandonar esse trabalho em função dos abusos e do estigma sofridos, elas se encontram presas na armadilha da indústria do sexo pela falta de oportunidades de emprego.

Juliano (2005, p. 85), encarando a temática das polêmicas e estereótipos do trabalho sexual, põe em pauta o contexto das prostitutas espanholas, tão discriminadas e estigmatizadas quanto as taiwanesas e vietnamitas anteriormente apresentadas, são estigmatizadas por serem mulheres e, mais, por serem pobres, desse modo, são "talhadas" para o ofício, já que precisam sobreviver. No modelo de como devem ser as mulheres, "existe um grande nível de exigências e poucas compensações, o que se impõe por meio de sanções e castigos materiais ou simbólicos".

No mercado de trabalho do sexo, como já mencionado, também têm ingressado homens, que, em certos casos, precisam reproduzir a "lógica feminina" para se estabelecerem. Infante et al. (2009), ao analisar os profissionais mexicanos do sexo, observou que os travestis, transgêneros e transsexuais sofrem o mesmo estigma e discriminação dos demais trabalhadores desse segmento, e ainda padecem de outro problema: como não fazem parte do escopo principal das campanhas de prevenção à disseminação do HIV, constituem um dos grupos mais afetados pela Aids. O estudo encontrou ainda que sua vulnerabilidade é influenciada pelo seu contexto social, pelo estigma relacionado à homossexualidade e ao trabalho sexual, pelo acesso restrito ao capital social e pela lacuna de responsabilidade em termos de programas sociais e de saúde.

Em estudo realizado entre profissionais do sexo canadenses, Morrison e Whitehead (2005) confirmaram, na prostituição de homens gays, a existência dos mesmos sentidos negativos associados à prostituição feminina. Koken et al. (2004) e Ross et al. (2004) se concentraram em profissionais do sexo dos Estados Unidos, nas cidades de Nova York e Houston, respectivamente, tendo obtido, a partir da mesma visão de estigma, outros achados interessantes. No estudo de Koken et al. (2004), foi explorada a interface entre dois tabus, os da homossexualidade e da prostituição, e as estratégias pelas quais os gays procuram se afastar do estigma, como o altruísmo, o contexto de negócios associado ao sexo, e aceitação na comunidade gay. Ross et al. (2004) acrescentam o uso de drogas aos dois tabus já citados, e identificam que esses profissionais do sexo rejeitam o estigma de serem usuários de drogas, embora aceitem os relacionados à homossexualidade e ao trabalho com a sexualidade.

SEXUALIDADE E O ESTIGMA PROFISSIONAL

Com base em uma pesquisa realizada no Canadá com homens gays a respeito da explicitação da homossexualidade no trabalho, Cain (1991) discute que é mais desejável expor do que esconder a orientação sexual. Todavia, reconhece que há uma variedade de fatores situacionais e relacionais que podem interferir no processo. Para Dooley (2009), homens gays, assim como lésbicas, bissexuais ou transgêneros, precisam negociar sua orientação sexual considerando a visão negativa da homossexualidade em nossa cultura. Com base em um estudo realizado com norte-americanos, o autor demonstra que superar o estigma pode estar relacionado à adoção de estratégias adequadas, no que a figura de mentores pode ser fundamental.

Observa-se, no caso dos homossexuais, um movimento semelhante ao vigente no caso das mulheres: uma espécie de hierarquia de gênero define, ao delimitar "zonas de tolerância", onde os gays seriam profissionalmente aceitos e eventualmente bem-sucedidos (ECCEL E SARAIVA, 2009). Em outras palavras, pela posição de seu grupo na sociedade e, na verdade, do quanto é evidente a aderência a esse grupo, desfruta-se do "espaço" a ele destinado em termos sociais.

Esse raciocínio implica tolerância à discriminação e a práticas restritivas de toda ordem, principalmente no ambiente profissional, porque é de certa forma aceita que, apesar de todos serem potencialmente iguais, tal igualdade é regida pela noção de hegemonia, que define um padrão a ser seguido. Assim, embora seja mais provável falar em semelhança do que em igualdade, isso diz respeito a referências comuns, e nada além disso, sob pena de nem todos poderem ser do jeito que desejarem, e muito menos tornarem visíveis aos demais as diferenças. Como dito por um entrevistado:

> se for efeminado, se tiver trejeitos, ou seja, a pessoa pode perceber mais facilmente que a pessoa é gay, com certeza as pessoas riem dela e, com certeza, ela pode ficar esquecida num canto pra não aparecer muito. Uma pessoa dessas, por exemplo, numa reunião, não seria bem vista. (SIQUEIRA et al., 2009, p. 454)

A base para a construção desse cenário é a mesma: os estereótipos. Estes atuam a partir de categorias grosseiramente definidas à distância, a respeito do que seria um homossexual e qual o trabalho que lhe seria mais adequado. O homossexual é estigmatizado porque é considerando, de início, "errado", "diferente", "marginal". Só que todas essas ideias implicam comparações em relação a outras ideias. Mas não se trata de um processo comparativo qualquer, mas de uma comparação submissa, uma vez que o padrão hegemônico submete qualquer diferença a ser sempre subordinada a um modelo "correto", adequado para uma vida harmônica em sociedade (DWORZANOWSKI-VENTER, 2008).

O que não se diz é que essa harmonia se dá às custas da estigmatização, separação, e alijamento de direitos e possibilidades sociais de todos os indivíduos que não se encaixam em uma dada forma, como os homossexuais. A diferença do que é tido como adequado os condena sistematicamente a espaços marginais na sociedade e, mais do que isso, a assumirem a marginalidade como normalidade, a tomarem como espaços legítimos os guetos a que são condenados por serem como são.

Se isso é evidente no que se convencionou chamar de nichos de mercado gays, como restaurantes, hotéis, saunas, casas noturnas etc., a situação torna-se ainda mais dramática no contexto profissional. E por quê? Porque já se estabeleceu uma forma hegemônica de se portar, um aviso claro a se comportar de forma "natural". O não dito é que o natural é "capitalista, ocidental, branco, masculino, heterossexual e euro-norte-americano – tido como 'certo' e como padrão a ser copiado por todos os demais" (SARAIVA, 2007, p. 6).

Nesse contexto, para a sobrevivência, os homossexuais precisam saber se camuflar, como apontam Saraiva e Irigaray (2009), uma vez que a diferença pode gerar problemas em ambientes organizacionais homogêneos. Daí ser esperada uma espécie de simulação das empresas no seu ambiente. Virtualmente ignorando diferenças, divulgam políticas de estímulo à diversidade, dizendo-se aptas e abertas às diferenças, o que não corresponde à realidade, uma vez que os gays são alvo de estigmatização e de um humor que atua como fator de controle social, "colocando-os no seu devido lugar" (IRIGARAY et al., 2010).

Para evitar confrontos, o que fazer? Resolver os problemas de uma vez por todas e explicitar a hegemonia e a ideologia perversa que a sustenta? Isso parece fora de questão. É mais fácil condenar os homossexuais a carreiras periféricas, nas quais podem se destacar por ser como são. Daí o silencioso estímulo para que os gays compitam entre si em profissões que lhes seriam peculiarmente mais adequadas, como os ofícios de cabeleireiro, maquiador, estilista etc., enfim, toda uma gama de atividades à sombra das demais, e que só seriam tolerantes como a homossexualidade porque foram desenhadas para pessoas com esse perfil.

Mas o que, a quem e por que interessa restringir os gays a determinados tipos de trabalho? Defendo os pressupostos de que interessa limitar o trabalho de gays a determinadas categorias profissionais porque assim se evita encarar o problema das diferenças na nossa sociedade: simplesmente se tira do caminho profissional da maior parte da população, atores sociais que destoam do padrão, "dando-lhes" um espaço legítimo em função das suas competências, o que é um contrassenso já que não há conquista, mas outorga do território, e que as competências são definidas a partir de um estereótipo que avilta os indivíduos para atender à necessidade de categorizá-los grosseiramente para que com eles não se tenha de lidar cotidianamente.

Outro ponto que me parece importante é que em face de um mercado de trabalho cada vez mais competitivo, simplificar a concorrência pode ser um caminho significativamente mais cômodo para os gestores que tenham de se posicionar a respeito de perfis profissionais e competição. Nada mais simples, como sugerem os dados de Irigaray et al. (2010), do que desqualificar um perfil de profissional para fazê-lo indigno do crédito necessário para efetivamente galgar posições na organização. Os autores apontam o riso como mecanismo de suavizar críticas, mas, ao mesmo tempo, de comunicar claramente determinadas posições sociais. Em outras palavras, isso constitui um meio não institucionalizado, embora ativamente usado e socialmente aceito, de eliminar do processo de competição os indivíduos que possam apresentar qualquer tipo de "falha". A homossexualidade é considerada um "porém" nesse processo porque fere a normalidade que se espera dos que ascendem profissionalmente. E não se espera isso de um gay porque o espaço em que ele pode ser bem-sucedido já foi definido, o lugar em que o seu estigma se torna uma vantagem.

CONCLUSÃO

Neste capítulo me propus a discutir a questão da superação dos estigmas profissionais. Para isso, tratei de aspectos relacionados ao estigma, como o binômio saúde/doença, o gênero e a influência sobre a profissão. A literatura especializada aponta para a necessidade de se observar o estigma como uma construção social, que cumpre um dado papel na sociedade de, simultaneamente, estabelecer ponto de partida na igualdade para diferenciar os que, de alguma forma, não se enquadram nesse perfil.

Do ponto de vista da saúde, a estigmatização é associada a doenças diversas, como a Aids, a epilepsia, a tuberculose, a hanseníase, a doença mental e à deficiência em geral. O que se tem claro é que há um modelo "saudável" que se impõe aos portadores de qualquer tipo de limitação em virtude da doença, o que faz com que a oposição saúde-doença atue como uma espécie de punição para aspectos biológicos que distinguem os indivíduos. Ser diferente implica pagar um preço por isso.

Sob a ótica do gênero, o estigma se manifesta na forma de profissões "naturalmente" segmentadas pelo gênero, isto é, em tese seria a biologia a responsável por algumas carreiras. Caberia aos homens trabalhos que exigissem força e raciocínio, e às mulheres, funções associadas à minúcia e delicadeza, uma simplificação radical de gênero que silencia sobre a subalternidade das posições femininas e sobre os efeitos desse processo em termos de carreira e possibilidades.

No que tange à orientação sexual, é reproduzido parcialmente o raciocínio anterior, sendo a sexualidade, tal como naquele caso era a biologia, a definidora do espaço dos indivíduos nas organizações. Ser gay, nesse sentido, condena os indivíduos a atuarem profissionalmente em atividades ligadas de forma geral à frivolidade, porque seu comportamento é grosseiramente estereotipado como tal. Inequivocamente, o espaço destinado às profissões de homossexuais são aqueles em que teoricamente seu comportamento não levaria a nenhuma espécie de restrição. O que essa mensagem deixa implícito é que, não obstante os crescentes apelos das organizações em prol da diversidade, ainda não se encara, de fato, o problema de lidar com indivíduos diferentes: é mais fácil, por isso, segregá-los, invisibilizando-os profissionalmente ao definir como espaços legítimos para sua atuação esferas secundárias, distante da competição com heterossexuais.

Problematizar a questão do endereçamento a determinadas profissões por conta da orientação sexual é, a rigor, reduzir e instrumentalizar o papel dos indivíduos a fim de se manter a funcionalidade social, o que implica assumir a ideia de que tudo funciona se cada um estiver no seu devido lugar. O lugar dos gays seria secundário, acessório, se não dispensável, o que me deixa preocupado a respeito de quais poderiam ser as próximas diferenças a serem levantadas e consideradas como fonte de estigmatização. Se a orientação sexual o pode ser, por que não a escolaridade e os hábitos de compra, por exemplo?

Se esse raciocínio tem algum fundamento, o que quer que venha a diferenciar os indivíduos, e que esteja fora de margens socialmente aceitáveis pode, em tese, servir de elemento para a discriminação. Nesse momento é a sexualidade, como em outros foi o fato de ser judeu ou mulher. Se alguém pedirá perdão aos gays pela estigmatização em função da sua orientação sexual, como aconteceu com os judeus, eu não sei se acontecerá. Algo mais concreto é considerar suas competências e interesses no contexto profissional, o que pode ser um bom começo, rumo a uma sociedade mais justa também do ponto de vista do trabalho, que considere indivíduos dessemelhantes, "o que implica reconhecer e respeitar suas diferenças para poder tratá-los em pé de igualdade" (IRIGARAY et al., 2010, p. 903).

REFERÊNCIAS BIBLIOGRÁFICAS

ALMEIDA, M. R. C. B.; LABRONICI, L. M. A trajetória silenciosa de pessoas portadoras do HIV contada pela história oral. *Ciência & Saúde Coletiva*, Rio de Janeiro, v. 12, n. 1, p. 263-274, jan./mar. 2007.

ARAÚJO, T. C. B. C.; MOREIRA, V.; CAVALCANTE JUNIOR, F. S. Sofrimento de Sávio: estigma de ser doente mental em Fortaleza. *Fractal*, Niterói, v. 20, n. 1, p. 119-128, jan./jun. 2008.

CAIN, R. Stigma management and gay identity development. *Social Work*, Washington, v. 36, n. 1, p. 67-73, jan. 1991.

CUETO, M. El rastro del SIDA en el Perú. *História, Ciências, Saúde – Manguinhos*, Rio de Janeiro, v. 9, supl., p. 17-40, 2002.

DOOLEY, J. Negotiating stigma: lessons from the life stories of gay men. *Journal of Gay & Lesbian Social Services*, Abington, v. 21, n. 1, p. 13-29, 2009.

DWORZANOWSKI-VENTER, B. "Lazy bugs, homosexuals, softies and dumb fools": exploring what it means to be a male emotional labourer across community-based AIDS care sites in rural and urban South África. *South African Review of Sociology*, Abingdon, v. 39, n. 1, p. 122-139, 2008.

ECCEL, C. S.; SARAIVA, L. A. S. Masculinidade, auto-imagem, preconceito: um estudo de representações sociais de homossexuais. In: ENCONTRO ANUAL DA ASSOCIAÇÃO NACIONAL DE PÓS-GRADUAÇÃO E PESQUISA EM ADMINISTRAÇÃO, XXXIII, 2009, São Paulo. *Anais...* São Paulo: ANPAD, 2009.

FERNANDES, P. T.; LI, L. M. Percepção de estigma na epilepsia. *Journal of Epilepsy and Clinical Neurophysiology*, Porto Alegre, v. 12, n. 4, p. 207--218, dez., 2006.

FERNANDES, P. T.; NORONHA, A. L. A.; SANDER, J. W.; LI, L. M. Stigma scale of epilepsy: the perception of epilepsy stigma in different cities in Brazil. *Arquivos de Neuropsiquiatria*, São Paulo, v. 66, n. 3-A, p. 471-476, set., 2008.

FERNANDES, P. T.; SOUZA, E. A. P. Percepção do estigma da epilepsia em professores do ensino fundamental. *Estudos de Psicologia*, Natal, v. 9, n. 1, p. 189-195, jan./abr. 2004.

GARCIA, S.; KOYAMA, M. A. H. Estigma, discriminação e HIV/Aids no contexto brasileiro, 1998 e 2005. *Revista de Saúde Pública*, São Paulo, v. 42, n. 1, p. 72-83, fev., 2008.

GOFFMAN, E. *Estigma*: notas sobre a manipulação da identidade deteriorada. 4. ed. Rio de Janeiro: LTC, 2008.

GRIEVE, A.; MCLAREN, S.; LINDSAY, W.; CULLING, E. Staff attitudes towards the sexuality of people with learning disabilities: a comparison of different professional groups and residential facilities. *British Journal of Learning Disabilities*, Oxford, v. 37, n. 1, p. 76-84, mar., 2009.

HARDING, T. The construction of men who are nurses as gay. *Journal of Advanced Nursing*, Oxford, v. 60, n. 6, p. 636–644, dez., 2007.

HIRATA, H. Reestruturação produtiva, trabalho e relações de gênero. *Revista Latinoamericana de Estudios del Trabajo*, São Paulo, v. 4, n. 7, p. 5-27, 1998.

INFANTE, C.; SOSA-RUBI, S. G.; CUADRA, S. M. Sex work in Mexico: vulnerability of male, travesti, transgender and transsexual sex workers. *Culture, Health & Sexuality*, Abingdon, v. 11, n. 2, p. 125-137, fev., 2009.

IRIGARAY, H. A. R.; SARAIVA, L. A. S.; CARRIERI, A. P. Humor e discriminação por orientação sexual no ambiente organizacional. *Revista de Administração Contemporânea*, Curitiba, v. 14, n. 5, p. 890-906, set./out., 2010.

JULIANO, D. El trabajo sexual en la mira. Polémicas y estereotipos. *Cadernos Pagu*, Campinas, n. 25, p. 79-106, jul./dez., 2005.

KOKEN, J. A.; BIMBI, D. S.; PARSONS, J. T.; HALKITIS, P. N. The experience of stigma in the lives of male internet escorts. *Journal of Psychology & Human Sexuality*, Abington, v. 16, n. 1, p. 13-32, 2004.

MAGALHÃES, R. C. B. P.; CARDOSO, A. P. L. B. A pessoa com deficiência e a crise das identidades na contemporaneidade. *Cadernos de Pesquisa*, São Paulo, v. 40, n. 139, p. 45-61, jan./abr., 2010.

MARTINS, P. V.; CAPONI, S. Hanseníase, exclusão e preconceito: histórias de vida de mulheres em Santa Catarina. *Ciência & Saúde Coletiva*, Rio de Janeiro, v. 15, n. 1, p. 1047-1054, jan., 2010.

MATTOS, R. S.; LUZ, M. T. Sobrevivendo ao estigma da gordura: um estudo socioantropológico sobre obesidade. *Physis*, Rio de Janeiro, v. 19, n. 2, p. 489-507, 2009.

MOREIRA, T. A. Panorama sobre a hanseníase: quadro atual e perspectivas. *História, Ciências, Saúde – Manguinhos*, Rio de Janeiro, v. 10, n. 1, p. 291--307, jan./abr., 2003.

MOREIRA, V.; GUEDES, D. Largada pelo marido! O estigma vivido por mulheres em Tianguá-CE. *Psicologia em Estudo*, Maringá, v. 12, n. 1, p. 71--79, jan./abr., 2007.

MORRISON, T. G.; WHITEHEAD, B. W. Strategies of stigma resistance among Canadian gay-identified sex workers. *Journal of Psychology & Human Sexuality*, Abington, v. 17, n. 1/2, p. 169-179, 2005.

NAIFEI, D. Stigma of sex and sex work. *Inter-Asia Cultural Studies*, Abington, v. 7, n. 2, p. 326-328, jun., 2006.

NGO, A. D.; MCCURDY, S. A.; ROSS, M. W.; MARKHAM, C.; RATLIFF, E. A.; PHAM, H. T. B. The lives of female sex workers in Vietnam: findings from a qualitative study. *Culture, Health & Sexuality*, Abingdon, v. 9, n. 6, p. 555-570, nov./dez., 2007.

NUNES, E. D. Goffman: contribuições para a sociologia da saúde. *Physis*, Rio de Janeiro, v. 19, n. 1, p. 173-187, 2009.

PÔRTO, Â. Representações sociais da tuberculose: estigma e preconceito. *Revista de Saúde Pública*, São Paulo, v. 41, n. 1, p. 43-49, fev., 2007.

RIOS, M. G.; GOMES, I. C. Estigmatização e conjugalidade em casais sem filhos por opção. *Psicologia em Estudo*, Maringá, v. 14, n. 2, p. 311-319, abr./jun., 2009.

ROMERO-SALAZAR, A.; PARRA, M. C.; MOYA-HERNÁNDEZ, C.; RUJANO, R.; SALAS, J. El estigma en la representación social de la lepra. *Cadernos de Saúde Pública*, Rio de Janeiro, v. 11, n. 4, p. 535-542, out./dez., 1995.

ROSS, M. W.; TIMPSON, S. C.; WILLIAMS, M. L.; AMOS, C.; BOWEN, A. Stigma consciousness concerns related to drug use and sexuality in a sample of street-based male sex workers. *International Journal of Sexual Health*, Abington, v. 19, n. 2, p. 57-67, 2007.

SARAIVA, L. A. S. O túnel no fim da luz: a educação superior em administração no Brasil e a questão da emancipação. In: ENCONTRO ANUAL DA ASSOCIAÇÃO NACIONAL DE PÓS-GRADUAÇÃO E PESQUISA EM ADMINISTRAÇÃO, XXXI, 2007, Rio de Janeiro. *Anais...* Rio de Janeiro: ANPAD, 2007.

SARAIVA, L. A. S.; IRIGARAY, H. A. R. Políticas de diversidade nas organizações: uma questão de discurso? *Revista de Administração de Empresas*, São Paulo, v. 49, n. 3, p. 337-348, jul./set., 2009.

SCHLINDWEIN-ZANINI, R.; PORTUGUEZ, M. W.; COSTA, D. I.; MARRONI, S. P.; COSTA, J. C. Percepção do estigma na criança com epilepsia refratária: estudo comparativo entre doenças crônicas na infância. *Journal of Epilepsy and Clinical Neurophysiology*, Porto Alegre, v. 14, n. 3, p. 114-118, set., 2008.

SIQUEIRA, M. V. S.; SARAIVA, L. A. S.; CARRIERI, A. P.; LIMA, H. K. B.; ANDRADE, A. J. A. Homofobia e violência moral no trabalho em organizações do Distrito Federal. *Organizações & Sociedade*, Salvador, v.16, n.50, p. 447--461, jul./set., 2009.

SOARES, A. H. R.; MOREIRA, M. C. N.; MONTEIRO, L. M. C. Jovens portadores de deficiência: sexualidade e estigma. *Ciência & Saúde Coletiva*, Rio de Janeiro, v. 13, n. 1, p. 185-194, jan./fev., 2008.

STEIL, A. V. Organização, gênero e posição hierárquica – compreendendo o fenômeno do teto de vidro. *Revista de Administração*, São Paulo, v. 32, n. 3, p. 62-69, jul./set., 1997.

PARTE 2

UM AGIR SEXUAL NO TRABALHO?

7

OS DONOS E AS DONAS DA COZINHA

Lívia Barbosa

INTRODUÇÃO

"Lugar de mulher é na cozinha" ou "mulher esquenta a barriga no fogão e esfria no tanque" foram algumas das frases que se ouviu e ainda se ouve de forma jocosa, sobre a divisão sexual do trabalho na sociedade contemporânea. Serão essas afirmações ainda válidas fora do âmbito da brincadeira? Ou serão reminiscências de um tempo que já deixamos para trás? As respostas para ambas as perguntas são dois "sim", mas que precisam ser qualificados para que possam dar conta da complexidade que envolve a preparação dos alimentos, o prazer de cozinhar e o papel de cada um dos gêneros nessas tarefas no mundo contemporâneo. Atualmente, homens cozinham em casa e mulheres são *chefs* de restaurantes famosos, homens afirmam cozinhar melhor que suas mulheres enquanto estas afirmam detestar a visão de uma cebola ou de um alho; sem que, em nenhum dos casos, tanto eles como elas sejam alvos de restrições ou condenações sociais acerca de suas preferências pessoais e sexualidades.

O que mudou na sociedade contemporânea, na alimentação e no cozinhar para que esta tarefa, vista como socialmente inferior e, até bem pouco tempo atrás, como uma condenação quase biológica das mulheres pela sociedade, tenha se tornado uma atividade glamorosa e glamorizada, além de central tanto do ponto de vista político ambiental e moral no mundo de hoje? O entendimento para essas questões reside na centralidade que a alimentação desempenha em nossas vidas cotidianas e no processo de estetização e gastronomização pelo qual passa o comer e o cozinhar no momento atual. Essas duas dimensões são certamente, as responsáveis pelas grandes mudanças que ora assistimos e que afetam profundamente a relação de ambos os sexos com o comer e o cozinhar.

A CENTRALIDADE DA ALIMENTAÇÃO NO MUNDO CONTEMPORÂNEO E A GASTRONOMIZAÇÃO DO COMER

Nas últimas décadas, a alimentação e o comer transformaram-se na sociedade contemporânea. O que comemos hoje não é apenas um problema individual. Nosso prato é um ponto de convergência de questões políticas, ambientais, éticas e sociais para além de nossos gostos e preferências pessoais. A cada garfada que damos percorremos um longo caminho que vai não só da terra ao prato, mas do governo a mesa da cozinha, de comunidades rurais tradicionais a laboratórios sofisticados, e das fazendas de criação de animais confinados até os movimentos ambientalistas, das telas da TV e às gôndolas das livrarias. Por meio da alimentação, a sociedade contemporânea está mobilizando lógicas e valores que transcendem de muito a comida em si mesma, reposicionando-a no contexto de nossas vidas cotidianas.

A centralidade da alimentação tem implicações relevantes, as quais afetaram e afetam o nosso cotidiano, embora em muitas circunstâncias não estejamos conscientes das mesmas. Primeiro, o comer passou de um ato concebido pelas pessoas como algo estritamente determinado pelas preferências individuais – do meu gosto e do meu direito de escolha com base na tradição e/ou no automatismo – para um comportamento com consequências diretas na esfera pública, no meio ambiente e no meu comportamento moral. Tornou-se um objeto de reflexão e adquiriu uma dimensão política ampla que antes era, predominantemente, circunscrita aos micropoderes da esfera doméstica (AZEVEDO, 2008; BARBOSA, 2007). Segundo, no âmbito das relações dos Estados com as sociedades, saímos de uma situação em que os primeiros comportavam-se de forma reativa (por exemplo, em relação à qualidade nutricional, à segurança e à saúde alimentar da população) para outro em que são próativos, intervindo, protegendo e legislando preventivamente como árbitros da boa alimentação. Migramos de um contexto em que as políticas se dirigiam, em geral, para os problemas das populações carentes para outro no qual as regulamentações afetam a todos indistintamente, promovendo políticas que estimulam determinadas práticas – como, por exemplo, o aleitamento materno – e proibindo outras como a presença de carrocinhas de balas nas vizinhanças das escolas; e/ou preservando determinados grupos sociais e relações de produção, como é o caso da agricultura familiar, ou ainda privilegiando determinados modos de produção, como é o caso dos orgânicos. Podemos dizer que assistimos a endogenização da ética pelos mercados (WILKINSON 2007, WILKISON E CERDAN, 2008).

Além dessas implicações que hoje fazem do nosso prato um campo de disputa de diferentes políticas, ideologias e movimentos sociais, a comida e o comer adquiriram novas funções e resignificaram algumas outras. O que caracteriza a alimentação no mundo contemporâneo é o seu valor em si mesma. Ela não é mais apenas um código, veículo e/ou mediadora de processos sociais. Ela tornou-se um elemento estrutural do estilo de vida das pessoas, interferindo na sociabilidade, nas escolhas de parceiros, no lazer, no gosto e na qualificação moral pessoais entre outros aspectos, como exemplificam adeptos do vegetarianismo e da filosofia *vegan* (NUNES, 2010; STUART, 2007; SINGER, 2000).

Outro aspecto da alimentação na contemporaneidade a ser levado em consideração é a sua dimensão sistêmica. A alimentação hoje conecta tudo e todos em uma única rede, que vai do mundo empírico ao espiritual, que vai das questões ambientais às sociais, políticas, econômicas e éticas; que transita do prazer, do lazer e da sensorialidade para a filosofia, da estética para a ética, de mim para o outro.

A tentativa de vários grupos em transformá-la em um código moral, de ambições universalizantes, a orientar indistintamente a vida de todos também é de grande relevância. Essa moralidade não se origina do fato de que as ideias esposadas tratam, do ponto nutricional e científico, daquilo que precisamos comer, mas daquilo que é moralmente correto se fazer. Esse código moral não deixa nada de fora. Ele regula através do nosso prato nossas relações com o meio ambiente, com os animais, com os vegetais, com os recursos naturais do planeta, com o nosso próximo, com o cosmo, com a nossa esfera pública e privada. Esse código nos classifica, nos avalia e nos hierarquiza como agentes morais e políticos da nossa sociedade (STUART, 2007; SINGER, 2000).

Outro fator importante é a utilização da alimentação como um instrumento de transformação social. Por meio dela procuramos preservar relações e modos de produção das populações tradicionais, evitar catástrofes ambientais, diminuir o buraco da camada de ozônio, manter nossa saúde, mudar nosso estilo de vida e diminuir ou acabar com a injustiça social.

O que levou a alimentação a adquirir esses novos significados e funções? Podemos apontar várias causas. Primeiro, o aumento do conhecimento científico nutricional acerca do papel que a dieta desempenha na nossa saúde, seja para prevenir como para ajudar na cura de males. Segundo, o conhecimento sobre os impactos e os custos em termos ambientais causados pelos nossos atuais hábitos alimentares e a sua real sustentabilidade para as próximas gerações. Terceiro, o aumento das doenças cardiovasculares e da obesidade e os seus custos para a saúde pública entre outras. Entretanto, para alguns essas razões não são suficientes para explicar o papel sistêmico que a alimentação desempenha hoje em nossas vidas, principalmente o estatuto moral que ela adquiriu. Alguns autores tentaram explicações mais audaciosas, como Eberstadt (2009) para quem a comida ocuparia na atualidade o papel que o sexo desempenhou décadas atrás. Da mesma forma que na década de 1950 as escolhas e o comportamento sexual das pessoas afetavam sua avaliação moral, atualmente essa situação se inverteu. O sexo tornou-se moralmente neutro sob o olhar de um grande número de pessoas. Nossas escolhas sexuais não suscitam mais o mesmo teor e reação moral que anteriormente. Para o autor, essa situação indicaria que as pessoas desconfortáveis com os rumos tomados pela revolução sexual

> voltaram-se em busca de apoio na 'mineração' de uma moralidade a partir daquilo que comem transformando a comida em um imperativo categórico no sentido kantiano. (EBERSTADT, 2009)

Para outros como Gilvan (2009), essa centralidade da alimentação nada mais expressa do que mais uma tentativa da sociedade ocidental de controlar o corpo. Para outros, a centralidade da alimentação está substituindo o foco no cigarro que caracterizou as sociedades ocidentais alguns anos atrás e, desse modo, representa a existência da necessidade constante de se eleger alguma coisa como elemento central a catalisar nossa atenção e culpas.

Mas, se por um lado temos a comida e o comer como objetos de disputa política, ideológica, social e ambiental, por outro, temos uma valorização e glamorização inédita da comida e do prazer de comer, pelo menos nestes últimos 50 anos (WEINBERG, 2009; BARBOSA, 2009). A esse processo eu dou o nome de gastronomização de nosso cotidiano alimentar que na prática implica a endogenização da estética na nossa vida cotidiana (FEATHERSTONE, 1991; WILKINSON, 2006; WILKISON E CERDAN, 2008). Ele caracteriza-se por operar a passagem da alimentação de um ato cotidiano, automático, apressado e hoje político para um ato ritualizado, de intenso prazer sensorial, de lazer, sociabilidade e comensalidade. Envolve o desenvolvimento de uma nova sensorialidade em relação aos alimentos, uma preocupação com o resgate dos saberes alimentares tradicionais, com a origem dos produtos e ingredientes e a estetização da cozinha e da sua cultura material. Esse fenômeno tem em suas raízes algumas transformações epistemológicas, sociais e econômicas que ocorreram a partir da segunda metade do século XX e que alteraram concepções como as fontes de conhecimento, a noção do corpo e da subjetividade, as quais abriram espaço para a comida como prazer e expressividade. Essas transformações estariam ligadas a construção de um novo tipo de subjetividade, de *self*, que privilegia a autorrealização, o autoconhecimento, o individualismo, o hedonismo e o consumo de bens e prazeres (BELL, 1976; TURNER, 1984; CAMPBELL, 2006; FALK, 1994; FEATHERSTONE et al., 1991b). O deslocamento do corpo de suas "tradicionais" funções resultou em sua redefinição e na dos sentidos. O corpo e os sentidos passaram a ser considerados um espaço de práticas hedonistas e de desejos, em que comer e suas modalidades fazem parte de sua realização. A visão foucaultiana de um corpo domesticado, submetido a práticas e regras disciplinares em relações as quais este não apresenta nem resistência nem oposição, é substituída por uma visão de corpo e de sentidos considerados espaços privilegiados de experiências e conhecimento (FOUCAULT, 1979). Corpo e sentidos são agora janelas e caminhos para a verdade e o conhecimento. Os prazeres, as paixões e as emoções não significam necessariamente desregramento, mas experimentação na busca por quem efetivamente se é. Uma busca que não pode ser feita por ninguém mais a não ser pela pópria pessoa, pela qual ela é a única responsável.

Nesse novo contexto, as "tecnologias do eu" são as inversas das "foucaltianas" na medida em que enfatizam as sensações, as emoções e a experimentação. Não são menos disciplinares porque também ensinam a identificar, a conhecer, a classificar, a interpretar e a expressar as sensações e emoções. São mais íntimas do que públicas; menos punitivas e mais libertadoras; mais includentes do que excludentes. Voltam-se não para a punição do corpo e da mente, mas para a celebração de ambos. Corpo, pele, gosto, audição, visão, tato e olfato compõem o kit básico de uma sociedade multisensorial. Desse modo, o consumo torna-se uma das vias que proporciona um dos maiores conjuntos de experiências possíveis. Em razão da minha reação aos bens e serviços que compõem a cultura material da sociedade contemporânea sou capaz de conhecer um pouco mais sobre eu mesma. Posso distinguir o que gosto do que não gosto, o que me provoca sensações agradáveis do que me provoca as desagradáveis. Atualmente, o mito de Descartes "penso, logo existo" pode ser lido de duas formas que apontam para a mesma direção: "sinto, logo sou" ou "compro, logo existo" (CAMPBELL, 2006).

Essa nova sensorialidade pode ser sentida em várias dimensões. Por exemplo, todo um novo tipo de vocabulário foi trazido para dentro da gastronomia, da culinária e dos cardápios que buscam transmitir mais precisa e intensamente as emoções, tais como "harmonização", "degustação", "aveludado", "cítrico", "suave", "encorpado" e "vivo" são alguns deles. Termos antigos são substituídos por novos: "fatias" de bacalhau se transformam em "lâminas" ou "lascas"; "pedaços" de carne em "cubos", "aroma" em "perfume" e "pitada" de algum tempero em "notas".

> a carne de textura firme da lagosta, quando combinada com o **aroma doce da pitanga e as notas de hortelã** agrada aos mais diversos paladares. [Grifo do autor, descrição de um prato de restaurante. São Paulo, 2008.]

A decoração dos pratos transformou-se radicalmente. De uma visualidade compacta e horizontal das décadas anteriores transmutou-se em esculturas espiraladas e diáfanas que nos remetem visualmente para o infinito. Flores de tomate, galhos de salsa e cebolinha, azeitonas, ovos cozidos e ervilhas são substituídos por um ascetismo japonês no qual os componentes são harmonicamente dispostos entre si. Pequenas construções e formas arquitetônicas compõem o prato e apresentam-se ao comensal como um problema a ser resolvido no momento da ingestão, de forma que toda aquela composição não se desmorone na primeira garfada. Todos os sentidos são mobilizados na ação do comer: olfato, tato (com as diferentes texturas), gosto, visão e audição (crocante, *crunch*). Um olhar, mesmo que casual, por revistas de culinária não deixa dúvida com relação à distância que atualmente nos encontramos dos pirex de arroz de forno com banana frita, *petit-pois* e ameixas cuidadosamente dispostas no topo e da horizontalidade compacta das saladas maioneses de batata pontilhadas de flores de tomate com ramas de salsinha. O termo gastropornografia, cunhado em 1977 por Andrew Cockburn, para ilustrar o paralelo entre os manuais de sexo e os livros de cozinha, são um exemplo significativo dessa dimensão estética que a comida adquiriu nos últimos anos e que pode ser aplicado a este novo estilo decorativo. Como Cockburn observa:

> não pode escapar da nossa atenção que existe um paralelo curioso entre os manuais de técnicas sexuais e os manuais de preparação de comida: a mesma ênfase estudada na *leisurely technique*, as mesmas apostas nas delícias celestes. A verdadeira gastropornografia aumenta a excitação ao mesmo tempo que o sentimento do inatingível ao publicar fotografias coloridas de várias receitas. (COCKBURN, 1977.)

A oferta de possibilidades gastronômicas que antes não existiam, tais como a variedade de temperos exóticos a disposição nos supermercados, hoje ocupam inúmeras gôndolas. Programas televisivos de gastronomia e culinárias que difundem conhecimentos e práticas até então circunscritas a determinados círculos sociais, aos encartes de jornais e às revistas de culinária de alta circulação que adaptam receitas caras para todos os bolsos estão em todas as partes.

Essas transformações foram potencializadas pela globalização das comunicações e dos transportes que colocaram em contato não apenas estilos de vida e culturas diferentes, mas também os estilos culinários de distintas sociedades para além dos segmentos de maior capital cultural da população, ajudando na disseminação de novos ingredientes, de tradições culinárias, de novas dimensões estéticas e sensoriais trazidas ao nosso conhecimento pelo alargamento dos horizontes culturais.

Foram esses dois aspectos irmanados – centralidade e gastronomização – que permitiram a resignificação da comida, do comer e dos nossos hábitos alimentares no âmbito tanto de nossas práticas cotidianas, como na divisão social do trabalho doméstico e no próprio feminismo, que nos últimos anos teve que voltar a discutir com mais intensidade a questão do cozinhar e da comida. Vejamos.

TRABALHO DOMÉSTICO, MOVIMENTO FEMINISTA E A RESSIGNIFICAÇÃO DA COMIDA E DO COZINHAR

A década de 1970 assistiu, com a segunda leva do movimento feminista, uma severa e radical contestação da tradicional divisão do trabalho sexual. As feministas argumentavam que não existia nada intrínseco no ser mulher que nos condenasse a lavar, passar e cozinhar. A divisão sexual do trabalho em qualquer sociedade não era uma determinação genética, mas uma construção cultural fruto de uma ideologia patriarcal de superioridade masculina que havia aprisionado as mulheres nas funções ligadas à reprodução física e social do grupo familiar, impedindo-as de desenvolverem e descobrirem as suas verdadeiras potencialidades e competências tanto na esfera pública como na sociedade civil. O *status* socialmente inferior atribuído ao trabalho doméstico era oriundo, justamente, do fato de ser desempenhado por mulheres.

Betty Friedan em seu famoso livro *A mística feminina* (título original, *The feminine mystique*), de 1963, declarava de forma enfática que nenhuma mulher tinha orgasmos ao lavar o chão da cozinha e que as casas dos subúrbios norte-americanos eram semelhantes aos campos de concentração da Segunda Guerra Mundial. No entanto, a jornalista inglesa Rosie Boycott, criadora da revista feminista *Spare Ribs* de 1970, tinha como objetivo "tirar as mulheres das pias da cozinha e colocá-las nas salas de decisão das grandes empresas". *Spare Ribs*, além de oferecer instruções de como as mulheres poderiam realizar trabalhos "tipicamente masculinos", como por exemplo, trocar um pneu, não permitia receitas culinárias em suas páginas. Um de seus anúncios mais famosos para a aquisição de novos assinantes apresentava um pano de prato com os dizeres: "primeiro você cai em seus braços e depois os seus braços caem na pia dele" (*First you sink in his arms, then your arms end up in his sink*). Robin Morgan, poeta e editora de *Sisterwood is Powerful* e da revista *Ms.*, considerava que as aulas de economia doméstica ministradas nas escolas norte-americanas equivaliam a um programa de lavagem cerebral para transformar mulheres em esposas boas e submissas para seus maridos. Mais do que isso, Susie Orbach em seu antiguia de dieta intitulado *Gordura é uma questão feminina* (título original, *Fat is a Feminine Issue*), de 1978, considerava que a gordura corporal feminina era uma resposta a opressão patriarcal e que as mulheres ganhavam peso como uma forma consciente ou inconsciente de resistência a esta opressão. Produtos alimentares incorporavam as divergências das feministas acerca do trabalho doméstico e o que comer era certamente um dos aspectos mais problemáticos de tudo isso. Debates entre Betty Friedan – que declarava que a igualdade não podia ser encontrada através da porta da cozinha – e Julia Child – que defendia que cozinhar era divertido e que dominar esta arte era um ato feminista na medida em que permitia as mulheres dominarem uma arte reservada a tradição masculina *gourmet* eram constantes. Gloria Steinem e Martha Rosler eram outras que encarnavam posições distintas e radicais sobre o tema. Em suma, o comer, o cozinhar e o corpo feminino eram vistos como produtos de uma sociedade machista, na qual as tradições, os rituais, os hábitos alimentares e os significados e funções dos alimentos não desempenhavam qualquer outra função a não ser o de instrumentos da submissão feminina. Nesse contexto, a relação entre comer carne e a sociedade patriarcal era central, pois, como argumentavam, animais e mulheres encontram-se, dentro dessa sociedade, na mesma posição de submissão e de objetos em relação aos homens. Pela mesma lógica passava a relação entre mulheres e vegetarianismo, para as quais o feminismo era, e ainda é, para muitas a teoria e este a sua prática (ADAMS, 1990; LAUREL, 1976).

Claro que nem todas as mulheres da época que se viam como feministas, se identificavam com essa visão do comer, do cozinhar e dos alimentos. *Bloodroot Collective* era um grupo de mulheres que trafegava na trilha oposta. Elas abriram um restaurante feminista, uma livraria e um centro para mulheres em Connecticut. Publicaram, também, um livro de receitas chamado *The Political Palate* (1980), e visavam criar, através dele, uma experiência feminista da comida. Elas advogavam que a maneira como as mulheres comem é parte integrante da forma como vivem e agem no mundo e sobre o mundo. Outras instâncias são *Laurel's Kitchen: handbook for vegetarian cookery and nutrition* (1976) um guia que ensinava as pessoas a comerem melhor e que, segundo as autoras, as ajudariam a viver melhor; e o de Avakian (1997), *Through the kitchen window: women explore the intimate meanings of food and cooking*, uma coletânea das celebrações e das preocupações das mulheres com comida.

Embora sem nunca morrer, mas deixando gradativamente de ocupar o centro do palco do movimento feminista, a preocupação com as panelas, com o ferro de passar e com a vassoura vai aos poucos dando lugar a preocupações como, por exemplo, as causas do *glass ceiling* – esta barreira invisível que impede as mulheres de chegarem ao topo da linha de comando nas organizações – e a dupla jornada de trabalho, e adquirem uma densidade e importância que anteriormente tinha sido da divisão sexual do trabalho. Entretanto, a partir do início desta década, esse quadro se altera. Mulheres confessadamente feministas, (embora não tão famosas quanto as da geração de 1970) que consideravam que "era dever [delas] não pensar em comida" e que fazê-lo significava a internalização da opressão patriarcal, passaram a colocar questões relativas ao próprio peso, à dieta e ao cozinhar como importantes e merecedoras de debate (STALLING, 2006; DREWS, 2007).

Como se isso não fosse suficiente, um *movimento migratório* das organizações para as casas, do espaço público para o doméstico começou a ocorrer de forma silenciosa. Assistimos hoje, na mão inversa de 40 anos atrás, a existência de um grupo crescente de mulheres, de alto nível educacional que têm sistematicamente deixado o mercado de trabalho para cuidarem de suas famílias e principalmente da alimentação destas, retomando práticas tradicionais como assar, fazer conservas, criar galinhas e cuidar de seus filhos entre outras. Para muitas feministas, esta retomada de interesse das mulheres pelo universo doméstico é um retrocesso, uma verdadeira capitulação aos valores patriarcais tão combatidos. Para outras, significa justamente o direito de escolha das mulheres, na medida em que para elas feminismo é libertação, a liberdade tanto para homens e mulheres de se fazer o que se deseja e escolhe. Independente do fato de esse comportamento ser registrado e nomeado como femivorismo, ele indica que o conceito fundamental arguido é o de escolha.

Para essas mulheres classificadas como femivores, suas atitudes baseiam-se nos mesmos princípios de autonomia e realização pessoal que levou as mulheres da cozinha para o mercado de trabalho, e as estão levando de volta para as suas cozinhas, hortas e galinheiros. Na verdade, o trabalho doméstico e o cozinhar são apenas uma parte de todo o pacote que está por trás da movimentação "de mulheres de volta ao lar". Dentro dele encontra-se uma reação à moderna sociedade de consumo e ambientalmente doente. Essas mulheres questionam: o que pode ser mais gratificante e moralmente correto do que alimentar a sua família com uma comida limpa (no sentido de não ser envenenada por agrotóxicos) e gostosa, reduzir o *carbon footprint* dos seus alimentos, e produzir sustentavelmente ao invés de consumir sempre e cada vez mais exponencialmente? Mais ainda, saber como alimentar e vestir sua família e transformar escassez em abundância, a despeito das circunstâncias, é uma grande rede de segurança. Tão grande quanto uma família de duas rendas, considerada uma forma de proteção das variações da economia e dos mercados pelas feministas da década de 1970. Afinal de contas, quem está mais capacitada a enfrentar os maus tempos econômicos: a executiva bem paga que perde o emprego ou a dona de casa frugal que pode contar com suas galinhas e seus ovos?

Esse debate contemporâneo sobre o *status* do cozinhar e do comer no interior do movimento feminista nos indica que até mesmo os movimentos sociais mais expressivos e importantes não conseguem estabelecer uma agenda de discussão autônoma da conjuntura histórico e social no qual se encontram. Comer, cozinhar, alimentos saudáveis, produção artesanal e gastronomia estão na ordem do dia da sociedade atual, ao invés de serem interpretados como submissão a uma agenda patriarcal, são integrados à discussão como instrumentos de transformação social, como formas de luta contra uma sociedade consumista e ambientalmente degradada. Isso nos leva justamente a outras transformações, qual seja a chegada de outros personagens nessa arena.

OS NOVOS DONOS E DONAS DA COZINHA

Não resta dúvida de que quando olhamos os números sobre a divisão social do trabalho no mundo contemporâneo as feministas mais ortodoxas têm toda razão de se preocuparem com um retrocesso, na medida em que as mulheres continuam sendo as responsáveis por todo o trabalho doméstico, incluindo o cuidado com os familiares em 80% a 90% dos casos na sociedade brasileira (PETERLE E MALETTA, 2010). Dados de outros países corroboram, também, essa posição da mulher. Uma pesquisa da Newcastle University de 2007 indica que 75% das mulheres ainda eram as responsáveis por grande parte do ato de cozinhar, fazer compras e gastavam mais tempo na cozinha do que os homens. Ou seja, as mulheres continuam sendo as maiores frequentadoras desse universo.

Na pesquisa de hábitos alimentares (PHA) brasileiros realizada em 2006 (BARBOSA, 2007) constata-se que a mulher é responsável, em mais de 70% dos casos, não só pela escolha do menu como pela própria alimentação. Mas, se essa é a realidade do ponto de vista objetivo, do ponto de vista dos valores a ideia de que cozinha continua sendo *um lugar de mulher onde homem não entra* deixou de ser verdade. Essa ideia sobre a divisão social do trabalho não encontra mais legitimidade entre a maioria dos brasileiros. Na PHA (2006) homens e mulheres quando perguntados se cozinhar "é uma função apenas para as mulheres" discordaram parcial ou totalmente em 80% dos casos. Quando desdobramos essa cifra por faixa de renda (critério Brasil), 90% do segmento A discorda parcial ou totalmente da afirmação, seguido de 82% do segmento B e C, de 78% do D e de 64,3% pelo E. Do ponto de vista das faixas etárias, os mais jovens, entre 17 e 19 anos, discordaram parcial ou totalmente em 58% dos casos, os respondentes entre 20 e 29 anos discordaram parcial ou totalmente em 80% dos casos, entre 30 e 39 anos a cifra atingiu 81%, entre 40 e 49 anos chegou a 82%, entre 50 e 59 anos a 81% e entre 60 e 65 anos a 79,1%. Em relação as diferentes regiões do país todas as respostas ficaram acima de 73%, caso da cidade de Porto Alegre, atingindo em alguns casos 92% das respostas "discordo/discordo totalmente" em Brasília. No entanto, quando desdobramos por sexo, temos que 87% das mulheres discordam parcial ou totalmente da afirmação enquanto apenas 60% dos homens encontram-se nessa situação.

As respostas a afirmação "cozinha não é lugar do homem" apresentaram resultados semelhantes. Nos segmentos de renda 97,5% do A, 81% do B, 83% do C, 78% do D e 68% do E, optaram pelas afirmações "discordam/discordam totalmente". Nas faixas etárias os números são os seguintes: 63% entre 17 e19 anos, 79% entre 20 e 29 anos, 82% entre 30 e 39 anos, 84% entre 50 e 59 anos e 79% entre 60 e 65 anos discordam parcial ou totalmente da afirmação. No que concerne às dez diferentes cidades, a porcentagem daqueles que optaram pela resposta "discordo/discordo totalmente" varia de 88%, como é o caso de Brasília, a 70,3% correspondente a Fortaleza. Em relação aos gêneros, 84% das mulheres discordaram parcial ou totalmente da afirmação, enquanto 63,3% dos homens tiveram essa mesma opinião.

Em uma avaliação geral das duas perguntas constata-se que existe uma relação diretamente proporcional entre renda e, provavelmente, nível educacional no que se refere tanto à localização preferencial das mulheres na cozinha como à exclusão dos homens da mesma. A respeito das faixas etárias, os mais jovens são os que apresentam teores de opinião mais conservadores, e o mesmo se aplica às cidades de Porto Alegre, Curitiba, Recife e Fortaleza. No quesito gênero, as mulheres se posicionam de forma sensivelmente mais progressiva do que os homens para ambas as perguntas, porém, embora as diferenças sejam de quase 30%, mais de 60% dos homens concordaram com a opinião dessas mulheres, número bastante expressivo se considerarmos que ainda estamos em um país de "machistas empedernidos".

Dados dos grupos focais da pesquisa de HAB 2006, dos quais participaram cerca de 400 pessoas, com faixa etária a partir de 17 anos, pertencentes aos variados segmentos de renda, reforçam a ideia de que a relação dos homens com a cozinha é, na prática, mais próxima, do que comumente se supõe. Seguem trechos de depoimentos de alguns pesquisados ("F" para sexo feminino e "M" para sexo masculino):

Lá em casa quem cozinha é o Ronaldo, quando ele tá a fim ele faz alguma coisa e nós dois comemos. Quando não, cada um chega e come qualquer coisa. Eu não frito nem ovo. (F, 29 anos.)

Pô, eu pensei que este negócio de mulher na cozinha já tinha ficado para trás, lá em casa qualquer um dos dois faz... se é bom, eu não sei, mas a gente come. (M, 32 anos, profissional liberal.)

Eu hein! Não frito nem ovo. Se ele quiser, ele que faça, mande buscar ou traga para casa. Nunca cozinhei na casa da minha mãe nem quero aprender agora. (F, 35 anos, profissional liberal.)

Eu não cozinho, oriento a empregada no máximo. Quem cozinha é o Marcio, quando ele quer... (M, 28 anos, dona de casa.)

Depois do primeiro jantar, depois da lua de mel, proibi minha mulher de entrar na cozinha. Ela fez o molho do *strogonoff* e jogou a carne crua lá dentro! Aí eu vi que não dava. Sou eu que oriento a empregada sobre o que se vai comer, ensino dicas, confiro as panelas... (H, 55 anos, engenheiro.)

Muitos homens, inclusive os pertencentes às camadas D e E, afirmaram que cozinham frequentemente; outros, que cozinham melhor do que as próprias esposas; e alguns ainda, que gostavam muito de cozinhar e se encarregavam dessa tarefa doméstica no lugar das esposas.

Mas, M. ele cozinha mesmo, prepara a comida para as meninas? Faz tudo D. Livia, quando chego as meninas já comeram. Ai eu vou fazer o resto para o dia seguinte. (F, 34 anos, empregada doméstica, Rio de Janeiro.)

O F. não tem destas coisas não. Se eu vou chegar tarde ele já vai adiantando as coisas e quando eu chego já tá tudo pronto. (F, 45 anos, empregada doméstica.)

Domingo de manhã o pessoal lá de casa já sabe. Faço aquele virado paulista e todo mundo come, e come, e come... Durante a semana vou fazendo outras coisinhas. Minha mulher nem entra na cozinha não senhora. (M, 50 anos, Curitiba.)

Entretanto, embora a relação do homem com a cozinha doméstica e o cozinhar continue ocasional, ainda não se configurando como uma tarefa cotidiana, modificações expressivas têm ocorrido nessa seara. Desde 1961 o tempo que o homem gasta na cozinha aumentou em pelo menos cinco vezes (PURASIA, GASTROSEXUALS, 2009). Hoje termos como gastrossexuais, *gourmets* e *foundies* sinalizam para novos personagens da cozinha contemporânea, a maioria homens, que se relacionam com essa atividade de uma forma e com uma frequência que desafiaria a imaginação de qualquer feminista da década de 1970. De acordo com uma pesquisa realizada pela Purasia (2009), uma empresa de alimentação inglesa, os gastrossexuais, os mais novos entrantes do espaço culinário são normalmente homens, na faixa etária entre 25 a 44 anos e *upwardly mobile* que cozinham em bases cotidianas para suas famílias e amigos em 60% dos casos dos entrevistados. Mais do que isso, das mulheres entrevistadas pela pesquisa, 48% declaram que consideram *sexy* e sedutor o homem que cozinha, o que tem dado outra dimensão à cozinha e ao cozinhar, qual seja a de um elemento de sedução.

Mas além dessa intercambialidade do cozinhar, que parece ser uma tendência entre os casais mais jovens, hoje, existem outros modos de estar na cozinha – tanto entre homens e mulheres – que é importante distinguir.

O ESTAR DOS HOMENS E DAS MULHERES NA COZINHA

Homens e mulheres, desde que o mundo é mundo, sempre estiveram presentes nas cozinhas e envolvidos no preparo dos alimentos. Mas sempre estiveram em cozinhas diferentes. As mulheres nas cozinhas das "casas", os homens nas cozinhas da "rua". Ou seja, mulheres cozinhavam e cozinham para a família. Homens cozinhavam e cozinham para pessoas estranhas em restaurantes, castelos e palácios de governo. Os homens sempre foram *chefs* e as mulheres cozinheiras. A novidade atual é a mudança de posição entre homens e mulheres no que concerne aos seus tradicionais personagens. Homens e mulheres ao se instalarem em suas novas posições impactaram de forma diversa seus novos universos de atuação. Seria exagero dizer que a cozinha do restaurante se feminilizou com a entrada das mulheres, mas certamente mudou. Da mesma forma que a cozinha da casa não se masculinizou, mas teve sua dinâmica modificada quando o homem da casa cozinha. Diferenças importantes se apresentam nesse "troca-troca" de personagens culinários. A começar pela forma como homens e mulheres se relacionam com o espaço físico da cozinha e sua cultura material, que ganharam roupa nova.

A ESTETIZAÇÃO DA COZINHA E DA SUA CULTURA MATERIAL

Um dos espaços doméstico que mais sentiu a influência do processo de estetização da vida cotidiana foi a cozinha e sua cultura material, fruto das transformações indicadas anteriormente (FEATHERSTONE, 1991b). A cozinha brasileira, mais do que a europeia e a norte-americana, sofreu uma profunda resignificação e reestruturação.

Tradicionalmente no Brasil a cozinha sempre foi o espaço dos "inferiores estruturais" – escravos, empregadas e mulheres. Um espaço rigidamente separado das áreas públicas e sociais da casa e interditado aos olhares de estranhos. Quem frequentava um cômodo não frequentava o outro. Quando o faziam era em um caso apenas para servir e no outro para comandar (FREYRE, 1998; 2004). Hoje, ao contrário, ambos os ambientes estão em processo de integração, e neste, um dos mais tradicionais e sacrossantos fundamentos da arquitetura brasileira – a cozinha separada da sala – caiu por terra neste início do século XXI. O que parecia para muitos impossível, aconteceu. Inúmeros eram os argumentos que sustentavam essa separação: a existência de empregados, o cheiro da comida, a utilização do processo de fritura na culinária brasileira, o contato íntimo dos empregados com os problemas dos patrões através das conversas de mesa, tudo isso era invocado para que a cozinha fosse mantida a distância. Atualmente, as paredes caíram, casas são construídas em torno das cozinhas, que assumiram, em muitos casos, o centro da sociabilidade doméstica, como já o era na sociedade norte-americana e europeia, e, nesse movimento, a cozinha está ganhando da casa. Além de sair do domínio do íntimo para o público, a cozinha ganhou roupa nova, digna do seu novo *status*. A decoração da cozinha, uma das mais caras de uma casa, é hoje objeto de demonstração dos donos, afirmação de *status* e da escolha de um estilo de vida (existe um velho hábito brasileiro, o de mostrar a casa para as visitas). A cozinha ganhou uma decoração, processo diferente de ganhar uma mobília. Isso significa que ela tem um estilo. Além disso, virou o centro da sociabilidade e dos prazeres da mesa. Como se isso não bastasse, a cozinha avançou sobre as varandas com o famoso "espaço ou varanda *gourmet*".

Os instrumentos de cocção e do comer sofreram idêntica transformação. Onde antes predominava a madeira, o ferro e o barro, hoje há o aço, a resina, a cerâmica, e inúmeras outras novidades, como laminados, mármores artificiais, vidro entre outros. Marcas de luxo de panelas e instrumentos de cozinha são exibidos orgulhosamente e saíram da lista de "chá de panela" para as listas de casamento, migraram da intimidade das mulheres e do universo doméstico para o público e o *glamour*.

A relação humana com esses novos instrumentos e materialidades também alterou-se. Se antes eram mantidos escondidos nos fundos

dos guarda-louças e armário, hoje são expostos ou insinuados como objetos de decoração em estantes abertas, prateleiras, ganchos suspensos, *cook islands*, aparadores de forma a deixar ambígua a fronteira entre a sala e a cozinha. Expostos ou escondidos, o fato é que esses instrumentos e as suas materialidades são indispensáveis para o(a) *chef* contemporâneo(a). Eles não são apenas bens posicionais que indicam o *status* do(a) dono(a) da casa. São, em grande parte, exigências para uma boa performance, consequência da *expertise* adquirida na prática, como também integram a lógica do consumidor artesão para o qual seus instrumentos de trabalho são partes fundamentais do seu ofício e da sua fruição, e motivador do seu consumo (CAMPBELL, 2007; WARDE, 1997).

Essa estetização da cozinha e de seus instrumentos não deixou de fora os livros de culinária, que de brochuras sem graça ou de cadernos de receitas engordurados e manchados pelo uso, transformaram-se em livros de arte, com ilustrações magníficas, e são hoje oferecidos como presentes de casamento ou brindes de fim de ano, obedecendo a fins decorativos, na modalidade *coffee table book* (BARBOSA E GOMES, 2004).

Pode-se pensar que todo esse processo de estetização física da cozinha é uma tendência que atinge apenas os segmentos de alta renda, mas não é verdade, como indicam as lojas de cozinhas planejadas, que vendem seus serviços e produtos a preços populares, e os projetos arquitetônicos das camadas de renda mais baixa. Certamente que esses segmentos, incluindo os situados na base da pirâmide econômica da sociedade brasileira, não possuem duas cozinhas nem espaço ou varanda *gourmet*, e o material dos utensílios ainda é o mesmo da cozinha tradicional. Entretanto, essa é uma observação verdadeira até certo ponto. Se nos empreendimentos imobiliários da classe C não se pode esperar uma espaço *gourmet* em cada apartamento isso não significa que na área comum do prédio ele não esteja lá, acompanhado de uma churrasqueira ou de um forno a lenha para pizza. Se não encontramos uma bancada de aço em cada cozinha, iremos encontrar nas lojas dirigidas a esses segmentos cozinhas planejadas, as quais não só fazem uso de muito dos materiais utilizados nas cozinhas de alta classe, como laminados de todos os tipos, aço e vidro na porta dos armários, como reproduzem, com adaptações, a lógica pragmática e a estética que predomina nas dos segmentos de renda mais alta.

Mas como cada um dos gêneros se comporta na cozinha? O comportamento depende da faixa etária de ambos os gêneros. Vejamos.

Segundo o depoimento dos donos de lojas de utensílios de cozinha, colhidas em entrevistas concedidas à autora deste artigo, e dos próprios "cozinheiros/*chefs*", os homens entram "armados" na cozinha, principalmente os mais novos entrantes, de 28 a 40 anos, que começam a cozinhar agora e que sentem quase uma compulsão para terem de tudo. Os mais velhos e mais familiarizados com a prática culinária entram também "armados", mas são menos sôfregos na aquisição. Por "armado" se entende o uso dos melhores e mais modernos equipamentos, todos de *design* apurado. Facas, cortadores, colheres de todos os formatos e tamanho, panelas de silargan (liga de inox e cerâmica que não altera o sabor dos alimentos nem libera partículas prejudiciais a saúde e dispensa o uso de óleo), panelas de grifes famosas, exercem profundo fascínio sobre o público masculino. Os materiais são sempre os mais modernos e caros, como aço, vidro, porcelana, santoprene (elastômero termoplástico com níveis de flexibilidade e durabilidade iguais aos de compostos de borracha natural), resina entre outros. Todos inseridos em um ambiente que poderíamos definir como contemporâneo, *clean*, quase profissional e bastante impessoal, na qual as marcas do dono estão ausentes. Este é o estilo contrário da cozinha tradicionalmente das mulheres, onde predominavam colheres de pau, panos de prato bordados com os dias da semana, cestas de aramados no feitio de galinhas, com ovos dentro, e o famoso pinguim em cima da geladeira e demais dados que poderiam nos ajudar um pouco a conhecer o gosto da cozinheira e uma parte de sua identidade.

"Os homens são os melhores fregueses das lojas de material culinário", afirma uma vendedora desse tipo de loja, e, embora as mulheres sejam ainda o maior contingente de clientes, o *ticket* médio de compras do homem é sensivelmente maior do que o dela (FECOMÉRCIO, 2007). A relação com toda essa cultura material pode ser bem possessiva. Muitos aficionados por cozinhar separam os instrumentos que usam daqueles usados pela mulher e/ou pela empregada no cotidiano da casa. Os mais fanáticos(as) e abastados(as) constroem uma cozinha exclusivamente para si, prática que o setor imobiliário já adotou nos empreendimentos de alto padrão (FECOMÉRCIO, 2007).

O forno e o fogão minha empregada doméstica usa. Já minhas panelas italianas, não. (Todas as marcas utilizadas são da alemã Gaggenau.) (Depoimento de Roberto Cipolla, em MOHERDAUI, 2006.)

"No início do ano vendi minha Ferrari, que usava muito pouco por causa da violência urbana, e fiz a troca de prazeres. Transferi o investimento para a minha cozinha".. [...] *Até agora, ele já gastou 45 mil dólares no projeto de sua nova cozinha.* [Grifo da autora.] (MOHERDAUI, 2006.)

Toda semana, passa numa loja para conferir lançamentos, mas não faz loucuras. "Só compro aquilo que realmente preciso." (Depoimento de Pedro Guimarães, em Galvão, 2009.)

A gastronomia é praticamente um vício. Mesmo com a minha cozinha equipada, sempre que posso percorro as lojas para saber o que há de novo. (Depoimento de Allan Hunter, em Fecomércio, 2007.)

Tia, não aguentei. Estou fazendo uma outra cozinha para a minha empregada usar. Morria de desespero de ver como ela tratava minhas panelas Creuzet, minha *cook island*. Não dá. (Advogada, 30 anos, Rio de Janeiro, 2009).

O cozinhar do homem é técnico. Tem pouco improviso e muito planejamento. Receitas são lidas, seguidas e discutidas (mesmo que alguma modificação seja introduzida em prol da criatividade), a matéria-prima a ser utilizada é previamente selecionada e preparada, e todos os demais seres vivos presentes na cozinha são admitidos apenas como ajudantes de limpeza. Em consequência disso, muito dos utensílios anteriormente utilizados apenas na cozinha dos restaurantes estão agora migrando para as cozinhas domésticas, tais como fatiadores de precisão, raladores projetados para as particularidades de cada alimento como queijo, legumes entre outros, processador de alimentos com sistema de cozimento, máquinas de fazer sorvete, forno duplo com calor seco e a vapor entre outros (BUCHALLA, 2009).

> [O homem pratica] uma cozinha de espetáculo, a esposa – se ainda ela souber cozinhar – é a cozinheira de nutrição, que tem, realmente, de trazer as refeições à mesa. A cozinha de espetáculo, ao contrário, é mais como num estúdio de televisão com utensílios de cozinha de última geração, com um bom vinho e com amigos que ajudam na cozinha. A cozinha de espetáculo é comunicativa, a cozinha da nutrição dá trabalho. (Volker Pudel, psicólogo, em entrevista cedida à Deutsch Welle, 2007.)

> Pratos feitos por homens são criações artísticas. (Depoimento de Alexander Lipscy, diretor de design da Escola Panamericana de Artes de São Paulo, em GALVÃO, 2009.)

A cozinha de espetáculo está, junto à transformação do comer em lazer, na raiz do estilo masculino de hospitalidade. Estilo esse caracterizado por uma lógica distinta da que presidia o receber feminino tradicional. Este era silencioso, discreto e contava apenas com o agradecimento formal e o elogio contido. O receber masculino é público, barulhento e a expectativa é o aplauso. Mais ainda, nessa nova modalidade o eixo da sociabilidade foi deslocado da sala para a cozinha. A comida é feita em um processo de interação e ensinamento, no qual o anfitrião/cozinheiro discorre sobre o que irá servir, fornecendo detalhes sobre a origem dos pratos e dos ingredientes. A degustação de vinhos acompanha todo esse processo no qual afirmação de *status* e capital social (BOURDIEU, 1984) se conjuga a pitadas de um consumidor artesão como descrito por Campbell (2004; 2006; 2007).

Com os homens vieram também novos personagens para preencher o espaço culinário. Hoje *gourmets* e *gourmands* não são mais suficientes para caracterizar todos os tipos que circulam por esse espaço. Embora esses novos tipos não sejam exclusivamente masculinos, pois mulheres também podem ser assim classificadas, eles são predominantemente masculinos. Atualmente, temos além de *gourmets* e *gourmands*, foodies, gastrossexuais, *chefs* de fim de semana, entre outros (TIPPING E APRUNG, 2010).

Esse cozinhar masculino é característico dos finais de semana e dos momentos de hospitalidade. Durante a semana a cozinha masculina é mais discreta. A preleção sobre os ingredientes e pratos desaparece, a degustação de vinhos cede espaço para bebidas não alcoólicas, mas o cardápio se mantém diferenciado em relação ao cotidiano brasileiro de feijão, arroz, carne e salada. *"Homem que é homem e cozinha, não faz feijão com arroz"*. Mas o que faz? Uma massa leve, uma carne com algum molho especial. Sobremesas parecem ser uma tarefa relegada ao segundo plano ou às mulheres.

E essas, o que fazem e cozinham? Ao contrário do que o senso comum imagina e o movimento feminista propalou em suas discussões teóricas internas, cozinhar, para as mulheres de modo geral, não é decididamente o trabalho de casa do qual elas menos gostam. Ao contrário, cozinhar está associado a relaxamento, criatividade e prazer entre outros. Na pesquisa de HAB (2006), 44% das mulheres, de uma base de amostra de 2.136 pessoas, concordaram parcial ou totalmente com a ideia de que "gostam de cozinhar e que gostariam de ter mais tempo para fazê-lo" e apenas 29% discordaram parcial ou totalmente da mesma. No que concerne a afirmação "eu quero me aposentar pelo menos da cozinha", 56% discordaram parcial ou totalmente da mesma. Para 53% das mulheres concordaram parcial ou totalmente com a afirmação "é um prazer cozinhar, me relaxa, tira o *stress*" e apenas 26% discordam parcial ou totalmente desta. Ou seja, não existe um antagonismo de raiz entre as mulheres brasileiras e as panelas. O que as mulheres brasileiras realmente não gostam é de ter que decidir diariamente o cardápio.

Entretanto, se é de bom alvitre se distinguir entre o estilo culinário dos homens entre "fim de semana e cotidiano" e geração o mesmo ocorre no que concerne às mulheres.

Vamos começar com a cozinha das mulheres que cozinham por obrigação cotidiana. Ela não gasta em utensílios culinários, só adquire novos quando a necessidade o exige. Não está interessada em receitas exóticas nem em demonstrações de *expertise*. Novas receitas são usadas apenas quando a circunstância demanda, como aniversários, almoços do dia das mães, entre outros, ou atendem a um pedido da família. Sua comida é basicamente o trivial brasileiro e suas variações (BARBOSA, 2009). Não compra livros de culinária, não vê programas de televisão sobre o tema, nem compra revistas de gastronomia e a sua principal referência na área é o programa da Ana Maria, todas as manhãs na TV Globo. Aprendeu a cozinhar "fazendo," e não atribui a esse fazer qualquer dimensão de *status*, de identidade social ou artesanal. Sua prioridade é a praticidade e a economia na cozinha. Independente do caso de trabalhar fora ou não, sua relação com a cozinha não se altera.

Entre aquelas que gostam de cozinhar, uma distinção geracional se impõe. As "cozinheiras" de mais idade, acima de 45 anos, possuem um estilo de estar na cozinha que poderíamos definir como "contemporâneo adaptado". Elas possuem um profundo interesse por programas de culinária veiculados pela televisão, procuram receitas na internet e gostam de experimentar novos ingredientes e estão bem atualizadas com as últimas novidades no ramo. Estão sempre atentas a anúncios e novos produtos nos supermercados e suas compras de utensílios concentram-se naqueles que facilitam suas tarefas na cozinha ou que melhorem a performance dos ingredientes ou dos pratos. Entretanto, não estão dispostas a gastarem milhares de reais em uma única panela Creuzet ou em uma faca de cerâmica, se outra de aço com fio afiado pode realizar a mesma tarefa. Dificilmente discutem ingredientes ou receitas como uma demonstração de capital social ou *status*. Quando o fazem é no sentido de alertar o interlocutor para algum detalhe ou dar uma dica que pode melhorar o resultado a partir da experiência prática que tiveram. Não precisam de plateia e, aliás, não gostam de ninguém no seu reino. Têm pleno domínio da cozinha e de seus processos e já desenvolveram ao longo dos anos de práticas procedimentos que tornam o cozinhar prático e eficiente. Aproveitam restos e ingredientes e adaptam receitas com muita facilidade. Aliás, são muito independentes das receitas e ligadas na dimensão econômica dos pratos, podendo substituir algum ingrediente por outro mais barato, desde que elas julguem que não comprometa o resultado. Experimentam pouco com a cozinha étnica, suas grandes áreas de *expertise* é a cozinha brasileira, a francesa e a italiana adaptadas ao gosto nacional. O foco central da cozinha está no sabor, no prazer e na comensalidade e nada no *status*. Fazem pouco uso do ascetismo e da verticalidade da decoração contemporânea privilegiando mais a horizontalidade (BARBOSA, 2009).

A geração mais nova de mulheres que cozinha, com idades variando de 25 a 40 anos, tem nessa atividade um elemento central de suas identidades e apresentam um estilo bem próximo ao dos homens chamados de gastrossexuais. Entram também "armadas" dos melhores utensílios, frequentam aulas de culinária com *chefs* famosos, vão a degustação de azeites, vinhos e queijos entre outros. São meticulosas e detalhistas, e seguem as receitas rigorosamente. Dificilmente adaptam, improvisam ou substituem um ingrediente pedido. Em geral, são mulheres que "entraram" na cozinha muito mais tarde, ou seja, não aprenderam "naturalmente" a cozinhar em decorrência de um casamento ou família. São inseguras, pois o conhecimento que possuem não está ainda sedimentado pela prática. A preocupação com o custo dos pratos não é uma consideração central. Para elas, as exigências recaem mais na apresentação dos pratos, na sofisticação do menu escolhido, na qualidade dos ingredientes e no ritual e no espetáculo envolvido. Da tradicional comida cotidiana brasileira mantém uma grande distância e todo o investimento feito é no inusitado, no étnico e no sofisticado. O menu praticado segue o mesmo estilo dos homens jovens com uma preocupação maior com saladas. A relação que mantém com a cozinha é fruto de uma escolha pensada inserida em um determinado estilo de vida. Via de regra, são jovens executivas ou profissionais liberais e estão em processo de ascensão social, com grande investimento em suas próprias carreiras.

OBSERVAÇÕES FINAIS

Respondendo diretamente a questão que o título nos apresenta – "lugar de mulher é na cozinha?" – é óbvio, pelos dados, que não. Tanto mulheres como homens não legitimam mais essa divisão social do trabalho do ponto de vista simbólico mesmo que, objetivamente, as mulheres sejam majoritariamente as responsáveis pela tarefa de cozinhar. Mas hoje aquelas que estão cotidianamente na cozinha, seja por opção política ideológica, caso das femivores, seja por prazer, *hobby* ou *status*, ou "obrigação", atualmente vivem em um universo culinário inteiramente ressignificado, no qual a presença masculina é cada vez mais uma constante e menos um "nicho", embora dificilmente será compreendida pela maioria da população dos homens. Mas, o que, sobretudo, importa nessa situação é o processo crescente de dessexualização do mundo da cozinha, seja ele doméstico ou da "rua". Ao que tudo indica, na próxima geração, assistiremos a muitas combinações diferenciadas sobre a forma como o trabalho doméstico estará organizado na sociedade ocidental, e provavelmente a pergunta com a qual começamos este capítulo será a absolutamente incompreensível.

REFERÊNCIAS BIBLIOGRÁFICAS

ADAMS, C. J. (2002) *The Sexual Politics of Meat:* A Feminist-Vegetarian Critical Theory. Nova York: Continuum, 2002.

AVAKIAN, A.V. (Ed.). *Through the kitchen window*: women explore the intimate meanings of food coocking. Boston: Berg, 1997.

AZEVEDO, B. Gosto não se discute? Atores, práticas, mecanismos e discursos envolvidos na construção social do gosto alimentar infantil entre crianças de 0 a 10 anos. Niterói, Universidade Federal Fluminense. (Programa de pós-graduação em Antropologia, 2008.)

BARBOSA, L. e GOMES, L. G. (2004). *Culinária de Papel*. Estudos Históricos. Alimentação. Rio de Janeiro: Fundação Getulio Vargas.

BARBOSA, L. (2007) Feijão com arroz e arroz com feijão. O Brasil no prato dos brasileiros. Horizontes Antropológicos, ano 13, n. 28, jul./dez. Porto Alegre, Programa de pós-graduação em antropologia social da Universidade Federal do Rio Grande do Sul.

_____. Tendências da alimentação contemporânea. In: Pacheco, J. et al. II *Encontros Juventude, Educação e Consumo*. Porto Alegre, Escola Superior de Propaganda e Marketing, 2009.

BEAVINN, B.; GIORDANO, N.; MIRIAM, S. and SHEA, P. *The Political Palate:* A Feminist Vegetarian Cookbook, Bridgeport, Connecticut, Sanguinaria Publishing, 1980.

BELL, D. *The Cultural Contradictions of Capitalism*. Nova York, Basic Books, 1976.

BLOODROOT COLLECTIVE. Introduction to The Political Palate. *Bloodroot: Essays*. n.d. Disponível em: http://www.bloodroot.com/intropolitpalat.htm. Acesso em: 27 mar. 2007.

BOURDIEU, P. *La Distinction*; a social critique of the judgment of taste. London, Toutledge & Kegan and Paul, 1984.

BUCHALLA, A. P. Utensílios de chef na sua cozinha. *Veja*, n. 2138, 11 nov. 2009. Disponível em: http://veja.abril.com.br/111109/utensilios-chef-na-sua-cozinha-p-200.shtml. Acesso em: 10 out. 2010.

CAMPBELL, C. O Consumidor Artesão. *Antropolítica Revista Contemporânea de antropologia e Ciência Política*. Universidade Federal Fluminense. Segundo semestre n. 17, p. 46/7, 2004.

_____. Eu compro, logo sei que existo: as bases metafísicas do consumo moderno. In; Barbosa, Livia & Campbell, Colin. *Cultura, consumo e identidade*. Rio de Janeiro, Fundação Getulio Vargas, 2006.

_____. *The Easternization of the West. A Thematic account of Cultural Change in the Modern Era*. London, Paradigm Publishers, 2007.

CHILD, J. *Mastering the Art of French Cooking*. Nova York: Knopf, 2001.

COCKBURN, A. *New York Reviews of Book*. 1997.

DREWS, M. *Food: my feminist issue*. Rhizomes.14 summer, 2007.

EBERSTADT, M. *Is Food the New Sex?* Policy Review 153, 2009.

ESCOFFIER, A. *The Escoffier Cookbook:* and Guide to the Fine Art of Cookery for Connoisseurs, *Chefs, Epicures*. Nova York, Crown Publishing Group, 1941.

FALK, P. *The Consuming Body*. London, Sage Publications, 1994.

FEATHERSTONE, M. et al. *The Body*. London, Sage Publications, 1991 a.

_____. *Consumer Culture and Postmodernism*. London, Sage Publications, 1991b.

FECOMÉRCIO. Revolução nas cozinhas, *Revista Conexão*, Rio de Janeiro, n. 12, jan. 2007. Disponível em: http://www.fecomerciorj.org.br/publique/cgi/cgilua.exe/sys/start.htm?infoid=1825&sid=170. Acesso em: 10 abr. 2009.

FOUCAULT, M. *Discipline and Punish:* the birth of the prison. Harmondsworth, 1979.

FREYRE, G. *Casa-Grande & Senzala*. Editora Record, Rio de Janeiro, 1998/1933.

_____. *Sobrados e Mocambos:* decadência do patriarcado e desenvolvimento do urbano. São Paulo: Global, 2004.

FRIEDAN, B. *Cooking with Betty Friedan . . . Yes, Betty Friedan*. Nova York Times 5 January, 1975.

_____. *The Feminine Mystique*. Nova York: Norton, 2001.

GALVÃO, F. Evolução na cozinha. *IstoÉ Dinheiro*, n. 304, 25 jun. 2009. Disponível em: http://www.istoedinheiro.com.br/NOTICIAS/12019_%20 EVOLUÇÃO%20+%20NA+COZINHA. Acesso em: 10 out. 2010.

GREYLODGE, S.(2007) 23 April «http://www.ubu.com/film/rosler.html»

LAUREL, R. et al. *Laurel's Kitchen*: A Handbook for Vegetarian Cookery Nutrition. Berkeley, The Speed Press, Califórnia, 1976.

KAUFMANN, S. *Diary of a Mad Housewife*. Nova York: Thunder's Mouth, 2005.

KRISTEN, M. (2010). *Backyard Farming is a Feminist Act*. Monday, March 15.

MOHERDAUI, B. Forno, fogão e fortuna. *Veja On-line*, 26 jun. 2006. Disponível em: http://veja.abril.com.br/260602/p_058.html.

ORBACH, S. *Fat is a Feminist Issue*, 1978.

ORENSTEIN, P. *The Femivore's Dilemma*. New York Times, Magazine de 14 de março, 2010.

NUNES, E. L. M. *Vegetarianismo além da dieta*: ativismo vegano em São Paulo. 2010. 129f. Dissertação (Mestrado em Ciências Sociais: Antropologia) – Programa de Estudos Pós-Graduados em Ciências Sociais, PUCSP, São Paulo, 2010.

PETERLE, A.; MALETTA B. *Poderosas Consumidoras*. O que pensa a nova mulher brasileira. Rio de Janeiro, Sophia Mind, 2010.

PESSANHA, L.; LAMARE, P. *Gula gula*. Comida bossa-nova. Rio de Janeiro: Editora Senac, 128p, 2003.

PURASIA. *Gastrosexuals*. Pesquisa encomendada por esta indústria de alimentos inglesa, 2009.

ROBERTSON, L.; FLINDERS, C. et al. *Laurel's Kitchen:* A Handbook for Vegetarian Cookery and Nutrition. Petaluma: Nilgiri, 1981.

ROSLER, M. *Semiotics of the Kitchen*. UbuWeb: Film and Video.

STALLINGS, A. M. *Fat is a Feminist Issue*. Electrolicious. Disponível em: http://www.electrolicious.com/archives/2006/03/fat_is_a_feminist_ is.html. Acesso em: 29 mar. 2006.

SINGER, P. *Ética Prática*. Tradução de Álvaro Augusto Fernandes Revisão científica de Cristina Beckert e Desidério Murcho. Gradiva, 2000.

STUART, T. *The Bloodless Revolution:* A Cultural History of Vegetarianism From 1600 to Modern Times. Norton, 2007.

MARTYN T.; ROBERT A. *Top of Mind*: gastrosexuals set a new course. Disponível em: http://www.brandweek.com/bw/content_display/esearch/e3i-55c8e20bdab2eb7d1b5ele437 . Acesso em: 17 jun. 2010.

TOLEDO & ASSOCAIDOS E ESPM-SP. *Pesquisa de Hábitos Alimentares Brasileiros.* São Paulo, 2006.

TWITCHELL, J. *Living it Up. America's Love Affair with Luxury.* Nova York, Simon & Schuster, 2002.

TURNER, B. *The Body and Society.* London, Sage Publications, 1984.

PUDEL, V. Cozinheiros de TV mostram espetáculo, não nutrição. *Deutsch Welle,* 19 set. 2007. (Entrevista). Disponível em: http://www.dw-world.de/dw/article/0,,2788904_page_2,00.html.

WARDE, A. *Consumption, food and taste.* London: Sage, 1997.

WEINBERG, J. *America's Food Revolution.* Summer. Disponível em: http://www.city-journal.org/2009/19_3_urb-american-food.html, 2009.

WILKINSON, J.; CERDAN, C. *A Brazilian Perspectives on Geographical indications,* Paper Presented at SINER-GI, Final Conference, Geneva – June 23/24, 2008.

WILKINSON, J. *The mingling of markets, movements and menus:* global fair trade from a brazilian perspective. Disponível em: <http://www.minds.org.br/arquivos/wilkinsontheminglingofmarkets.pdf>. Acesso em: 10 fev. 2007.

WILKINSON, J. et al. *Fair Trade.* The Challenges of Transforming Globalization. London, Routeledge, 2007.

8

O SEXO DO TRABALHO INTELECTUAL

Maria Ester de Freitas

*Há um princípio bom que criou a ordem, a luz e o homem,
e um princípio mau que criou o caos, as trevas e a mulher.*
PITÁGORAS (apud S. BEAUVOIR)

*Tudo o que os homens escreveram sobre as mulheres deve
ser suspeito, pois eles são, a um tempo, juiz e parte.*
POULAIN DE LA BARRE (apud S. BEAUVOIR)

INTRODUÇÃO

O século XX foi berço de grandes transformações na história humana, causando fortes impactos na vida econômica, social, política e cultural de todos os povos. Já apresentado como o século breve (HOBSBAWN, 1996), o nosso tempo tem-se marcado pelas mudanças aceleradas e com influências recíprocas de diversos fatores, cujos efeitos em cadeia aumentam a complexidade da vida e causam enormes consequências no mundo da família, da educação, do trabalho, da cultura e da sociedade em geral.

As sociedades contemporâneas são resultantes do triunfo da Ciência, sendo o desenvolvimento técnico e científico um dos seus mais fortes pilares e fonte de intrínseca dependência para seu crescimento e manutenção. O que hoje diferencia as sociedades são os níveis em que estas se situam no jogo científico, no universo das descobertas e das invenções, buscando elevar as vantagens acumuladas produzidas pelas interações e aplicações das fontes do saber em suas diversas modalidades.

Atualmente, o trabalho intelectual coletivo é considerado um ativo que determina e aprofunda as assimetrias entre as diferentes sociedades, grupos e organizações. Ele torna-se o diferencial entre quem está dentro e quem está fora do clube das nações importantes, que dão as cartas nesse jogo. Países fazem escolhas que lhes garantam a participação na definição do que é fundamental; dentre essas escolhas é clara a importância do investimento em educação superior. A massa de recursos em relação ao PIB é um forte indicador do que se pretende como lugar no mundo das ciências; países ricos podem ser ainda mais ricos, pobres podem vir a ser mais pobres ainda, e é inegável o papel que o desenvolvimento técnico-científico exerce nessa equação.

Ao longo do século passado também se viram revoluções e guerras de todas as tonalidades envolvendo praticamente todo o planeta. Uma dessas revoluções, que se deu de maneira silenciosa, sem mortes, sem partidos e sem nações ganhadoras, perdedoras ou aliadas, envolveu praticamente metade da população da Terra e sacudiu a outra metade: a revolução das mulheres (FREITAS, 2006), com elevado teor de octanagem e efeitos em longo prazo. Essa revolução tem transformado gradativa e radicalmente as condições de vida das mulheres e tem causado impactos em todos os demais setores da vida social em todas as sociedades atuais, notadamente no universo familiar; tem questionado poderes, tradições, estilos e costumes, subvertendo pseudoverdades que resistiram ao longo dos séculos e que se sustentavam sob mitos convenientes à perpetuação do domínio masculino (BEAUVOIR, 1967a; BOURDIEU, 1998; STEARNS, 2007).

Ora, à medida que a mulher é considerada como "o outro", o "fora do padrão", uma "minoria" (ainda que majoritária numericamente), o que temos é um explícito componente político do tipo de desenvolvimento histórico que transformou o lugar do homem, socialmente mais saliente, em uma verdade consumada, mantendo a mulher como elemento alternativo ou de oposição ao tal padrão. Mas, a Natureza não criou um padrão e um alternativo, ela criou dois seres da mesma espécie com sexos diferentes, cada um deles como um todo e não como parte um do outro. É a História, ou seja, aquilo que foi construído pelas sociedades androcêntricas que definiu para as mulheres o lugar inferior e as funções de servir, subordinando-as, como se fossem apenas finalidades e não existências em si mesmas. Não podemos, todavia, considerar essa mulher como escrava no *stricto sensu* (ainda que algumas tenham sido), uma vez que a subordinação é complexa, visto que ela se dá em relação ao mesmo elemento por quem a mulher desenvolve afetos, de quem ela gera filhos, com quem ela constrói um lar e de quem ela cuida. Todavia, não devemos também, em nome da docilidade e beleza do laço, ignorar-lhe a sua existência.

Depois de muitas águas e muitas pontes, as sociedades de hoje começam a se dar conta de que podem e precisam contar com a realização do potencial da outra metade de sua população; ou seja, as capacidades e os talentos das mulheres também são parte do ativo intelectual social e precisam realizar-se para tornarem-se evidências. A competição cada vez mais sofisticada em todos os setores e esferas da vida não pode prescindir de qualificações cada vez mais elevadas e diferenciais. E não se pode negar, tampouco impedir, o extraordinário avanço nas últimas décadas das mulheres na vida escolar e universitária, inclusive como maioria em vários cursos de pós-graduação, em todas as partes do planeta.

O trabalho dessas mulheres, que diz respeito ao trabalho produtivo mais o labor doméstico, concretiza-se na dimensão real, e não apenas na simbólica, como o trabalho feminino, que se limita à esfera doméstica, cada vez menos valorizada (KARTCHENVESKY--BULPORT et al., 1987; STEARNS, 2007; ARAUJO E SCALON, 2005). Entendemos que o acúmulo de capital político pelas mulheres tem lhes permitido: recusar o papel social prescrito como dona de casa e mãe prioritariamente; recusar o poder patriarcal como inquestionável e onipresente; recusar a condição biológica/mulher como determinante de condição social e política de um ser menor ou ter menos direitos, além de assumir que o trabalho fora de casa não é um mero elemento emancipador, mas parte de sua vida ativa e autônoma.

Este ensaio pretende analisar o papel das mulheres nesta nova sociedade. Para tanto, discutiremos a "*sexomorfização*" do trabalho intelectual e da Ciência, tidos ideologicamente como domínios privativos masculinos ou como territórios característicos próprios dos homens. Para desenvolver esse objetivo, estabelecemos alguns conceitos que nortearão nossa análise; elaboramos um breve histórico sobre as condições do trabalho das mulheres na Ciência, dando destaque à participação das mulheres na Ciência brasileira. Identificamos, ainda, alternativas que podem favorecer a elevação dessa participação, considerando que os desafios que o novo século, no qual se navega em voo supersônico e não mais em saltos, colocam a todos nós, como indivíduos e sociedades.

PINGOS NOS IS

Para começo de conversa: a Natureza criou dois seres humanos com sexos diferentes, inteiros, absolutos e "conscientes" de si. Machos e Fêmeas não são metades de uma totalidade preexistente e desapartada por obra do acaso, mas unidades em si mesmas e independentes; são interdependentes na maioria das espécies no ato de reproduzir; em algumas outras espécies, a reprodução é feita apenas por um dos sexos, como desdobramento ou subdivisão ou fracionamento ou perpetuação unilateral, tornando o ato sexual dispensável (BEAUVOIR, 1967a, 1967b). Até o gozo sexual pode ser atingido sem o outro. Homem e mulher não são metades de laranjas (GIKOVATE, 1998) ou de quaisquer frutas, mas cada um é uma fruta própria, única e individual, portanto, a dominação ou subordinação ou comparação de um sexo ao outro é uma construção social e não um dado da Natureza. O casal é uma unidade fundamental para reprodução somente de um certo tipo de sociedade, não necessariamente de todos; ele é, pois, um dado histórico e não algo inevitável, como podemos observar nos dias de hoje, por meio de recursos tecnológicos para a reprodução assistida, que dispensa parceiros, intimidade e compromisso. A versão religiosa da mulher como costela do homem poderia hoje ser verificada através de teste de DNA, mas infelizmente Adão e Eva não estão disponíveis para pesquisa...

A questão sexual é de natureza estritamente biológica, mas os papéis atribuídos a um e outro sexo fazem emergir a questão de gênero, substituindo machos e fêmeas por masculinos e femininos, com características, papéis e valores que variam de acordo com o contexto e com a época. Chamamos "gênero" ao fenômeno cultural pelo qual uma sociedade determina uma série de expectativas, normas comportamentais e significância cultural para cada sexo biológico. Os limites de gênero não são tão facilmente definíveis como os de sexo, mesmo em casos complexos como os de hermafroditas, que portam os dois sexos. Estes são considerados homem e mulher simultaneamente ou nem homem e nem mulher simultaneamente (LÖWY, 2006; THÈRY E BONNEMÈRE, 2008; KRAUS et al., 2008).

Lembra-nos Beauvoir (1967a, 1967b) que durante boa parte da história humana as mulheres foram vistas e tratadas pelos homens apenas como úteros, ovários e glândulas, como se eles mesmos não fossem testículos e também hormônios. É evidente que mulheres não são homens e nem esses são aquelas, como gatas não são gatos. Existe em cada um a singularidade de sua própria condição e não o resultado de uma comparação; nenhum dos sexos carece de justificativa, ele existe por si só, como as cores na Natureza, que não comportam nenhum sentido a comparação e afirmação de que o azul é superior ao verde. Contudo, o homem, apropriando-se do significado de ser humano genérico, não precisa de nominação; ele é tido como o Sujeito e a mulher aparece historicamente como a portadora de um destino imutável como verdade, em virtude do papel desempenhado pelos seus dados biológicos. Ou seja, um é absoluto e o outro é só um relativo (STEARNS, 2007; TIN, 2008). O presente envolve o passado e, em todo o passado, a história foi escrita apenas pelos homens, trata-se de *HIStory*. Não é de se estranhar que a revolução das mulheres, as invisíveis, tenha sido tão surpreendente como um *tsunami*, subterrâneo, silencioso, sorrateiro e violento nos seus efeitos em círculos cada vez mais abrangentes.

Ao longo de sua vida social, os indivíduos são objetos de múltiplos processos de socialização. Como veremos adiante, desde a expectativa de nascimento do bebê os pais reproduzem e constroem papéis que serão projetados sobre seus filhos e armarão todo um cenário para direcionar os seus interesses e sonhos, bem como para restringir as escolhas ao que é tido como aceitável; as escolas, por seu lado, continuam esse processo aprofundando os limites e estereótipos do que se espera de meninos e meninas, olhando mais para o passado que para o futuro; a vida social impõe uma noção de apropriado e solicita o conformismo com os modelos já consagrados realizando uma pseudorredução de conflitos e a vida organizacional toma tudo isso de empréstimo e dá-lhe o acabamento mais refinado, podendo favorecer ou dificultar o acesso a carreiras e cargos.

E, o que estamos chamando de trabalho intelectual? O que é Ciência? Quais são os pré-requisitos para esse tipo de exercício como profissão? Existe na natureza da tarefa científica alguma exigência específica que justifica um recorte ou determinação por gênero?

A atividade intelectual é própria do humano; é todo processo mental elaborado a partir da compreensão de uma situação, da concepção de alternativas e possibilidades, da criação de atos inteligentes, da geração de elementos que provocam reflexão e um agir em consequência. O exercício do trabalho intelectual nas ciências exige uma cultura e uma formação acadêmica e se utiliza de meios para construir e divulgar o que se pesquisa e se teoriza, através de textos, projetos, proposições, reflexões e debates em um campo específico e no contexto em que esse campo de saber se insere. Em geral, esses pensadores ou trabalhadores intelectuais são considerados autoridade científica quando se referem ao campo de conhecimento ao qual se dedicam, sendo o exercício deste trabalho realizado em sua maioria no interior das universidades e centros de pesquisa.

Quanto à Ciência, existem muitos conceitos, mas para efeitos de nossa análise consideraremos como o conjunto coerente dos saberes relativos a certas categorias de fatos ou fenômenos, os quais obedecem a determinadas leis ou são passíveis de serem explicadas por métodos próprios, que podem ser replicados ou compreendidos pelos que partilham o mesmo nível de conhecimento do objeto em questão e usam os mesmos meios para sua validação. Temos em mente que a Ciência não é dogma, e que apesar de buscar a objetividade no estudo e na verdade do objeto em foco, muitas vezes também é subjetiva, contraditória e parcial. Todo conhecimento humano é fruto de diversas fontes e o conhecimento científico se desenvolve como marca de um tempo, de um contexto e de uma tecnologia, bem como dos interesses institucionais e mesmo nacionais envolvidos. Os conhecimentos científicos não são necessariamente universais, muitos deles são circunscritos culturalmente, são originados em tentativas e erros, são elaborações parciais, não são homogêneos e seu processo nem sempre é racional, comportando idas e vindas, ousadia, intuição, risco, sucesso e fracasso.

A imagem sacralizada da Ciência não abre muito espaço para se confrontar a sua hegemonia, as suas vias tortuosas, a perda de tempo inerente ao processo de descoberta e o papel do acaso. Conforme Dhavernas (1992), a Ciência como discurso aparece uniforme e coerente, mas ela tem limites móveis, que às vezes se articulam e se contestam reciprocamente, se subdividem sem cessar e se reagrupam de tempos em tempos, elaboram teorias que são postas à prova e uma parte é refutada. Usa práticas, métodos e técnicas variados que comportam impasses, dúvidas, vias abandonadas, avanços e retrocessos conceituais e exploratórios; em suma, a Ciência não é uma verdade revelada por Deus, mas pelas próprias coisas.

É pressuposto que o trabalho intelectual em todas as suas vertentes, inclusive a científica, não pode prescindir de inteligência e de criatividade. A inteligência é a faculdade de se compreender a relação entre elementos e construir uma intervenção para solucionar problemas e realizar objetivos, ou seja, implica em compreender a situação, inventar uma solução e agir em consequência. Existem diferentes tipos de inteligência, entre elas: a) a prática, que busca a adaptação inteligente aos modos, costumes e eventos exteriores; b) a artesanal, que inventa, cria e usa instrumentos para resolver problemas, que prevê o objetivo e a necessidade de adaptação ao meio, que é capaz de conceber a relação entre o problema e o instrumento que usa para resolvê-lo; c) a lógica, ou racional, que desenvolve pensamento conceitual, que constrói conceitos e teorias, que usa linguagem simbólica, como símbolos, signos, fórmulas, convenções, métodos, princípios (VIAUD, 1971; RODRÍGUEZ, 2009). Toda inteligência implica em uma representação do passado, através da memória, e em alguma previsão do futuro, que cria espaço para a imaginação, a conceituação, a construção e teste de hipóteses, o desenvolvimento de diferentes cenários alternativos e também é capaz de imaginar consequências.

Quanto à criatividade, podemos dizer que ela está na ordem do dia. É requisitada como fundamental na vida cotidiana, como meio para se melhorar o desempenho no trabalho, como forma de adaptação às novas exigências e novas situações que mudam velozmente tanto na vida pessoal quanto profissional, como caminho para encontrar respostas mais eficazes para problemas novos e velhos, simples e complexos. De acordo com Lubart (2007, p. 16), ela é "a capacidade de realizar uma produção que seja ao mesmo tempo nova e adaptada ao contexto ao qual se manifesta". Uma obra construída ao acaso pode ser nova, mas não será criativa, dado que não foi uma tarefa intencional. Para ser criativo é necessário que o indivíduo tenha confiança em si, que tenha certo nível de independência em relação ao julgamento alheio e que aceite assumir riscos, portanto, a criatividade implica em uma combinação de fatores relevantes relacionados com o indivíduo (conhecimentos e traços de personalidade) e com o ambiente ao qual está inserido, que o motivará a esse processo e fornecerá um arcabouço ou estrutura institucional necessária. Nenhuma criatividade pode ser exercida sem certo grau de conhecimento sobre o objeto em questão. Bourdieu (1980) usa, para exemplificar vários de seus conceitos, a metáfora do músico que só pode improvisar porque ele já incorporou as regras de composição e as restrições musicais. É só a partir desse conhecimento que ele pode construir a sua própria música. Ou de forma mais singela: não se podem fazer tijolos sem barro.

E a que se refere o chamado hoje de "Capital Intelectual", disputado por empresas, organizações e governos? Ele é, segundo Stewart (1998), o estoque de conhecimentos, informações, propriedade intelectual e experiências que pode ser usado por um país ou organização para gerar e gerir a sua riqueza. Em consequência, podemos deduzir que quanto mais um país, uma instituição ou uma organização nutrir, estimular, apoiar e favorecer o desabrochar e a elevação desse capital, mais o seu detentor estará em posição de vantagem em relação aos seus competidores, adversários, concorrentes ou inimigos e maior autonomia terá para decidir o destino de seu próprio desejo.

Entendemos que a memória exerce um papel fundamental quando se analisam novas possibilidades para construção do futuro. Através do olhar daquilo que se passou é possível corrigir rumos, evitar os mesmos erros, atualizar práticas e princípios, desenvolvendo opções inovadoras. É em virtude desse entendimento, mais do que apontar o dedo para furar o olho alheio, que traçaremos um breve histórico do contexto da participação das mulheres no trabalho científico.

Vale ressaltar que nenhum dos autores consultados sobre os temas inteligência, criatividade, aprendizagem, processos cognitivos e os que fazem revisão bibliográfica sobre a participação das mulheres na Ciência fez qualquer menção a diferença de desempenho intelectual por gênero; ainda que pontuadas diferenças em alguns tipos de habilidades, não existe para eles nenhuma evidência de que a inteligência geral de mulher e homem seja diferente (VIAUD, 1971; STEARNS, 2007; BEAUVOIR,1967a, 1967b; LUBBART, 2007; RODRÍ-

GUEZ, 2009; TABAK, 2002; SCHIENBINGER, 2001; BRACONNIER, 1996; COLLIN, 1992b; The Mit Newsletter, 1999; FLORES-MENDONZA, 2002; ROSEMBERG E ANDRADE, 2008; CITELI, 2000; ESTÉBANEZ, 2003; MACIEL, 1999; ADOVASIO, SOFFER E PAGE, 2009).

Isso nos remete à Grécia Antiga, na qual dois deuses – Atena e Apolo – dividiam a responsabilidade pelo desenvolvimento do intelecto. Ela, deusa racional, da sabedoria e da estratégia; ele, deus do sol, sensível protetor das artes, letras e música. Encontramos ainda nos dias atuais a referência a essa missão compartilhada: no alto de duas colunas em frente ao prédio da Academia de Ciências e Letras Gregas, na cidade de Atenas, dominam as figuras de Atena e Apolo, representando o desenvolvimento intelectual e o somatório do pensamento racional e o pensamento sensível, que hoje são atribuídos aos dois lados do cérebro humano. No Olimpo, como todo o mundo grego amante da simetria, existia uma igualdade em relação ao número de deuses e deusas. Isso certamente significa alguma coisa.

BREVE HISTÓRIA SOCIAL DA MULHER NA CIÊNCIA

Em 2 de fevereiro de 2006 Lawrence Summers, então presidente da Harvard University, classificada recentemente no *ranking* realizado por *Times Higher Education* e *Thomson Reuters* (*Folha de S.Paulo*, 2010) como a melhor universidade do mundo, foi demitido em virtude de sua declaração, em 2005, que as diferenças inatas entre homens e mulheres eram um dos fatores que justificavam o fato de que poucas mulheres teriam êxito em carreiras na ciência e na matemática. A demissão colocou um ponto final, ou uma vírgula, em um período de grande debate na academia mundial e inspirou reações de apoio e repúdio ao demitido. A julgar pelos textos encontrados no Google, pode-se ter uma ideia da revolta apaixonada dos apoiadores do ex-presidente, nos quais as cientistas são tratadas com deslavado desrespeito, chamadas – entre outras coisas – de "bruxas de Massachusetts" e "harpias feministas", além do deboche ao tratar do compromisso assumido pela instituição para estimular a diversidade na carreira acadêmica, nos próximos dez anos.

Simplismos e direito à opinião à parte, o fato é que a fala do Sr. Summers estava na contracorrente de várias pesquisas desenvolvidas por universidades americanas e europeias a respeito das condições atuais do exercício da carreira acadêmica por mulheres. Um desses estudos foi desenvolvido no MIT, que divulgou o seu relatório em março de 1999, intitulado "A study on the status of women faculty in science at MIT" e encaminhado pelo seu presidente, Charles M. Vest, da seguinte forma:

> Eu aprendi duas importantes lições a partir deste relatório e no correr das discussões sobre ele. Primeira, que sempre acreditei que a discriminação contemporânea de gênero nas universidades fosse parte realidade e parte percepção. Verdade, mas agora eu entendo que a realidade é a maior parte desta conta. Segundo, eu – como muitos colegas homens – acreditamos que temos dado grande apoio aos membros femininos em estágio inicial de carreira em nossa faculdade. Também isto é verdade. Elas geralmente estão contentes e contam com apoio em muitas dimensões, ainda que não em todas. No entanto, eu quase cai da minha cadeira quando uma professora sênior, que era tratada injustamente há muito tempo, nos disse "eu também me sentia muito positiva quando era jovem". Nós podemos sentir orgulho da riqueza do diálogo que estas mulheres trouxeram ao levantar esta questão e do progresso que temos feito, ainda que muito deva ser alcançado. Nosso corpo discente notadamente diverso solicita uma faculdade igualmente diversa. Por meio de nosso compromisso institucional e de políticas devemos redobrar nossos esforços para tornar esta meta uma realidade.

Esse relatório, disponível na íntegra no site do MIT (The MIT, 2009), conclui que não há restrições às mulheres para a carreira acadêmica durante o processo de admissão, no entanto observa-se uma nítida estagnação à medida que a carreira delas vai se desenvolvendo e particularmente quando atinge a posição de (tanto uma quanto a outra existe) professora ou pesquisadora *tenure/senior*; ou seja, existe um claro efeito funil ao longo da trajetória das cientistas. No balanço de 1994 constavam 15 mulheres na área científica e 194 homens (nos departamentos de Física, Química, Biologia e Matemática), observou-se também que na Matemática não havia nenhuma mulher nessa posição. O relatório recomendava tratamento igual às cientistas em relação a espaço físico, verbas e equipamentos para desenvolver suas pesquisas, além de pagamento por atividades, como ocorria com seus pares masculinos; substituir administradores que praticavam discriminação contra as acadêmicas, notadamente aqueles que diziam que elas são piores que os homens ou não são boas o suficiente, reconhecendo um modelo sistêmico de assédio moral contra as mulheres; ações afirmativas favorecendo a igualdade entre todos os níveis da carreira, melhoria de vida para professoras *juniores*, expansão de atividades e elevação da representação das "minorias"; incentivar a colocação de mulheres em posições influentes e construir um sistema de prevenção permanente contra preconceitos e discriminação às cientistas no ambiente de trabalho. Não é necessário aqui ressaltar que a competência para exercer as funções e cargos é sempre condição *sine qua non* e um dado inquestionável em um ambiente que se deve pautar pela meritocracia.

Soares (2001) trata de pesquisa desenvolvida na Suécia, em 1997, buscando identificar os fatores determinantes da pequena presença das mulheres em elevadas posições acadêmicas e encontrou uma sutil discriminação sexual através de mecanismos pelos quais os projetos e laboratórios são financiados. Demonstrou que para obter o mesmo tipo de suporte, as pesquisadoras deviam ser em média 2,2 vezes mais produtivas que os seus colegas. Estudos similares e conclusões similares foram encontrados no Reino Unido, Finlândia e Dinamarca. Tabak (2002) traz pesquisas realizadas pela Unesco em vários países, que concluem na mesma direção dos achados daqueles dados; ainda, Schiebinger (2001) faz uma análise profunda da situação em diferentes campos do saber.

Pesquisa feita pelo Agnes Scott College (2010) revela que o primeiro PhD em Matemática concedido a uma mulher foi em 1886 pela Columbia University (NY). Durante os 14 anos que se seguiram a esse título apenas mais três foram conquistados (Cornell, Bryn e Yale). No entanto, houve um avanço significativo, quando de 1901 a 1930 esse número subiu para 23 em várias universidades americanas e canadenses, todas elas constantes do *ranking* das melhores já citado. É razoável supor que essas primeiras laureadas tiveram de romper barreiras inimagináveis para serem aceitas por seus pares e seria uma excelente pesquisa histórica levantar se conseguiram transformar seus títulos em carreiras de sucesso ou se perderam ao longo do tempo.

Ora, é nessa conjuntura de reconhecimento de discriminação, preconceitos, abusos institucionais, tetos de vidro ou de aço e políticas pouco claras ou tendenciosas que o Sr. Summers faz o seu discurso. Como cientistas saber que não se poderia atribuir à ausência ou à pequena participação de cientistas em determinadas áreas a uma suposta inaptidão feminina inata para ciências exatas, quando existem estruturas institucionais restritivas a esta participação, sem falar na falta de provas sobre tal inaptidão inata; afinal, não se pode esquecer que aptidão é algo passível de desenvolvimento e que as próprias universidades ensinam as ciências exatas pressupondo que os alunos e alunas são capazes de aprendê-las, portanto, não são inatas. Em suma, a redução ou eliminação de vieses é um procedimento padrão quando se fazem pesquisas sobre múltiplos fatores que influenciam em uma dada situação. Tratar um viés tão evidente como inexistente é muito mais que uma mera infelicidade ou impropriedade ou ato falho. Padrões institucionais determinam as escolhas individuais, que por sua vez se mantêm e reforçam ciclicamente esses padrões e fortalecem os grupos por eles beneficiados;

quem faz a lei, cria regra e desenha a estrutura, define também o que é desejável ou ideal para o modelo que cria e que se quer reproduzir.

No entanto, é forçoso assumir que a representatividade desproporcional de mulheres em Ciência e Tecnologia não é nova e que ela pode ser atribuída a causas complexas e multifacetadas, algumas delas fortemente ancoradas na história do próprio desenvolvimento das sociedades contemporâneas. Parece evidente que parte dos condicionantes no exercício profissional científico é comum a todas as outras profissões, quando exercidas pelas mulheres e diz respeito ao próprio lugar da mulher na História; lugar muitas vezes omisso, ignorado, negado, desqualificado, inferiorizado e distorcido.

Ao longo dos séculos critérios sexistas e racistas têm sido usados, com base em elementos morfológicos, fisiológicos e anatômicos, tais como forma do crânio, peso do cérebro, constituição do esqueleto, número de neurônios, hormônios e glândulas. Contudo, a constatação de diferenças particulares entre homens e mulheres não permite concluir que aquelas sejam determinantes para o conjunto do complexo comportamento, individual ou coletivo, no qual inúmeros fatores sociais e culturais se misturam. Em contrapartida, a Neurociência já resolveu a equação em que as inegáveis diferenças em vários aspectos corporais não influenciam a inteligência geral de cada sexo, sendo os dois declarados iguais. O que se percebe é que, mesmo quando as mulheres não são declaradas inferiores, mas "apenas" diferentes, é, todavia, a masculinidade que é a norma, em que o homem prescreve o lugar do outro e a relação entre os sexos. Às mulheres, a subjetividade, a intuição, a submissão e o devotamento; aos homens, a objetividade, a racionalidade, o espaço público, a força, a audácia, a arte de comandar. Enfim, todas as qualidades que lhes asseguram a dominação.

Mesmo hoje, quando é difícil se afirmar a tese da inferioridade, existe sempre o registro de "especificidades", ou seja, uma espécie particular; assim, quando mulheres dominam um dado campo além do que era "esperado", elas emergem como exceções, uma mulher genial que confirma a imbecilidade geral das demais. Diz-se na França que a emancipação feminina será adquirida apenas quando as mulheres medíocres tiverem o mesmo direito dos homens medíocres aos cargos (COLLIN, 1992a, 1992b). Parece ser sempre necessário explicitar que a diferença da mulher em comparação ao homem é na mesma proporção e natureza da diferença do homem em relação à mulher; ou seja, é uma diferença equidistante e equivalente.

Afirma-se que o saber científico não é sexual nem marcado pela sexualidade de seu sujeito, porém os avanços são sempre creditados à comunidade de homens, como pode ser verificado em inúmeros casos de colaboradoras que ficaram restritas ao seu papel de esposa, como o caso da Sra. Einstein (BALIBAR, 1992; RENN E SCHULMANN, 1992), que é emblemático e merece algumas palavras. Admitida, como aluna única, para realizar estudos em Física e Matemática, na Escola Politécnica Federal da Suíça, Mileva Maric conhece Einstein quando ele está no seu 2º ano, em 1897; desenvolvem amizade que progride para namoro e alguns anos depois se casam. Um conjunto de cartas escritas pelos dois, que cobre o período de 1897 a 1903, quando ainda eram namorados, aparece em 1992 e trazem dez cartas de Mileva e 44 de Einstein (RENN E SCHULMANN, 1992). Várias explicações para a desproporção entre o volume de um e outro são dadas, inclusive o fato de os historiadores não terem demonstrado maiores interesses naquilo que Mileva escrevia e não terem envidado maiores esforços para recuperar as missivas.

Ao longo da correspondência se percebe, além da obviedade das declarações amorosas, um intenso desejo de compartilhar temas, bibliografias, projetos, pesquisas etc. Em várias cartas de Einstein (números 7, 21, 23, 24, 25, 26, 28, 33, 35, 45, 51) o físico se refere ao "nosso trabalho", "nossas investigações", "nossos projetos", "a nossa pesquisa", "o nosso artigo" (como em outros momentos ele diz "meu" projeto, "minha" pesquisa etc., parece que o "nosso" não é apenas recurso de linguagem). Também credita a ela parte do seu entusiasmo pelos estudos e o quanto lhe é cara e estimulante a sua presença nas discussões que tem sobre as teorias, os autores, as fórmulas, o campo em geral. O casal viveu separado boa parte desse tempo, ele viajava muito para acompanhar a família. Ela, filha de um funcionário público judeu-húngaro, ficava na Suíça sozinha a maior parte do tempo, onde dava aulas para sustentar a casa dos dois e, algumas vezes, mandar dinheiro para ele. O casal não teve vida fácil, pois apesar de a família dele ter dinheiro, era intransigente quanto a um casamento com uma esposa judia e, como Einstein não conseguia emprego com facilidade como docente, ela viu-se obrigada a dar o primeiro filho deles para adoção por não conseguir criá-lo sozinha. O que se percebe ao longo das cartas é que existe um forte sentimento e muita afinidade intelectual entre eles, mas ela paga a maior parte da conta, vivendo escondida e rejeitada pela família dele, tendo gravidezes sozinha em terra estranha, trabalhando e estudando para se sustentar. Quando ele recebe o Nobel, em 1905, repassa a ela o dinheiro do prêmio, que ela usa para cuidar (sozinha) de outro filho que tem problemas mentais. Eles se divorciam em 1919 e ela nunca conseguiu desenvolver sua carreira acadêmica, apesar de tida como aluna brilhante, independente e mente madura. Não apenas esquecida por ele, ela foi esquecida também pelos historiadores da Ciência.

Durante séculos as mulheres foram excluídas do acesso à instrução primária ou superior, de acordo com a época. Esta exclusão produzia realmente a "inaptidão", afinal como saber e se distinguir em um saber quando não se dispõem dos meios para sua aprendizagem e exercício? Nos séculos mais recentes, as mulheres recebiam, quando muito e dependendo de sua classe social, um verniz de cultura para entreter convidados, conversar agradavelmente com seus maridos e legitimar o seu lugar social como esposa e mãe, quando não eram encaminhadas para a vida religiosa... As menos favorecidas, também ocupavam profissões tidas como "femininas", tais como costureiras, cabeleireiras, enfermeiras ou assistentes sociais. Durante muito tempo a educação feminina se fazia através de redes femininas, tais como os internatos e conventos, as escolas só para mulheres e preceptoras particulares, não permitindo o acesso a saberes e profissões considerados domínios masculinos. Freios implícitos e explícitos foram interiorizados pelas mulheres e educadoras, enraizados em um contexto social e cultural impregnado de ideias, costumes e imagens carregados de sexismos (COLLIN, 1992a, 199b; STEARNS, 2007; BEAUVOIR, 1967a, 1967b; BOURDIEU, 1998; PEIFFER, 1992; SCHIEBINGER, 2001; TABAK, 2002).

Além dos argumentos baseados na anatomia e fisiologia, as mulheres enfrentaram adversários poderosos: muitos filósofos e pensadores, o clero, a aristocracia, a medicina, as universidades, as associações e as academias científicas. Não apenas a instrução das mulheres era considerada como um atentado à natureza que punha em risco, visto que um perigo social, o desempenho de seu papel de mãe e esposa, mas era vista também como um atentado à estética, pois seria antinatural e deselegante a mulher sair de sua atmosfera perfumada e esquentar a sua cabecinha cacheada com coisas áridas e cinzentas. Ainda hoje perduram resquícios desse pensamento, traduzido na surpresa de não se encontrarem nas academias apenas "mulheres feias e mal-amadas", que devem renunciar à sua vida pessoal para realizar uma carreira bem-sucedida. Descobrir-se que louras e mulheres bonitas têm neurônios causa a mesma surpresa na face do homem que encontra com uma freira bonita e considera a sua escolha como "um desperdício".

Na Europa, o acesso à universidade foi primeiro permitido na Suíça, em 1860; na Inglaterra, em 1870 e na França em 1880. No entanto, as academias científicas, fundadas a partir do século XVII, eram fechadas às mulheres: nem a astrônoma Maria Winckelman, reconhecida por seus pares; nem a reconhecida matemática Sophie Germain (que precisou assumir identidade de homem para fazer seus estudos e publicar seus trabalhos) ou mesmo a física Marie Curie (detentora de dois prêmios Nobel, que para receber o primeiro foi necessário seu marido e parceiro de pesquisa recusar-se a receber o seu sem ela), foram admitidas. Isso só irá ocorrer em 1945, na Inglaterra, com Marjorie Stephenson e Katleen Lordsdale, e na França, com a admissão de Yvone Choquet-Bruhat, em 1966, mas algumas italianas tiveram melhor sorte sendo ainda reconhecidas no século anterior. Mesmo com o acesso progressivo das mulheres nas fileiras científicas e tecnológicas, não é comum elas serem chamadas para assumir um papel maior nas instituições que organizam, fomentam e definem as políticas de pesquisa, como na direção de laboratórios, comitês científicos e órgãos da pesquisa nacional.

Uma das raízes desse quadro vem do mundo familiar e escolar. Podemos dizer que, ainda no mundo de hoje, as meninas encontram nos brinquedos fortes mensagens subliminares para desestimulá-las a uma carreira em universos marcados pelos homens; elas são estimuladas a seguir os estereótipos e serem doces, coquetes, submissas e se ocupar das crianças, ao passo que os meninos são incentivados a serem agressivos, fortes, curiosos, perseverantes e atraídos pelos esportes, carros, técnicas, economia e política; as meninas recebem casinhas, panelinhas, roupinhas, maquiagem e bonecas; segundo Citeli (2000) quando foi lançada, em 1992, a primeira Barbie que "falava", ela dizia a frase *"matemática é difícil"* (*math class is tough*). Também os gibis, que são suportes privilegiados de modelos de identificação propostos socialmente para essa fase da vida, é infinitamente maior o número de heróis que de heroínas. Elas aparecem como nos contos de fadas, à espera do guerreiro valente ou do príncipe que vem libertá-las ou despertar para a doce vida feliz de casal. Em geral, como apêndice do homem ou vítima a ser salva.

Os manuais escolares e paraescolares reforçam os estereótipos com narradores masculinos em sua maioria, com o espaço exterior valorizado destinado aos homens e o espaço interior, da casa, como destino das mulheres (COLLECTIF, 2007). O mesmo vale ainda para a maioria dos desenhos animados, filmes infantis e adolescentes e séries de TV, porém nota-se que eles começam a se utilizar de grupos de meninos e meninas para resolver problemas de matemática, física, computação, engenharia aeroespacial etc., indicando felizmente uma tendência de mudança de seu conteúdo e público-alvo. Ora, se desde cedo as crianças são ensinadas a viver a desigualdade e se a educação que lhes é dispensada participa da construção de seu devir, como se poderia reverter um quadro em que essa desigualdade é claramente propagada como natural?

O que os autores citados anteriormente, anônimos que assinam como coletivo, fizeram com os brinquedos, a pesquisadora brasileira Silva (2007) fez com os livros didáticos de História, considerando que estes trazem um sistema de valores, determinadas ideias de uma cultura e que se constitui em importante instrumento na formação da consciência histórica de crianças e adolescentes; eles inscrevem padrões normativos e hegemônicos sobre os sujeitos, suas relações, comportamentos. O que foi verificado na sua pesquisa é que os livros didáticos estão impregnados de sexismos, de justificativas misóginas de desigualdades entre homens e mulheres, que as mulheres aparecem basicamente como mães, filhas ou esposas de alguém importante, que as relações de gênero não são discutidas e nem pontuadas; ademais, a grande maioria dos autores é de homens e contam a história dos homens (diz-se que as mulheres podem *"até"* votar!). As meninas não encontram nenhum modelo de identificação na História, pois as mulheres são invisíveis, não existem ou são simplesmente apresentadas de forma estereotipada. Junte-se a isso o fato de professores e professoras serem reprodutores de mensagens que sustentam essas desigualdades e vieses, bem como desestimulam a curiosidade de meninas por coisas do universo dos meninos e vice-versa. No mundo da casa os meninos são mais duramente reprimidos por se interessar por "coisas de menina", denunciando o pavor que muitos pais têm só de pensar na possibilidade de que este interesse signifique que o filho tem tendências homossexuais.

Falando sobre a invisibilidade da mulher na Pré-História, Adovasio et al. (2009) contestam uma série de achados da Arqueologia, métodos usados e interpretações feitas. Segundo os autores, devido às características da própria área, os métodos de investigação usados e a escolha que foi feita dos objetos de estudo, as mulheres foram retiradas da história da humanidade, não aparecendo nesses relatos e tendo a sua contribuição totalmente ignorada; tais relatos de tão repetidos, ilustrados e tomados como verdade, se prestaram ao culto do masculino no campo e lhe reforçaram. Ainda hoje, com novas técnicas e tecnologias que permitem o exame mais preciso de artefatos (carbono radiativo, microssedimentação forense e termoluminescência, usados para datação de objetos queimados), não foi resgatado o papel das mulheres na história humana, essencial na criação de artefatos com materiais mais perecíveis, como cordas, barro, madeira, tecido, fibras vegetais, sementes etc. Apesar de 51% dos estudantes universitários americanos formados nessa disciplina ser mulher, ela desenvolve carreira em segmentos menos prestigiados como museus, funcionalismo público ou trabalho arqueológico privado. A aristocracia da área consiste na coordenação de equipes multidisciplinares que realizam operações complexas em expedições, com alto orçamento, prestígio e visibilidade. A Sociedade Americana de Arqueologia teve entre seus 61 presidentes apenas cinco mulheres. Registramos que os autores assumem que atualmente uma grande maioria dos arqueólogos concorda que a imagem das mulheres no passado foi distorcida ou ignorada e que não poderia ter sobrevivido nenhuma civilização sem que as mulheres tivessem realizado parte do trabalho social, além de cumprir suas funções biológicas de reprodução e cuidado com a prole.

Peiffer (1992) se interroga se seria outra a ótica das mulheres, caso assumissem posições para desenho das políticas científicas. Ela avalia que os problemas mais urgentes da humanidade, tais como superpopulação, subdesenvolvimento, fome, saúde e educação, são primos pobres da pesquisa, pois as questões tecnológicas têm a prioridade sobre as necessidades humanas; o progresso humano tem sido apenas um efeito colateral das necessidades econômicas ou tecnológicas. Em sua opinião, a sociedade dominante masculina é estruturada em função da produção econômica e a produção do saber reproduz essa prioridade. Nesse sentido, ela crê que as mulheres poderiam trazer uma nova perspectiva para o entendimento e decisões sobre essas questões, mas não valida a possibilidade de uma ciência feminista, apenas democrática e aberta a investigar outros campos e suas relações, bem como fomentar novas formas de se fazer Ciência. Essa opinião é partilhada por várias outras cientistas, entre as quais Tabak (2002), Schiebinger (2001) e Collin (1992).

Encontramos na atualidade a mulher participando de todas as frentes do trabalho intelectual e científico. Estão em todas as Ciências Exatas, nas Ciências Sociais, nas Ciências Aplicadas, na Filosofia, na Teologia, nas Artes e nas Letras. Em cada um desses campos ela tem realizado avanços extraordinários, em um espaço temporal reduzido, apesar das dificuldades. Estão contribuindo para construção no espaço e na Antártica (FREITAS, 2010), alguns dos redutos mais fortemente associados à presença desbravadora masculina. A consciência do passado pode nos ajudar a construir um futuro melhor para todos, nem só para homens nem só para mulheres, mas para os dois, em pé de igualdade, tal qual a Natureza os dispôs. Então, é preciso reconhecer que muito ainda precisa ser feito.

O EXERCÍCIO DA CARREIRA CIENTÍFICA NO BRASIL

É sem surpresa, porém não sem dor, que se verifica no *ranking* das 200 melhores universidades do mundo a ausência não apenas do Brasil, mas de toda a América Latina. Pode-se atribuir esse resultado ao fato de que é necessário tempo para se construírem boas instituições e consolidar o seu desempenho. Isso é verdadeiro, como também é verdadeiro o enorme peso exercido tanto pelo volume de investimentos que é feito nas universidades, bem como a adoção de um competente modelo de gestão.

É inegável que as universidades brasileiras são jovens, com menos de 100 anos, que ainda nem debutaram no mundo, em comparação com as veteranas europeias abertas nos séculos XII e XIII. Mas, os Estados Unidos são apenas oito anos mais "velhos" que o Brasil, suas primeiras universidades datam do século XVII e eles são representados por 72 universidades nesse *ranking*, inclusive 15 entre as 20 melhores colocadas. É evidente que a maneira como ambos os países foram colonizados implicaram em diferentes prioridades nos seus projetos de desenvolvimento e visão de futuro.

Apesar de o Brasil ter sido uma colônia, que foi também capital da coroa portuguesa, não houve maiores interesses no desenvolvimento intelectual dos brasileiros muito além da Escola de Belas Artes e escolas para alguns ofícios necessários à manutenção da aristocracia da época. Não se pode esquecer, também, que enquanto a Inglaterra era um império militar e econômico, Portugal era apenas um império comercial, com sua visão basicamente extrativista, mesmo quando o trono esteve assentado em terras *brasilis*. A estratégia da Espanha para o lado de cá do Atlântico parece que também não resultou em melhores feitos nesse setor. Talvez não seja de todo irrelevante para a análise dessa questão se considerar o fator religioso e a forma de ocupação dos territórios, porém esse caminho foge aos objetivos deste estudo.

Raízes históricas à parte, verifica-se que temos caminhado muito nas últimas décadas, apesar de ainda se encontrarem com frequência laboratórios e centros de pesquisa em estado de total indigência, mesmo em um cenário que sinaliza uma tendência de elevação dos recursos aplicados na educação superior. Também é louvável o esforço que vem sendo feito em relação à implantação de processos de avaliação de cursos, programas e docentes, ainda que com vários equívocos e distorções que merecem ser corrigidos.

Quanto à participação das mulheres na Ciência brasileira, esse é um tema pouco estudado, resumindo-se a algumas iniciativas recentes e isoladas. Um trabalho que merece registro é o realizado pela física Ligia M. C. S. Rodrigues e a economista Hildete P. de Melo (2006), em um opúsculo intitulado *Pioneiras da ciência no Brasil*, no qual as autoras trazem a "*HERstory*" de 19 cientistas, que romperam com todos os desafios de sua época e que se distinguiram em seus campos. Das escolhidas, seis não são nascidas no Brasil, mas aqui se desenvolveram; cinco tem pelo menos um dos pais estrangeiro ou casaram-se com cientistas, explicitando a importância do meio familiar em suas formações. Todas as cientistas tinham, na época da pesquisa, mais de 75 anos, algumas já haviam falecido. As autoras encontraram três diferentes situações das pesquisadas em relação ao estado civil: sete haviam se casado com colegas cientistas, seis nunca se casaram e seis casaram com profissionais de outras profissões. Convém não esquecer que essas mulheres começaram a exercer suas profissões na primeira metade do século XX, quando os modelos de autoridade parental eram ainda muito fortes e a condução da vida doméstica era totalmente a cargo da mulher. Obviamente muitas delas se cercaram de empregadas domésticas para aliviar parte desse encargo; também merece registro o fato de muitas delas terem recebido apoio de sua família (geralmente o pai, como em muitos outros casos na história internacional de mulheres na Ciência) e maridos para seguir esse caminho. Há casos em que a família foi contra, mas o incentivo veio de professores. O trabalho de Melo e Rodrigues é singelo e bem feito, prestando um justo tributo às pioneiras da Ciência brasileira, também esquecidas nos nossos anais científicos.

Rosenberg e Andrade (2008) analisam um levantamento sobre o perfil de estudantes candidatos(as) ao Programa Internacional de Bolsas de Pós-Graduação da Fundação Ford no Brasil, discutindo também as desigualdades de gênero e etnia. Os dados retirados das PNADs, de 2002 a 2005, mostram que em média 50% do total de matriculados nos cursos de pós-graduação é composto por mulheres e que estas concluem os cursos mais do que os homens; esses dados confirmam um tendência já apontada no censo de 2000, quando analisada a população com nível superior, consideradas as raças/etnias branca, preta, amarela, parda e indígena, cujos resultados das mulheres é superior aos dos homens em todos os itens. O mesmo vale para as matrículas no ensino superior por sexo e região durante o período de 1996 a 2003, sendo todos os porcentuais do sexo feminino em todas as regiões superiores aos dos homens e variando no intervalo de 55,4% a 60,6% do total para o ano de 2003, sendo o total de concludentes em torno de 63%, segundo o Inep.

Isso nos coloca frente a três grandes realidades: maior presença feminina que masculina no ensino superior; igual ou maior presença das mulheres na pós-graduação; e, melhor aproveitamento/conclusão das mulheres em todos os quesitos da comparação. Dificilmente se poderia atribuir à sorte esses resultados, da mesma forma que não se poderia dizer que até hoje no Brasil tenha sido desenvolvida alguma política de ação afirmativa nesse sentido, parecendo mesmo que aqui ela não é necessária em virtude de um quadro que vem se consolidando em favor das mulheres na condição de alunas. O mesmo não se pode dizer quando se trata de analisar a composição do corpo docente e parece configurar um problema mundial: no Reino Unido apenas de 3% a 4% do corpo docente em qualquer área da Ciência é composto por mulheres, na Alemanha esse porcentual é em torno de 6,8% e em Portugal, Espanha e Itália ele é um pouco melhor, porém ainda menor de 10% (SOARES, 2001).

Um dos estudos mais profundos, detalhados e consistentes sobre essa temática no Brasil foi desenvolvido por Fanny Tabak (2002), apropriadamente intitulado *O laboratório de Pandora*. Resultado de uma pesquisa feita por ela sobre a trajetória acadêmica em duas grandes universidades cariocas (UFRJ e PUC-RJ), a autora mergulha na realidade brasileira e traz um quadro crítico da participação da mulher no corpo docente mesmo quando o número de alunas em todos os cursos e níveis tem se elevado; nas posições diretivas, mais que crítico, esse cenário é triste. Segundo ela não se percebe nenhum esforço intencional e sistemático para ampliar a presença feminina na massa crítica de pesquisadores que atuam em áreas decisivas para o avanço científico e tecnológico. A autora faz parte de diversos grupos internacionais, inclusive os criados pela Unesco, que visam contribuir para transformar essa realidade, que não é privilégio brasileiro, como mencionado anteriormente, caso o país queira superar mais rapidamente o seu atraso e a sua defasagem em um cenário que cada vez mais demanda *expertise* em C&T. A pesquisadora traz dados desagregados por cursos (engenharia, medicina, matemática, química, física, bioquímica), com problemas específicos e encontra evidências sobre um ambiente de trabalho nem sempre saudável, inclusive com ausências de condições de infraestrutura básica como banheiros e vestiários para mulheres. Apesar dos avanços incontestáveis, são grandes os desafios que o Brasil terá que enfrentar no novo milênio, caso queira explorar todo o potencial de que dispõe para fazer face aos países desenvolvidos.

Soares (2000) alerta que – dada a falta de estudos – é difícil aferir a participação das mulheres em Ciência e Tecnologia antes dos anos 1990, concluindo que o Brasil não é uma exceção em relação aos resultados de pesquisas em outros países, nas quais é flagrante o fato de que, apesar da significativa presença nos cursos de graduação e pós-graduação, as mulheres dificilmente chegam às posições acadêmicas mais elevadas ou de maior prestígio na carreira. De novo, a escolha de mecanismos e padrões institucionais regula os freios para nomeação e acesso aos comitês científicos e gestão de órgãos de fomento e definição de pesquisa. Uma questão simples: quantas mulheres assumiram a posição mais elevada na Capes e no CNPq desde que esses órgãos foram criados? Quantas mulheres assumiram a presidência da Academia Brasileira de Ciências? E da Academia Brasileira de Letras? Qual a chance de elas virem a assumir esses cargos em curto e médio prazos? E quanto à constituição de todos os comitês científicos, qual é a participação das cientistas neles?

Em boa medida as justificativas para essa situação encontram o mesmo caminho de sempre: a) cabe à mulher a responsabilidade pela família, portanto, existe um acúmulo das funções acadêmicas e do lar; b) relógio biológico da maternidade ou o determinismo biológico para reprodução é sincronizado com o relógio do investimento na carreira, ocasionando a opção por uma carreira parcial em virtude da condição de gestora do lar; c) a mulher deve se acomodar às demandas da profissão de seu parceiro, não raro considerada prioritária; d) algumas carreiras e projetos exigem viagens constantes e as possíveis interessadas nem sempre são consultadas sobre o seu interesse e disponibilidade – é assumido que elas não poderiam se ocupar desses projetos; e) reduzido número de mulheres em cargos de decisão, o que dificulta a implantação de políticas de estímulo às mulheres envolvidas em C&T; f) escasso reconhecimento e interesse pela questão por parte da própria comunidade científica que ocupa cargos dirigentes e não toma conhecimento do quadro existente. Não é, pois, de surpreender que as mulheres cientistas sintam-se marginalizadas e excluídas em relação aos cargos à medida que a sua carreira tende ao ápice, configurando um problema mundial. Vale ressaltar que a grande maioria das cientistas que chegam à posição de titular não abrem mão de sua família para exercer a sua profissão, tratamento que jamais seria pensável de se exigir de um colega homem ou mesmo necessário ser mencionado.

O jornal *Folha de S.Paulo* publicou, em 8 de novembro de 2009 (caderno B7), um *ranking* mundial sobre igualdade, no qual é classificado o desempenho de vários países em relação à oportunidades e ao tratamento social para homens e mulheres. Na ordem dos dez melhores colocados, alguns países são surpreendentes, outros são esperados: Islândia, Finlândia, Noruega, Suécia, Nova Zelândia, África do Sul, Dinamarca, Irlanda, Filipinas e Lesoto. O Brasil figura em 82ª posição (em 134 países). Esses dados tiveram como fonte o Relatório de Índices de Desigualdade entre Gêneros, do Fórum Econômico Mundial. Convém lembrar que "promover a igualdade entre os sexos e a autonomia das mulheres" é a terceira das oito metas do milênio defendidas pela ONU. Não nos parece uma preocupação à toa!

A boa notícia é que, mesmo neste cenário geral bastante desfavorável, as mulheres veem apresentando trajetórias extraordinárias e revertendo situações totalmente contrárias, apresentando desempenhos superiores em várias áreas do conhecimento científico. Resta para a imaginação a resposta sobre qual seria o quadro, caso essas profissionais não tivessem que despender tanta energia para superar dificuldades oriundas de preconceitos, sexismos e assédios, bem como para driblar mecanismos que criam, reforçam e legitimam tetos construídos não apenas com vidros, mas com todos os novos materiais.

PREPARANDO O FUTURO DA CIÊNCIA EM UMA SOCIEDADE DE CIDADÃOS E CIDADÃS

Voltamos a lembrar que as capacidades só se manifestam como evidências quando são realizadas, ou seja, é necessário demonstrar ou realizar o potencial. O presente envolve o passado e todo o passado foi a história feita e escrita pelos homens, mas isso não significa que não seja possível se modificar este quadro. Muito não será mais possível corrigir e fica como parte do passado, mas muito do passado pode ser alterado no presente para construir um futuro diferente e melhor para todos.

Já vimos que a situação brasileira em relação à sua posição no desenvolvimento técnico-científico não é invejável, mas vem apresentando melhoras significativas nos últimos anos. No entanto, é necessário imprimir um ritmo mais veloz às mudanças sob risco de em breve termos que nos defrontar com um "apagão" principalmente nas escolas de segundo grau, que hoje já apresentam um quadro deficitário em relação às suas necessidades de professores dos vários ramos da Ciência. Além desse possível "apagão", outros podem ocorrer em um cenário de crescente demanda por Ciência Aplicada para sustentar o crescimento econômico cada vez mais essencial nas sociedades contemporâneas. Muitas destas terão de importar, em um futuro próximo, cientistas e pessoal altamente qualificado para suprir suas necessidades, pois não apenas é demorado o processo de formação de cientistas, mas também em algumas sociedades não existe população suficiente para alimentar esse processo. Adicionalmente, cada vez é mais evidente que a lei dos grandes números, representada pelas populações da China e Índia, age como cenoura eletrônica para as economias já desenvolvidas e as que pleiteiam esse estatuto. Somente por essa razão, totalmente pragmática, já não se justifica mais excluir o potencial de metade da população de um país, em nome de velhos ranços patriarcais e machistas.

Ora, as crianças de hoje serão os cientistas e as cientistas de amanhã e o trabalho educativo e de estímulo à curiosidade e ao interesse por temas científicos deve começar bem cedo, possivelmente já nas primeiras escolas. É certo que uma mudança de tal envergadura exigirá pessoal preparado não apenas para aulas no ensino médio, mas também no ensino fundamental. Uma mudança de mentalidade será exigida não apenas dos professores e profissionais da educação, mas também dos próprios pais, que viveram uma mitificação e uma ignorância do que é Ciência, do que é uma carreira nas Ciências, das exigências e possibilidades que a vida como cientista acarreta. Muitos pais ainda sonham com o conto de Cinderela para suas filhas, mas muitas filhas já não querem mais desempenhar esse papel e sonham com uma vida mais autônoma, mais independente e com maiores possibilidades de crescimento tanto pessoal quanto profissional.

No mundo das escolas é possível se melhorar a divulgação da Ciência, desmistificando-a, e construir um caminho que eleve e diversifique os modelos identificatórios para meninos e meninas, que trabalharão juntos e que poderão aprender a se respeitar como iguais desde cedo. Entre as muitas possibilidades para incrementar esse incentivo às gerações futuras, podem-se adotar algumas medidas razoavelmente fáceis de serem implantadas, tais como palestras nas escolas de cientistas de diferentes áreas e de ambos os sexos; dar destaque a trajetórias de sucesso de mulheres na Ciência mundial e nacional;

cobrar dos professores o cuidado de não reproduzir estereótipos desqualificadores e não dispensar tratamento diferenciado aos alunos de ambos os sexos quando tratam de temas científicos, pressupondo que as meninas não têm competência ou interesse nessas questões; dar atenção às questões postas pelos alunos, sejam meninos ou meninas; alternar professores e professoras de disciplinas científicas; buscar indicar livros didáticos que não omitam personagens femininos e suas influências, cobrar das editoras tais conteúdos; incentivar as meninas à participação de desafios em maratonas, campeonatos e olimpíadas de Ciências; disponibilizar estágios e monitorias em Ciências durante o segundo grau. A grande maioria dessas atividades não solicita maiores investimentos financeiros, mas exige sim o compromisso e uma boa dose de energia para envolver todos os alunos sem distinção. Podemos ter um outro tipo de escola.

Se as mulheres conseguiram, mesmo com todos os obstáculos seculares, galgar determinados degraus, o que elas não poderão conquistar com um ambiente mais favorável e mesmo com incentivos? Séries de TV como *Numbers*, *CSI*, *Raising the Bar* e *Law & Order*, que colocam mulheres e homens altamente qualificados trabalhando juntos, fazem o bom trabalho subliminar de tornar a presença da mulher normal, comum, natural em um ambiente profissional que deve expressar a diversidade da própria sociedade ocupando todos os cargos. Se isso apenas foi possível por meio de ações afirmativas, o resultado só demonstra que no passado recente essas medidas foram necessárias.

Não é sem importância lembrar que a palavra "inclusão" só faz sentido porque houve antes a ocorrência de "exclusão", portanto, não se trata de favores e nem complacência, mas de aplicar à outra metade da sociedade aquilo que é dela por direito. Viveremos um mundo mais justo no dia em que não precisarmos usar políticas públicas e nem fazer leis para "incluir", pois homens e mulheres têm direito a uma vida pessoal e profissional plena, da mesma forma que a palavra "minoria" deveria ser banida, pois ela deixa subentendida que se um cidadão é parte da maioria ele é mais cidadão que o outro que tem características diferentes. Que a lei, as políticas públicas, os códigos de ética das empresas e organizações em geral tratem cidadãos e cidadãs de forma democrática e garantam-lhes igual oportunidade em todos os campos em que tiverem competência para assumir os postos disponíveis; que no mundo da Ciência sejam incentivadas as crianças e os jovens a descobrir o prazer do Saber e que na academia as mulheres não tenham mais que ouvir que elas são menores, menos competentes e menos sábias que os seus pares masculinos.

Certamente continuarão a existir muitas tensões a serem superadas ou a serem abrandadas, em virtude de seu caráter geral presente na própria sociedade. O trabalho doméstico ainda vai continuar a ser encargo maior das mulheres até o dia em que os homens perceberem que a casa e os filhos também são deles, que os velhos pais também são deles e que a vida profissional dos dois é importante não apenas para o equilíbrio financeiro, mas equilíbrio geral como casal. Continuarão a ocorrer tensões entre as ciências consideradas do alto clero (exatas) e as do baixo clero (sociais e humanas), sendo as primeiras mais prestigiadas; ainda, existirão tensões em relação aos métodos quantitativos e qualitativos, que não implicam em nenhuma hierarquia inerente a eles mesmos, mas apenas uma necessidade oriunda da própria verdade do objeto a ser investigado; continuarão as tensões entre os diferentes tipos de inteligência que como humanos somos dotados, mas o seu reconhecimento já é um avanço. Por fim, continuarão a se criticar a objetividade e a subjetividade de todo e qualquer pesquisador, dependendo da perspectiva de quem está olhando e para melhor se vê, só é preciso tirar os olhos do umbigo. Mas, às vezes, esse movimento pode demorar um século...

REFERÊNCIAS BIBLIOGRÁFICAS

ADOVASIO, J. M.; SOFFER, O.; PAGE, J. *Sexo invisível*: o verdadeiro papel da mulher na pré-história. Rio de Janeiro: Record, 2009.

AGNES SCOTT COLLEGE. Biographies of women mathematicians. 2th jul. 2010. Disponível em: http://www.agnesscott.edu/Lriddle/WOMEN/firstPhDs.htm

ARAÚJO, C.; SCALON, C. (Orgs.). *Gênero, família e trabalho no Brasil*. Rio de Janeiro: FGV, FAPERJ, 2005.

BALIBAR, F. *La femme d'Einstein*. In: COLLIN (Dir.). *Le sexe des sciences*. Paris: Autrement, 1992. v. 6, p. 42-47.

BEAUVOIR, S. *O segundo sexo:* fatos e mitos. São Paulo: DIEL, 1967a. 3. ed. v. 1.

_____. *O segundo sexo*: a experiência vivida. São Paulo, Ed.DIEL, 2. ed. v. 2.

BRACONNIER, A. *Le sexe des émotions*. Paris, Ed.Odile Jacob, 1996.

BOURDIEU, P. *Le sens pratique*. Paris: Minuit, 1980.

_____. *La domination masculine,* Paris: Seuil, 1998.

CITELI, M. T. Mulheres nas ciências: mapeando campos de estudo. *Cadernos Pagu*, n. 15, p. 39-75, 2000.

COLLECTIF. *Contre les jouets sexistes*. Paris: L'échappée, 2007. (Collection pour en finir avec).

COLLIN, F. (Dir.). *Le sexe des sciences*. Revue Autrement, Paris, n. 6, 1992a.

_____. Parmis les femmes et les sciences. In: COLLIN (Dir.). *Le sexe des sciences*. Paris: Autrement, 1992b, v. 6, p. 10-28.

DHAVERNAS, M.-J. Je ne suis pas celle que vous pensez... In: COLLIN, F. (Dir.). *Le sexe des sciences*. Paris: Autrement, 1992, p. 129-142.

ESTÉBANEZ, M. E. As mulheres na ciência regional: diagnóstico e estratégias para a igualdade. *Com Ciência*, 2003. Disponível em: http://www.comciencia.br/reportagens/mulheres/10.shtml. Acesso em: 15 jul. 2010.

FREITAS, M. E. *O século das mulheres*. São Paulo: EAESP/FGV, GV-Executivo, 2006. v. 5, n. 2, p. 53-57.

FOLHA DE S.PAULO. Ranking das universidades. *Folha.com*, 16 set. 2010. Disponível em: http://www1.folha.uol.com.br/especial/2010/rankingdasuniversidades/.

FOLHA DE S.PAULO. Executivas tentam equilibrar família e trabalho. *Follha de S. Paulo*, caderno B7, 8 nov. 2009.

FREITAS, M. E *Antártica*: uma utopia organizacional intercultural – o caso dos pesquisadores brasileiros. São Paulo: FGV/EAESP-GV Pesquisa, Relatório de Pesquisa, 2010.

GIKOVATE. F. *Ensaios sobre o amor e a solidão*. 5. ed. São Paulo: MG Editores, 1998.

HOBSBAWN, E. *A era dos extremos*: o breve século XX. 2. ed. São Paulo: Companhia das Letras, 1996.

LÖWY, I. *L'emprise du genre*: *masculinité, féminité, inégalité*. Paris: La Dispute, 2006.

LUBART, T. *Psicologia da criatividade*. Porto Alegre: Artmed, 2007.

KARTCHEVSKY-BULPORT, A. (et al.). 1987). *O sexo do trabalho*. Rio de Janeiro: Paz e Terra, 2007.

KRAUS, C. et al. Nouvelles questions feministes: á qui appartiennent nos corps? Féminisme et luttes intersexes. *Antipodes, Revue Internationale Francophone*, Paris, v. 27, n. 1, 2008.

MACIEL, B. *Mulheres Cientistas: Afirmação da diferença?* In: JORNADA DE FILOSOFIA, VIII. Congresso Internacional sobre Ciencia y Sociedad, I, nov. 1999, Alladolid. p.1-7. Disponível em: http://www.betaniamaciel.com/textos/valladolid99_p.htm. Acesso em: 15 jul. 2010.

MELO, H. P.; RODRIGUES, L. M. C. S. *Pioneiras da Ciência no Brasil*. Rio de Janeiro: SBPC, 2006.

PEIFFER, J. Femmes savantes, femmes de sciences. In: COLLIN F. (Dir.). *Le sexe des sciences*. Paris: Autrement, 1992. n. 6, p. 32-41.

REN, J.; SCHULMANN, R. (Orgs.). *Cartas de amor*: Albert Einstein e Mileva Maric. Campinas, São Paulo: Papirus, 1992.

RODRÍGUEZ, C. *O nascimento da inteligência*. Porto Alegre: Artmed, 2009.

ROSENBERG, F.; ANDRADE, L. F. Ação afirmativa no ensino superior brasileiro; a tensão entre raça/etnia e gênero. *Cadernos Pagu*, n. 31, jul.-dez., p. 419-437, 2008.

SCHIEBINGER, L. *O feminismo mudou a ciência?* Bauru, São Paulo: EDUSC, 2001.

SILVA, C. B. O saber histórico escolar sobre mulheres e relações de gênero nos livros didáticos de história. *Caderno Espaço Feminino*, Uberlandia, v. 17, n. 1, p. 219-246, 2007.

SOARES, T.A. Mulheres em ciência e tecnologia: ascenção limitada. *Revista Química Nova*, v. 24, n. 2, p. 281-285, 2001.

STEARNS, P. N. *História das relações de gênero*. São Paulo: Contexto, 2007.

STEWART. *Capital intelectual*. Rio de Janeiro: Campus, 1998.

TABAK, F. *O laboratório de Pandora*: estudos sobre a ciência no feminino. Rio de Janeiro: Garamond, 2002.

THE MIT Faculty Newsletter. A study on the status of women faculty in science at MIT. sp. ed., v. XI, n. 4, 1999. Disponível em: htpp://web.mit.edu/fnl/women/women.html . Acesso em: 3 aug. 2010.

THÉRY, I.; BONNEMÉRE, P. *Ce que le genre fait aux personnes*. Paris: Ed. de L'HESS, 2008.

VIAUD, G. *L'intelligence*. 14. ed. Paris: PUF, 1971.

TIN, L.-G. *L'invention de la culture hétérosexuelle*. Paris: Autrement, 2008. (Col. Mutations/Sexe et tous genres).

BIBLIOGRAFIA

ASSIS, G. O.; SIQUEIRA, S. O Brasil e os Estados Unidos: gênero, etnicidade e preconceito na novela "América". *Caderno Espaço Feminino*, Uberlandia, v. 17, n. 1, p. 247-268, 2007.

CLASTRES, P. *A sociedade contra o Estado*. São Paulo: Cosac Naify, 2003.

DEL PRIORE, M. (Org.). *História das mulheres no Brasil*. 9. ed. São Paulo: Contexto, 2009.

DIAS, J. M. S. (Coord.). *Mulher e a justiça*. São Paulo: IASP, Lex Ed, 2009.

ESSAS MULHERES, OUTRAS MULHERES – *Especial Cientistas* http://www.sanatoriodaimprensa.com.br/essasmulheres/medicas.htm. Acesso em: 15 jul. 2010).

FLORES-MENDONZA, C. Diferenças intelectuais entre homens e mulheres: uma breve revisão da literatura. *Revista Psicólogo inFormação*, v. 4, n. 4, p. 25-34, 2000.

FREUD, S. *La vie sexuelle*. 10. ed. Paris: PUF, 1995.

GOFFMAN, E. *L'arrangement des sexes*. Paris: La Dispute, 1997.

GROULT, B. *Le féminisme au masculin*, Paris, Grasset, 1997.

HIRATA, H.; LOMBARDI, M. R.; MARUANI, M. *Travail et genre*: regards croisés France, Europe, Amérique Latine. Paris: La Découverte, 2008 (Col. Recherches).

IRIGARAY, H.A.R (2008). *A Diversidade nas Organizações Brasileiras – Estudo sobre orientação sexual e ambiente de trabalho*. São Paulo, EAESP, FGV, Tese de Doutorado.

MARQUES, F. e BUENO, D. A ciência compreendida. Revista Ciência e Tecnologia no Brasil – PESQUISA, FAPESP, São Paulo, n. 174, p. 19-23, 2010.

MICHAELS, W. B. *La diversité contre l´égalité*. Paris: Raison d´Agir, 2009.

MOTTA, F. C. P. *Masculino e feminino nas organizações*. São Paulo: EAESP/FGV, 2000. Relatório NPP, n. 2.

OLIVEIRA, N. A. S. Imagens de beleza... questões de gênero. *Caderno Espaço Feminino*, Uberlândia, v. 17, n. 1, p. 293-316, 2007.

OLLIVIER, B. (Coord.). *Les Identités collectives*: á l´heure de la mondialisation. Paris: Les Essentiels d´Hermés, CNRS Ed, 2009.

ROULLEAU-BERGER, L.(2010) *Migrer au Fémin.*, Paris, Ed.PUF. Col. la Nature Humaine.

VEIGA, A. M. Mulheres e ciência: uma história necessária. *Revista Estudos Femininos*, Florianópolis, v. 14, n. 3, p. 1-3, 2006.

VERGARA, S.C. *Métodos de pesquisa em administração*. São Paulo: Atlas, 2008.

ZELDIN, T. *Uma história íntima da humanidade*. Rio de Janeiro: Bestbolso, 2008.

9

GÊNERO E O TRABALHO COM A MORTE VIOLENTA

Neusa Rolita Cavedon

INTRODUÇÃO

Mundo fluído, velocidade, identidades fragmentadas, competição, medos, enfim, época de incertezas. Esse é o quadro que os teóricos contemporâneos – dentre eles Bauman (2008; 2009) – costumam traçar sobre a atual realidade humana. O espaço laboral mostra-se como um espelho onde essas características se refletem. A competição no mundo do trabalho ganha matizes e proporções variadas, sendo a dualidade de gênero uma das possibilidades de enfrentamento e/ou cooperação. Contradições, complementaridades, conflitos tornam visíveis a areia movediça em que se assenta o palco organizacional.

Todavia, em meio a essa instabilidade, uma única certeza parece permanecer, seja no âmbito social ou organizacional: a consciência do ser humano sobre a sua finitude. Embora ciente dessa inexorabilidade, a morte precisa ser banida dos pensamentos para que as pessoas possam trabalhar, estudar e se divertir. Ocorre que nem sempre esse distanciamento da morte é passível de ser obtido. Determinadas profissões têm em sua rotina o convívio com a finitude humana, é o caso dos agentes funerários, dos profissionais da área da saúde, dos funcionários de cemitérios e daqueles que atuam na área da segurança pública. Estes últimos defrontam-se com uma morte que possui adjetivação, trata-se da morte violenta.

Assim, torna-se instigante compreender como as questões de gênero se apresentam no contexto do trabalho com a morte violenta. Partindo-se das concepções de senso comum de que mulheres são mais sensíveis e costumam externar suas emoções com mais facilidade, em especial, através do choro, e de que homens denotam maior virilidade, mantendo-se frios e distantes, será que esses estereótipos vão se confirmar no dia a dia laboral de homens e mulheres, servidores do Departamento de Criminalística do Instituto-Geral de Perícias do Rio Grande do Sul?[1]

O campo objeto de investigação foi descortinado mediante estudo de cunho etnográfico levado a efeito desde junho de 2007 até julho de 2010, tendo por técnicas de pesquisa, a observação direta e participante e a realização de 25 entrevistas semiestruturadas e uma história de vida profissional.

O leitor deve estar se perguntando sobre as noções de gênero e morte que deram sustentação às análises, e é sobre tais teorizações que as próximas páginas vão versar. Além disso, esclarecimentos sobre a abordagem metodológica também serão tecidos. Há que se iniciar pelas pesquisas de gênero no âmbito da Segurança Pública.

GÊNERO E O "FAZER POLICIAL": A ATUAÇÃO DE HOMENS E MULHERES

Ao falar em gênero cumpre destacar que essa categoria conceitual não pode ser confundida com a noção de sexo, posto que este último

---

1. Agradeço ao CNPq pela Bolsa Produtividade em Pesquisa, à Direção-Geral do Instituto-Geral de Perícias e a todos os servidores do Departamento de Criminalística, do Rio Grande do Sul, que colaboraram para a realização deste trabalho.

encontra-se alicerçado no biológico, ao contrário do gênero que é uma construção social. De acordo com Louro (1999), para que se possa falar de gênero há que se proceder às análises de modo relacional e plural, uma vez que as noções de gênero não se diversificam apenas nos diferentes contextos sociais ou tempos históricos, mas se distinguem dentro de uma mesma sociedade em função dos inúmeros grupos que a formam. A referida autora chama a atenção para o fato de que o conceito de gênero não deve ser pensado sob a ótica reducionista de papéis ditos como femininos e masculinos definidores dos comportamentos, das roupas, dos modos de relacionamento impostos a homens e a mulheres pela sociedade da qual fazem parte. A noção propugnada por Louro (1999, p. 24) seria a de "entender o gênero como constituinte da *identidade* dos sujeitos". Dessa perspectiva, o gênero é parte do sujeito, existe uma bilateralidade entre as instituições, práticas sociais e gênero, sendo as duas primeiras constituídas pelos gêneros ao mesmo tempo em que os constituem. Essas construções não são estáticas, ao contrário, são dinâmicas, transitórias, mutáveis, não só do ponto de vista da linearidade histórica, mas também como decorrência das histórias pessoais, das diferenças étnicas, de raça, de classe, de idade. A partir dessa ótica, o argumento de que o homem é o detentor do poder e a mulher que se submete ao seu jugo, torna-se simplista, uma vez que as resistências, os antagonismos e as solidariedades podem forjar construções outras em que o poder pode ganhar vários matizes. Partindo-se dessa perspectiva, dos diferentes grupos sociais para compreender as questões de gênero, cumpre destacar que o foco de atuação da polícia militar, da polícia civil e da perícia é o mesmo – o combate a criminalidade –, mas as atribuições são distintas e isso faz com que as culturas organizacionais guardem especificidades. Para que se torne evidente os aspectos distintivos do fazer da perícia, vale mostrar como são construídas as noções de gênero, na polícia civil e na polícia militar, de modo a tornar possível contrastar com as nuances inerentes a atuação da perícia.

Há que se identificar e compreender não só as culturas organizacionais e as representações sociais que são construídas nas polícias as quais fazem parte do sistema de Segurança Pública das cidades brasileiras, mas também como isso afeta as concepções e as práticas laborais de homens e mulheres, afinal, "policial é uma categoria social e profissionalmente construída" (SACRAMENTO, 2007, p. 34).

A revisão bibliográfica revelou que o maior volume de estudos concentra-se nos policiais militares, embora, de maneira mais tímida, os policiais civis também granjeiem espaço nas pesquisas; porém, os servidores que atuam em órgãos cuja competência é a de realizar perícias criminais não vem sendo contemplados, isso pode ser reflexo da separação ainda recente dos órgãos da perícia daqueles das polícias civis nos diferentes estados brasileiros. Em 18 estados brasileiros a perícia está desvinculada da polícia civil, restando apenas dez estados onde perícia e polícia estão juntas. O Rio de Janeiro configura-se como um caso a parte, isto porque já possui uma lei nesse sentido, mas não aderiu por falta de ações do executivo que permitam a implantação dessa legislação.

À polícia civil é atribuída a existência de uma cultura policial que tende a ser percebida como homogeneizante, possuindo como elementos permanentes o desafio de lidar com o perigo e a ênfase na autoridade. A depender do modelo de polícia delineado pela sociedade, tais características acabam por se mostrarem de forma exacerbada. O policial em atividade ocupa uma posição ambígua ao gerar sentimentos de medo e de desejo. O lema das polícias civis no Brasil enfatiza o lado positivo, de apreço: "servir e proteger". Contudo, ao ser requerido como um agente protetor e repressor de ações criminosas também revela uma aversão, um temor, representa a autoridade que, como tal, detém um poder a ser respeitado. A polícia mais do que querida deve ser temida (ANCHIETA E GALINKIN, 2005; BRETAS E PONCIONI, 2010). Na pesquisa realizada por Anchieta e Galinkin (2005), os policiais revelaram perceber a forma negativa como a sociedade os vê e externaram falas que exprimem essa desqualificação profissional, a exemplo de "um mal necessário"; "alguém que se encarrega de "limpar a sujeira da sociedade" e mais "quando a população precisa da polícia, chama-se a polícia. Quando não precisa mais, espezinha, se enxovalha a polícia" (ANCHIETA E GALINKIN, 2005, p. 6).

As representações sociais circulantes, entre a população, põem em evidência a descrença para com o aparato policial em sua condição de mantenedor da ordem e da justiça. Essa representação de descrédito foi identificada no estudo realizado, por Ramos e Novo (2002), com 81 sujeitos de classes médias e 60 sujeitos de camadas populares da Grande Vitória, no Espírito Santo. Além dessa representação de ineficácia, na qual há a ideia de que o indivíduo mata e a polícia não descobre a autoria do crime, mantendo o criminoso impune, também foi percebida a representação de que a criminalidade conta com a própria participação da polícia por ela se envolver em ilícitos. Os integrantes das camadas populares têm igualmente uma representação da polícia como uma ameaça, ou seja, acreditam que ações policiais injustas possam ser deflagradas contra eles.

Esse desprestígio revelado por parte da população seria fruto das denúncias de corrupção, do uso indiscriminado da força policial, da tortura, do desrespeito para com determinados segmentos sociais, a baixa efetividade das ações policiais e dos mecanismos de proteção aos cidadãos contra abusos de autoridade percebidos como inócuos (SACRAMENTO, 2007).

Se no âmbito social é essa a noção prevalente, no âmbito interno da instituição, essa ambiguidade se reflete na dicotomia solidariedade/competição. As situações de perigo vivenciadas exigem o compartilhamento do apoio, já a disputa de autoridade requer o individualismo, a competição por nichos de atuação (BRETAS E PONCIONI, 2010).

Ao entrar em contato com as mazelas do mundo, o policial torna-se descrente em relação à natureza humana, o que faz com que esse profissional desenvolva comportamentos em que a tônica recai sobre o conservadorismo, o cinismo, o pessimismo, o preconceito racial, a suspeita, o isolamento da comunidade, o desenvolvimento de um sentimento de solidariedade de grupo, conforme atesta Bretas (1997). Por via de consequência, a rotina policial se constrói para além dos preceitos legais e determina posturas profissionais compartilhadas que se alternam desde a desfaçatez, o idealismo de mudar o mundo pela atitude ou pelo uso de armas, até o desvio social (BRETAS E PONCIONI, 2010).

Entre os elementos presentes no cotidiano policial está a noção de "segredo", informações tidas como secretas são restritas ao grupo profissional, delineando aquilo que Elias (2000) define como os de dentro e os de fora. Dependendo das circunstâncias podem ser vetadas informações inclusive aos pares, pois

> saber é poder: o bom policial é aquele que 'sabe', que conhece seu público. É a partir de seu conhecimento que o policial se torna poderoso e indispensável, construindo o seu sucesso na carreira. Fazer circular a informação é perder uma parte significativa de seu capital simbólico. (BRETAS E PONCIONI, 2010, p. 152)

O uso da linguagem técnica e do discurso legalista e burocrático serve em certas ocasiões para justificar o acúmulo de trabalho e a morosidade dos procedimentos levando a desistência por parte do usuário do sistema.

No aspecto administrativo, o autoritarismo e o paternalismo costumam, com certa constância, ter seu espaço garantido ao serem acionados por parte de quem detém maior autoridade. No dizer de Sacramento (2007, p. 54), "trabalhar com delegados influentes também aumenta as possibilidades de ascensão por merecimento". Os prêmios e as promoções são concedidos a quem segue os padrões estipulados de maneira formal e informal e as punições, a exemplo da remoção para outra delegacia sem consulta do interessado, atribuídas a aqueles que fogem das expectativas.

A solidariedade se dá de maneira mais intensa entre os integrantes das equipes de plantão, no entanto, esse vínculo de coesão interna da equipe não se estende para as demais equipes que realizam plantão. Assim, "pertencer a uma equipe e, sobretudo, ser reconhecido como seu membro é guardar lealdade ao grupo que forma aquela equipe e comprometer-se com uma dinâmica própria da equipe, que determina padrões e normas de conduta sobre alguns aspectos do trabalho policial" (BRETAS E PONCIONI, 2010, p. 155). A idealização de um passado vivido ou não pelo policial traz à tona a representação de que outrora o policial gozava de maior respeito e temor por parte da população, algo inexistente nos tempos atuais, em que o excessivo grau de liberdade faz com que o desrespeito ganhe ênfase, atraindo para os quadros da polícia pessoas sem vocação, que não têm amor e dedicação ao trabalho.

É possível identificar a cultura policial como marcada por arbitrariedades, autoritarismos e preconceitos, apesar de ser essa visão integradora da cultura organizacional passível de questionamentos (ALVES, 2007). Entre os aspectos homogeneizantes cabe o destaque para a cultura da violência. Em pesquisa realizada com 27 policiais agentes e escrivães (18 homens e 8 mulheres) sobre as representações sociais desses profissionais acerca da violência, Anchieta e Galinkin (2005) evidenciaram que existe semelhança na representação do fenômeno, o que significa que esta é uma representação compartilhada como própria da instituição policial. A compreensão acerca do grau de violência impetrado, por determinados atores sociais a outrem, só se mostra em sua abrangência para aqueles que com ela convivem em seu dia a dia laboral, sendo "muito pior do que as pessoas imaginam" na visão dos policiais. As autoras do estudo entendem que essas falas buscam estabelecer distinção entre os policiais e os cidadãos comuns, os que sabem e os que têm uma visão distante, ingênua e teórica do que vem a ser a violência cotidiana do fazer policial.

As causas da violência foram atribuídas a três categorias explicativas: causas sociais, desestruturação familiar e a índole do criminoso.

As causas sociais arroladas apontam o Estado como responsável pela violência na medida em que não oferece trabalho e educação para a população, além de manter o alto nível de concentração de renda, em que poucas pessoas têm muito e muitos têm pouco. O desregramento familiar é atribuído, entre outros, aos ditames da Psicologia moderna que preconiza a falta de limites, discurso adotado pelos pais que não impõem às crianças e aos adolescentes regras e princípios de cunho educativo. A violência no âmbito pessoal é imputada a índole perversa do ser humano que independente de sua condição social pode praticar atos violentos.

Sobre a violência a que os próprios policiais estão sujeitos no exercício da função, a violência simbólica imposta pela população parece causar mais traumas. O julgamento negativo, atribuído a todos os policiais como decorrência de ações realizadas por uma minoria, gera críticas que podem repercutir no trabalho, levando a ineficiência. As pressões de toda a ordem se refletem no domínio familiar, ser policial implica assumir essa identidade durante as 24 horas do dia, estando disponível para a instituição a qualquer momento. O medo também se faz presente no exercício diário da profissão, mas o grupo investigado se reconhece como realizadores de uma missão que requer heroísmo, abnegação e renúncia, a qual possibilita um maior amadurecimento, maior capacidade de observação e maior raciocínio lógico (ANCHIETA E GALINKIN, 2005).

O medo costuma não ser admitido porque tal demonstração implica assumir o despreparo e, pior do que isso, por em dúvida a masculinidade, "ninguém pode ter medo, ninguém deve demonstrá-lo, é um comportamento que faz parte deste código profissional" (SACRAMENTO, 2007, p. 42).

O acúmulo de trabalho por parte dos servidores da área de Segurança Pública, com cobranças por parte da população, fato associado à falta de condições de trabalho, ocasiona desgaste, insatisfação, estresse e sofrimento psíquico (SOUZA et al., 2007). Um dado relevante trazido pelo estudo de Souza et al. (2007) diz respeito a uma possível solidão enfrentada pelas mulheres policiais. As separações, a opção por estar solteira e a viuvez são indicativos que podem explicar um pessimismo em relação à vida sexual e afetiva. O apoio social também parece ser menor em relação às mulheres. Atividades de lazer, como cinema e viagens, que levam a um maior relaxamento, acabam por ser concretizadas sem a companhia de outrem. Assim, esse maior isolamento associado às responsabilidades de cunho familiar, como a administração doméstica, e ao encargo pela educação dos filhos, gera sofrimento psíquico maior nas mulheres do que nos homens de acordo com os autores do estudo.

As tensões inerentes ao trabalho policial acabam por comprometer as relações familiares e sociais gerando um isolamento que pode, no limite, levar a distúrbios como o alcoolismo, uso de substâncias psicossomáticas, depressão e suicídios (SACRAMENTO, 2007).

Em uma perspectiva de gênero, Hagen (2006) destaca as representações concernentes ao trabalho policial como atreladas a imagem de um trabalho que pressupõe a necessidade de condicionamento físico, posto que a atuação profissional requer tal atributo em face do risco eminente decorrente das situações de violência experimentadas e dos ambientes degradados com os quais precisam conviver. A masculinidade hegemônica fica explicitada dentro dessa lógica, em que "no trabalho policial, essa noção de masculinidade traduz-se, por vezes, em atitudes como a de não usar colete de proteção ou não seguir outras normas de segurança, além de uma tendência ao abuso da força física e da arma de fogo" (HAGEN, 2006, p. 5). A referida autora mostra as concepções sobre os lugares considerados adequados para as mulheres e quais os atributos enaltecidos para justificar essa inserção limitada. Os cartórios das delegacias são considerados como espaços privilegiados para a atuação feminina, uma vez que a mulher, ao ser mais detalhista, atenta aos prazos, organizada, hábil na obtenção de depoimentos, reuniria todas as condições para o exercício dessa função (visão essa compartilhada também por mulheres policiais). Por seu turno, ocupar posições que exigem confronto com a criminalidade e a violência, situando-a na linha de frente do trabalho policial não parece granjear fácil adesão, algo que é justificado pela fragilidade física da mulher, pela necessidade da realização de plantões de 24 horas e pelo trabalho noturno, situações essas difíceis de serem conciliadas com as atribuições domésticas. A fragilidade feminina pressupõe a atenção dos policiais homens que devem proteger as mulheres com as quais compartilham a atividade laboral, tal compromisso gera uma sobrecarga, no âmbito do trabalho, para os homens policiais. O trabalho de investigação corresponde ao trabalho de rua, conquanto o trabalho cartorial configura-se como atividade burocrática, de "papel". A investigação açambarca trabalhos fora da delegacia, em horários diversos, envolvendo contato com informantes, realização de "campana" (vigilância) em certos locais, atribuições consideradas masculinas. Já a atividade cartorial, requer a ordenação e elaboração de documentos, configurando-se como uma função feminina.

Os delegados do Rio Grande do Sul, pesquisados por Sacramento (2007), também fazem referência a preocupação que causa aos policiais homens a presença de mulheres na linha de frente, em razão de ser necessário protegê-las, cabendo ao homem forte amparar a mulher frágil.

Portanto, o trabalho policial poderia ser enquadrado na dicotomia casa/rua de DaMatta (1991) reproduzindo o que acontece no âmbito social, a investigação seria a rua, o espaço da impessoalidade, da violência, dos riscos; o cartório, a casa, espaço onde há pessoalidade, onde o contato com o mundo externo se dá pela via dos depoimentos das vítimas, dos indiciados e das testemunhas, trabalho realizado sem ameaças ou confrontos.

As provas seletivas para ingresso nas polícias civis dos estados brasileiros exigem testes físicos, restritos ao momento da admissão e não mais solicitados ao longo do exercício da profissão. As exigências físicas não vão ser uma constante, pois é bem possível que na maior parte do tempo os policiais fiquem restritos às atividades frente a um computador, todavia, a realização de determinadas provas físicas pode servir para a exclusão das mulheres durante o processo seletivo visando ao ingresso na instituição. Para Hagen (2006) é preciso repensar os papéis de gênero e a condição de policial dentro do contexto atual, onde mais do que a força física, a atividade policial demanda inteligência e respeito relativos a leis vigentes.

Sacramento (2007, p. 10) também discorre sobre a Polícia Civil do Rio Grande do Sul como um espaço laboral masculino com a inserção progressiva de mulheres no quadro de servidores, mas no seu entender, "falar de trabalho policial é falar, portanto, de um trabalho tido como masculino, na medida em que apenas 27,5% de seu efetivo são mulheres". Para a referida autora, a cultura policial tem por imperativo a masculinidade hegemônica cujo símbolo mais representativo seria o da arma, e consoante com esse símbolo tem-se como valores a ser defendidos a *performance* física, o orgulho, a rivalidade, a bravura e a virilidade. As premiações igualmente reforçam as atuações que envolvem risco e perigo, auxiliando na internalização do *ethos* policial.

A pesquisa realizada com 20 delegados, sendo sete delegadas e 13 delegados atuantes em Porto Alegre e na região metropolitana, ainda revela que homens e mulheres optam pela carreira policial motivados pela ideia de ajudar a sociedade, de sentir-se útil, pela representação do herói, pela possibilidade do exercício de um trabalho novo e excitante e pela estabilidade proporcionada pelo serviço público. Se para os homens o ingresso na instituição foi influenciado pela presença de familiares na atividade policial, o mesmo não se dá de maneira tão significativa em relação às mulheres. A arma, símbolo masculino por excelência, requer o porte contínuo, algo que tende a ser negligenciado pelas mulheres policiais e que os homens atribuem a falta de preparo da mulher, algo "natural" em seu comportamento que tende "instintivamente" a se opor a violência. Tal naturalização do comportamento feminino tende a ser refutado pelas mulheres que entendem ser comum a homens e mulheres o despreparo, uma vez que não há treinamentos constantes visando à preparação dos policiais para os confrontos. Uma minoria feminina tende a adotar estereótipos e discursos masculinos como forma de se afirmar nesse meio. Outras optam por se destacar mediante um provar constante de sua sapiência e competência. Por vezes, os atributos femininos, como sensibilidade, solidariedade, dedicação, lealdade, detalhismo, cuidado, organização, escuta atenta a todas as opiniões e preocupação com o social, resultam complementares ao trabalho masculino na opinião dos homens e mulheres entrevistados. A falta de rotina como algo desafiante serve de estímulo independente do gênero do pesquisado.

Bahia e Ferraz (2000) desnudam a construção do feminino na Polícia Civil de Salvador ao entrevistarem sete delegadas. As observações registradas, afora as entrevistas, dão conta de uma forma de vestir que denota elegância e feminilidade; um comportamento que prima pela receptividade, que busca a empatia e é afável com quem mantém o diálogo; o tom de voz evidencia autoconfiança e segurança, sem deixar de lado a emoção. Embora o ambiente de trabalho seja constituído por móveis muito usados, há uma ordenação em meio aos inúmeros documentos existentes sobre a mesa de trabalho; na parede algo remetendo à religiosidade. Nas entrevistas referem à importância do trabalho em equipe e demonstram ter orgulho e serem apaixonadas pela carreira que escolheram, além de enfatizarem a necessidade do bom desempenho profissional independente das questões de gênero. De modo diferente ao da pesquisa empreendida por Souza et al. (2007) que mostra a solidão feminina, a maioria das delegadas em questão são casadas e possuem filhos. Com relação à família, agem de maneira própria, sendo que para algumas a barganha com os maridos consiste em dar liberdade para também obtê-la; outras aceitam a dupla jornada de trabalho conciliando atividades fora e dentro do lar; existem aquelas que contam com maior colaboração por parte dos maridos que com elas compartilham as atividades domésticas; e, ainda, as delegadas que optam por priorizar o trabalho policial e, com isso, vivem em constante atrito com seus maridos.

A polícia militar também abriu as portas da corporação para o ingresso de mulheres em seus quadros. A ação pioneira partiu ainda na década de 1950, em São Paulo. Essa atitude teria como mote uma melhoria da imagem institucional até então vista como uma "organização violenta e dominada por homens" (ROSA et al., 2007, p. 2). Os atributos tidos como femininos: capacidade de comunicação, liderança e capacidade de administrar conflitos, ressignificaria a representação social circulante. A história de vida que serviu para a análise realizada por Rosa et al. (2007) revela motivações semelhantes a das policiais civis para a opção por ingressar na corporação: a possibilidade de ascensão profissional, o salário regular, a estabilidade inerente ao serviço público, a influência familiar e a possibilidade de ajudar as pessoas. Todavia, esse ambiente masculino fez com que a policial vítima de assédio sexual fosse punida, ao proceder a denúncia, invés daquele que a assediou.

Curioso notar que os textos que versam sobre o trabalho da mulher nos órgãos de Segurança Pública buscam mostrar que a inserção se dá muito em função do fato de a mulher ser percebida como alguém que se preocupa com o outro e assim ela tenderia a tornar esse espaço de violência, atributo masculino, em um contexto mais humanizado, com a mulher atuando de forma mais assistencialista como bem revela o trabalho de Sousa e Santiago (2007) sobre a Polícia Militar de Minas Gerais. Todavia, Calazans (2005) traz à tona o contraponto que é a atuação da mulher em uma chamada "masculinidade subordinada", ou seja, a mulher assume o referencial masculino vigente na instituição, a do *ethos* guerreiro com ênfase na masculinidade, na violência e na virilidade, e dessa maneira passa a se identificar com a cultura masculina, colocando a diferença à margem. O rigor em relação à hierarquia e às normas é exacerbado pelas mulheres que assim reforçam a homogeneização pela via da cultura masculina hegemônica. Ainda assim, a presença feminina desestabilizou e desorganizou a ordem institucional vigente na corporação que demonstra ainda não ter explorado de forma plena a inserção feminina nesse contexto, na medida em que não reavaliou as ações da polícia até então levadas a efeito.

Aspectos de gênero desenvolvidos até aqui se centraram nos órgãos da polícia. Para a compreensão do trabalho dos servidores na área de perícias criminais, torna-se relevante entender a morte desde uma perspectiva histórica.

A MORTE NA CONSCIÊNCIA HUMANA

Os estudos acadêmicos que contemplam a morte como temática de reflexão sempre apresentam em seu início uma retrospectiva histórica de como a morte era percebida e vivenciada em um passado remoto e como ela é recalcada nos tempos contemporâneos. Elias (2001) é um autor que permite uma retomada do tema em seus primórdios em comparação com a contemporaneidade. O referido autor afirma que a tendência atual é a de se manter distante da morte, isto é, como algo que pode e deve ficar longe dos vivos o máximo possível; seja por meio do acobertamento ou recalque da ideia de finitude, mediante a crença de que os seres humanos são imortais, ou diante da ideia de que "os outros vão morrer, eu não". Atualmente, não é incomum pessoas prevendo que vão viver por mais de 100 anos ou mesmo em tom de brincadeira afirmando a sua imortalidade. Essa postura diante da morte é típica da época contemporânea, uma vez que, diferente do passado, não se configura como diversão assistir a enforcamentos em praças públicas, muito menos esquartejamentos e suplícios tais como eram exibidos nas arenas romanas. Elias (2001) afirma que nas sociedades mais desenvolvidas é certo que as pessoas estão mais solidárias, tendendo a se identificar mais com os demais seres humanos e se compadecendo da morte alheia. Embora, no meu entender, independente do "estágio" em que a sociedade se encontra, a morte como espetáculo ainda continua a mobilizar sentimentos mórbidos por parte de determinados públicos. Isso é perfeitamente perceptível quando da ocorrência de algum episódio dramático em local aberto, na rua, imediatamente é possível verificar uma aglomeração de transeuntes ao redor da vítima, muitas vezes impedindo o trabalho da polícia e da perícia. Não que essas pessoas não se emocionem, mas elas precisam ver o corpo, assistir aos procedimentos das autoridades, ou seja, assumir a condição de quem presencia um espetáculo macabro semelhante a um filme exibido nas telas dos cinemas. Tal necessidade de visualizar as tragédias extrapola o âmbito dos países considerados menos desenvolvidos, não fosse assim, as televisões do mundo inteiro não estariam exibindo os flagelos que ocorrem em vários pontos do planeta.

A experiência da morte é vivenciada de forma diferente em cada sociedade, com distintos modos de enfrentamento e de ritualização. A expectativa de vida das populações que era bastante exígua se ampliou e aí a noção da morte como uma possibilidade pessoal presente em curto espaço de tempo foi adiada para bem mais tarde.

Elias (2001) afirma que a morte foi recalcada sob dois âmbitos: o individual e o social. O recalque individual impõe uma distância dos moribundos como se a proximidade fosse causar uma ruptura das defesas elaboradas contra a ideia da própria morte. Sem contar a culpa que já é assinalada na versão bíblica de Adão e Eva que foram punidos com a morte, uma vez que a condição que tinham no Paraíso antes do pecado era a de imortalidade. Por seu turno, o recalque social se dá com a morte ocupando os bastidores da vida social, com a civilização ela é banida dos espaços públicos.

O grande diferencial entre a morte no passado e no presente, para Elias (2001), é que, no passado, a morte tinha uma conotação mais social, as pessoas viviam mais juntas, viver e morrer fazia parte do dia a dia, poesias produzidas naquele período sobre a morte mostram a liberdade com que o tema era abordado. Hoje, a morte se dá em um contexto mais privatizado, menos público, a tal ponto que as crianças não podem participar de fatos que tenham a ver com a morte, algo que era comum no passado, em que crianças compartilhavam com os adultos as cenas de morte. Elias (2001) afirma que não havia uma censura social sobre os temas ligados à morte. Falar em sepultura e nos detalhes inerentes ao que acontece com os seres humanos diante dessa situação, a exemplo da decomposição, era lugar-comum. Não havia restrições sobre o relatar acerca da putrefação dos corpos, nem mesmo às crianças, todos sabiam como ficavam os corpos e, portanto, era possível comentar sobre tais fatos com certa liberdade tanto na sociedade como na poesia.

Existe na contemporaneidade a ideia de que o riso deve ser banido do espaço da morte, que segundo Elias (2001, p. 40) denuncia "sintomas da tentativa semiconsciente dos vivos de distanciar-se dos mortos e de empurrar esse aspecto embaraçoso da animalidade humana para tão longe quanto possível atrás das cenas da vida normal". Daí inclusive a necessidade de um falar em tom de voz mais baixo quando em visita a um cemitério, é preciso não perturbar a paz dos mortos, deixando-os recônditos em suas sepulturas, longe dos vivos.

Essa distância se faz necessária na medida em que os vivos sentem medo da morte (ELIAS, 2001; BAUMAN, 2008). Na consciência dos vivos existe o temor advindo da morte. Bauman (2008) explica que o medo decorre da incerteza, do desconhecimento referente à ameaça e de não saber como lidar com a situação. Ao focar a atenção naquilo que pode realizar, o homem desvia o pensamento de coisas que acabam fazendo parte da sua vivência, mas que ele não tem nenhuma ingerência sobre elas, isso auxilia na manutenção da sua saúde mental, todavia, não faz com que se sinta mais seguro (Bauman, 2008). É o caso da morte, por mais que diga estar preparado e ter consciência da sua finitude, o ser humano nunca vai estar apto para lidar com essa realidade porque se trata da única coisa inconcebível de ser visualizada, é algo que ultrapassa a imaginação humana. O indivíduo não consegue se enxergar sob o prisma de que com a morte nada lhe irá acontecer dali por diante, ou seja, ele não poderá mais ver, tocar, sentir odores, aproveitar ou se lastimar. Isso é de difícil compreensão para os vivos, extrapola todos os limites possíveis. É inimaginável a probabilidade do ser humano não mais visualizar um mundo que não inclua o próprio indivíduo descortinando-o (BAUMAN, 2008).

Bauman (2008), assim como Elias (2001), afirma que só o homem tem consciência da inevitabilidade de sua morte. Elias (2001, p. 11) enfatizou: "na verdade não é a morte, mas o conhecimento da morte que cria problemas para os seres humanos". E o problema decorre da certeza que possuímos de que esse será o nosso fim, a despeito de todos os avanços científicos na área da saúde, o "controle humano sobre a natureza tem limites" (ELIAS, 2001, p. 90).

MÉTODO

A pesquisa teve início em 2007 e se estendeu até 2010. No início, o estudo foi proposto como uma pesquisa de cunho qualitativo, tendo por técnicas a observação sistemática e a realização de entrevistas em profundidade. Tal opção levou em conta os aspectos apontados na reunião realizada com o diretor-geral e a supervisora técnica do Instituto Geral de Perícias (IGP) sobre a exequibilidade da pesquisa, ocasião em que certas limitações relativas ao acesso a determinados locais foram apresentadas. Nessa reunião é obtida a autorização verbal para a concretização do estudo, oficializada mediante a troca de correspondências entre o IGP e a unidade da Universidade Federal do Rio Grande do Sul da qual faço parte.

Ainda faltava o contato com a diretora da criminalística, o departamento do IGP que escolhi para investigar. Houve uma nova reunião, dessa vez entre a supervisora técnica, a diretora da criminalística e eu. Nessa reunião obtive a autorização da diretora do Departamento de Criminalística (DC), bem como a disponibilização da planilha com nomes, cargos e seções de todos os que trabalham no DC e, ainda, a diretora assinalou aqueles que estavam afastados por doença, aposentados, cedidos. Combinei que os pesquisados seriam informados sobre o objetivo da pesquisa cada vez que fosse feito contato para agendar as entrevistas.

A diretora disponibiliza a sala do desenho para ocupação durante todas as manhãs. No período da tarde seria preciso ver os dias em que o desenhista estaria viajando para que eu pudesse utilizar o espaço. As entrevistas foram realizadas, nos anos 2007 e 2009, com dez mulheres e 16 homens, sendo 25 entrevistas semiestruturadas e uma história de vida profissional. A opção foi por inquirir servidores com os mais diversos tempos de atuação, bem como lotados nos mais diferentes setores que integram o Departamento de Criminalística.

No início, em 2007, a técnica da observação simples foi uma das possibilidades de registro de dados. As observações realizadas durante as entrevistas ou mesmo sobre aspectos materiais acerca do local onde é realizada parte das atividades profissionais dos entrevistados, permitiram inferências *a posteriori*. Bravo enfatiza que:

> a observação simples é a investigação e o estudo realizado pelo pesquisador, mediante o emprego de seus próprios sentidos, especialmente a visão, com ou sem ajuda de aparatos técnicos, das coisas e fatos de interesse social, tais como eles são ou tem lugar espontaneamente, no tempo em que acontecem e conforme as exigências da pesquisa científica. (Bravo, 1976, p.133)

As observações foram registradas sob a forma de diários detalhados (GOODE E HATT, 1960) abrangendo inclusive fenômenos observados de maneira informal, perceptíveis na interação com os pesquisados durante todo o tempo em campo.

No início da pesquisa era preciso me identificar junto aos seguranças, mas, na quinta vez em campo, já foi possível granjear um tratamento igual ao dos servidores do DC. Um dos seguranças diz: "Bom dia, bom trabalho!" tal qual faz com todos que lá laboram. A chave da sala do desenho que, durante 12 visitas eu havia de solicitar para alguém, na décima terceira vez já era possível retirar do mural e deixar no mesmo lugar ao término da jornada. No dia seguinte a essa certa independência com relação à chave, ocorre a possibilidade de compartilhar a sala onde os papiloscopistas, motoristas, enfim, onde o pessoal do plantão se encontra e desse dia em diante pude conversar, tomar cafezinho, ver televisão, receber informações sobre o trabalho de modo constante. Nesse momento, instaura-se uma maior proximidade com as pessoas, de modo a compartilhar as histórias e depois de um tempo ouvir a pergunta: "Vais para a tua sala?". Ou ainda em permanecendo na sala do plantão ouvir a cobrança: "Não vai trabalhar, hoje?". Simultaneamente a essas alterações um sentimento de culpa surgia quando não ia "trabalhar" no DC.

Houve a convivência com os informantes dentro e fora do ambiente do DC. Essa proximidade com os pesquisados me permitiu sentir os efeitos da alteridade. Embora soubesse, e no começo achasse que permaneceria imparcial a tudo que ouvisse, ou mesmo ao que fosse visualizado em fotografias ou desenhos, chegou um momento em que certa irritabilidade, um começo de depressão, apresentava-se denunciando aquilo que os pesquisados diziam sentir. Se por um lado isso me causava incômodo no âmbito pessoal, por outro, me dava a certeza de uma imersão em campo, algo que atribuia ao trabalho uma profundidade para muito além daquilo propugnado em termos de um estudo de caso; me desconstruí em campo, consegui viver o mundo laboral do outro que eu investigava, e refletia sobre a minha própria atividade profissional no sentido de como a pesquisa poderia contribuir para auxiliar os pesquisados.

Essa proximidade acabou por transformar a pesquisa em um estudo de cunho etnográfico que consiste na

> presença contínua na aldeia, na cidade, no bairro [...] Esse contato próximo gera muito interesse, muita expectativa, gera compreensão e solidariedade, mas também, como todo relacio-

namento humano, exige confiança, compromisso, reciprocidade. Para que esse método não seja unicamente uma experiência pessoal (que, de qualquer modo vale a pena), mas resulte em dados e produza conhecimento, há que se portar com um certo distanciamento, buscar objetividade, pôr-se ao largo dos acontecimentos. (GOMES, 2008, p. 57)

A observação participante aconteceu de forma ainda mais significativa, quando fui convidada pela diretora do DC para participar de uma reunião com as psicólogas que buscavam identificar o perfil, para efeitos de processo seletivo, dos novos concursados. Nessa reunião, que contou com a presença da diretora do DC, da supervisora técnica do IGP e de dez psicólogas, me foi dada a palavra pela diretora do DC, para que eu pudesse narrar os meus achados da pesquisa pois, em sua ótica, haveria mais isenção de paixões nessa exposição do que se ela o fizesse. De maio a junho de 2009 foi permitida a minha participação no módulo de Locais de Crime contra a Vida (LCVI), módulo esse integrante do curso de formação de novos peritos (uma das etapas constitutivas do concurso público para ingresso no IGP) ministrado aos alunos que compunham a turma 2 (T2). Igualmente, houve uma reunião com outros órgãos que compõem o IGP para a apresentação dos resultados da pesquisa para que ações, visando à saúde mental dos trabalhadores, pudessem ser implantadas.

Do início da pesquisa em 2007 até julho de 2010, muitas situações formais e informais ficaram gravadas nos diários de campo elaborados desde a primeira visita ao DC.

A análise dos dados seguiu os moldes dos estudos etnográficos, mediante o diálogo estabelecido entre os teóricos, as falas êmicas e a visão ética da pesquisadora. A partir desses três atores em diálogo foi possível apreender o universo dos pesquisados em uma interpretação dessa realidade sociocultural.

BREVE RETROSPECTIVA SOBRE O TRABALHO DA PERÍCIA

O trabalho datado de 1999 e intitulado *Polícia, técnica e ciência*: o processo de incorporação dos saberes técnico-científicos na legitimação do ofício policial, de autoria de Aida Griza, evidencia de que modo a polícia se apropriou dos saberes científicos para legitimar suas ações diante do crime e do criminoso. Para a referida autora:

> Desde o final do século passado, observa-se a progressiva apropriação pelas polícias brasileiras – dentre elas a Polícia Civil do Rio Grande do Sul –, tanto de explicações científicas para o crime quanto das perícias técnico-científicas na investigação criminal. Este processo se efetivou por meio da implementação de serviços na área médico-legal, do registro criminal e de "laboratórios de polícia técnica" para apoiar a Polícia Civil. Observa-se, também, a consolidação, no decorrer do século XX, de grupos de especialistas ligados ao aparelho policial, como médicos-legistas, peritos criminais e outros, portadores do conhecimento científico e técnico. (GRIZA, 1999, p. 5)

Mediante uma reconstituição histórica, Griza (1999) revela o papel que a polícia e a perícia assumem no Rio Grande do Sul, servindo em certas circunstâncias de exemplo para outros estados brasileiros. A pesquisa revela que ao incorporar a cientificidade no sistema de justiça criminal, não há a eliminação dos estereótipos sobre o crime e o criminoso elaborados com base no "saber profissional da polícia". Tomando por base as teorizações de Foucault, a autora torna evidente a incorporação dos saberes científicos ao meio judicial, de sorte que assim o fazendo a punição possa estar devidamente fundamentada e calcada em uma "verdade".

O trabalho da perícia e dos policiais está intimamente ligado, uma vez que, a partir dos indícios materiais encontrados no local do crime ou na vítima, os peritos elaboram um laudo que será utilizado pela polícia para instruir o inquérito policial. No entanto, o que buscar em termos de indícios é algo que foi construído com base no saber prático dos policiais e no saber científico dos peritos; estes últimos fornecem elementos, mas cabe aos policiais chegar ao(s) autor(es) da ocorrência.

A cientificidade considerada como modernizadora do aparato policial começa com a República no Brasil, através da medicina legal. Muitos estudos antropométricos foram realizados nessa época. Em se tratando de Rio Grande do Sul, o ingresso de médicos-legistas na polícia civil tem início no final do século XIX, com o surgimento de um necrotério vinculado à polícia civil.

Dando seguimento a esses considerados "avanços", é pioneiramente criado no Rio Grande do Sul um serviço de identificação, cujo objetivo era de comprovar a identidade dos detentos. É curioso que toda essa preocupação em agregar a ciência ao "fazer policial" tinha como referência a imparcialidade, o que reflete a visão da época em que era advogada a neutralidade científica, quando hoje já se tem como consenso que a ciência não é neutra. Griza não faz em nenhum momento menção a esse aspecto em seu estudo, a autora toma como dado esse modo científico de ver o crime e, por via de consequência, a busca pela verdade. Ela não reflete sobre tal posicionamento contextualizando-o no tempo e espaço em face da noção de ciência presente, todavia, consegue identificar a interferência do "saber profissional da polícia" na cientificidade incorporada à detecção do crime.

A incorporação de conhecimentos das disciplinas psicologia e sociologia também contribuíram para a identificação das motivações que levariam o indivíduo a efetivação do crime e a assumir a condição de criminoso.

Os peritos criminais, ligados aos laboratórios de polícia técnica, começam a ganhar relevância no interior da polícia a partir do final dos anos 1940. Aqui vale destacar que a terminologia polícia técnica foi cunhada por Eraldo Rabello por acreditar ser a polícia científica apenas um dos ramos da polícia técnica, dentro dessa concepção a técnica policial seria apoiada pela ciência não retirando do policial o poder que lhe cabia na condução da investigação, assim o saber prático do policial continuava fundamental para o desvendamento das ações criminosas.

No trabalho de Griza (1999) ainda é possível verificar que foi em 1939 a criação do Laboratório de Polícia do Instituto de Identificação pelo médico José Faibes Lubianca. A papiloscopia (descoberta de um criminoso através das impressões digitais) foi exercida inicialmente por médicos, embora fossem utilizados processos químicos para a detecção das impressões digitais, evidenciando a implicação de outros ramos do conhecimento na execução dessa identificação. Essa evidência dá margem para a adesão de outros profissionais na condição de peritos. Aos poucos algumas distinções começaram a serem estabelecidas, de modo que a identificação e a medicina legal passaram a serem consideradas à parte da polícia técnica. A polícia técnica gaúcha composta por peritos criminalísticos lutava, na década de 1940, para constituir-se como um instituto separado do de identificação, o que acabou ocorrendo em 1947, tendo sido regulamentado em 1948.

As discussões em um congresso de âmbito nacional giravam em torno do que seria competência de um perito criminalístico, e basicamente ficou definido que os indícios externos ao corpo é que seriam periciados, cabendo aos médicos-legistas a descoberta de vestígios internos ao corpo da vítima. O termo criminalística passa a substituir a designação de polícia científica e polícia técnica e evidência a separação da perícia da polícia.

Os peritos embora atuassem de forma exclusiva junto à polícia civil, não faziam parte do quadro de servidores da mesma, mas sim integravam o quadro geral de servidores do Estado. As atribuições dos peritos eram e continuam sendo reguladas pelo Código de Processo Penal.

Em 1989, a Constituição do Estado do Rio Grande do Sul prevê que a perícia seja desvinculada da polícia sendo criada a Coordenadoria Geral de Perícias que hoje vem a ser o Instituto Geral de Perícias composto por quatro departamentos: Departamento de Identificação, Departamento Médico-Legal, Departamento de Criminalística e Laboratório.

A seguir a configuração do Departamento de Criminalística, o departamento no qual foi realizada a pesquisa.

O DEPARTAMENTO DE CRIMINALÍSTICA DO INSTITUTO GERAL DE PERÍCIAS

O Departamento de Criminalística efetua perícias com base em conhecimentos científicos. A administração fica a cargo da diretora e de dois chefes de divisão. A diretora é responsável pela administração geral, o chefe da Divisão de Perícias da Capital é responsável por todos os tipos de perícias realizadas na área metropolitana e o chefe da Divisão de Perícias do Interior tem a competência similar relativa aos Postos de Criminalística do Interior do Estado. Integram o Departamento as seções de: Balística Forense; Química-Legal (com os setores de Exame Pericial em Numeração Identificadora de Armas de Fogo – EPNIAF, Exame Pericial em Numeração Identificadora de Veículos Automotores – EPNIVA, Residuográfico); Informática; Fotografia; Acústica Forense; Perícias Diversas; Levantamento de Locais; Papiloscopia; Engenharia-Legal (com os setores de Incêndios, Explosões e Desabamentos, de Acidentes de Trânsito, de Perícias Mecânicas Internas e Externas; de Perícias Elétricas Internas e Externas); Perícias Ambientais; Documentoscopia Forense; Apoio Administrativo; Divisão de Perícias Interior (veja o site do Instituto Geral de Perícias do Rio Grande do Sul).

COMPARTILHAMENTO DE ASPECTOS NA ATUAÇÃO, INDEPENDENTE DE GÊNERO

Se na polícia a cultura organizacional é qualificada como uma cultura masculina em razão da presença de valores como *performance* física, orgulho, rivalidade, bravura e virilidade; na perícia, a ênfase em termos de cultura organizacional encontra-se assentada na ciência, na metodologia científica, na técnica e na busca da verdade, mediante a coleta de vestígios para posterior análise através do método analítico comparativo.

Esses valores, caros ao mundo acadêmico, vão estar atrelados a um contexto de morte violenta, e certos comportamentos dos servidores vão ser homogêneos no âmbito institucional, independente das diferenças de gênero. Vale destacar que as noções de gênero aqui trabalhadas são as tidas como hegemônicas.

O trabalho executado pelos peritos é considerado, por eles próprios, como um "revelador da verdade", verdade essa que deve ser buscada independente do lado em que esteja, "doa a quem doer". Daí a competência ser considerada fundamental por parte daqueles que lá estão, há mais tempo, exercendo a função em setor específico e que costumam externar aos que se aventuram em uma nova área da perícia (muitas vezes por designação da direção) a se responsabilizarem pelos achados, pois nas mãos desses profissionais encontra-se o bem maior do ser humano, a liberdade: "Se vocês não se sentem capazes, não façam, isso é coisa séria. 'Mas eu não posso dizer isso para a direção, que eu não vou fazer, que eu não tenho capacidade'. Digo, bom, está faltando uma coisa que se chama consciência criminalística". (Entrevistado T.) O trabalho é qualificado como "apaixonante", "um sacerdócio, uma profissão de fé". Aqui é possível identificar aspectos semelhantes aos apontados por Bretas e Poncioni (2010) que verificaram entre os policiais a idealização de um passado onde ser policial era uma escolha profissional determinada pela vocação, pelo amor ao trabalho.

A postura do perito vai se distinguir em relação aos policiais no momento em que, por exemplo, eles se encontram realizando seus trabalhos em locais de crime. Na fala de um servidor do DC que não é perito e já trabalhou em outros órgãos da área da Segurança Pública:

Um grupo seleto, né? O pessoal que é perito, o pessoal que lida com a criminalística, ele se destoa de qualquer uma outra categoria que eu tenha conhecimento. [...] O IGP é uma coisa completamente diferente. Por quê? Porque aqui é, as pessoas não têm aquele, até é de estranhar, porque o pessoal aqui não tem aquela empáfia de polícia, tá me entendendo? É um serviço para policial, mas não tem aquele caráter, aquela postura policialesca, não tem. O perito muitas vezes chega no local, ele não diz: "Vão se afasta aí". Não, não, o perito chega ao brigadiano, ao policial: "Por gentileza, solicita para as pessoas se afastarem para que a gente possa fazer" ou "isola essa área aqui, é aqui que nós vamos trabalhar". É assim... Autoridade eles têm, mas não fazem uso. É uma coisa interessante isso aí. E eu vou no local e eu olho como é que o perito se conduz ali e o que eu vejo é isso. Ele não levanta a voz, enquanto tá lá o brigadiano gritando, o azulzinho berrando, ele tá ali anotando e tal. Quando ele não sabe alguma coisa, ele chama o policial ou chama uma testemunha e pergunta, né? E uma outra coisa que eu noto que o perito é, é naqueles casos assim como várias vezes eu fui com eles, envolvendo acidente de trânsito, onde a vítima está ali, aí vem a família, o familiar da vítima, chorando e o perito desveste aquela, aquela indumentária de perito e aí passa a ser um assistente social, começa a conversar com o familiar, interessante... É o lado humano. Ao passo que a postura do policial em relação ao, ao, ao familiar da vítima no local é dizer: "Olha agora já foi, já morreu, depois a senhora veja isso aí lá no necrotério", é assim. Então, compara as duas... A do brigadiano então nem se fala. A do brigadiano: "Olha, vamo se afasta, vamo se afasta, porque é o seguinte, já morreu, já era, virou presunto e deu". É assim... São coisas bem diferentes: a postura do perito, a postura do policial e a postura do PM. [...] a postura do perito ali naquela hora é a postura do assistente social quando diz respeito ao familiar da vítima. É interessante isso aí. (Entrevistado U.)

Sousa e Santiago (2007) mostram em seu estudo que a perspectiva de trabalho assistencialista desenvolvida na polícia é parte integrante das atribuições femininas. No caso da perícia, o excerto anterior mostra que a postura de cunho assistencialista ultrapassa as representações de gênero sendo parte do *ethos* profissional desse grupo.

O trabalho no Departamento de Criminalística do Instituto Geral de Perícias do Rio Grande do Sul se dá de forma a que todos os servidores, lotados ou não no setor de plantão, tenham de "fazer local", ou seja, fazer levantamento pericial em local de morte. Quando do início da pesquisa, em 2007, havia uma escala de sobreaviso, que implicava atendimento de "local", em cidades do interior do estado do Rio Grande do Sul, por servidores que se achavam lotados nos diferentes setores: Balística, Documentoscopia, Acústica, entre outros. Na ocasião do sobreaviso, o servidor não precisava ficar no departamento. Após sua jornada normal de trabalho na seção da qual fazia parte se dirigia para a sua residência, mas precisava ficar em estado de alerta para um possível chamado a qualquer momento. A partir de 2009, com o ingresso de novos peritos, não há mais necessidade da escala de sobreaviso. Todavia, quando os peritos que trabalham no plantão, na região de Porto Alegre, gozam férias, ganham licença-prêmio ou estão em licença-saúde, são substituídos – mediante uma escala – pelos peritos das seções que vão trabalhar 24 horas atendendo locais de morte.

A predisposição para lidar com a morte não se configura como algo natural para homens e mulheres, sendo para muitos servidores uma situação de desgaste emocional.

> Eventualmente a gente tem que fazer substituição em local de morte. Eu não gosto. Faço porque sou obrigado, mas se me der opção de não fazer, eu não faço. Não gostaria. Porque na verdade não me agrada a ideia de lidar com mortos, com corpos em geral. Eu sempre digo que se eu gostasse disso eu teria feito Medicina,

não é? Mas não me atrai nem um pouquinho. Infelizmente faz parte, são os ossos do ofício. (Entrevistado S.)

Atendimento do local de crime é uma coisa que eu não..., todos têm sobreaviso. A gente tem a substituição do plantão, que é uma coisa nova que antigamente não tinha, precisa ficar 24 horas aqui, inclusive dormir aqui, não é uma coisa que eu faça com facilidade, tem um custo psicológico assim grande, eu não fico bem nem antes, nem depois (risos). É como uma tensão pré-menstrual que a gente tem, é plantão, não é uma coisa fácil. Afeta a vida pessoal, assim como uma TPM que a gente fica mais tensa, né? Até eu acabar, até eu escrever, encerrar aquele laudo do local eu ainda fico com aquilo, processando aquilo. (Entrevistada Q.)

Esses depoimentos vão ao encontro das teorizações de Elias (2001) concernentes à dificuldade presente no contexto contemporâneo de se lidar com a morte, diferente do passado, quando a morte e a decomposição dos corpos eram percebidas como algo natural, comum, tema de poesias e do dia a dia das pessoas.

Entrar em contato com familiares em desespero causa desconforto para os peritos homens e mulheres. Para alguns há a dificuldade de concentração diante dos gritos e das manifestações de tristeza dos que perderam seu ente querido, outros se sentem tensos pressionados pela aglomeração de pessoas em torno do local. O entorno de pobreza, onde muitas vezes o crime pode ter ocorrido, também contribui para o desgaste emocional dos servidores que ali atuam. O estado em que os corpos das vítimas foram encontrados, ou seja, muitas vezes em avançado estado de putrefação, exalando odores fétidos remetem para a fragilidade humana, aspecto mencionado de forma recorrente pelos entrevistados.

E em função que é um trabalho bastante desgastante do ponto de vista psicológico, a gente sempre acha que é forte em relação a essas coisas, né? E realmente o trabalho de levantamento de local, ele essencialmente é um trabalho de homicídio, né? De levantamento de local de homicídio e no Brasil, diferentemente do que as pessoas pensam, não é? Elas veem muito CSI e elas acham que as coisas é aquele *glamour* todo, cheio de equipamento, e tá o corpinho todo limpinho lá. E não é assim, não é? A gente atende em vila, em condições extremamente degradantes, não é? Vendo pessoas numa situação de desespero, de degradação, essas pessoas sem apoio psicológico, a gente lá, tá a família junto com o morto, uma choradeira, enfim uma comoção, né? Afora toda a imagem de violência adstrita ao local. Então isso aí, pesou em mim, não é? Pesou em mim e eu comecei a ter problemas de sono, que eu ainda tenho até hoje, de não dormir muito bem. Comecei a ter sonhos meio problemáticos e tal e naquele momento eu percebi que não tava legal pra mim ali, né? Então, resolvi sair (sair do plantão). (Entrevistado R.)

Teve um crime dum padre. Mataram um padre em uma comunidade aqui perto e eu nunca vi, acho que ele era a pessoa mais querida da comunidade, porque era um povo na volta assim, todo mundo rezando, rezando, rezando, aquela coisa e nós fomos pra fazer o local e quando eu me dei conta eu pulava por cima do padre, sabe? Que era um local cheio de barro, era de difícil acesso e eu pulava por cima do corpo do padre e voltava e pulava para poder fazer as medidas. Quando eu me dei conta, eu digo: mas o que que é isso? Falta de respeito. Eu achava assim um horror, falta de respeito total, as pessoas ali rezando, sabe? E eu pulando por cima do padre, do corpo do padre. Digo, nada mais me abala, assim, né? Aquilo ali pra mim era uma pessoa morta ali, pra mim se fosse uma pedra seria a mesma coisa. Daí, digo, não acho que tô ficando fria demais, sabe? Acho que tá na hora de dar uma parada, sair desse local de rua assim, porque sinceramente eu não sei como é que o pessoal do plantão suporta tantos anos assim, porque tu vê coisas horrorosas, né? (Entrevistada N.)

Nos dois casos que servem de exemplo, tanto para o homem como para a mulher, os transtornos psicológicos foram determinantes na opção por trocar de setor de atuação, como uma tentativa de garantir a saúde mental.

A opção do servidor por permanecer atuando no Departamento de Criminalística, a despeito de reconhecer que possíveis danos à saúde mental possam vir a ser prevalentes em um dado momento, se deve a falta de rotina que o trabalho apresenta: "É diferente a cada dia em todas as sessões", (Entrevistada L), e "A perícia não tem um padrão, isso é o grande problema, né? Cada caso te apresenta um desafio novo", (Entrevistado G).

A abnegação ao trabalho se traduz em ações como: o uso do celular particular para contatos de trabalho, posto que, os servidores não dispõem de equipamentos de telefonia móvel institucionais; bem como investimentos com recursos próprios na compra de ferramentas para integrar a maleta dos peritos, uma vez que em sua composição original os instrumentos são mínimos; uso de veículos particulares para elucidação de aspectos que venham a contribuir para a compreensão de algum elemento visando à elaboração do laudo. Tive a oportunidade de presenciar o entusiasmo de um perito face à aquisição de uma lanterna recarregável e de uma servidora que comprou uma peça de vestuário com a inscrição de cunho profissional identificadora do cargo, ou seja, de material e de indumentária de trabalho, obtidos com recursos próprios, mas que nem por isso deixavam de despertar satisfação naqueles que os portavam.

Os peritos costumam questionar a produtividade medida com base em número de laudos contabilizados. A dificuldade inerente a elaboração de determinado laudo, demanda uma temporalidade maior para que a "verdade" seja obtida mediante a materialidade da prova. Montar o quebra-cabeça com os fragmentos sem ter noção, em muitos casos, da figura que se formará requer que o perito seja "detalhista, observador, paciente, equilibrado, crítico, não acomodado, se capacite, tenha responsabilidade" (falas de vários peritos). Na concepção do Entrevistado C: "Perito [é o] cara que tá sempre atento a tudo. Sempre antenado. [...] O radar tá sempre ligado. Ele tem curiosidade das coisas. Atento a tudo, coisas que não são perceptíveis de primeira", e no dizer da Entrevistada A: "O perito tem de ser um pouquinho obsessivo, tem de ser humilde".

Um dos sentimentos comuns entre homens e mulheres peritos diz respeito à falta de valorização do trabalho deles por parte da instituição (IGP). A frustração desses profissionais também decorre da não ciência sobre o resultado de seu trabalho nas demais instâncias, do Ministério Público e do Judiciário, em compensação, o *feedback* é considerado algo que traz satisfação e que dá a consciência de que a atividade vale a pena.

> [...] muitas vezes, até quando a gente é chamado lá no tribunal para esclarecer alguma coisa, que a gente tá vendo que as coisas estão sendo levadas pelos advogados pra um lado que é errado, quando perguntam pra gente, a gente esclarece e modifica, uma, alguma pessoa vai ser absolvida e era pra ser condenada ou a pessoa vai ser condenada e era para ser absolvida e com a explicação da gente, que eles não teriam entendido certo o laudo, modifica, isso é a única coisa que dá prazer, não é prazer, dá satisfação. Dá assim, olha, o teu trabalho não foi em vão, não engavetaram [...]. (Entrevistado I.)

> [a satisfação no trabalho] ah, é quando eu sei o resultado, que é muito raro, mas na documento [documentoscopia], às vezes, a gente sabia o resultado de uma perícia nossa. Porque é uma coisa que a gente sente falta de alguém dizer. Às vezes, no Cível, quando eu trabalho fora, até é uma coisa que até eu vou atrás pra saber, resultou em alguma coisa, eu colaborei, porque a gente

sabe que é um trabalho importante, mas às vezes, não parece importante, porque a gente vai fazendo, fazendo, fazendo, fazendo e não sabe pra onde vai, não sabe se é usado, não se aquilo resultou numa condenação ou não. Entende? Isso é uma coisa, é um vazio que fica. [...] a gente se esmera muito pra fazer um trabalho bem feito. (Entrevistada A.)

Atender locais onde as vítimas são crianças configura-se como a situação mais angustiante. Se os peritos tiverem filhos, com a mesma idade ou com alguma semelhança física a da vítima, a reação tende a ser semelhante por parte daqueles servidores que são pais e mães. A papiloscopista, servidora que integra equipes lotadas no plantão, em seu relato dá conta que um perito tido como "forte" emocionalmente, no sentido de não se deixar abater diante das tragédias, que foi designado para efetuar levantamento de local em uma casa onde um menino foi encontrado morto ao lado de uma cama. A criança possuía idade e parecia-se fisicamente com o filho do perito que atendeu a ocorrência. O servidor ao ver a cena, realizou o seu trabalho, mas na primeira oportunidade ligou para casa a fim de obter notícias de seu próprio filho. Outros relatos dizem da dificuldade em lidar com essa situação de ver crianças vítimas da brutalidade humana, "pela inocência das crianças, que não são causadoras daquilo ali, e estão na condição de vítima". (Entrevistado B.)

Tá certo, eu vou te confessar uma coisa, criança eu tenho medo de atender. Nunca atendi, a única vez, tive sorte que nesses "x" anos, que eu nunca precisei atender, a única vez que eu precisaria, que tava na minha vez, eu me sentei e acho que fiquei tão pálida que um colega disse: "deixa que eu vou pra ti". Eu tinha filhos pequenos na época, né? E o colega, que era o chefe na ocasião da Química, [...] ele disse: "Entrevistada A" deixa que eu vou pra ti, é criança, eu não tenho problema, eu atendo. A única vez, né? Graças a Deus! Agora cada vez que eu tô de plantão, eu digo bom eu faço qualquer negócio, mas tomara que não tenha! Se bem que agora eu não sei, porque os meus filhos já estão maiores e a gente tem muito disso também, sabe? De associar. (Entrevistada A.)

Teve um caso específico que marcou muito pelo seguinte: foi uma, um carro, uma camionete da Volkswagen, uma Parati, tinham nove pessoas dentro da Parati, sendo que as três da frente, tinham jovens atrás, crianças, né? As três da frente eram: o motorista, uma senhora e uma criança e ficaram emparedados entre dois caminhões, ficou uma gaita e para a gente contar as vítimas, nós tivemos que pegar dois guinchos e espichar essa Parati para poder contar. No banco da frente, junto ao peito dessa senhora que morreu, tinha uma criança, uma menina, com os cabelos igual, iguais aos da minha filha que eu sabia estava em casa. E eu tive de ir em casa, depois que eu atendi isso aí, pra ver se ela estava bem para poder voltar para o plantão. Isso aí me tocou. (Entrevistado I.)

Para os peritos homens e mulheres, que atuam no plantão e possuem filhos pequenos, levar trabalho para casa configura-se como um problema, porque normalmente é preciso analisar as fotografias tiradas em locais de crime, e o manuseio desse material exige cuidado no sentido de impedir a visualização por parte das crianças, atitude consoante com as considerações tecidas por Elias (2001) acerca da relação morte e crianças na contemporaneidade.

As brincadeiras e o humor negro vão ser experimentados por peritos homens e mulheres, como forma de vencer o medo de lidar com a morte, fazendo também com que ocorra uma retomada de comportamentos existentes no passado, onde o riso não era banido quando do contato com os corpos dos mortos (ELIAS, 2001). Os fatos relatados relativos às atuações profissionais, considerados engraçados por eles, têm como cenário o local do crime e a presença de corpos. Nos excertos de dois relatos, representações de gênero aparecem ainda que de forma indireta.

> Quando a gente encontra corpos em decomposição, entra ali tem um código, encontro de cadáver, não é? Então, o nosso trabalho é muito limitado, a gente só vai no local pra ver se é descarte, se a pessoa morreu ali ou não, mas o trabalho todo vai para o DML [Departamento Médico Legal]. Nesse caso, era na RS 118, perto da ponte de Cachoeirinha, 25 km para baixo, bem íngreme, coberto de grama, de madrugada, com sereno, e o corpo tava lá embaixo e eu tinha que ver como é que ele tava, né? Aí tinham vários policiais militares, não é? Eh, ãh, a senhora vai querer descer? Vou, vou ter que descer e tal. E eles muito preocupados, né? Que eu fosse escorregar e cair ribanceira abaixo e um sargento, muito gentil, disse: "Não, eu vou na sua frente, porque se a senhora cair, né? Eu lhe seguro, ele todo, né? No segundo passo ele escorregou e foi (risos) escorregando os 25 m, quase ficou sem fundilho nas calças. Eu disse: bom, ainda bem que o senhor tava na minha frente, porque se eu caísse. Eu tive que ajudar um policial. Chegamos lá era um enrolado. (Entrevistada L.)

> Nós fomos num local em que tinha um cidadão de idade que era casado com uma jovem, e claro que a jovem estava traindo o cidadão e acredito até que ele tenha se matado por isso. Só que essa jovem era escudada por um Pai de Santo, o pai João, um negrão de dois metros, todo de branco. Chegamos no local, o "X" era o motorista. Na entrada, o "X" diz assim: "perito, aí tem". Eu disse: bah "X"! Fica frio, vamos examinar primeiro. "Não, mas aí tem, não vem que aí tem" e ele falava alto. Me dirigi a essa jovem e perguntei: como era o nome do seu esposo? Ela diz: "Ah, eu não sei, o pai João é que sabe". Mas a senhora não sabe o nome do seu esposo? "Não, eu tô muito nervosa, o pai João é que sabe". E o "X" diz assim: "Não te falei que aí tem". Que que

houve com o seu esposo? "Ah, eu não sei, é o Pai João é quem sabe". Bom, lá pela terceira vez, o "X", que era o motorista, diz assim: "Sabe de uma coisa, Pai "Nome do Perito", me chamando, né? "Eu vou pro carro, não aguento mais". Ele esculhambou com o local todo, como é que tu ia fazer depois disso aí. O Pai João é que sabe. (Entrevistado I.)

Na fala da perita, é possível ver certa satisfação na troca de papéis, o policial que buscava protegê-la (característica dos policiais apontada por HAGEN, 2006; SACRAMENTO, 2007) acaba sendo por ela ajudado e isso se transforma em humor. Já o perito mostra uma visão bem masculina sobre o local, onde a possível traição da mulher faz com que os servidores brinquem com a situação, algo bastante comum em outros meios sociais, quando nas rodas de amigos a diversão se dá com o relato de piadas que remetem à traição feminina, tida como uma expressão que pode imputar culpa a mulher, considerada nesse caso como "sem-vergonha", ou essa culpa pode ser atribuída ao homem que não desempenhou a contento o seu papel de marido e, portanto, nesse último caso merece chacota por parte de outros homens, na medida em que a sua virilidade passa a ser questionada.

Nesse item foram evidenciadas situações, valores, comportamentos, sentimentos experimentados da mesma maneira ou de modo semelhante pelos servidores do DC independente da condição de gênero. No próximo item, as peculiaridades serão apontadas.

AS DIFERENÇAS ENTRE HOMENS E MULHERES

Os integrantes do quadro funcional do Departamento de Criminalística costumam afirmar que o trabalho pode ser exercido, da mesma maneira qualificada, por homens e por mulheres, não havendo implicações de gênero de qualquer ordem. Mas, no convívio com esses servidores foi possível encontrar certa diversidade que vai ao encontro daquilo que acontece no ambiente societário de modo geral.

O primeiro aspecto referenciado pelos entrevistados é que as mulheres na atividade pericial costumam ser mais detalhistas, diferente dos homens que procuram olhar o todo. Quando se trata de "fazer local", a mulher tende a focar-se nos detalhes, enquanto que os homens elaboram o mapeamento do local como um todo, isso sob o ponto de vista do levantamento dos vestígios. Emocionalmente, há a percepção por parte dos pesquisados de que as mulheres ao retornarem do local, ficam abaladas, fazem comentários que remetem às dores psicológicas imputadas pela cena do crime; já os homens não têm por hábito expor seus sentimentos, optando por discorrer sobre os aspectos técnicos do local de morte. Essa "sensibilidade feminina" pode se agravar, se a servidora estiver no período de tensão pré-menstrual.

Em certas ocasiões, como pesquisadora, me senti testada por servidores homens, no que concerne a minha capacidade de controle emocional. Havia dias em que eu ia a campo e ficava conversando com os peritos, quando de súbito um deles reunia uma série de fotografias de um local onde havia uma criança vítima de violência e me mostrava. Eu percebia o olhar do perito acompanhando a minha expressão facial para ver se eu iria chorar ou se me manteria como um deles, perguntando sobre o caso de maneira mais "racional", era a forma por eles encontrada de se certificarem sobre a minha condição ou não de prosseguir com a pesquisa frente aquilo que visse e ouvisse acerca de suas vivências profissionais.

A arma, símbolo da masculinidade na polícia, referenciada no trabalho de Sacramento (2007), não se configura como um objeto a que todas as mulheres na perícia se sentem confortáveis ao tê-lo em mãos, seja, porque sentem desconforto emocional ao manusear esse objeto, seja, porque algumas armas são pesadas e de impacto e as mulheres encontram limitações físicas no manejo, solicitando aos homens ajuda para tanto.

Na linguagem dos informantes, nas sessões, as mulheres de modo geral demonstram maior preocupação com a limpeza do ambiente e do equipamento. Na área coletiva destinada ao plantão, seguidamente foi possível observar mulheres reclamando acerca do descuido por parte dos homens com relação à limpeza da mesa do cafezinho ou o descaso para com os móveis que integram a sessão, sendo uma das posturas criticadas a colocação dos pés sobre as mesas.

As dependências do plantão não apresentam diferenças de ambientação por gênero, homens e mulheres compartilham os espaços. O que é possível observar é um reforço da masculinidade, por parte dos homens, em especial através das piadas e brincadeiras que ora mencionam uma possível atitude homossexual, ora enfatizam a virilidade. Em um dos quartos, onde os papiloscopistas de plantão costumam dormir, em um papel pardo que serve de cortina, a inscrição em caneta: "Machão dormindo".

Ouvi de uma servidora a declaração de que logo que iniciou as atividades no plantão do DC, ficou escandalizada com as atitudes dos homens. Disse que em seu convívio com irmão, ex-marido, filho, não via descomposturas por parte deles, algo que se configura como recorrente entre os servidores que atuam no plantão, sendo o uso de palavrões uma dessas práticas. Para ela isso era inconcebível. A reação da servidora era chorar diante desses escrachos. Agora, passado certo tempo, disse compreender a razão desses comportamentos masculinos, pois para lidar com o cotidiano de crimes, os servidores precisam acionar mecanismos visando extravasar as tensões. Muitos servidores homens me disseram que só se permitem agir dessa maneira no ambiente de trabalho, porque em casa não podem adotar a mesma postura. Esse diálogo surgiu em uma ocasião quando me encontrava nas dependências do plantão e presenciei a servidora citada anteriormente dizendo um palavrão para um colega, imediatamente os demais homens manifestaram surpresa diante do fato, destacando ter sido a primeira vez que isso ocorria, ao que a servidora confirmou, acrescentando ser a maneira que lhe possibilitava igualar-se ao grupo.

Outro aspecto que merece ser registrado, e que me chamou a atenção desde a primeira ida a campo, diz respeito ao cuidado das mulheres que atuam no DC com relação à aparência: roupas, maquiagem e cabelos denotam a vaidade feminina e o bom gosto. Essa observação por mim registrada, também é referenciada por Ilana Casoy na obra intitulada *A prova é a testemunha* na qual a autora relata o julgamento do caso Isabella Nardoni. Por ocasião do depoimento da perita que coordenou as atividades periciais ligadas ao caso, escreveu Casoy (2010, p. 84): "Para aqueles que tinham em seu imaginário uma senhora de coque e óculos, sua figura surpreende. Veste um terninho roxo elegante e é belíssima". Ou seja, talvez essa seja uma representação de senso comum na sociedade, com a qual compartilhei a princípio, de que as servidoras não teriam preocupação com a aparência, algo que acaba sendo desconstruído no convívio com as mulheres que trabalham na perícia. Os homens, servidores do DC, aparentam certa vaidade, mas ainda assim menos do que as mulheres.

Cumpre destacar que a direção do Departamento de Criminalística até hoje só foi exercida por três mulheres. A atual diretora, ao ser entrevistada, relatou que desde criança e adolescente sonhava trabalhar como médica e detetive, profissões que, em tempos passados, não eram tidas como comuns de serem exercidas por mulheres. Nascida em uma família tradicional, em que o pai era militar e a mãe, de origem italiana, ambicionava ver a filha formada normalista, além de casada e com filhos, a entrevistada tinha predileção pelo universo masculino, que sempre a atraiu, as armas de brinquedo, os livros policiais e de guerra. Prestou vestibular para Medicina, passou e se formou tendo especialização em anestesia. Ela fez duas pós-graduações, uma em anestesia de alto risco em obstetrícia e outra anestesia em recém-nascido. Casou com um médico anestesista, teve três filhos e se separou depois de 11 anos de convívio. A sua trajetória de trabalho inclui a aprovação em concurso para trabalhar no INPS. Decidiu prestar concurso para ser médica-legista, mas rodou na sindicância por ter registro no DOPS.

Fez novo concurso, dessa vez para perito criminalístico, posto que, havia recebido anistia. Tendo sido aprovada, inicia suas atividades no DC na Balística, que naquela ocasião, era um mundo masculino, onde só havia uma mulher atuando. Teve que optar, em um dado momento, entre o cargo no INPS e no DC, por não ser possível receber de dois cofres públicos, e a opção recaiu sobre esse último. Dos primórdios na Balística, o relato mostra as dificuldades enfrentadas

> Entrei para a Balística como mascote, um mundo bem masculino, tinha uma colega [...] eu era a mascotezinha, [...] tenho boa capacidade de trabalho, né? [...] Numa sexta-feira eu sai daqui como a queridinha, a produção mais alta da Balística, na segunda-feira quando eu voltei tinha um abaixo-assinado das esposas dos meus colegas pedindo para que eu saísse da sessão, e o diretor aceitou que eu saísse da sessão. E a conduta, sabe, eu separada, aquele negócio, elas se sentiam moralmente atingidas. E eu saí. E eu me lembro de ter chorado muito, entende, de ter me sentido muito injustiçada, me sentindo extremamente injustiçada. Hoje em dia, quando eu olho pra trás, Neusa, eu até acho que eu pedi, entende? De certa maneira, porque eu nunca aceitei muito as regras. Então, aquele negócio, eu usava minissaia, né? Quer dizer, mas hoje em dia todo mundo usa, pois é, mas hoje em dia é hoje em dia, né? [...] E aí o que acontecia ali na Balística era o seguinte: essa esposa desse meu colega, o troço virou gozação, porque cada vez que ela vinha aqui, que ela me via, eu era transferida. Então, o pessoal começava a fazer *bookmaker* e eu te digo nunca tive nada, não tive nenhum relacionamento com o "Fulano" [...] Ela chegava aqui e o pessoal se olhava já e começava a fazer *bookmaker* para ver quando eu ia ser explodida donde for que eu estivesse. [...] Na época foi muito difícil [...].

Na sua narrativa a menção ao fato de que naquele período a cada semana lhe arrumavam um amante. Hoje se encontra casada com um delegado de polícia aposentado.

Os peritos daquela época eram pessoas que se consideravam portadoras de uma sapiência que requeria certa reverência por parte dos novatos, algo que a neófita em questão não estava disposta a se submeter, pois em sua ótica, havia um machismo a que as mulheres se subjugavam. Essa postura de não submissão rendeu à perita cinco sindicâncias durante o estágio probatório. A ela foi dito que não iria permanecer como servidora, porque eles não tinham interesse em manter no seu quadro "esse tipo de pessoa que tu és". Tal situação torna o convívio com a chefia muito difícil e exacerba o sentimento de injustiça.

> [...] Eu respondi cinco sindicâncias no estágio probatório. Cinco sindicâncias. E assim, oh, abria sindicância e não existia o fato, que hoje, por exemplo, as pessoas têm mais proteção. Porque, que hoje, por exemplo, eles te acusam de alguma coisa e tu vai lá e não existe, tu reverte. Na época não tinha, então abria toda a sindicância e eu ia lá depor e ah pois é, mas, oh, não existiu o fato, então fecha, só que na minha ficha ficava marcada.

Uma situação extrema ocorre quando ela é chamada para realizar a perícia em um local onde tinha ocorrido um disparo há dois anos. Nessas circunstâncias a realização da perícia não é cabível, pois nada deve ser encontrado e mesmo que algo possa ser achado, vai existir a dúvida em razão da distância temporal. Ao referenciar isso ao gestor ouve a seguinte colocação: "Isso é resposta de vagabunda". Ao ouvir tal afirmação, a perita deflagra um soco no gestor e se prepara para ser exonerada do cargo. Todavia, os desdobramentos se dão na contramão dessa expectativa, posto que ela não é mais indiciada em nenhuma sindicância e a deixam trabalhar sem importuná-la.

A competência granjeada como perita no seu entender foi o que a levou à condição de diretora do DC, uma vez que para ela existe uma "fantasia" de que quem é bom em campo é bom como administrador, algo que na sua ótica não é uma verdade. Essa percepção encontra respaldo na literatura administrativa. Entre os autores que refletem sobre esse saber técnico, que conduz ao poder, temos Gaulejac

> O poder tecnocrático pode ser exercido lado a lado com o poder hierárquico. O poder pelas ordens e pelo comando combina-se com o poder do saber, mobilizado por especialistas que impõem-se uma modelização do real sob a forma de painéis de bordo, de indicadores, de estudos custo/benefício, custo/eficácia etc., todas elas linguagens normativas impostas aos atores da empresa. (Gaulejac, 2006, p. 421)

Assim, ser diretora para ela representou um desafio até conseguir o que definiu como "a ordem unida". Ela se reconhece como uma pessoa controladora, que grita e que costuma se policiar para não dizer palavrão. Por ter trabalhado na área médica como intensivista, onde a lógica é fazer o que tem de ser feito pelo usuário e depois questionar, pois a emergência está posta e não há tempo a perder, no DC, ela afirma que acabou por imprimir a mesma prática, ou seja, faça e depois apresente possíveis alternativas de mudanças e as justifique. Para que esses argumentos possam ser expressos, a sala da direção encontra-se sempre de portas abertas, mas a diretora lembra que ao optar por um caminho, já estudou as várias opções existentes. Essa postura da gestora requer que o interlocutor seja perspicaz em relação à proposição a ser sugerida. Aqueles que estão submetidos hierarquicamente a esse estilo de direção registram a centralização das decisões e a pouca participação que possuem sobre as questões que os envolvem, "a gente não sente a voz da gente", (Entrevistada Q).

Os depoimentos traduzem a percepção sobre a atuação da gestora: "Tem uma fama de dar bronca" (Entrevistado J), ou "É geniosa, muito brava, grita muito, tem muitas ideias, mas tu tens que fazer o que ela acha que tem de ser, não adianta tu dizer que é azul, se ela disser que é vermelho, então tem de vender a ideia pra ela que ela disse que era azul antes, não é?" (Entrevistado I). Mas, paralelo a esses depoimentos, há o reconhecimento da competência dela na execução das perícias, pela sua versatilidade, pela insistência na busca da verdade, o que lhe rende o elogio de melhor perita por parte de alguns colegas.

Entre as análises possíveis estaria a reprodução, por parte da diretora, de um modelo masculino de atuação, a exemplo do que propõe Calazans (2005) sobre a chamada "masculinidade subordinada", ou seja, a mulher assumindo o referencial masculino e assim colocando a diferença à margem. A autora ainda ressalta que a ênfase no rigor em relação à hierarquia e às normas é exacerbado pelas mulheres que procuram com isso reforçar a homogeneização pela via da cultura masculina hegemônica. Louro (1999) refere que as dicotomias não se dão só pela via da diferença entre homem e mulher, mas nessa dualidade há espaço para clivagens de classe, raça, idade e religião que podem se refletir em conflitos e solidariedades para além da dominação masculina, revelando lugares de resistência e de alternação de poder. Portanto, as teorizações de Calazans (2005) podem ser pertinentes no caso em questão, mas diante da história de vida da entrevistada, também é possível que a vivência na área da saúde tenha influenciado de maneira significativa o seu modo de gerir as situações com as quais se defronta, o que vai ao encontro dos postulados de Louro (1999). As possibilidades de interpretação reveladas parecem ser viáveis e não excludentes uma vez que somos fruto de nossas vivências e experiências.

As questões de gênero, seja no passado ou no presente, não parecem estar restritas ao universo interno da instituição, as relações interinstitucionais se dão e parecem trazer à tona representações de um fazer tido como masculino, o concernente à polícia, revelado sob a ótica da atuação feminina no campo do fazer da perícia. Assim, a fala de uma perita mostra os preconceitos, que se dão, por parte das duas esferas de atuação, embora a servidora só enfatize os estereótipos presentes no âmbito da polícia, as suas colocações também acabam por evidenciar os preconceitos dos servidores da perícia em relação aos servidores da polícia.

> [...] E um desses locais eu atendi e era um esfaqueado, um homem esfaqueado em Três Coroas, tinha sangue pela casa toda, inúmeras, inúmeras facadas assim e fiz o local, achei pegadas e eram pegadas pequenas, e quando eu vi assim um pouquinho maior do que o meu pé. Então podia ser uma mulher e eu recolhi aquilo, fotografei, fiz medidas e aí o inspetor mandou as medidas do pé de um garoto, que eram maior, era de um menino de 17 anos, o pé era bem maior. Eu disse que não e aí ele veio e aí tem toda uma dificuldade quando tu lida com um inspetor. Eles nem sempre vem, mas ele veio e pediu uma reunião e a gente foi lá conversar com ele. E eu sou uma mulher, o que já às vezes atrapalha nesse, nesse lidar com o policial, um policial mais antigo, já cheio de coisa. E aí a história dele então é que tinha uma coisa homossexual e não sei o que e que devia de ter sido um homem, ele não podia entender que podia ser uma mulher assim. Mas na verdade, aquela, não era um homem grande, nem nada e a fúria de uma mulher torna, possibilita a ela fazer aquilo que a gente tava vendo que tinha acontecido. Lógico que podia ser [homem], não precisava ser uma mulher, mas podia, aquele tamanho de pé não descartava a hipótese. E aí depois ele me mandou o pé de uma mulher e era. A mulher tinha 1 m e 42 cm (risos) e tinha feito aquilo tudo. E aí dá uma certa satisfação assim que todo aquele, era um preconceito, um, um jargão assim, uma, eu fiquei, vi que era e tal. Às vezes, existe essa dificuldade da gente como perita se colocar lá nesse meio policial. Eu sinto isso. Apesar de ter um monte, hoje em dia, de investigadoras mulheres. (Entrevistada Q.)

Esse excerto mostra aquilo que foi apontado por Alves (2007), o fato de a cultura policial ser marcada por arbitrariedades, autoritarismos e preconceitos.

Por seu turno, o preconceito da perita em relação aos policiais aparece ainda mais evidente nessa fala, em que a distinção nós e os outros (ELIAS, 2000), se faz presente

> Acho ótimo que a gente não seja polícia mais. Porque a gente não vê a polícia com bons olhos. A gente vê sempre assim a questão do delegado não ir ao local ou então quando vem um investigador, vem cheio de vícios já do trabalho, cheio de estereótipos e não sei o que, então, e a gente não quer, na verdade a gente não quer ser confundido com eles, porque a gente não funciona assim como eles. Pelo menos uma parte da perícia. Então, a gente não quer se misturar. Então, eu acho muito bom que a gente não seja polícia nesse aspecto. (Entrevistada Q.)

A perita Z relembra uma perícia por ela realizada em um local onde havia a necessidade de ultrapassar uma área com água, lama. Ela havia ido ao local com uma sandália e ao observar a presença de água e lama, começou a se desembaraçar do calçado para entrar na área, todavia, um inspetor toma a iniciativa de carregá-la nos braços a fim de evitar que ela tivesse que colocar os pés na água. Ela afirma que os policiais possuem algo "mágico" no sentido de querer proteger a mulher. Todos os policiais envolvidos com a ocorrência assistiam a cena. Chegando até onde estava o corpo, a perita percebeu que a iluminação era inadequada, ela sozinha, sem pedir auxílio, arrasta o corpo de um homem até uma parte onde havia um bico de luz e começa a verificar com os dedos as perfurações no corpo da vítima, realizando a contagem das mesmas, diante daquela cena, o inspetor que a havia ajudado se sente mal.

Face ao exposto, revela-se pertinente a afirmação de Louro (1999) referente à dinamicidade das identidades de gênero, que se constroem mediadas por discursos, símbolos, representações, de modo que o ser feminino e o ser masculino são sempre transitórios, "transformando-se não apenas ao longo do tempo, historicamente, como também transformando-se na articulação com as histórias pessoais, as identidades sexuais, étnicas, de raça, de classe...". (LOURO, 1999, p. 28).

As diferenças entre polícia e perícia, a primeira revelando uma cultura organizacional masculina e a segunda uma cultura organizacional calcada na ciência, parecem se reforçar a partir da separação entre perícia e polícia. A perícia, ao buscar a materialidade da prova mediante o uso do método e das técnicas científicas, possibilita às mulheres minimizar a invisibilidade feminina "como sujeito da Ciência" (LOURO, 1999, p. 17), em especial por colocar homens e mulheres a serviço da "busca da verdade".

CONSIDERAÇÕES FINAIS

Diante da morte violenta os peritos, sejam homens ou mulheres, parecem agir e reagir de forma semelhante. Existem profissões em que a morte pode ou não acontecer, é o caso daqueles que atuam como médicos, enfermeiros, policiais, embora haja a probabilidade, ainda assim a preservação e manutenção da vida de outrem é a esperança que move esses atores sociais no sentido de vencerem o desafio (FLORES-PEREIRA et al., 2005).

Em se tratando do trabalho da polícia, a atuação desses profissionais exige o confronto com os criminosos, o uso da força física e, em certas circunstâncias, matar ou morrer requer uma decisão a ser tomada em fração de segundos. Já a perícia se defronta com um quadro onde a morte já é um fato consumado e o que é esperado em termos de trabalho a ser realizado centra-se na busca por vestígios que venham a desvendar a "verdade". Para tanto, utilizam-se do método e das técnicas científicas. Não há como vencer o desafio da morte, o trabalho executado parte de uma realidade inexorável, a finitude humana. O perito, docente na disciplina Locais de Crime Contra a Vida, ministrada aos novos ingressantes no Curso de Formação de Peritos, em sua primeira aula faz menção à música "De Frente pro crime" de João Bosco e Aldir Blanc, que em sua última estrofe diz: "Olhei o corpo no chão e fechei minha janela de frente pro crime", o professor chamou a atenção para o fato de que o perito não fecha a janela, pois é aí que começa o trabalho desse profissional.

A fala de uma perita vai ao encontro desse posicionamento de que diante do fato consumado, só resta para a perícia buscar a "verdade".

> E eu tenho a seguinte postura, eu não vou poder fazer nada pela vítima, quando eu chego, ela tá muito mais que morta já, já passou normalmente duas horas, não é? Mas eu posso ajudar. Eu posso descobrir o que aconteceu e posso indicar um culpado. [...] Eu não posso me dá o luxo de ficar chorando. [...] Eu tenho de fazer alguma coisa, não é? Às vezes a gente consegue, às vezes não, mas a postura é essa, não é? [...]. (Entrevistada L.)

Talvez, essas diferenças sejam determinantes para a existência das questões de gênero menos significativas. Diante de uma realidade laboral que se impõe de contato com situações de morte violenta, homens e mulheres têm consciência da inevitabilidade de sua morte, o que vai ao encontro dos postulados de Bauman (2008), assim como de Elias (2001). A ciência então serve como mote para os peritos não pensarem nessa inevitável finitude humana. Segundo Chassot (2004), a despeito da produção intelectual e da ciência ser predominantemente masculina, ela "é um construto humano – logo falível e não detentora de dogmas, mas de verdades transitórias – e, assim, respostas às realizações dos homens e mulheres" (CHASSOT, 2004, p. 11).

Apegar-se à ciência e à busca da verdade é um mecanismo de defesa que propicia a realização de um trabalho desgastante sob o ponto de vista emocional, estressante, que no limite pode levar a patologias, como o alcoolismo, o uso de drogas, a depressão, o pânico, os transtornos obsessivos compulsivos, doenças que acabam por acometer alguns desses profissionais, cujas estratégias de cunho psicológico utilizadas não surtem os efeitos desejados, uma vez que essa atividade impede o trabalhador de falar sobre o seu dia a dia laboral com amigos e parentes, afinal a morte, e ainda mais a morte violenta, no contexto contemporâneo, precisa ser mantida distante do âmbito social (ELIAS, 2001).

A pesquisa evidenciou a supremacia da cultura da ciência em detrimento da cultura de gênero. As diferenças de gênero mais significativas estão situadas em um passado, ainda que recente, sendo que no presente as diferenças de gênero são postas na interface estabelecida com outro órgão da Segurança Pública, qual seja, a polícia. Portanto, é possível dizer que internamente as semelhanças de atuação tendem a ser maiores do que as distinções entre homens e mulheres.

REFERÊNCIAS BIBLIOGRÁFICAS

ALVES, I. Cultura profissional e violência policial: uma discussão. Estudos do trabalho. *Revista da RET – Rede de Estudos do Trabalho,* ano I, n. 1, 2007. Disponível em: www.estudosdotrabalho.org. Acesso em: 26 jun. 2010.

ANCHIETA, V. C. C.; GALINKIN, A. L. Policiais civis: representando a violência. *Psicologia & Sociedade*, Porto Alegre, v. 17, n. 1, p. 19, jan./abr. 2005.

BAHIA, M. C.; FERRAZ, M. A. V. Entre a exceção e a regra: a construção do feminino na Polícia Civil Baiana. *Revista O&S*, Salvador, v. 7, n. 18, p. 25--40, maio/ago. 2000.

BAUMAN, Z. *Vida líquida.* Rio de Janeiro: Zahar, 2009.

_____. *Medo líquido.* Rio de Janeiro: Zahar, 2008.

BRAVO, R. S *Técnicas de investigación social: ejercicios y problemas.* Madri: Paraninfo, 1976.

BRETAS, M. L.; PONCIONI, P. *A cultura policial e o policial civil carioca.* 2010. Disponível em: http://www.comunidadesegura.org.br/files/aculturapolicialepolicialcarioca.pdf . Acesso em: 26 jun. 2010.

BRETAS, M. L. Observações sobre a falência dos modelos policiais. *Tempo Social – Rev. Sociol. USP*, São Paulo, v. 9, n. 1, p. 79-94, maio, 1997.

CALAZANS, M. E. Polícia e gênero no contexto das reformas policiais. *La Salle – Revista de Educação, Ciência, Cultura.* v. 10, n. 2, 2005.

CASOY, I. *A prova é a testemunha.* São Paulo: Larousse, 2010.

CHASSOT, A. I. *A Ciência é masculina?* É sim senhora! São Leopoldo: Unisinos, 2004.

DAMATTA, R. *O que faz o brasil*, Brasil? Rio de Janeiro: Rocco, 1991.

ELIAS, N. *A solidão dos morimbundos.* Rio de Janeiro: Zahar, 2001.

ESTRUTURA do IGP. Disponível em: http://www.igp.rs.gov.br. Acesso em: 12 fev. 2010.

FLORES-PEREIRA, M. T.; CAVEDON, N. R.; MAZZILLI, C. P. O desafio de vencer a morte: as representações sociais dos médicos hematologistas e oncologistas. In: CAVEDON, N. R. *Representações sociais na área da saúde*: teoria e prática. Porto Alegre: Dacasa, p. 97-108, 2005.

GOMES, M. P. *Antropologia.* São Paulo: Contexto, 2008.

GOODE, W. J.; HATT, P. K. *Métodos em pesquisa social.* São Paulo: Nacional, 1960.

GRIZA, A. *Polícia, técnica e ciência:* o processo de incorporação dos saberes técnico-científicos na legitimação do ofício de policial. Porto Alegre, 1999. Dissertação (Programa de Pós-Graduação em Sociologia) – Universidade Federal do Rio Grande do Sul.

GAULEJAC, V. Crítica dos fundamentos da ideologia de gestão. In: CHANLAT, J.-F.; FACHIN, R.; FISCHER, T. *Análise das Organizações:* perspectivas latinas. Olhar histórico e constatações atuais. Porto Alegre: UFRGS, p. 413--438, v. 1, 2006.

HAGEN, A. M. M. *Relações de gênero no trabalho policial.* In: ENCONTRO ANUAL DA ANPOCS, 30., 24 a 28 out. 2006. p. 1-15. Disponível em: www.pc.rs.gov.br/acadepol. Acesso em: 29 jun. 2010.

INSTITUTO-GERAL DE PERÍCIA DO RIO GRANDE DO SUL. Disponível em: http//:www.igp.rs.gov.br. Acesso em: 12 fev. 2010.

LOURO, G. L. *Gênero, sexualidade e educação*: uma perspectiva pós-estruturalista. 3. ed. Petrópolis: Vozes, 1999.

RAMOS, F. P.; NOVO, H. A. Representações sociais de governo, justiça e polícia: um estudo nas camadas média e popular da Grande Vitória / ES. *Psicologia*: teoria e prática, v. 4, n. 1, p. 29-37, 2002.

ROSA, A. R.; BRITO, M. J.; OLIVEIRA, F. M. Os sentidos da violência nas organizações: uma análise construcionista da história de vida de uma policial militar. *Revista Eletrônica Gestão e Sociedade* – CEPEAD, n. 1, p. 1-30, 1 ago. 2007.

SACRAMENTO, J. S. S. *Polícia e gênero:* percepções de delegados e delegadas da Polícia Civil do Rio Grande do Sul. Porto Alegre, 2007. Dissertação (Programa de Pós-Graduação em Sociologia) – Instituto de Filosofia e Ciências Humanas da Universidade Federal do Rio Grande do Sul.

SOUSA, C. S. O. de; SANTIAGO, C. F. O processo de inclusão da mulher como profissional de segurança pública na polícia militar de Minas Gerais. *Caderno Espaço Feminino*, v. 18, n. 2, p. 143-155, ago./dez. 2007.

SOUZA, E. R. et al. Sofrimento psíquico entre policiais civis: uma análise de gênero. *Cadernos de Saúde Pública*, Rio de Janeiro, v. 23, n. 1, p. 105--114, jan. 2007.

10

GÊNERO NO AMBIENTE ACADÊMICO

Sylvia Constant Vergara
Ana Paula Cortat Zambrotti Gomes

INTRODUÇÃO

A área de estudos organizacionais, nos últimos anos, tem voltado sua atenção para a questão da diversidade, este um termo amplo que inclui raça, etnia, gênero, idade, origem geográfica, formação educacional, história de vida, tempo de serviço na organização, entre outros aspectos; refere-se, portanto, às diferenças individuais entre pessoas (NKOMO E COX JR., 1999).

No Brasil, os estudos de Oliveira (2007) sobre a diversidade étnica, de Irigaray e Freitas (2009) e de Siqueira et al. (2006), acerca dos gays no ambiente de trabalho, de Silveira e Hanashiro (2007) sobre a questão da similaridade-atração, de Lengler et al. (2002), acerca da desconstrução do conceito e da prática da segmentação de mercado com base no gênero e na etnia, de Vergara e Irigaray (2007), sobre portadores de necessidades especiais, entre outros, ilustram bem essa realidade.

O presente estudo explora a diversidade, trazendo à tona a questão do gênero, amplamente estudada por Calás e Smircich (1999) e

Scott (1990), entre tantos outros pesquisadores. Com Scott (1990), há de admitir-se que não se pode tratar o termo de maneira simplista, como sinônimo de sexo, de diferenças biológicas entre pessoas. Trata-se, como lembram Calás e Smircich (1999), de um termo socialmente construído e que reflete uma variedade de teorizações feministas. O gênero tem sido alvo de uma série de discussões, como as apresentadas em Brunstein e Jaime (2009), Bruschini et al. (2008), Cappelle et al. (2004), Cappelle e Melo (2007), Cohen e Huffman (2007), Dubno (1985), Haberfeld (1992), Martin (1990), Paton e Dempster (2002), Powell e Butterfield (1994), Steil (1997), Vilas Boas et al. (2003). Aqui, ao contrário da maioria dos estudos, o tema afasta-se das organizações produtivas e ganha outro palco: o ambiente acadêmico.

A empresa é, por sua natureza, palco funcionalista. E as instituições de ensino superior? E nelas, as escolas de administração, de gestão, de negócios? Por representarem um local de abertura, de debates, de crítica, de novas perspectivas, elas foram as escolhidas para este estudo, que busca responder à seguinte pergunta: até que ponto a questão do gênero influencia a escolha de profissionais para ocupação de cargos executivos no ambiente acadêmico, mais precisamente, nas escolas de negócio?

O estudo apresenta-se em três seções, além desta introdução. A próxima aborda o percurso metodológico da investigação. A terceira traz a interpretação das informações obtidas na pesquisa de campo realizada e suportada pela literatura pertinente ao tema. Por fim, a quarta seção apresenta as conclusões a que o estudo permitiu chegar e suas implicações.

PERCURSO METODOLÓGICO DA PESQUISA

O estudo foi realizado com informações obtidas na literatura e no campo. Neste, foram realizadas 27 entrevistas semiestruturadas, com duração média de 1h15, das quais 14 foram com gestores (diretores, superintendentes e coordenadores) e 13 com professores de

MBA de cinco escolas de negócios do Estado do Rio de Janeiro, que atuam na educação de executivos.

As entrevistas foram norteadas por uma história fictícia, que serviu como estímulo para a abordagem da questão do gênero no ambiente acadêmico. Tal história dizia respeito a um processo seletivo aberto pela Instituição Alpha, para a ocupação do cargo estratégico de gestor dos cursos de MBA. Do processo de seleção fizeram parte cinco candidatos, escolhidos após uma triagem inicial. Eram quatro homens e uma mulher (Antonio, Joaquim, Lia, Roberto e Sérgio), os quais participaram de uma entrevista em grupo com o diretor da instituição. O diretor lançou questões e provocações para o grupo, para avaliar a reação de cada um. Foi quando houve um embate entre Lia e Roberto. Eles se destacaram, portanto, cada um com seu estilo e com seus argumentos, tornando-se o centro da entrevista. Mas, afinal, dos cinco candidatos, quem foi o escolhido? Por quê?

O caso fictício foi apresentado aos participantes da pesquisa, para que eles pudessem expor suas impressões. A intenção foi utilizar, de forma adaptada e semiestruturada (OPPENHEIM, 1973), a técnica de complemento de histórias (VERGARA, 2010a). Por meio de técnicas projetivas, como esta, podem-se coletar impressões de cunho subjetivo e evitar as limitações a convenções sociais (DONOGHUE, 2000). O intuito era captar outros pontos, além do gênero, que pudessem ser considerados relevantes, na visão dos entrevistados, para a ocupação de cargos executivos no ambiente acadêmico. A partir da história fictícia, outras questões foram introduzidas durante as entrevistas.

As informações obtidas foram submetidas à análise de conteúdo (BARDIN, 1977). Na criação de categorias, própria deste método, optou-se pela grade mista. Temas como as abordagens feministas (CALÁS E SMIRCICH, 1999), a *queer theory*, (PLUMMER, 2005), o *glass ceiling* (POWELL E BUTTERFIELD, 1994; STEIL, 1997), entre outros, permitiram a criação de quatro categorias prévias: (a) cultura brasileira x cultura organizacional; (b) objetividade x subjetividade; (c) clubinho masculino; (d) competência. Após a pesquisa de campo, a essas categorias foram adicionadas outras três: (e) ser e parecer ser; (f) senioridade; (g) dinâmica dos negócios. Tais categorias emergiram durante o processo de interpretação das informações obtidas no campo, tanto sob a ótica interparticipantes, ou seja, com base na amostra como um todo, quanto a intraparticipantes, isto é, a interpretação detalhada de cada uma das entrevistas (NICOLACI-DA-COSTA, 2007). As informações foram interpretadas à luz da literatura pertinente e tal interpretação é revelada na próxima seção. Assume-se, portanto, que pesquisadores e pesquisados, utilizando sua subjetividade, apreendem uma observação ou uma vivência e lhe dão um sentido, ou seja, as interpretam (SCHWANDT, 1994).

A INTERPRETAÇÃO DAS INFORMAÇÕES OBTIDAS

Mudanças ocorridas desde o início do século XX aos dias atuais nos campos políticos, econômicos, legais e tecnológicos exerceram influência na estrutura do emprego, a qual traz ainda aspectos demográficos, sociais e culturais. As quedas na taxa de fecundidade, a redução no tamanho dos arranjos familiares, o envelhecimento da população, elevando, sobretudo, a expectativa de vida das mulheres, o crescimento dos arranjos familiares chefiados por mulheres, além do crescimento do nível de escolaridade delas, se comparado ao dos homens, resultou no aumento da participação feminina no mercado de trabalho (BRUSCHINI et al., 2008). Por um lado, ainda se nota a existência de "guetos" ocupacionais femininos, com a presença de mulheres em maior escala nas áreas de educação, saúde, bem-estar social, artes, entre outras (Fundação Carlos Chagas, s.d.). Por outro lado, as profissões ditas masculinas, como a advocacia, a magistratura ou o jornalismo, ganham ano a ano novas adeptas (ABREU E ROCHA, 2006; Fundação Carlos Chagas, s.d.).

Apesar das inúmeras transformações, há quem considere que ainda vivemos em uma sociedade falocêntrica (STERN, 1996), que entrega ao *masculino* a supremacia e a dominação nas relações. Esse fato tende a ser mais acentuado em sociedades latinas, e se desnuda na cultura organizacional.

O relato da situação fictícia na pesquisa de campo revela, de certa forma, uma suposição das autoras quanto à participação das mulheres em processos de seleção para cargos executivos. Tal suposição, de que a participação das mulheres ainda se dá em menor escala, certamente, traz resquícios de influências históricas e culturais. Mas esta suposição ainda encontra espaço no atual ambiente de negócios? A ficção nos leva a crer que sim. Pelo menos, é o que mostra filmes como O *que você faria?*, que aborda um *reality show* corporativo, no qual sete candidatos disputam uma vaga para um cargo executivo, sendo cinco homens e duas mulheres. Mas será que nas escolas de negócios há outros critérios em jogo?

Cultura Brasileira X Cultura Organizacional

A relação entre a cultura de um país e a cultura das organizações tem sido alvo de uma série de estudos, tais como o de Geertz (1978), Hofstede (1991) e o de Schein (1987). No Brasil, a obra organizada por Motta e Caldas (1997) propõe a compreensão da cultura das empresas brasileiras a partir da cultura nacional.

A cultura brasileira tem origem na diversidade. Índios, portugueses e negros africanos marcaram a formação do povo brasileiro, dando origem a várias subculturas. Analisá-las é relevante (FREITAS, 1997). Tal análise contribui para a compreensão da cultura organizacional como algo que a organização é. Entender a organização como uma cultura é, nos termos de Freitas (2007), reconhecer o papel ativo dos indivíduos na construção da realidade organizacional. É reconhecer os valores, crenças e pressupostos, ritos, sagas e heróis, mitos, histórias, tabus, normas, artefatos em geral (ALVESSON E BERG, 1992; FREITAS, 2007), que influenciam, no foco deste estudo, a escolha para ocupação de cargos executivos.

Tais elementos culturais apareceram na fala dos participantes desta pesquisa. Os aspectos mais marcantes na análise dessa categoria são o dilema família × carreira, o fenômeno do teto de vidro e o novo papel social da mulher, explicitados a seguir.

Dilema Família × Carreira

O dilema família × carreira e a conquista da liberdade foram pontos bastante ressaltados pelos participantes, tanto pelos homens quanto pelas mulheres. É o que revelam, por exemplo, Rodolfo e Augusto (todos os nomes citados são fictícios), ambos diretores de uma escola de negócios.

> no passado, a mulher não tinha carreira. Na verdade, não tinha escolha. Depois, passou a viver o dilema família × carreira, ser mãe ou ser profissional. É difícil... há muitos resquícios culturais aí. [...] Mas o que eu vejo é que restrição por conta de gênero é coisa de gente retrógrada. (Rodolfo, diretor)

> Não tem jeito. A família é um limitador para a mulher. Para um cargo como esse, tem que trabalhar direto, viajar muito, ter disponibilidade, entende? Você sabe como é, porque viaja muito. [Fazendo referência a uma das autoras deste estudo.] São poucas as mulheres que têm essa disponibilidade. A maioria, quando tem, é porque já está com os filhos criados. Lia [a única candidata mulher da história fictícia] pode até ser melhor, mas será que terá a disponibilidade necessária? (Augusto, diretor)

O estudo de Marry (2008), sobre as carreiras das mulheres docentes, ratifica tais observações, pois aponta o fato de haver ainda uma percepção de que casamento e maternidade não combinam muito com carreira.

Outro entrevistado, Luis, professor, imagina que o diretor deve ter escolhido Lia e Roberto, porque demonstraram capacidade de argumentação, de defesa de pontos de vista. Ele, particularmente, selecionaria Lia, por considerar a sensibilidade feminina uma característica fundamental nos dias de hoje. Mas para chegar lá, qualquer candidato deveria mostrar capacidade de gestão, traduzida por resultados anteriores e referências dadas por gestores de empresas, esclarece o entrevistado. Para ele, o dilema família × carreira estava resolvido para Lia, sobre quem infere ter meia-idade, filhos crescidos ou não ter filhos:

> Como Lia parece ter uma vida familiar já estabilizada, não haveria problemas relacionados à dedicação ao cargo, porque, para a mulher, a família ainda é um entrave. (Luis, professor)

Esse dilema, para uma das entrevistadas, a gestora Helena, é típico da cultura latino-americana, que dá grande ênfase ao casamento, como uma escolha necessária, quando não imprescindível à mulher. Esse cenário hoje parece estar, de certa forma, mudando. Como ela diz:

> Os alunos que entram hoje nos nossos cursos têm outro perfil. Muitos ainda são solteiros, mesmo tendo mais de 30 anos, algo impensável há anos atrás. As meninas, as mulheres, estão pensando primeiro na carreira e depois no casamento. (Helena, gestora)

O dilema família × carreira esteve presente, também, na vida de uma das autoras deste estudo, mas de uma forma diferente da relatada pelos participantes da pesquisa. Sylvia não teve dúvidas. Ela escolheu família e carreira. Contudo, o dilema estava presente na legislação do país, que via, na época, incompatibilidade entre estudo e casamento. Sylvia casou-se, no mesmo ano em que foi aprovada para o acesso ao curso normal, que formava professores. Naquela época, contudo, a normalista não podia casar. Era lei. Sylvia foi denunciada por uma colega de classe, que descobriu seu casamento. Pela ordem natural dos acontecimentos, Sylvia deveria ter sido desligada da escola. Mas não foi o que aconteceu porque o diretor da escola que tinha sido seu professor e gostava do seu desempenho, sugeriu seu afastamento temporário, sob a alegação de um tratamento de saúde. E ela ficou, de fato, doente, ao ver seu sonho de ser professora distanciar-se. Seu marido, no entanto, conseguiu uma audiência com o presidente Getulio Vargas, que derrubou a descabida lei impeditiva do casamento de estudante (mulheres, normalistas, e homens, cadetes da Academia Militar). Sylvia voltou à escola, formou-se e viu seu sonho virar realidade: tornou-se professora. Sua história de vida ilustra a luta pela derrubada de um preconceito, típico da cultura brasileira da época, que impedia a liberdade de escolha dos jovens. Era família ou carreira. Sylvia optou por família e carreira que, aliás, incluiu cargos executivos.

O dilema família x carreira tem raízes históricas no modelo de relações hierárquicas encontradas na família patriarcal, que confere à mulher a responsabilidade de ter filhos, educá-los e cuidar da casa e ao homem, o direito e o dever de ser o chefe da família (MORGAN, 2002). Esse modelo, todavia, como observa Freitas (2006), não foi impeditivo para a mulher afirmar-se, também, em trabalhos fora de casa.

Teto de vidro

Teto de vidro é um conceito que vem sendo abordado em pesquisas sobre gênero há dezenas de anos (STEIL, 1997). Trata-se de uma barreira que impede a ascensão das mulheres ao topo da hierarquia organizacional. É de vidro, em razão da sutileza com o qual ele se configura (STEIL, 1997). As mulheres, observa Morgan (2002), podem enxergar oportunidades no topo das organizações nas quais se inserem, mas o caminho para chegar a esse topo é, muitas vezes, bloqueado pelo preconceito sexual, o qual define como a realidade organizacional é criada e sustentada no dia a dia.

Na história fictícia desencadeadora das entrevistas, a cultura brasileira aparece sob a forma de preconceito, de aceitação do teto de vidro. É o que revela a professora Fernanda:

[...] para a entrevista final? Fica o Roberto, por puro machismo da sociedade. Não tem jeito, é cultural. Se fosse um cargo intermediário, de repente, Lia poderia entrar. Mas um cargo equivalente à superintendência, é Roberto...

A fala de Fernanda traz à tona uma situação semelhante, que ocorre na imprensa, e que foi abordada por Miriam Leitão, em entrevista ao CPDOC/FGV (ABREU E ROCHA, 2006). Miriam diz que, apesar do grande aumento de mulheres na imprensa, elas não passam do nível de média gerência.

Fernanda, a entrevistada, remete a mudanças demográficas (famílias chefiadas por mulheres) e sociais (perfil das mulheres) (BRUSCHINI et al. 2008). Em seu depoimento, ela disse o seguinte:

Vejo que para o homem é difícil ter uma mulher no comando. Já tem muita mulher mandando em casa; vai ter outra mandando no trabalho? Eu nunca sofri preconceito por ser mulher, porque aqui na escola não tem isso.

Bianca, coordenadora de uma escola de negócios, e Rodolfo, diretor de outra escola, extraem das suas interpretações da história fictícia o preconceito que, para eles, também está presente em algumas escolas:

Na vida real, entram Lia e Roberto. Se eu fosse o diretor, não escolheria nenhum dos cinco. Mas o mercado escolhe... E, como Roberto é homem, o diretor é homem... já viu, né? O mercado ainda escolhe o homem. Mas se o entrevistador entender que Lia tem as sutilezas... (Bianca, coordenadora)

Os que se destacam pela racionalidade ficam: Lia e Roberto. Depois, nesse caso, entra o homem... é quase certo. [...] Não dá para dizer quem é o melhor dos cinco candidatos, mas pelo que vemos acontecer por aí, Roberto teria mais chance. É a cultura brasileira... fazer o quê? (Rodolfo, diretor)

O depoimento de Rodolfo nos remete a considerações de Morgan (2002). Ele ressalta que valores muito mais masculinos do que femininos, como a ênfase na lógica, os modos lineares de pensamento e ação e a preocupação com resultados dominam as formas tradicionais das organizações. Morgan (2002) estava se referindo às organizações produtivas, mas, de acordo com o entrevistado, é uma lógica que acomete também algumas escolas de negócios.

O trabalho de Marry (2008) confirma tais considerações, ao expor que o mundo acadêmico não escapa ao fenômeno do teto de vidro, segundo o qual as mulheres desaparecem à medida que se avança em direção ao topo da hierarquia. A autora completa sua exposição rebatizando o fenômeno que, para ela, seria um céu de chumbo, menos transparente, mas igualmente pesado, dado o acúmulo de discriminações ao longo da carreira.

O depoimento de Bianca mostra não só o preconceito do mercado, mas uma nova tendência ("mas se [...] entender que Lia tem as sutilezas"), que permite revelar um novo papel social da mulher.

Novo Papel Social da Mulher
A mulher está se inserindo de forma diferente na sociedade? Ela está ganhando força, não só em termos quantitativos, mas, sobretudo, no que diz respeito à liberdade de escolha e ao reconhecimento profissional? Alguns entrevistados levam a crer que sim, como a coordenadora Júlia que, ao longo da carreira, trabalhou com ensino e pesquisa, e hoje tem um cargo executivo. Na opinião de Júlia, as mulheres têm mais facilidade para recusar um cargo quando não têm interesse, porque desfrutam da condescendência da sociedade; os pares aceitam. A mulher pode não querer ser executiva; o homem não tem escolha. A professora Fernanda, outra entrevistada, ratifica tais considerações, ao expor que, em sua

opinião, as mulheres competem menos por cargos executivos na academia. Para ela, a exposição a cargos executivos é uma questão cultural. O que mudou foi o posicionamento das mulheres, como seu depoimento revela:

> a mulher hoje tem mais clareza do que ela quer ou não quer. Quando ela quer, ela se lança. O homem, muitas vezes, nem quer o cargo. Mas como assumir isso perante a sociedade? Como não quer um cargo? A sociedade espera e cobra isso do homem e, em geral, ele tem orgulho em exibir suas conquistas. (Fernanda, professora)

A entrevistada declarou não ter intenção de assumir um cargo de direção nesse momento. Ela teve um cargo no passado, mas hoje quer ser "*apenas* professora". Ter a clareza, a opção por lutar por um cargo, a liberdade de escolha, é uma conquista. Sem dúvida. Esse depoimento nos remete a outro, no campo do jornalismo. De forma semelhante, Fátima Bernardes, em entrevista ao CPDOC/FGV (ABREU E ROCHA, 2006), relata que naquele momento não desejava, de forma alguma, ter um cargo de chefia porque não se sentia com disposição para comprometer-se com tal cargo. Considera que com outras mulheres acontece a mesma coisa, porém no momento em que as mulheres quiserem, tudo muda. Como diria Bonder (1998, p. 121), "construir cultura é saber destruí-la a seu tempo".

Outro entrevistado, Cláudio, professor, também aponta possível virada ou, talvez, maior equilíbrio. Ele diz:

> O mercado, de forma geral, é muito machista. Aqui [na escola em que trabalha], não vejo isso. Nossa estrutura é diferente. Ser homem ou ser mulher não importa. É verdade que na academia a presença dos homens em cargo de direção é dominante, mas acho que é uma questão de tempo para as mulheres assumirem posições de destaque em uma hierarquia. (Cláudio, professor)

Com Barbosa (1999), há de admitir-se que, apesar da lógica dominante segundo a qual o mundo dos negócios e da administração é regido exclusivamente pela objetividade e pela pragmática, o comportamento das pessoas é movido pelos seus sentimentos e valores, que as vinculam a um contexto maior, o qual ganha sentido com a lógica cultural. No ambiente acadêmico não é diferente.

Objetividade × Subjetividade

Sublinhando sua percepção acerca da masculinidade dos valores predominantes nas organizações, Morgan (2002) sustenta que papéis e funções organizacionais nos quais existe necessidade de comportamento agressivo e direto são exercidos por homens. Em contrapartida, as mulheres, até recentemente, aceitavam papéis em posições subordinadas, socializadas para tal que eram. Tais considerações aproximam dos homens características baseadas na objetividade, na racionalidade; enquanto emoção e subjetividade são percebidas como inerentes às mulheres.

Que características são fundamentais para o profissional que pretende ocupar um cargo de gestão em uma escola de negócios? Para os entrevistados, o profissional deve ter capacidade de liderança, de resolver problemas, de agir sob pressão. Deve, ainda, ter facilidade nos relacionamentos interpessoais, capacidade de negociação e de administração de conflitos, bem como foco em resultados. Deve saber ouvir e ter sensibilidade.

Uma das entrevistadas considera fundamental:

> a experiência com cargo executivo em empresas, com condução acadêmica de cursos, com a forma de manejo na sala de aula. E deve ter no mínimo mestrado, para se relacionar com professores. Tem que saber o que pensa um professor. Tem que ter paciência e habilidade de negociação, porque são muitas expectativas em jogo. O aluno está mudando de perfil. O gestor tem que ter, de fato, perfil executivo. (Luciana, professora)

Sobre a situação proposta na história fictícia – a escolha de um dos cinco candidatos – a posição dos entrevistados foi bastante variada e rica. Houve quem dissesse que selecionar o mais agressivo (Roberto) dá mais tranquilidade, pois já é um perfil conhecido no mercado. Por outro lado, houve quem julgasse imaturo o comportamento de Lia e Roberto. "Será que não extrapolaram?", diz Maurício, professor, um dos entrevistados. Há quem considere os outros três candidatos (exceto Lia e Roberto) omissos, porque não tiveram iniciativa para inserir-se na discussão, o que, para uma parte dos entrevistados, é mau sinal para esse cargo. Para outros entrevistados, a vantagem dos três se concentrava exatamente no silêncio.

> Roberto e Lia são excelentes, pela descrição. É o que o mercado contrata, mas eu não acredito nesse perfil. Eu não teria interesse em um perfil como o de Roberto. Aqui, não funcionaria. Acho que os outros três candidatos podem ter capacidade de escuta. Eu escolheria um dos outros três. (Patrícia, professora)

As informações obtidas no campo revelam que, na opinião dos entrevistados, o mercado contrataria Roberto ou Lia, considerando que demonstraram firmeza, assertividade, que usaram a argumentação para se destacar dos demais. Na disputa com Lia, Roberto levaria vantagem, dado o preconceito que ainda permeia o mercado. Quando questionados sobre a própria opinião, caso estivessem no lugar do diretor, as respostas dos entrevistados ficaram bastante divididas. Entre os homens, a maioria ficou entre Roberto e Lia, sendo que cinco entrevistados declararam não ter condições para definir sua escolha, porque precisariam de informações mais detalhadas. Entre as mulheres, a divisão foi interessante, pois a maioria optou por ouvir os outros três candidatos (que estavam silenciosos na entrevista) ou não selecionar nenhum dos cinco, uma vez que tais perfis não interessariam hoje a uma escola de negócios. A interpretação dos dados nos leva a crer que as mulheres no ambiente acadêmico têm opinião diferente daquilo que percebem no mercado.

Para os entrevistados, o dilema objetividade × subjetividade ocupa hoje lugar secundário nessa discussão. Uma combinação de características – objetivas e subjetivas – pode vir a ser um diferencial para o executivo, seja ele homem ou mulher. Fixar um dos polos – objetividade ou subjetividade – é aceitar preconceitos, talvez de forma mais velada.

Clubinho Masculino

Clubinho masculino é termo típico em estudos sobre gênero. Lombardi (2008) explica que a função do clubinho é garantir aos homens as melhores posições. É um outro mundo, com regras próprias.

Esse mundo apareceu na fala de um dos entrevistados, Arnaldo, professor, ao abordar a escolha proposta na história fictícia. Sua reação chamou a atenção, pelas mil desculpas que vieram antes da resposta (por estar falando com uma mulher, uma das autoras desse estudo). Ele disse que o mais provável seria uma entrevista final com Lia e Roberto. Quando indagado sobre o possível escolhido, ele voltou a olhar o texto, pensou durante alguns segundos e respondeu, se desculpando:

> Olha, eu selecionaria o Roberto. O diretor se sentiria mais à vontade com um igual, com outro homem. Isso ainda faz parte da nossa cultura. Você sabe, é complicado, né? (Arnaldo, professor)

No entanto, boa parte dos entrevistados percebe os clubinhos masculinos como espaços ligados às empresas, com presença rara na academia. É o que diz, por exemplo, Danilo, um dos diretores entrevistados:

> Ainda encontramos hoje pessoas que não gostam de trabalhar com mulheres. Mas isso tem mudado. Já vi muito clubinho nas

empresas. Na academia, não tem muito isso. Você até vê mais homens que mulheres, mas quando a mulher tem um cargo, ela passa a fazer parte do clube. Naturalmente. (Danilo, diretor)

Outra entrevistada, Bianca, ratifica as considerações de Danilo, ao afirmar que viveu a experiência da entrada em um clubinho masculino quando trabalhava no mercado, mas na escola na qual trabalha, não tem clubinho.

Entende-se, como Lombardi (2008), que as diferenças de comportamento – homens falam palavrão, gostam de futebol, gritam e batem na mesa – propiciam a formação dos grupos ou clubinhos. O que o presente estudo revela é que esse espaço pode ainda encontrar força nas empresas, mas, na academia, tem pouco fôlego. A explicação pode estar, talvez, na valorização da competência dos profissionais que atuam nas escolas de negócios, categoria apresentada na próxima seção.

Competência

Competência e resultados são termos que aparecem com destaque hoje tanto no ambiente empresarial quanto no acadêmico. Nos termos de Abreu e Rocha (2006), a competência e a garra das mulheres derrubam o preconceito e a discriminação.

Um dos entrevistados considera que:

A cultura pode até influenciar, mas não é limitante. Quando o foco da organização é o resultado, prevalece a competência, independente de o candidato ser homem ou mulher. Um exemplo muito conhecido é a Maria Silvia Bastos Marques que, por onde passa, é reconhecida pela competência. Isso acontece aqui na escola... nós queremos resultado! (Gilberto, gestor)

Outro diretor, Leandro, traz à tona a diversidade e confirma as novas exigências do mercado, quer seja uma organização produtiva ou uma escola de negócios, como esclarece o seu depoimento:

> Vejo que o mercado tá mudando muito. Tá aceitando mulher em cargo de direção. Mas ainda há muito preconceito... gênero, raça, faixa etária, se é muito jovem ou mais velho. Em alguns lugares, isso tá mudando [...] A pessoa tem é que dar resultado, não importa se é homem ou mulher, gay, jovem. O mercado exige competência. Ninguém questiona uma Maria Silvia [Maria Silvia Bastos Marques] por exemplo. Por quê? Porque dá resultado. É isso que o mercado quer e é isso que eu procuro nas pessoas que vêm trabalhar aqui comigo. (Leandro, diretor)

A interpretação das informações obtidas no campo aponta coerência entre as categorias objetividade × subjetividade e competência, uma vez que em ambas o termo resultados apareceu de forma dominante. Esse fato mostra que, apesar do preconceito revelado em determinados questionamentos durante as entrevistas, os participantes percebem com clareza que tanto no mercado quanto na academia há mulheres escrevendo seu nome na história, deixando sua marca pelas empresas e escolas por onde passam. É o caso de Maria Silvia Bastos Marques, no ambiente empresarial, e o de professoras como Denise, Lilian e Raquel, nas escolas de negócios. As observações de Rodolfo ilustram essa interpretação:

> Eu não concordo com essa visão machista de que só o homem dá resultado. Se você parar para pensar, tem muita mulher de destaque na academia. Eu, por exemplo, tive o prazer de conviver com a Denise, que construiu uma carreira sólida. Temos, também, a Lilian e... nossa... várias, todas reconhecidas pela academia. (Rodolfo, diretor)

Se, por um lado, os entrevistados reconhecem a competência das mulheres, ressaltando que gênero não é determinante quando se fala em resultados, por outro, o peso para mostrar seu valor recai diariamente sobre elas. Ressalta Lombardi (2008) que, nas empresas, os homens estão dispensados de um teste pelo qual as mulheres passam continuamente: provar competência profissional. Na academia, não é diferente, como expõe Marry (2008), ao abordar a constante imposição de excelência vivenciada por docentes do sexo feminino. Manter desempenho acima da média pode, contudo, não ser suficiente para a sobrevivência e a ascensão das mulheres a cargos executivos, dado o preconceito que ainda permeia a cultura de inúmeras organizações. É o momento em que muitas mulheres recorrem ao *parecer ser* diferente, como revela a próxima categoria de análise.

Ser e Parecer Ser

Ser e parecer ser são termos que guardam estreita relação com construção de imagens, seja ela de forma espontânea ou não. Essa categoria emergiu quando os entrevistados abordaram o fato de que muitas mulheres buscam ter um comportamento mais masculino, na tentativa de garantirem o respeito de colegas e subordinados. O depoimento de Milton, professor, é contundente, como se pode perceber a seguir:

> Vivemos em uma sociedade machista. O aluno quer ver reproduzido aqui o modelo empresarial, onde as mulheres adotaram o estilo masculino, que entendo que é o jeito delas sobreviverem. As pessoas criaram aquele padrão de um diretor homem, na faixa de 50 anos, alguém que demonstra garra e vigor. As mulheres, muitas vezes, ficam fora do padrão [...]. Aí, o que acontece muito é uma tentativa de copiar o jeito masculino para provar desempenho. (Milton, professor)

O depoimento faz lembrar o termo *terninho e gravata*, utilizado por Amorim e Freitas (2003), que reforça a questão do ser e parecer ser, uma vez que as mulheres ainda adotam posturas ditas masculinas, às vezes de forma exacerbada, para romper as barreiras do preconceito, do teto de vidro das organizações, sejam elas empresas ou escolas de negócio.

Pode-se dizer que essa categoria de análise trouxe à tona, também, um dos elementos da cultura organizacional: os tabus, que orientam comportamentos dos membros da organização, mas o fazem de forma silenciosa (FREITAS, 2007). É o que se pode depreender do depoimento de Rodolfo, diretor.

> Eu não tenho problema em trabalhar com mulher. Trabalho com várias. Mulher dá conta de múltiplas tarefas. O homem é mais disperso. Eu, por exemplo, dou autonomia para que elas decidam e cobro resultado.

Em um primeiro momento, a fala de Rodolfo pode dar a impressão (parecer ser) de que no ambiente no qual está inserido homens e mulheres ocupam posições semelhantes. O que ocorre (ser), no entanto, é que as mulheres às quais ele se refere estão todas na linha de média gerência para baixo. São circunstâncias como essa que nos levam a crer que pode haver uma grande distância entre o ser e o parecer ser (VERGARA, 2010b).

Senioridade

Estudos sobre diversidade apontam possíveis focos de preconceito nas organizações, em que gênero é apenas um deles (NKOMO E COX JR., 1999). Nas escolas de negócio, outros fatores, como idade, por exemplo, podem ser desafios à ascensão profissional. Há casos de professores jovens que, embora competentes, precisam aguardar para atuar em determinadas situações. Na opinião da professora Fernanda, gênero não faz tanta diferença. Idade pode ser mais importante, tal como em uma situação que viveu no início de sua carreira quando, por sugestão do coordenador, não fez parte do corpo docente de um dos cursos da instituição, sob a alegação de que era muito nova para o perfil da turma. Fazendo referência à história fictícia que norteou as entrevistas, ela sustenta que:

não contrataria uma pessoa jovem demais para um cargo executivo, porque pode comprometer o respeito, sobretudo por parte dos alunos. Com os pares, não tem muito isso, porque vale a competência, o resultado que você gera. Agora... uma coisa importante na academia é a senioridade, que é diferente de idade, entende? São conquistas, quilômetros rodados. É postura. É bagagem. A pessoa pode ter 35 anos e ser sênior. E é possível que outra com 50 anos não o seja. (Fernanda, professora)

Como se pode observar, dois pontos foram abordados pela entrevistada: idade e senioridade que, em seus termos, não são sinônimos. Idade e possibilidade de ascensão profissional também foi uma situação vivida por uma das autoras deste artigo. Indicada para ministrar um curso para funcionários de alto escalão na administração pública, ouviu do diretor da instituição, no primeiro dia de curso, a seguinte frase: "Nossa, você é uma menina". No último dia, a frase de despedida foi: "Vou telefonar para o Ferreira [que a indicou para o curso] e dizer que você é uma jovem formidável". Em uma semana de curso, foi *promovida*, passando de menina a jovem formidável, o que revela o preconceito de muitas instituições, até que a competência seja comprovada.

O outro ponto trazido pela entrevistada Fernanda – senioridade – revela a importância, no ambiente de uma escola de negócios, do comportamento e da experiência adquirida, que levam ao reconhecimento profissional. Não se trata, portanto, de faixa etária ou de tempo de serviço, ou seja, de um conceito de senioridade próximo ao da sociedade japonesa, que faz distinção entre jovens e idosos, mais novos ou mais antigos (BARBOSA, 1999). É uma questão de respeito pelo que a pessoa já produziu. O depoimento dos entrevistados Luciana e Eduardo, ambos professores, ilustram esse ponto.

No passado, só os homens tinham espaço. Aqui não tem isso. É competência. Você é reconhecido pelo que faz. Gênero não faz diferença [...] Para esse ambiente, quanto mais maduro, melhor. (Luciana, professora)

Sabe que eu não vejo mais essa questão de gênero como determinante? Acho que já teve muito peso sim, mas hoje vale muito mais para a escola ter alguém experiente, sênior mesmo, com reconhecimento no meio, do que simplesmente um homem ou uma mulher. (Eduardo, professor)

O entendimento de que gênero já não tem mais tanto peso na ocupação de cargos executivos abriu espaço para a emergência de outros critérios, como senioridade, que tem relação direta com competência, outra categoria de análise apresentada aqui. Essa circunstância permite crer que as escolas de negócio não ficaram imunes à dinâmica do atual ambiente de negócios, que imprime cada vez mais novos desafios aos gestores que nelas atuam. É o que revela a interpretação das percepções dos entrevistados sobre a dinâmica dos negócios, próxima categoria de análise.

Dinâmica dos Negócios
Dinâmica dos negócios é o termo que emergiu durante as entrevistas e que guarda estreita relação tanto com o ambiente externo quanto o interno. Do ponto de vista externo, há que se considerar o papel da educação no mundo dos negócios e nas escolas de *business* (TONELLI, 2009), o aumento da competitividade e a exigência de um comportamento mais inovador por parte das escolas (TERZIAN, 2004), entre outros fatores. Do ponto de vista interno, ganham importância os elementos da cultura organizacional (FREITAS, 2007) e sua influência nos modelos de gestão adotados pelas escolas. A interpretação das informações obtidas no campo permite depreender que os entrevistados compartilham essa percepção de dinâmica do mercado, como ilustra o depoimento de Leandro, diretor, a seguir:

Acho que hoje a dinâmica do mercado influencia muito na seleção de executivos de uma escola de negócios. Porque se a intenção da escola é se lançar em novos negócios, ela precisa, por exemplo, de alguém com visão inovadora e vai buscar esse perfil. Se a escola tem estilo tradicional, é bem provável que recorra a uma indicação, por se tratar de cargo de confiança, o que aliás ainda é muito comum no Brasil.

No depoimento de Leandro percebe-se, mais uma vez, a influência da cultura brasileira na cultura organizacional (indicação, cargo de confiança), trazendo à tona o personalismo, um dos nossos traços característicos (FREITAS, 1997). De forma complementar ao exposto, Hélio, superintendente de uma escola, traz a influência externa para ser avaliada com as características de cada escola, como é revelado a seguir:

> Tem escola que quer um profissional questionador, desafiador, autoritário. Existem outras que querem um cara flexível, que saiba administrar conflitos. Depende muito... se isso não for observado, é certo termos choques e problemas de adaptação. [...] Observar as necessidades da escola, antes de contratar um executivo, é fundamental, porque o ambiente é muito dinâmico, muito competitivo. As empresas que mandam seus funcionários para cá estão muito mais exigentes, querem inovação, porque o mercado também exige isso delas. (Hélio, superintendente de escola)

Esse depoimento ratifica as considerações de Vergara e Afonso (2005) que, ao abordarem as diferenças e as similaridades entre MBAS e MPAS, concluíram que os dois tipos de curso buscam o atendimento da demanda do mercado, cada vez mais competitivo. De forma complementar, Terzian (2004) expõe o importante papel das escolas de administração no oferecimento de uma formação executiva abrangente, que pode ser concretizada por meio de parcerias com as empresas, de modo que estas se abram a novas lógicas e modelos. Tais considerações alertam, sem dúvida, para a importância de se discutir os critérios de escolha para ocupação de cargos executivos em escolas de negócio.

CONCLUSÃO

O presente estudo teve por objetivo identificar até que ponto a questão do gênero influencia a escolha para ocupação de cargos executivos no ambiente acadêmico, mais precisamente, nas escolas de negócio.

A interpretação das informações empíricas da pesquisa, à luz da interpretação da literatura consultada, permite concluir que, guardados os limites da amostra, o gênero ainda exerce certa influência, embora reduzida se comparada com o que ocorre nas organizações empresariais, na seleção de profissionais para cargos executivos no ambiente acadêmico, mais particularmente nas escolas de negócio. Homens levam vantagem sobre mulheres em uma esfera de preconceito, fruto, no geral, da própria história humana quanto, no particular, da cultura brasileira. A despeito do preconceito, contudo, a mulher hoje já ocupa outro lugar na sociedade e isso se reflete no campo profissional. No ambiente acadêmico, por exemplo, competência e senioridade, que aparecem sob a forma de resultados, reconhecimento profissional e experiência, são critérios relevantes quando se trata de selecionar um gestor para uma escola de negócios.

Se, por um lado, percebe-se que, apesar de existir, o preconceito no ambiente acadêmico é menos acentuado do que no ambiente empresarial, por outro, há mulheres que ainda recorrem ao padrão masculino para ganhar espaço, trazendo à tona a questão do ser e parecer ser.

Há ainda a considerar que embora o ambiente acadêmico tenha uma dinâmica peculiar, ele não está imune às transformações e aos desafios que acometem o mundo dos negócios. Do ponto de vista externo, a competitividade entre as escolas e as exigências do mercado influenciam as decisões nas escolas, incluindo a seleção dos gestores. Do ponto de vista interno, os elementos da cultura organizacional revelam o papel ativo dos indivíduos, que constroem a realidade de suas escolas.

De forma mais ampla, a cultura nacional se evidencia nas culturas organizacionais, o que reforça o entendimento de que ela pode acentuar ou reduzir a diferença entre homens e mulheres, sobretudo no que se refere à liberdade de escolha, da educação ao casamento, do vestir ao ir e vir. Em muitos casos, como no Afeganistão, a liberdade fica restrita à opção por viver ou deixar-se morrer (LOGAN, 2006). Lá, tomando emprestadas as palavras de Fernando Brant e Milton Nascimento, encontramos mulheres que não vivem; apenas aguentam. Vemos muitas mulheres que não têm mais a estranha mania de ter fé na vida, enquanto outras vivem com força, raça e gana, porque merecem viver e amar como outras tantas mulheres do planeta. Na pesquisa aqui apresentada encontramos mulheres, autoras e entrevistadas, que, de uma forma ou de outra, romperam com o preconceito, muitas vezes velado, de uma sociedade e exerceram sua liberdade de escolha, que inclui família e carreira, cargos executivos ou docência e pesquisa. As implicações desses achados, de um lado, expandem estudos que apontam mudanças na questão da supremacia do gênero masculino em cargos executivos no ambiente empresarial; de outro, sublinham a questão cultural como algo dinâmico que se processa na construção e desconstrução da realidade social e organizacional.

REFERÊNCIAS BIBLIOGRÁFICAS

ABREU, A. A; ROCHA, D. (Org.). *Elas ocuparam as redações*: depoimentos ao CPDOC. Rio de Janeiro: FGV, 2006.

ALVESSON, M.; BERG, P.O. *Corporate culture and organizational symbolism*: an overview. Berlin: De Gruyter, 1992.

AMORIM, T. N.; FREITAS, T. S. "Terninho e gravata." Opção ou obrigação para as executivas? In: ENCONTRO NACIONAL DA ASSOCIAÇÃO NACIONAL DE PROGRAMAS DE PÓS-GRADUAÇÃO EM ADMINISTRAÇÃO, 27, 2003, Atibaia. *Anais...* Atibaia: ANPAD, 2003.

BARBOSA, L. *Igualdade e meritocracia*: a ética do desempenho nas sociedades modernas. Rio de Janeiro: FGV, 1999.

BARDIN, L. *Análise de conteúdo*. Lisboa: Edições 70, 1977.

BONDER, N. *A alma imoral.* Rio de Janeiro: Rocco, 1998.

BRUNSTEIN, J.; JAIME, P. Da estratégia individual à ação coletiva: grupos de suporte e gênero no contexto da gestão da diversidade. *RAE Eletrônica*, v. 8, n. 2, art. 9, jul./dez. 2009.

BRUSCHINI, C.; RICOLDI, A.; MERCADO, C. Trabalho e gênero no Brasil até 2005: uma comparação regional. In: COSTA, A. et al. (Orgs.). *Mercado de trabalho e gênero*: comparações internacionais. Rio de Janeiro: FGV, 2008.

CALÁS, M.; SMIRCICH, L. Do ponto de vista da mulher: abordagens feministas em estudos organizacionais. In: CALDAS, M.; FACHIN, R.; FISCHER, T. (Orgs.). *Handbook de estudos organizacionais.* São Paulo: Atlas, 1999. Volume 1.

CAPPELLE, M. et al. Uma análise da dinâmica do poder e das relações de gênero no espaço organizacional. *RAE Eletrônica*, v. 3, n. 2, art. 22, jul/dez. 2004.

CAPPELLE, M.; MELO, M. C. O cotidiano de trabalho de policiais femininas: relações de poder e de gênero no policiamento operacional da polícia militar de Minas Gerais. In: ENCONTRO NACIONAL DA ASSOCIAÇÃO NACIONAL DE PROGRAMAS DE PÓS-GRADUAÇÃO EM ADMINISTRAÇÃO, 31, 2007, Rio de Janeiro. *Anais...* Rio de Janeiro: ANPAD, 2007.

COHEN, P.; HUFFMAN, M. Working for the woman? Female managers and the gender wage gap. *American Sociological Review*, v. 72, n. 5, p. 681--704, 2007.

DONOGHUE, S. Projective techniques in consumer research. *Journal of Family Ecology and Consumer Sciences*, v. 28, p. 47-53, 2000.

DUBNO, P. Attitudes toward women executives: a longitudinal approach. *The Academy of Management Journal*, v. 28, n. 1, p. 235-239, mar. 1985.

FREITAS, A. Traços brasileiros para uma análise organizacional. In: MOTTA, F. P.; CALDAS, M. (Orgs.). *Cultura organizacional e cultura brasileira*. São Paulo: Atlas, 1997.

FREITAS, M. E. *Cultura organizacional*: identidade, sedução ou carisma? 5. ed., Rio de Janeiro: FGV, 2006.

_____. *Cultura organizacional*: evolução e crítica. São Paulo: Thomson Learning, 2007.

FUNDAÇÃO CARLOS CHAGAS. Mulheres brasileiras, educação e trabalho. [s.d.] Disponível em: http://www.fcc.org.br/mulher/series_historicas/mbet. html. Acesso em: 28 ago. 2010.

GEERTZ, C. *A interpretação das culturas*. Rio de Janeiro: Zahar, 1978.

HABERFELD, Y. Employment discrimination: an organizational model. *The Academy of Management Journal*, v. 35, n. 1, p. 161-180, mar. 1992.

HOFSTEDE, G. *Culturas e organizações*: compreender a nossa programação mental. Londres: McGraw Hill, 1991.

IRIGARAY, H.; FREITAS, M. E. Gays e relações de trabalho: análise sob a ótica da *queer theory*. In: ENCONTRO DE GESTÃO DE PESSOAS E RELAÇÕES DE TRABALHO, 2., 2009, Curitiba. *Anais*... Curitiba: ANPAD, 2009.

LENGLER, J.; VIEIRA, M. FACHIN, R. Um exercício de desconstrução do conceito e da prática de segmentação de mercado inspirado em Woody Allen. *Revista de Administração de Empresas*, v. 42, n. 4, p. 84-92, out./dez. 2002.

LOGAN, H. *Mulheres de Cabul*. Rio de Janeiro: Ediouro, 2006.

LOMBARDI, M. R. Engenheira e gerente: desafios enfrentados por mulheres em posições de comando na área tecnológica. In: COSTA, A. et al. (Orgs.). *Mercado de trabalho e gênero*: comparações internacionais. Rio de Janeiro: FGV, 2008.

MARRY, C. As carreiras das mulheres no mundo acadêmico. O exemplo da biologia. In: COSTA, A. et al. (Orgs.). *Mercado de trabalho e gênero*: comparações internacionais. Rio de Janeiro: FGV, 2008.

MARTIN, J. Deconstructing organizational taboos: the suppression of gender conflict in organizations. *Organization Science*, v. 1, n. 4, p. 339-359, nov. 1990.

MORGAN, G. *Imagens da organização*. 2. ed. São Paulo: Atlas, 2002.

MOTTA, F. P.; CALDAS, M. (Orgs.). *Cultura organizacional e cultura brasileira*. São Paulo: Atlas, 1997.

NICOLACI-DA-COSTA, A. M. O campo da pesquisa qualitativa e o método de explicitação do discurso subjacente (MEDS). *Psicologia: Reflexão e Crítica*, v. 20, n. 1, p. 65-73, 2007.

NKOMO, S.; COX JR., T. Diversidade e identidade nas organizações. In: CALDAS, M.; FACHIN, R.; FISCHER, T. (Orgs.). *Handbook de estudos organizacionais*. São Paulo: Atlas, 1999. v. 1.

OLIVEIRA, J. Gestão da diversidade: o desafio dos negros nas organizações brasileiras. In: ENCONTRO NACIONAL DA ASSOCIAÇÃO NACIONAL DE PROGRAMAS DE PÓS-GRADUAÇÃO EM ADMINISTRAÇÃO, 31., 2007, Rio de Janeiro. *Anais...* Rio de Janeiro: ANPAD, 2007.

OPPENHEIM, A. *Questionnaire design and attitude measurement*. London: Heinemann, 1973.

PATON, R.; DEMPSTER, L. Managing change from a gender perspective. *European Management Journal*, v. 20, n. 5, p. 539-548, oct., 2002.

POWELL, G.; BUTTERFIELD, D. A. Investigating the 'glass ceiling' phenomenon: an empirical study of actual promotions to top management. *The Academy of Management Journal*, v. 37, n. 1, p. 68-86, feb. 1994.

PLUMER, K. Critical humanism and queer theory: living with the tensions. In: DENZIN, N.; LINCOLN, Y. (Eds.). *Handbook of qualitative research*. 3. ed. Nova York: Sage, 2005.

SCHEIN, E. *Organizational culture and leadership*. San Francisco: Jossey-Bass, 1987.

SCHWANDT, T. A. Three epistemological stances for qualitative inquiry. In: DENZIN, N.; LINCOLN, Y. (Eds.). *Handbook of qualitative research*. London: Sage Publications, 1994.

SCOTT, J. Gênero: uma categoria útil de análise histórica. *Educação e Realidade*, v. 16, n. 2, p. 5-22, jul./dez. 1990.

SILVEIRA, N.; HANASHIRO, D. Narciso acha feio o que não é espelho: o discurso da diversidade e a prática da similaridade. In: ENCONTRO NACIONAL DA ASSOCIAÇÃO NACIONAL DE PROGRAMAS DE PÓS-GRADUAÇÃO

EM ADMINISTRAÇÃO, 31., 2007, Rio de Janeiro. *Anais...* Rio de Janeiro: ANPAD, 2007.

SIQUEIRA, M. V.; FERREIRA, R.; ZAULI-FELLOWS, A. Gays no ambiente de trabalho: uma agenda de pesquisa. In: ENCONTRO NACIONAL DA ASSOCIAÇÃO NACIONAL DE PROGRAMAS DE PÓS-GRADUAÇÃO EM ADMINISTRAÇÃO, 30, 2006, Salvador. *Anais...* Salvador: ANPAD, 2006.

STEIL, A. Organizações, gênero e posição hierárquica – compreendendo o fenômeno do teto de vidro. *Revista de Administração*, v. 32, n. 3, p. 62-69, jul./set. 1997.

STERN, B. Deconstructive strategy and consumer research: concepts and illustrative exemplar. *Journal of Consumer Research*, v. 23, set. 1996.

TERZIAN, F. O futuro da formação gerencial. *GV Executivo*, v. 3, n. 3, ago./out. 2004.

TONELLI, M. J. Competências *soft* em tempos de crise. *GV Executivo*, v. 8, n. 1, jan./fev. 2009.

VERGARA, S. C. *Métodos de pesquisa em administração*. 4.ed. São Paulo: Atlas, 2010a.

_____. Entre ser e parecer ser. *GV Executivo*, v. 9, n. 1, jan./jun. 2010b.

VERGARA, S. C.; AFONSO, C. W. MBA e MPA: diferenças e similaridades. *Revista de Administração Pública*, v. 39, n. 6, p. 1283-1302, nov./dez., 2005.

VERGARA, S. C.; IRIGARAY, H. A. Os múltiplos discursos sobre diversidade no ambiente de trabalho. In: ENCONTRO NACIONAL DA ASSOCIAÇÃO NACIONAL DE PROGRAMAS DE PÓS-GRADUAÇÃO EM ADMINISTRAÇÃO, 31, 2007, Rio de Janeiro. *Anais...* Rio de Janeiro: ANPAD, 2007.

VILAS BOAS, L. H.; PAULA NETO, A.; CRAMER, L. Relações de gênero nas organizações: um estudo no setor de venda de veículos. *Revista de Administração*, v. 38, n. 3, p. 219-229, jul./set. 2003.

11

MAESTRIA EM ARTES E OFÍCIOS POPULARES: UMA QUESTÃO DE GÊNERO

Tânia Fischer
Rodrigo Maurício Freire Soares

Mestre é, quem de repente, aprende.
Guimarães Rosa

INTRODUÇÃO

As características de gênero são construções socioculturais que variam através da história e se referem aos papéis psicológicos e culturais que a sociedade atribui ao que considera "masculino" e "feminino". Os estudos sobre artesanato comumente revelam uma grande participação feminina, sobretudo no processo produtivo. A atividade, que depende de habilidade manual, aptidão técnica e sensibilidade estética, é associada a um fazer feminino.

No meio rural, esta realidade se evidencia de maneira bastante marcante, sendo a atividade masculina associada, pelo senso comum, ao trabalho na agricultura e o trabalho feminino associado às tarefas da casa e família. Este artigo tem como objetivo discutir o lugar da mulher na atividade artesanal tradicional no meio rural, analisando as tipologias artesanais nas quais se envolvem e a dimensão simbólica do seu trabalho. Busca-se aqui, observar e responder se o processo de empoderamento e autogestão de artesãs individuais e em seus grupos produtivos refletem de fato um rompimento com rótulos estabelecidos, ou se apenas perpetuam práticas veladas de hegemonia masculina. Nesse sentido, identificar os papéis masculinos e femininos no processo de produção torna-se indispensável, porque são reflexivos não apenas de construção cultural de um território, mas das ações dos homens e das mulheres que criam a cultura por meio de saberes e fazeres, de aprendizagens que se acumulam ao longo do tempo, conformando espaços, atribuindo significados às coisas e construindo identidades.

Para tal, foi utilizado como objeto de estudo a maestria artesanal pesquisada no âmbito do projeto Maestria em Artes e Ofícios Populares: Mapeamento dos mestres-artesãos e seus saberes populares no Território do Sisal, Bahia. O Projeto tem como objetivo mapear mestres-artesãos, caracterizando os saberes populares para reconhecer, valorizar e difundir, à sociedade, as artes e ofícios populares nos territórios de identidade do semiárido baiano (região sisaleira). Prevê a sistematização de formas de transmissão dos saberes visando a contribuir para a preservação de tecnologias sociais ligadas à cultura e à identidade baianas.

Este artigo estrutura-se em três momentos. Em princípio, são discutidos os conceitos que ancoram este trabalho, tais como artesanato, território e gênero como elementos de identidades. Em seguida, são abordadas as questões de gênero encontradas no artesanato; e, por fim, são apresentadas as considerações finais. Utiliza-se aqui como enfoque metodológico o percurso historiográfico. Como elucida Vergara (2005, p. 130), a historiografia visa ao "resgate dos acontecimentos e das atividades humanas ao longo do tempo, possibilitando desvendar e compreender as mudanças, as contradições e as tendências da realidade social". A narrativa individual se constitui em uma alternativa para o acesso a especificidades de uma cultura ou grupos sociais que vivenciam dinâmicas locais. Ao eleger a história oral, tendo a técnica da história de vida como método para a obtenção das informações, admite-se que o discurso do indivíduo seja representativo de um contexto local, ainda que não generalizável. A história oral privilegia a recuperação do vivido, conforme concebido por quem viveu (ALBERTI, 1989). Entre as perguntas que orientam este artigo estão: Qual o papel feminino observado no artesanato tradicional? Há diferenças entre a produção artesanal masculina e feminina? Há diferenças entre a produção e a difusão de saber artesanal entre homens e mulheres?

GÊNERO COMO CONSTRUÇÃO CULTURAL: O SIGNIFICADO DOS SABERES E FAZERES

Na contemporaneidade o artesanato pode ser situado como uma matriz de resistência às tentativas substancialmente homogeneizantes de modos de produção e padrões de consumo. Mesmo quando repetida por meio de numerosos exemplares, uma obra de artesanato nunca chega a ser absolutamente igual à outra, o que lhe confere uma individualidade impossível de ser obtida na produção industrializada. Por mais cópias que sejam feitas, as peças artesanais são sempre peças únicas. Trata-se de um processo de trabalho que se diferencia essencialmente do industrial pelo seu caráter manual, ou seja, o objeto é feito à mão ou com auxílio de poucas ferramentas e aparelhos simples, geralmente de criação própria ou doméstica (MARTINS, 1973 apud ARAÚJO et al., 2006).

Segundo Wright Mills (2009, p. 59), o artesanato é o modelo plenamente idealizado de satisfação no trabalho, em que a relação entre o artesão e o produto, a imagem que primeiro forma dela até a sua conclusão, vai além das meras relações legais de propriedade e torna a disposição do artesão para trabalhar espontânea e até exuberante.

A maestria no processo artesanal é observada em um grupo de pessoas que conjugam, no seu fazer, técnica e sensibilidade. Por maestria entende-se o domínio – como natureza e estrutura conceitual – de um campo de saberes e práticas relativamente definido, ou seja, um campo disciplinado pela própria estrutura do saber e com ritos de passagem que garantem a sua permanência e renovação (FISCHER, 2007, p. 4).

O artesanato qualificado associa-se à "maestria" do saber e fazer artesanal. Os mestres possuem os saberes que garantem qualidade ao produto, dotado simbolicamente dos atributos locais que agregam valor ao seu ofício. O termo ofício remete à artifície a um fazer qualificado profissional, cuja maestria pode ser entendida como um conhecimento que possuem os mestres de um ofício, "que só eles sabem fazer, que lhes pertence, porque aprenderam seus segredos, seus saberes e suas artes" (ARROYO, 2002, p. 18).

Se a maestria supõe domínio do conhecimento e das práticas dos saberes e fazeres e, se o mestre ensina como dever de ofício, pressupõe-se, antes de mais nada, um contexto de aprendizagem. O mestre ensina porque aprende no interjogo entre ensinante, aprendiz e conhecimento. Como afirma Moreira (2006, p. 164), "um episódio de ensino ocorre quando é alcançado o compartilhar de significados entre professores e alunos". Ou ainda, para que ocorra a aprendizagem, deve haver uma relação entre os três componentes: mestre, saber e discípulo de forma significativa, como afirma os teóricos David Ausubel e Joseph Novak.

O saber artesanal é construído por pessoas, homens e mulheres que vivem em um dado território, pleno de significados e recursos. No momento em que a mão livre do homem toca a argila: "o que é que vai nascer?" (LOBO E GUARNIERI, 1966). Não apenas pele, atabaques, ou camas, como diz a canção, mas um saber reflexivo de si mesmo, de sua terra e do próprio objeto artesanal construído. Quando se sabe e se pode difundir saber, é porque houve aprendizagem significativa. Quando há aprendizagem significativa ela é estruturante, como Jean Piaget defendeu, e relacional, como Lev Vigotsky sustentou.

Como diz Gherardi, (2007, p. 10), gênero é um construto, ou um conceito relacional, mas também uma prática social; "é, sobretudo, um fazer e não um ter". Ser homem ou mulher não envolve somente um destino biológico ou uma opção sexual. É uma construção identitária permanente, um jogo de papéis com derrotas e conquistas, mas, principalmente, com realizações e legados culturais, e o artesanato é um deles.

TERRITÓRIO E IDENTIDADE CULTURAL:
O ARTESANATO NO TERRITÓRIO DE IDENTIDADE DO SISAL

Geertz (1989) aponta que por trás de toda produção de cunho artístico há um senso de lugar. Esse lugar nos conduz à noção de identidade que expressa uma dada cultura. Segundo o autor, cultura pode ser definida como:

> um padrão de significados transmitido historicamente, incorporado em símbolos, um sistema de concepções herdadas expressas em formas simbólicas, por meio das quais os homens comunicam, perpetuam e desenvolvem seu conhecimento e suas atividades em relação à vida, imputando à cultura um caráter público e compartilhado. (GEERTZ, 1989, p. 66)

O artesanato insere-se como um dos campos de representação da cultura popular, responsável por contribuir com a identidade cultural de um dado território. A identidade compreende a noção de bens culturais, abrangendo os símbolos, os signos, os valores de um universo plural, os bens ecológicos, as tecnologias, as artes, além dos fazeres e saberes tradicionais, inseridos na dinâmica do cotidiano territorial.

Utiliza-se aqui como objeto de estudo a maestria artesanal pesquisada no âmbito do projeto Maestria em Artes e Ofícios Populares: Mapeamento dos mestres-artesãos e seus saberes populares na Bahia, Brasil. O Projeto tem como objetivo mapear mestres-artesãos caracterizando os saberes populares para reconhecer, valorizar e difundir, à sociedade, as artes e ofícios populares presentes no Estado da Bahia.

A pesquisa, em curso, sob a qual se fundamenta este artigo, situa-se no Território do Sisal no Estado da Bahia. A dimensão territorial do desenvolvimento é uma temática recente, que ganha força nos anos 1990. No âmbito das políticas públicas ressalta-se, como marco regulatório importante, as ações de desenvolvimento territorial iniciadas com a instalação da Secretaria de Desenvolvimento Territorial (SDT) pelo Governo Federal, em 2003, e a implantação dos Programas e Planos de Desenvolvimento Sustentável em cada um dos territórios rurais.

Não é por acaso que o recorte territorial do Estado da Bahia evoca o conceito de identidade. Como refere Hall:

> a identidade está profundamente envolvida no processo de representação e a identidade territorial não é apenas a ancoragem em um espaço delimitado, mas a construção permanente deste espaço, em que incidem atos e vontades individuais e coletivos. (HALL, 2009, p. 11)

O Território do Sisal é um desses territórios sob o qual incidem políticas públicas de desenvolvimento federais e estaduais. O Território detém uma história de organização dos movimentos sociais e de articulação de ações visando o desenvolvimento local, tendo como foco a agricultura familiar. Possui uma população de aproximadamente 553 mil habitantes e uma população rural estimada em 63%. A maior parte dos municípios que integram o Território apresenta características essencialmente rurais.

Localiza-se no semiárido baiano e integra 20 municípios: Araci (1), Barrocas (2), Biritinga (3), Candeal (4), Cansanção (5), Conceição do Coité (6), Ichu (7), Itiúba (8), Lamarão (9), Monte Santo (10), Nordestina (11), Queimadas (12), Quijingue (13), Retirolândia (14), Santa Luz (15), São Domingos (16), Serrinha (17), Teofilândia (18), Tucano (19) e Valente (20).

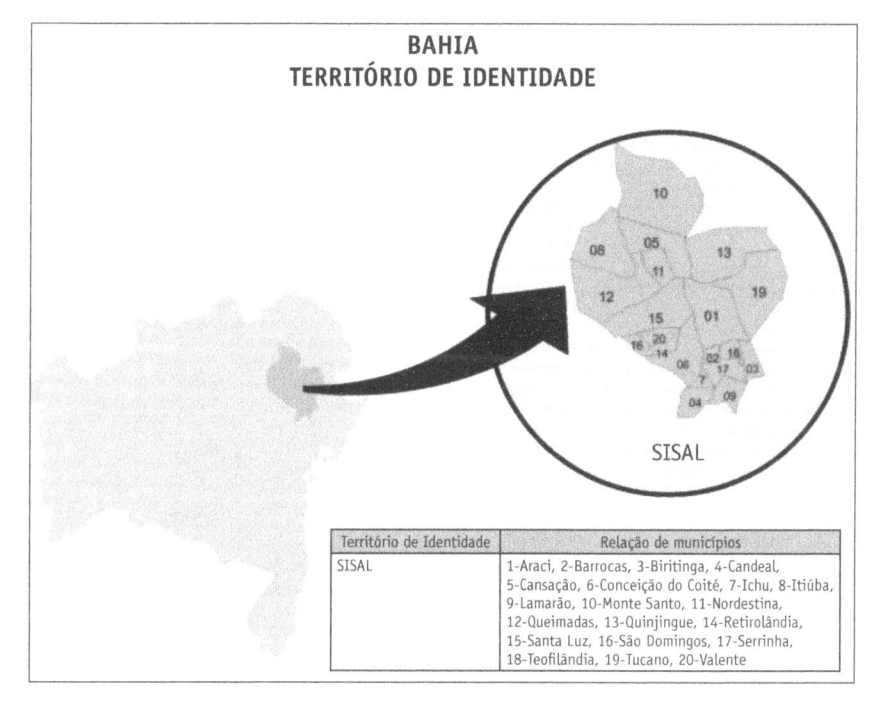

Território de Identidade	Relação de municípios
SISAL	1-Araci, 2-Barrocas, 3-Biritinga, 4-Candeal, 5-Cansação, 6-Conceição do Coité, 7-Ichu, 8-Itiúba, 9-Lamarão, 10-Monte Santo, 11-Nordestina, 12-Queimadas, 13-Quinjingue, 14-Retirolândia, 15-Santa Luz, 16-São Domingos, 17-Serrinha, 18-Teofilândia, 19-Tucano, 20-Valente

Figura 1. Local da Pesquisa (Território do Sisal, Bahia, Brasil).
Fonte: Tânia Fischer e Rodrigo Maurício Freire Soares, 2010.

No Território do Sisal observa-se um conjunto de tipologias ligadas ao artesanato. Cada município possui um conjunto de atividades artesanais que conformam a identidade do território.

Das atividades produtivas mais recorrentes no território, a presença feminina na atividade artesanal assume destaque ao se registrar uma porcentagem de 70% dos artesãos do território.

No entanto, o artesanato não é a única atividade produtiva desenvolvida pelas mulheres. Em oposição ao senso comum de que a mulher do campo tem tarefas ligadas apenas à casa e à família, observa-se, sua presença em 35% na agricultura, 17% na apicultura, cerca de 30% na caprinocultura, 69% no beneficiamento da mandioca e quase 50% no beneficiamento de sisal e caprino. Para fins deste artigo, a análise será concentrada em duas experiências

UM AGIR SEXUAL NO TRABALHO?

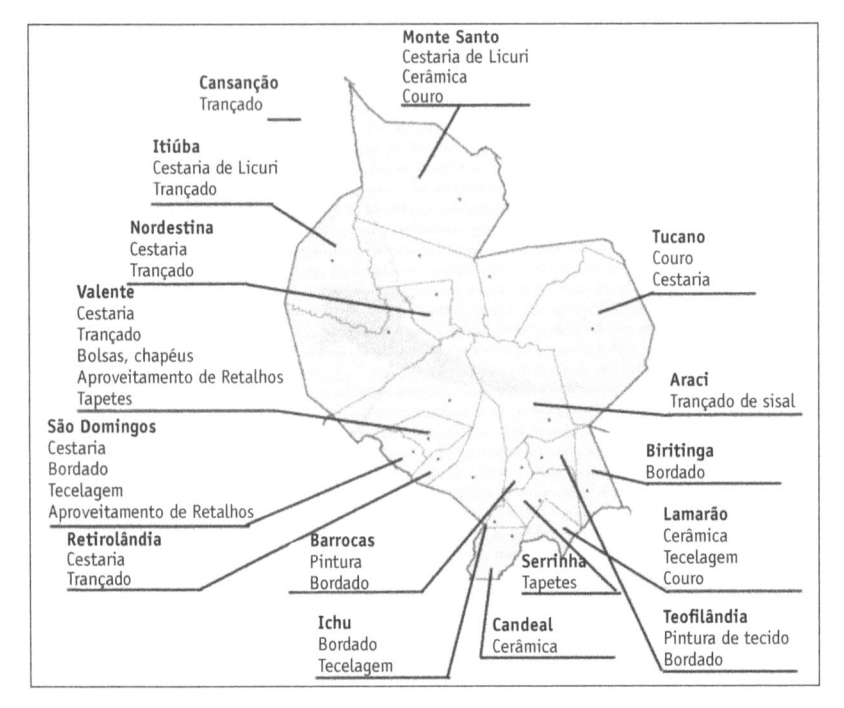

```
Monte Santo
Cestaria de Licuri
Cerâmica
Couro

Cansanção
Trançado

Itiúba
Cestaria de Licuri
Trançado

Nordestina
Cestaria
Trançado

Tucano
Couro
Cestaria

Valente
Cestaria
Trançado
Bolsas, chapéus
Aproveitamento de Retalhos
Tapetes

Araci
Trançado de sisal

São Domingos
Cestaria
Bordado
Tecelagem
Aproveitamento de Retalhos

Biritinga
Bordado

Retirolândia
Cestaria
Trançado

Barrocas
Pintura
Bordado

Serrinha
Tapetes

Lamarão
Cerâmica
Tecelagem
Couro

Ichu
Bordado
Tecelagem

Candeal
Cerâmica

Teofilândia
Pintura de tecido
Bordado
```

Figura 2. Tipologias de Artesanato no Território do Sisal, Bahia, Brasil.
Fonte: Tânia Fischer e Rodrigo Maurício Freire Soares, 2010.

investigadas, trançado e cerâmica, observadas nos municípios de Ichu e Lamarão.

Localizada entre serras de relevo suave ondulado, com vales estreitos e vertentes dissecadas, Ichu foi em princípio habitada pelos índios biritingas. A cidade ganha novos contornos por volta de 1920, a partir do povoamento de uma fazenda chamada "Enxu", a qual pertencia ao município de Riachão do Jacuípe. Enxu, originalmente escrito com 'x', é um nome indígena que designa casa de vespas, mas por alguma confusão gramatical acabou sendo grafado erroneamente, como Ichu, em documentos legais. Curiosamente, a grafia incorreta, com o tempo, passou a ser a oficial. A cidade possui artesãos que dominam ofícios variados como bordado, crochê, tricô e cerâmica.

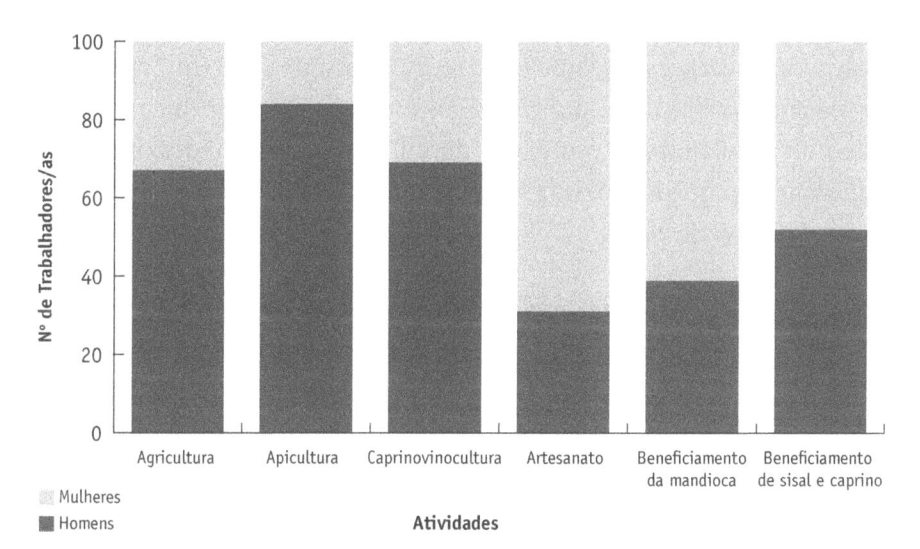

Gráfico 1. Distribuição das atividades produtivas dos empreendimentos solidários por gênero no Território Sisaieiro da Bahia – versão preliminar – outubro de 2005.

Fonte: Plano de Desenvolvimento Territorial Sustentável do Sisal – MDA.

Em Lamarão, o fazer artesanal é um dos principais transmissores de ritos e imagens da cultura não escrita. Essa cultura viva pode ser vista no seu variado artesanato que tem a cerâmica e o artesanato em sisal como principais expoentes, mas também acolhe artesãos que produzem em madeira, em couro e em crochê. No Sítio Santana, zona rural do município, está a Associação Comunitária de Artesãos de Sítio Santan – a (Acassa), na qual a produção de cerâmica é feita quase exclusivamente pelo gênero feminino, reunindo um total de 19 mulheres.

Em Ichu entrevistamos uma artesã que desenvolve o artesanato de trançado de palha, em especial, a produção de bolsas, chapéus e esteiras. Em Sítio Santana conhecemos a artesã mais antiga da localidade e uma das mais respeitadas na região devido a qualidade de seus potes, panelas e fruteiras de barro produzidos. Em ambos os casos, foi registrada a história de vida das artesãs, e estes relatos nos ajudam a compreender o artesanato sob a perspectiva do gênero. Ou seja, a recuperação do "vivido", por meio do discurso, contribui no entendimento do lugar feminino no artesanato. A partir dos depoimentos, foram identificadas algumas categorias que integram o modelo de análise da questão no Território do Sisal.

DIMENSÕES DE ANÁLISE – CARACTERÍSTICAS DE GÊNERO LIGADAS A APRENDIZAGEM E DIFUSÃO DO ARTESANATO PRODUZIDO NO TERRITÓRIO DO SISAL

A partir do conceito de aprendizagem significativa, trabalhou-se aqui três subdimensões possíveis e observáveis durante a pesquisa. São elas: os aspectos envolvidos no aprender a ensinar, manusear e difundir, as quais nos ajudam a entender como se processa a passagem de saberes no artesanato realizado no Território do Sisal, Bahia.

Aprender a ensinar
Uma das contribuições trazidas por Wright Mills (2009), também usadas por Sennett (2009) para análise da aprendizagem no campo dos conhecimentos tradicionais, refere-se ao princípio da instrução. Há a tentativa de se descrever o "como fazer" imprimindo uma série de orientações físicas sobre como segurar, cortar ou modelar uma peça, o que pouco ajuda ao interlocutor. A importância do ensino como ato relacional de passagem de saberes é reforçada pelas artesãs, sobretudo, ao narrarem às novas gerações; porém, apenas as mulheres parecem seguir na atividade artesanal.

> (Pesquisador) – Você acha importante ensinar a seus filhos?
> (Artesã) – Sim, eu acho, né? Por que amanhã ou depois né, eu não estando mais aqui, elas devem aprender, elas sabendo, elas faz, elas não têm que comprar. Eu tenho uma netinha de três

anos, a gente tava fazendo e tem que dar a agulha dela (sorri). Se não dá a dela, não deixa a gente trabalhar.
(Maria Helena, artesanato de palha, Ichú/Bahia, 22/4/2010.)

A passagem de saberes é tratada como uma herança cultural e invariavelmente é ensinada aos mais jovens por mulheres:

Meus mestres foram minha avó Lida, que já trabalhava com a produção de potes, cuscuzeiros, panelas, talhas, e depois minha mãe Libania Maria de Jesus. Iniciei a atividade de artesã ceramista aos 12 anos, brincando com barro.
(Mestre Tingo Artesã, artesanato de barro, Lamarão/Bahia, 10/4/2010.)

Em algum ponto da realidade construída socialmente, embora os homens também aprendam a trançar a palha, por exemplo, há uma ruptura que faz com que o artesanato e o trabalho manual se distancie dos homens:

(Pesquisador) – Fora o artesanato o que você faz aqui?
(Artesã) – Cuido da casa, trabalho na roça e o artesanato eu faço aqui todo o dia, eu teço, eu costuro.
(Pesquisador) – O marido te ajuda?
(Artesã) – O quê? (franze a testa) Mas ele até sabe entrançar.
(Pesquisador) – Você ensinou?
(Artesa) – A mãe dele ensinou. Quando ele era pequeno, tecia também.
(Maria Helena, artesanato de palha, Ichu/Bahia, 22/4/2010.)

Em outro momento, a artesã revela certa dúvida por nunca ter pensado sobre a questão:

(Pesquisador) – Fale-me um pouco sobre a sua família.

(Artesã) – Nos somos sete mulher e dois homens.
(Pesquisador) – Qual deles trabalham com artesanato?
(Artesã) – Os homens nenhum, as mulher tudo trabalha.
(Pesquisador) – Por que nenhum homem trabalha com artesanato?
(Artesã) – Por que... (aparenta dúvida ou nunca ter pensado sobre o assunto) por que acham outro trabalho não é? Aí não vai.
(Maria Helena, artesanato de palha, Ichu/Bahia, 22/4/2010.)

O depoimento da artesã ainda traz um outro aspecto, além do ensino: a jornada de trabalho feminina revela triplas ou quádruplas jornadas, uma vez que a mulher, se ensina a atividade aos mais novos, cuida da casa e ainda trabalha na roça.

As peças são feitas principalmente nos períodos da primavera, verão e outono, isto porque no inverno não trabalhamos com argila porque possuo outra atividade nesse período, a plantação de milho e feijão.
(Mestre Tingo Artesã, artesanato de barro, Lamarão/Bahia, 10/4/2010.)

Aprender a manusear
Na relação ensino-aprendizagem, deve ser levado em conta aspectos como linguagem, observação, processos de imitação, desmanche e refazer para alcançar a *expertise* da técnica. O artesão tem nas mãos a capacidade criativa que se viabiliza por meio de ferramentas e utensílios que auxiliam a produção. A ferramenta possibilitará a precisão cirúrgica e tensão necessárias na criação de uma determinada peça. A técnica em seu uso associada à sensibilidade será responsável pela criação de formas irregulares diametralmente perfeitas.

Os estudos sobre aprendizagem observados em Schon e Argyris (1974; 1978) trazem a ideia da "teoria em uso" (como as pessoas desempenham a atividade) e da *"exposed theory"* (forma como o indivíduo age ou pensa estar agindo). O manuseio correto dos instrumentos situa-se entre esses dois campos. Ao fazer uso dos instrumentos, o artesão desempenha uma ação individual, própria (o seu fazer), sobre como reproduzir a peça da forma imaginada. O "manusear" insere-se em um campo bastante subjetivo, muito mais relacionado a uma sensibilidade estética e motora do que a um conhecimento aprendido em instituições formais de ensino. O "manusear" depende, portanto, do repertório prévio do indivíduo e da aptidão, reforçando a ideia da aprendizagem significativa.

Ao final da entrevista Maria Helena (Ichu) mostrou cada uma das peças que produz, uma grande variedade de bolsas, esteiras, potes e vassouras de diversos tamanhos. O ofício utiliza como matéria-prima a palha de licuri, palmeira que já foi abundante na região e que, devido ao desmatamento para a criação de pastagens, hoje ainda se encontra, porém com maior dificuldade. O marido da artesã é responsável por coletar a matéria-prima na natureza. É ele que busca a palmeira de licuri para que seja trabalhado pela esposa. Quanto à cerâmica, os homens são citados como colaboradores também na busca da matéria-prima (barro).

> Minha maior dificuldade é retirar, transportar e amassar o barro, pois tenho duas filhas com problemas mentais, estou com dificuldades para enxergar e minha saúde não anda muito boa.
> (Mestre Tingo Artesã, artesanato de barro, Lamarão/Bahia, 10/4/2010.)

Uma vez que há uma renovação incipiente do número de artesãs no meio rural, sobretudo pelo desinteresse dos mais jovens pela atividade, ela acaba se restringindo aos mais idosos, nesse caso às mulheres mais idosas. Em relação ao que é produzido, o artesanato dessas mulheres, invariavelmente, referem-se a produtos do lar (panelas, jarros, vassouras) expressando também uma outra significação construída ao longo dos anos. A participação masculina surge, na maioria dos casos, em atividades de retirada da matéria-prima quando esta é de difícil acesso ou então no transporte da mesma, ocorrendo, portanto, em atividades que requerem uso da força.

Aprender a difundir

A difusão dos conhecimentos insere-se em uma dimensão simbólica mais abrangente que uma simples relação de professor-aluno, mestre-aprendiz. Mais que uma relação unicamente espontânea ou mesmo de garantia da continuidade de geração de trabalho e renda para a família, a passagem de saberes leva em conta o registro para a posteridade que faz do artesão um signo de pertencimento local. A dimensão da difusão apresenta dois aspectos recorrentes nas falas dos artesãos. O primeiro aspecto observado foi o desejo de difusão/repasse dos saberes observado em quase totalidade dos artesãos entrevistados. Um segundo aspecto refere-se à dificuldade de se difundir comercialmente a produção, seja pela quase inexistência dos pontos de venda, ou mesmo pela associação quase direta que é feita, por uma grande parcela de consumidores, de que o artesanato é algo sem qualidade e feito como último recurso para sair da linha de pobreza.

Nesse sentido, observa-se uma considerável difusão (passagem de saberes) entre os membros da comunidade de maneira intensa, porém uma fraca difusão comercial do que é produzido. Em Ichu, as mulheres tentam vender o que produzem nas feiras livres semanais, ao passo que, em Lamarão, o associativismo presente no trabalho com a cerâmica propicia uma melhor regularidade de comercialização.

Sobre a passagem dos saberes, é curioso observar no discurso das artesãs a continuidade desse processo:

> Uma sobrinha minha aprendeu o que eu sei e a menina já sabe fazer boneca, a menina já sabe fazer quadro, a menina sabe fazer pote. As minhas netas já sabem.
> (Mestre Tingo Artesã, artesanato de barro, Lamarão/Bahia, 10/4/2010.)

Ao mesmo tempo em que se observa esse interesse na passagem dos saberes, observa-se as dificuldades em se ter o trabalho difundido. Não apenas o campo do saber é ressaltado como importante, mas também a visibilidade das próprias peças. Há um tom de lamento pela quase inexistência de pontos de venda e visibilidade do trabalho. A comercialização apresenta-se como um problema antigo, como relata Maria Senhora:

> Naquela época andávamos mais de 15 km com mais de 20 kg de peças na cabeça para vender nas feiras, às vezes passávamos a noite viajando, no final da feira, quando não vendíamos quase nada saíamos trocando por mercadorias mais baratas (alimentos) para não voltar para casa com todo aquele peso na cabeça.
> (Mestre Tingo Artesã, artesanato de barro, Lamarão/Bahia, 10/4/2010.)

A comercialização aponta para uma lógica baseada no recebimento de encomendas, uma vez que a atividade não se desenvolve a partir de uma lógica mais profissional de busca de novos nichos de mercado.

CONSIDERAÇÕES FINAIS

Para concluir esta análise, apresentamos o quadro síntese a seguir, no intuito de categorizar as características observadas no artesanato do Território do Sisal, especificamente o trançado de palha e a cerâmica.

Manter a produção local, nos moldes como ela é feita, a princípio sugere a aceitação de um ciclo de pobreza existente e de práticas rústicas que se propagam de geração em geração e que refletem uma situação de pouca mobilidade social e quase nenhum rompimento com práticas de gênero consolidadas ao longo dos anos.

O custo social da manutenção de uma atividade deste tipo é, portanto, muito alto se observarmos apenas a questão mercadológica. As artesãs desempenham as suas atividades com o barro há déca-

Quadro 1. Dimensões de análise

Dimensão	Trançado (palha)		Cerâmica	
	Homem	Mulher	Homem	Mulher
Quanto ao ensino do artesanato	Não ensina.	Ensina, indistintamente para homens e mulheres, porém os homens não dão continuidade à atividade.	Não ensina.	Ensina, porém para uma maioria de mulheres.
Quanto ao manuseio	Homens se ocupam de trabalhos supostamente mais pesados, como a busca da matéria-prima na natureza.	Desfibrilam a palha, tecem e costuram.	Quando participam da atividade, ocupam-se na coleta do barro.	Modelam o barro e também ocupam-se da queima. O artesanato produzido pelas mulheres invariavelmente referem-se a produtos do lar (panelas, jarros, vassouras) expressando também uma significação construída ao longo dos anos.
Aprender a difundir	Não há difusão.	Pouca difusão, por encomendas e vendas nas feiras. Cumpre função de atividade complementar à renda, não sendo atividade principal e sem pretensões de negócio muito ambiciosas. Grande preocupação em repassar os conhecimentos às novas gerações.	Não há difusão.	Difusão regular (devido à existência de um tecido associativo organizado). Grande preocupação em repassar os conhecimentos às novas gerações.

Fonte: Tânia Fischer e Rodrigo Maurício Freire Soares, 2010.

das, e estas só se tornam possíveis por serem, justamente, a única fonte de renda daquela localidade da zona rural isolada e carente de oportunidades.

A realização do artesanato está intimamente relacionada com a identidade dessas mulheres, o que nos incita a considerarmos essa suposta dicotomia entre uma visão mais tradicionalista e uma visão mercadológica de uma outra forma. As artesãs citam que precisam trabalhar com o barro, pois isso as torna felizes, ou mesmo as conectam com o seu próprio passado, trazendo uma satisfação individual que as ajudam a suportar as dificuldades da vida. Sobre essa dimensão da distração e escapismo que se associa à própria vida do artesão, observou-se alguns depoimentos:

O significado (do artesanato) é expressar o que está dentro da gente. Para ser um bom artesão é preciso ter amor ao trabalho. (Maria Auxiliadora, artesanato de argila, Ichu/Bahia, 22/4/2010.)

O artesanato representa um motor identitário de um território e, como tal, expressa aspectos peculiares das relações sociais e estilos de vida. O artesanato contém em si permanências, desconstruções, reconstrução de elemento simbólico, imagens, práticas, comportamentos, normas, valores e representações.

A inclusão feminina no universo do artesanato pode, em última análise, representar sua exclusão em outros segmentos produtivos, sendo-lhes a única alternativa capaz de proporcionar uma atividade produtiva que seja compatível com outras funções socialmente construídas e que lhe foram atribuídas, tais como as atividade do lar, da agricultura e da família.

O artesanato se encaixa na rotina da mulher do campo frente às outras atividades que desempenha. Maria Helena relata ainda que a flexibilidade do trabalho é algo positivo e evita ter de buscar emprego em outra região. Possibilita ao indivíduo, portanto, a sua permanência em seu município de origem:

Ao invés de largar a minha família aqui, para ir pra Salvador ou Feira de Santana arrumar um emprego lá, eu trabalho aqui, cuido da casa, cuido dos filhos, dos netos e to trabalhando.
(Maria Helena, artesanato de palha, Ichu/Bahia, 22/4/2010.)

O artesanato se encaixa na rotina da mulher do campo frente às outras atividades que desempenha. Maria Helena relata ainda que a flexibilidade do trabalho é algo positivo, pois evita que ela tenha de buscar emprego em outra região. Possibilita, portanto, a sua permanência em seu município de origem. O artesanato, nesse contexto, garante a execução feminina de tarefas domésticas que lhes foram impostas socialmente ao longo dos anos e, também, da agricultura, que lhe garante o seu sustento. Seria o artesanato uma representação legitimada da exclusão feminina do mundo do trabalho? Um fardo inevitável dado a crueza da vida no campo ou um destino poético de encontrar formas em meio à aridez? Ou uma forma de aprender sobre quem somos, sobre a vida e sobre os tempos e os espaços em que vivemos? Em especial, como questão de gênero, o artesanato é uma conquista da mulher, que se desdobra entre a família, o campo e a criação e difusão artesanal.

Mulher é desdobrável. Eu sou
(Adélia Prado)

REFERÊNCIAS BIBLIOGRÁFICAS

ALBERTI, V. *História oral*: a experiência do CPDOC. Rio de Janeiro: Centro de Pesquisa e Documentação de História Contemporânea do Brasil, 1989.

ARGYRIS, C.; SCHON, D. A. *Organizational learning*: a theory of action perspective. Reading, Mass : Addison-Wesley Pub. Co., 1978.

_____. *Theory in practice: increasing professional effectiveness*. San Francisco: Jossey-Bass Publishers, 1974.

ARAÚJO, A. S. et. all.(2006) Artesanato, cidadania e Desenvolvimento Local: as experiências de Divinópolis e do Salão do Encontro em Betim – MG; Colóquio Internacional sobre Poder Local, 10. *Anais...* Salvador: CIAGS, NEPOL., 1,(Cd-rom).

ARROYO, M. *Ofício de mestre*: imagens e auto-imagens. Petrópolis: Vozes, 2006.

FISCHER, T. *Maestria em artes e ofícios populares*: mapeamento dos mestres-artesãos e seus saberes populares no território do sisal/BA. Salvador: FAPESB, 2007.

GEERTZ, C. *A interpretação das culturas*. São Paulo: LTC, 1989.

GHERARDI, S. B. POGGIO. *Gendertelling in organizations: narratives from male-dominated environments, Stockholm*. Malmö: Liber, 2007.

HALL, S. *A identidade cultural na pós-modernidade*. 4. ed. Rio de Janeiro: DP&A, 2009.

REGINA, E. Estatuinha. In: *Elis*. Faixa 4. Philips. 1998.

MILLS, C. W. *Sobre o artesanato intelectual e outros ensaios*. Rio de Janeiro: Zahar, 2009.

MOREIRA, M.; MASINI, E. *Aprendizagem significativa*: a teoria de David Ausubel. São Paulo: Editora Moraes, 1982.

PIAGET, J. *O estruturalismo*. São Paulo: Difusão Europeia do Livro, 1970.

Plano de Desenvolvimento Territorial Sustentável do Sisal - MDA Disponível em https://docs.google.com/viewer?url=http://sit.mda.gov.br/biblioteca_virtual/ptdrs/ptdrs_territorio043.pdf&embedded=true&chrome=true. Acesso em: 24 nov. 2010.

SENNETT, R. *O artífice*. Trad. Clovis Marques. São Paulo: Record, 2009.

VIGOTSKY, L. *Pensamento e linguagem*. São Paulo: Martins Fontes, 1987.

VERGARA, S. C. *Métodos de pesquisa em administração*. Sao Paulo: Atlas, 2005.

BIBLIOGRAFIA

ALBAGLI, S. Globalização e espacialidade: o novo do local. In: INSTITUTO BRASILEIRO DE INFORMAÇÃO EM CIÊNCIA E TECNOLOGIA; MINISTÉRIO DA CIÊNCIA E TECNOLOGIA. *Globalização e inovação localizada: experiências de sistemas locais no Mercosul*. Brasília: Instituto Brasileiro de Informação em Ciência e Tecnologia; Ministério da Ciência e Tecnologia, 1999.

ARAÚJO, A. S. et. al. Artesanato, cidadania e desenvolvimento local: as experiências de Divinópolis e do Salão do Encontro em Betim – MG. In: COLÓQUIO INTERNACIONAL SOBRE PODER LOCAL, 10., 2006. Salvador. *Anais*... Salvador: CIAGS, NEPOL., 1, 2006. (cd-rom).

BAUER, M.; GASKELL, G. (Orgs.). *Pesquisa qualitativa com texto, imagem e som*. Um manual prático. Petrópolis: Vozes, 2004.

CAMARGO, R. A. L.; OLIVEIRA, J. T. A. *Relatos orais, memória coletiva e identidade na agricultura familiar*. (Apresentação de Trabalho/Congresso). 2008.

CANCLINI, N. G. *As culturas populares no capitalismo*. São Paulo: Brasiliense, 1983.

DEWEY, J. *Vida e educação*. São Paulo: Melhoramentos, 1973.

DIEGUES, A. C.; ARRUDA, R. S. V. (Orgs.). *Saberes tradicionais e biodiversidade no Brasil*. Brasília: Ministério do Meio Ambiente, 2001.

FREIRE, P. *Pedagogia da autonomia*: saberes necessários à prática educativa. Rio de Janeiro: Paz e Terra, 1997.

GIDDENS, A. *As consequências da modernidade*. São Paulo: UNESP, 1991.

ITURRA, R. *Fugirás à escola para trabalhar a terra*: ensaios de antropologia social sobre o insucesso escolar. Lisboa: Escher, 1990.

MIGUEZ, P. Cultura e desenvolvimento. *Políticas Culturais em Revista*, p. 1-3, 2009. Disponível em: http://www.politicasculturaisemrevista.ufba.br. Acesso em: ago./2009.

MOREIRA, M. A. *Aprendizagem significativa*. Brasília: UnB, 1998.

_____. *Mapas conceituais e aprendizagem significativa*. Instituto de Física, UFRGS. 1997. Disponível em: http://www.if.ufrgs.br/~moreira/mapasport.pdf. Acesso em: jan./2010.

REIS, A. C. F. *Economia criativa*: como estratégia de desenvolvimento. Uma visão dos países em desenvolvimento. São Paulo: Itaú Cultura, 2008.

RUGIO, A. *Nostalgia do mestre artesão*. Campinas, São Paulo: Autores Associados, 1998.

SANTOS, H. Um exercício para pensar o artesanato. *Mãos, Artes e Ofícios Tradicionais*, CEARTE/CRAT, n. 1, 1997.

SERVIÇO BRASILEIRO DE APOIO A MICRO E PEQUENA EMPRESA (SEBRAE). Programa de Artesanato. *Termo de Referência,* 2004.

SOUZA, E. C.; PASSEGGI, M. C. (Orgs.). *Pesquisa (Auto)biográfica*: cotidiano, imaginário e memória. Natal: EDUFRN; São Paulo: Paulus, 2008.

UNITED NATIONS CONFERENCE ON TRADE AND DEVELOPMENT. *Development and globalization*: facts and figures. Central Statistics and Information Retrieval Branch of UNCTAD's Division on Globalization and Development. Genebra, UNCTAD, 2004.

WENGER, E. *Communities of practice*: learning, meaning and identity. USA: Cambridge University Press, 1998.

12

MULHERES GERENTES ENTRE O EMPODERAMENTO E O TETO DE VIDRO

Marlene Catarina de Oliveira Lopes Melo

INTRODUÇÃO

As relações de gênero são frutos de socialização e de experiências vivenciadas entre os diferentes sexos levando a diversos conceitos de gênero. A perspectiva escolhida neste estudo aborda o gênero no espaço institucional como uma forma de reprodução e de expressão das relações de poder, analisando as condições de sua emergência e os jogos de interesses que as envolvem (CAPELLE et al., 2004), sendo sempre relacional e contextual (ROCHA, 2006).

Com o crescimento do número de mulheres no mercado de trabalho, aumentam também os desafios para o rompimento de convicções sociais e organizacionais originárias de uma cultura considerada tradicionalmente machista e patriarcalista. Assim, homens e mulheres tinham seus papéis e funções bem definidos, segundo uma divisão sexual do trabalho, cabendo ao homem o lugar de provedor da renda e responsável pelo sustento de sua família, e à mulher as responsabilidades do lar, incluindo a educação dos filhos.

A partir da década de 1970, ascende a conscientização da necessidade de empoderamento das mulheres para aumentar tanto a igualdade social, econômica e política, quanto para ampliar o acesso a direitos humanos fundamentais como saúde e educação. Nesse sentido, a primeira vertente para o empoderamento deve estar atrelada ao despertar da conscientização por parte das mulheres em relação à discriminação de gênero, ou seja, reconhecer a existência da desigualdade entre homens e mulheres, inquietar-se com essa situação e desejar transformá-la.

Lisboa (2008) analisa o empoderamento na perspectiva feminista e o considera como novo conceito de poder nas relações de gênero que reconhece e valoriza as mulheres e que, segundo Costa (2004), em uma visão mais otimista assume formas democráticas, construindo novos mecanismos de tomada de decisões e de responsabilidades compartilhadas. Além disso, o empoderamento é requisito para a obtenção da igualdade entre homens e mulheres, representando um desafio às relações patriarcais, em especial no espaço familiar, ao poder dominante do homem e à manutenção dos seus privilégios de gênero (LISBOA, 2008).

No entanto, alcançar a igualdade de gênero é um processo vagaroso e ao mesmo tempo desafiador pelo fato de o mesmo estar arraigado nos valores, crenças e práticas de uma sociedade, o que requer muito mais do que mudanças em leis ou políticas públicas (FEM, 2005), ou seja, são necessárias mudanças de práticas nas famílias, nas escolas, nas comunidades, bem como nos processos de tomada de decisão, tanto no âmbito público, como no político e no organizacional.

Diante disso, este capítulo objetiva analisar o processo de empoderamento de mulheres que ocupam cargos de gerente intermediário em organizações do setor bancário, industrial e de informática na Região Metropolitana de Belo Horizonte, identificando e compreendendo possíveis aspectos individuais e coletivos de empoderamento presentes no discurso das 20 gerentes pesquisadas. O enfoque desta pesquisa é essencialmente qualitativo, tendo em vista que se procurou entender situações e fatos descritos pelas gerentes entrevistadas com a análise de conteúdo, comumente usadas em pesquisas de natureza qualitativa (BARDIN, 1979; TRIVIÑOS, 1987; MINAYO, 1996, LAVILLE E DIONE, 1999; RICHARDSON, 1999; FIORIN, 1999; ORLANDI, 2001; MELO et al., 2007).

Além da introdução, o capítulo se divide em três outras seções. Na segunda, apresenta-se uma contextualização da função gerencial e na terceira conceitos sobre empoderamento e teto de vidro, seguida da apresentação da análise do cotidiano e da vivência das mulheres gerentes entrevistadas, permitindo a elaboração das considerações finais geradas a partir desta análise.

CONTEXTUALIZAÇÃO DA FUNÇÃO GERENCIAL

Dentre as instâncias do modelo de relações de trabalho, o gerente assume com destaque a função da gestão da força de trabalho, sendo responsável pelo "pôr a trabalhar" ou pela disponibilização do potencial humano existente na organização, favorecendo a obtenção do trabalho em quantidade e qualidade necessárias e, ainda, pela manutenção da cooperação e garantia da reprodução das relações sociais (assumindo aspectos importantes na regulação dos conflitos).

Havendo mudanças na organização de interesses do sistema capitalista nos padrões de acumulação, nas correlações de forças entre os grupos sociais, e consequentemente com impactos nas organizações, alteram-se os padrões de gerenciamento e, portanto, as competências organizacionais desejáveis. Assim, em tempos de reestruturação de um novo capitalismo, as mudanças nas formas de agir dentro das empresas impõem necessariamente mudanças nos quadros gerenciais, em suas funções, no seu posicionamento e qualificações, dentre outras, ou seja, novas lógicas e práticas organizacionais são desenvolvidas.

As habilidades e competências gerenciais possuem caráter relacional. As formas de ação dos gerentes, bem como, o seu espaço organizacional, são resultados da convergência de estratégias de outros gerentes de outras empresas, regularmente em situação de sucesso. Assim, as competências gerais do grupo e as habilidades gerenciais são provisoriamente reconhecidas em processo permanente de contestação e concorrência, tendo em vista que a manutenção e construção das habilidades e capacidades profissionais também são construções sociais contínuas (DUBAR, 1997), além de atender a interesses políticos e econômicos.

O gerente no exercício da sua função precisa ir além de garantir o bom desenvolvimento do processo produtivo. Ele precisa exercer uma função política, conciliando interesses por meio de suas relações interpessoais. O gerente também assume a função de administrar o trabalho com a responsabilidade de atuar e disponibilizar o potencial humano dentro da organização, tendo como foco as estratégias organizacionais, favorecendo assim, a obtenção do trabalho em quantidade e qualidade necessárias para a manutenção da organização. A atuação do gerente contribui diretamente para o desenvolvimento de instrumentos, processos, ritos e argumentos nas relações interpessoais, agindo de forma importante na regulação de conflitos (MELO 2002a; 2002b). O gerente se insere, então, na relação entre o desenvolvimento do sistema produtivo e de serviços e o movimento do capital. Nesse sentido, o papel do gestor não pode ser considerado como uma tarefa simples, além de exigir conhecimentos e habilidades no trato das questões sociais e técnicas que constituem os processos organizacionais atuais em campos essencialmente político e ideológico.

Boltanski (1982) apoiando-se em duas dimensões – uma simbólica (o processo coletivo e conflituoso de definição e de delimitação do grupo) e outra política (o processo de institucionalização do grupo gerencial) observa que o grupo socialmente constituído de gerentes passa por um movimento de "homogeneização relativa" de ação.

Sob esse ângulo de análise, a categoria gerencial aparentemente heterogênea, compartilha de certa coesão e identidade como grupo profissional atendendo à maioria das variáveis que explicam e determinam a formação de uma categoria profissional (MELO, 2000). Na prática, são também variadas as estruturas funcionais dos gerentes. Pode-se falar, por exemplo, de gerentes de linha, gerentes intermediários e gerentes de alto escalão; de gerentes brasileiros e de outras nacionalidades e de gerentes homens e gerentes mulheres.

As características femininas podem trazer um diferencial no exercício da função gerencial. Porém, dizer que há um "estilo feminino" de gerência, de certa forma, é reforçar os paradigmas patriarcais. A inclusão de grupos sociais marginalizados nos processos de poder leva, necessariamente, à negociação e à retificação de paradigmas. No caso específico da mulher e de seu acesso aos cargos gerenciais, esse movimento implica alteração tanto do grupo social da gerência e direção como do *habitus* (BOURDIEU, 2005) de homens e mulheres no ambiente de trabalho.

São variados as particularidades e fatores que explicam a função e o desempenho gerencial, sendo os mais recorrentes (DAVEL e MELO, 2005):

- As atividades, as relações de poder e as interações com subordinados, superiores e colegas no quotidiano de trabalho;
- O enquadramento oferecido pelos padrões simbólicos da empresa na qual estão inseridos;
- Possibilidades e restrições impostas pela cultura nacional, regional e local vivenciadas pelos gerentes;
- A carga elevada e o caráter ambíguo das responsabilidades do gerente como mediador de interesses diversos e opostos entre capital e trabalho;
- Os problemas graves de saúde mental e de estresse profissional que podem ser gerados por essa situação de instabilidade e de contradição constante;

- A construção ao longo do tempo da categoria de gerentes fundamentalmente masculina, centrada em princípios e em uma lógica de valores predominante e historicamente masculinos.

O trabalho dos gerentes é perpassado pelo exercício das relações de poder e pela mediação de interesses, o que lhes inscrevem em uma certa lógica de dominação oriunda do desenvolvimento do sistema capitalista. Pode-se então focalizar o gerente como mediador dos interesses organizacionais ou de seus próprios interesses, mas também se pode determiná-los como agentes do sistema capitalista e reprodutores da ideologia desse sistema. A pesquisa realizada por Pagès et al., (1987) avalia o papel do gerente como mediador, indicando que o poder e o sucesso gerencial se fundamentam em sua capacidade de colocar seus conhecimentos em respostas às contradições do sistema capitalista em constante reestruturação.

Os gerentes ocupam uma posição ambivalente: recebem para manter e fortalecer o capital, mas nem sempre tem acesso às estruturas de decisão, de poder e de planejamento da organização. De um lado, os gerentes são convidados a demonstrar sua onipresença e pensamento claro sobre aqueles sob sua responsabilidade. De outro lado, precisam receber e responder demandas frequentes e cambiantes de seus superiores. Watson (1994) e Watson e Harris (1999) sugerem que esse problema de "duplo controle" é uma das razões chaves para explicar a aparente ambivalência dos gerentes frente aos modismos organizacionais e à tendência de sempre tentarem convencer a si próprios e os outros que são "pessoas importantes". Assim, os gerentes constituem-se no grupo profissional que mais vivencia contradições.

O gerente que se encontra, por natureza funcional, em uma situação ambígua, enfrentou, ao longo da década de 1990, uma amplificação dessa situação devido aos processos de reestruturação adotada pelas empresas e às exigências do sistema capitalista (SENNET, 1999). Além das particularidades do trabalho e do comportamento dos gerentes como grupo social, constata-se que as novas formas de administração – baseadas na qualidade total, no enxugamento de efetivos, na mudança da estrutura organizacional, na redução de níveis hierárquicos, na terceirização de serviços, na informatização, na automação da produção, na introdução e desenvolvimento de equipes de trabalho mais autônomas, dentre outros – impuseram transformações radicais na função gerencial.

A função gerencial, no seu conjunto, apresenta fases distintas segundo o contexto social, tecnológico e político, sinalizando uma evolução do modelo de gestão considerado mais apropriado às organizações contemporâneas. Dessa forma, essas fases surgem de acordo com o nível de desenvolvimento de cada organização, podendo ser destacadas em quatro fases: (1) profissionalização da função gerencial, (2) modernização da função gerencial, (3) exercício da função gerencial como parceria dupla e (4) função gerencial compartilhada. A primeira fase retrata o gerente deixando o papel de burocrata em busca do conhecimento para assumir o papel de gerenciador de pessoas e de processos. A segunda fase incide na modernização da função gerencial, quando o gestor percebe o imperativo de mudanças na sua forma de trabalhar e começa a entender o todo da organização, busca a eficiência e um melhor desempenho dos integrantes visando a resultados organizacionais. A terceira fase destaca a função gerencial como uma parceria com os subordinados e com a organização para que o gerente obtenha sucesso. A quarta fase refere-se à função gerencial compartilhada, onde acontece uma mudança da perspectiva da ação gerencial em relação à função do gerente, incluindo no processo a equipe e práticas de *empowerment* ou empoderamento de pessoas e de equipes. Trata-se de formas de construir novos mecanismos de tomada de decisões e de responsabilidades compartilhadas. Na verdade, trata-se de novas concepções do exercício do poder no ambiente organizacional.

O caráter multifacetado da função gerencial é também ressaltado por Hill (1993), entre outros autores. As características de variedade e de fragmentação do trabalho gerencial se explicam diante de sua dependência em relação aos outros atores sociais, principalmente os subordinados e pela natureza ambígua da função. Para o alcance de metas e objetivos, a tarefa acaba se tornando árdua, por agregar esforços variados em campos diferentes, indo dos psicológicos aos técnicos e todos inseridos nas relações de poder.

Rodrigues (1991) também destaca o papel do gerente como um contribuinte da ideologia da empresa, nos moldes discutidos por Pagès et al. (1987). Em outros estudos, Rodrigues e Collinson (1995) sinalizam que o "humor subversivo" consistiria em uma forma de objeção e de defesa diante das exigências organizacionais, o que leva a representação do inconformismo por meio do divertimento, induzindo a identificação de personagens com sujeitos do ambiente corporativo, denotando conhecimento de conceitos internos às suas práticas diárias.

Contudo, nossas pesquisas (MELO, 2000; 2002 E 2006) mostram a lacuna existente a respeito de um consenso sobre a função gerencial, até mesmo entre os gerentes, observando-se, portanto, a enorme diversidade de opiniões sobre os desafios que se impõem aos gerentes, as características e habilidades que precisam ter, além das múltiplas contradições que esse grupo profissional vivencia no exercício de suas funções.

Todavia, é fato que o trabalho realizado pelas mulheres gerentes ainda é mais complexo, pois é menos valorizado do que o trabalho realizado pelos homens, progridem mais vagarosamente ou terão de mostrar melhor performance do que a dos homens para serem promovidas. Elas poderão inclusive desenvolver maneiras de lidar com essa situação desigual. Por exemplo, no caso de gerentes canadenses estudadas por Sheppard (1989), a identidade sexual foi se transformando de forma a facilitar a integração no mundo organizacional, permeado e organizado pela cultura masculina de gestão. Essas gerentes desenvolveram, para isso, estratégias de forma a se desprenderem das questões de gênero, afirmando que se tratava sobretudo de questões pessoais e não de questões de discriminação sistemática.

Baseando-se em outro contexto cultural, Belle (1993) aprofunda a questão quando estuda a construção da identidade das gerentes em três empresas francesas. As gerentes construíam sua identidade como grupo profissional muito mais em função das expectativas que os outros projetam sobre elas, do que suas próprias aspirações. No entanto, identificamos a utilização de especificidades femininas pelas próprias gerentes como diferencial no exercício da função analisando grupo de gerentes femininas no setor industrial e no setor bancário (MELO, 2002b).

Mas, a análise da função gerencial vai além do exercício profissional nos enquadramentos clássicos do ser gerente. Ao analisarmos situações de possíveis estresse e mal-estar profissional com gerentes masculinos e femininos, verificamos depoimentos dos entrevistados apontando para a normalidade das situações de pressão, cobrança, falta de tempo, exigências de qualificações constantes e atualizações aceleradas como condições de estresse e adoecimento, o que denominamos de Síndrome de Estocolmo Gerencial (MELO et al., 2010).

Uma reflexão diferenciada sobre o trabalho gerencial deve considerar também a questão do gênero e encorajar uma sensibilidade para com as contradições e ambiguidades ligadas à (re)construção social de relações de gênero, à discriminação e a desigualdades no local de trabalho (BILLING E ALVESSON, 1994). Entretanto, se os estudos sobre gênero são contingentes à estrutura da divisão sexual do trabalho, o fato de que as mulheres vêm alcançando, ao longo das últimas décadas, inserções no mercado de trabalho e ascensão profissional no âmbito das empresas poderia sugerir que as relações de gêneros vão tomando outras formas.

EMPODERAMENTO E TETO DE VIDRO

Empoderamento

Para as feministas, o empoderamento "compreende a alteração radical dos processos e estruturas que reduzem a posição de subordinada das mulheres como gênero. As mulheres tornam-se empoderadas por meio da tomada de decisões coletivas e de mudanças individuais" (COSTA, 2004, p. 7).

Assim, empoderamento possui significados distintos, em algumas situações o termo expressa sentido de emancipação, controle e busca de poder social ou político, em outras, percebe-se pessoas obtendo controle sobre suas próprias vidas e planejando seu futuro, como forma de mudança desejada e planejada (LEÓN, 2000; DEERE E LEÓN, 2002; OAKLEY E CLAYTON, 2003). Nas palavras de Lisboa (2008, p. 7) "empoderamento é o mecanismo pelo qual as pessoas, as organizações, as comunidades tomam controle de seus próprios assuntos, de sua própria vida, de seu destino, tomam consciência da sua habilidade e competência para produzir, criar e gerir".

Quando nos referimos ao termo gênero, indicamos que tanto mulheres quanto homens são produtos do meio social e suas condições de vida são variáveis e históricas. Mais do que uma identidade apreendida, o gênero se constrói e se reestrutura nas complexidades das relações sociais, políticas, econômicas, psicológicas, afetivas e culturais entre homens e mulheres, intermediadas pela estrutura social institucionalizada e não institucionalizada da sociedade. Assim, o empoderamento é um processo conflituoso porque diz respeito a situações de dominação explícitas ou implícitas e à busca de mudanças nas relações de poder existentes.

Costa (2004) destaca que o empoderamento das mulheres desafia as relações patriarcais no que se refere ao poder dominante do homem, a manutenção dos seus privilégios de gênero e principalmente sua atuação dentro da família. Implica em uma mudança na dominação tradicional dos homens sobre as mulheres, assegurando a estas autonomia no controle dos seus corpos, de sua sexualidade, de suas opiniões e de seus direitos de ir e vir.

Ainda nessa perspectiva, Prá inclui a compreensão das relações de poder na sociedade na análise do empoderamento, pois:

Fortalecer ou empoderar se refere a permitir que a pessoa assuma o comando de sua própria vida. No caso das mulheres, o empoderamento insiste na importância de aumentar seu poder e controle sobre as decisões e problemáticas que determinam a sua vida. (Prá, 2006, p. 40-41)

Levando-se em consideração os padrões de desigualdades entre homens e mulheres, no Fórum Econômico Mundial (FEM) de 2005 foram expostas cinco dimensões importantes do empoderamento e oportunidade das mulheres na sociedade, a saber: participação econômica (participação de mulheres no mercado de trabalho e comparação das remunerações recebidas); oportunidade econômica (qualidade do envolvimento econômico das mulheres, relativo a profissões valorizadas e com oportunidade de carreira); empoderamento político (representação de mulheres nas estruturas de poder e governo no espaço político); avanço educacional (educação de qualidade); e saúde e bem-estar, acesso à nutrição, cuidados de saúde, facilidades reprodutivas, segurança e integridade física e psicológica.

O empoderamento da mulher para Oliveira (2006, p. 23) é descrito como desafiador das relações familiares patriarcais, uma vez que "pode levar ao desempoderamento do homem e certamente leva à perda da posição privilegiada de que ele desfruta sob o patriarcado". Nessa perspectiva, o empoderamento incide quando a mulher deixa de ser, tradicionalmente, dominada pelo homem, seja em suas opções de vida, seus bens ou em sua sexualidade, sobremaneira, podendo ser observada alteração quanto às decisões antes, unilaterais, não se constituindo mais como norma.

No entanto, deve-se enfatizar que "o empoderamento da mulher libera e empodera o homem" (OLIVEIRA, 2006, p. 23). Sob esse aspecto, a autora assinala que ao liberar o homem dos estereótipos de gênero existentes, novas experiências lhes são permitidas, o que possibilita, além de mudanças em suas próprias vidas, mudanças nas de seus companheiros e de seus familiares e no espaço social.

Até recentemente, toda a discussão sobre questões de empoderamento de mulher esteve direcionada para a sociedade nos seus diversos campos e setores. Somente nos últimos anos o tema tem sido introduzido nos estudos organizacionais. Deve ser enfatizado que o termo empoderamento também chama a atenção para o(s) conceito(s) de "poder" no que diz respeito à relação social. Dessa forma, o "poder" pode ser fonte de opressão, autoritarismo, abuso e dominação, como pode ser fonte de emancipação, reconhecimento e valorização da mulher trazendo à tona uma nova relação de poder produzido e conquistado pela própria mulher.

De acordo com Soihet (1997), para compreender o jogo político na história das mulheres é preciso estudar o privado e o público visto como unidade, contrapondo o enfoque tradicional que analisa "privado *versus* público". Ao tomar como sustento alguns estudos, a autora assinala que o binômio dominação/subordinação não deve ser visto como ponto único de confronto. Dessa maneira, retrata que mesmo existindo dominação masculina, está presente a atuação feminina, percebidos por meio de complexos contrapoderes, como o poder maternal, o poder social, o poder sobre outras mulheres, como ainda as compensações dos jogos de sedução. Destaca-se, ainda, que em algumas situações as mulheres preferem submeter-se a jornadas duplas e triplas, pela preservação de espaço no domínio doméstico e nas suas relações de poder familiares.

Todavia, a crença por parte das mulheres de romper as barreiras para ter acesso ao exercício do poder se estabelece como um dos principais desafios ao processo de empoderamento, uma vez que, ao longo dos séculos, esse poder cabia aos homens, tanto na esfera pública quanto na familiar. Essas posições de poder diferenciadas foram perpetuadas, cultural e institucionalmente. Às mulheres restava a possibilidade de utilizar estratégias de influência às quais podiam recorrer quando precisavam exercer o poder (MARTINS, 2003). Em decorrência, a subordinação de gênero, na maioria dos casos, foi introjetada pelas mulheres e é ponto crítico para as transformações e o processo de empoderamento.

É reafirmado (DEERE E LEÓN, 2002; COSTA, 2004; PRÁ, 2006 entre outros) que o empoderamento da mulher precisa partir da sensibilização, no sentido de fortalecer a conscientização no que diz respeito à discriminação de gênero e para que se estabeleça uma nova concepção da mulher em relação à autopercepção negativa relativa à sua capacidade e aos seus direitos. Importante lembrar, entretanto, que o empoderamento não é um processo com um começo bem delineado e um final com experiências iguais para todas as mulheres, pois não existem fórmulas ou projetos, receitas ou modelos prescritos que ensinem à mulher a se empoderar. Ele é moldado para cada indivíduo com base em suas experiências individuais, seus contextos e suas histórias, ocorrendo, assim, de acordo com a posição de subordinação de cada um nos níveis pessoal, familiar e profissional. Trata-se essencialmente de uma relação e de uma ação subjetiva.

Embora permaneçam visíveis as desigualdades de gênero, há evidências também de que o trabalho feminino vem se profissionalizando, diversificando e ocupando progressivamente mais espaço e maior importância no mercado de trabalho. Acredita-se que essas mudanças são sinais do empoderamento de mulheres em termos gerais.

De fato, os dados apontam um crescimento nos porcentuais de participação das mulheres nos cargos de gestão nos últimos anos. Dados da Catho Online (2009) indicam as seguintes evoluções comparando o período de 1996-1997 e 2008-2009: Presidente, CEO ou equivalente de 10,36% para 21,43%; Vice-presidente de 10,82% para 17,47%; Diretor de 11,06% para 26,29%; Gerente de 15,61% para 34,14%; Supervisor de 20,85% para 47,58% e de Coordenação de 36,95% para 55,67%. Esse quadro traz uma questão fundamental: trata-se de um processo de empoderamento das mulheres nas organizações ou estes dados apresentam um reforço comprobatório para o teto de vidro na carreira gerencial das mulheres.

Teto de vidro

O termo teto de vidro surgiu na década de 1980 nos Estados Unidos para conceituar uma barreira que impede o alcance de algumas mulheres ao topo da hierarquia organizacional (MORRISON E GLINOW, 1990; JACOBS, 1992; FERNANDEZ, 1993; POWELL, 1993; POWELL E BUTTERFIELD, 1994; OHLOTT, RUDERMAN E MCCAULEY, 1994; BILY E MONOOCHECRI, 1995; CALIL, 2007). Dessa forma, os cargos mais importantes se tornam inatingíveis ao gênero feminino, não pela capacidade, dedicação e competências femininas, "mas pelo fato de o indivíduo ser mulher".

Para Brass (1985); Bem (1993); Elkiss (1994) e Marx (2006) o "teto de vidro", presente nas organizações, efetivamente, bloqueia a ascensão de mulheres qualificadas e, em consequência, torna escassa a presença feminina nas posições de poder. Assim, para a mulher ultrapassar essa barreira imposta e se empoderar, exigem-se esforços para desenvolver alianças, manobras e estratégias perante a organização.

Pouco a pouco, as discriminações nas formas de inserção e segregação profissional vem se renovando e modificando suas faces. As avaliações sobre a configuração do mercado de trabalho têm sinalizado para a ocorrência de uma lenta, mas constante e progressiva transformação na estrutura de desigualdade nas relações entre homens e mulheres.

As mulheres passaram a frequentar a esfera pública, ganharam o direito de votar e serem votadas, aprenderam a ter controle sobre a reprodução deixando os núcleos familiares cada vez menores, (em 1992, a taxa de fecundidade total era de 2,8 filhos por mulher; em 2008, era de somente 1,8, segundo dados do Ipea, 2010), além de participarem do mercado de trabalho, sem necessariamente serem desvalorizadas ou vistas como prostitutas. Pelo contrário, agora têm suas conquistas profissionais exaltadas pela mídia em geral e o homem, que antes era o único provedor da família, passa a dividir essa tarefa com a esposa/companheira. Dados do Ipea (2010) chamam ainda mais atenção para o aumento significativo de famílias nas quais as mulheres, mesmo com cônjuge, são identificadas como pessoa de referência. Essa mudança gradual pode ser explicada por três questões principais que estão intimamente interligadas: questões tecnológicas, econômicas e culturais.

As questões tecnológicas apresentam os motivos pelos quais as mulheres foram aceitas no mercado de trabalho. Com a revolução industrial, a substituição da mão de obra por máquinas provocou, em vários setores da economia, um grande aumento no desemprego e uma consequente desvalorização do trabalho. A crescente mecanização do setor industrial e o constante desenvolvimento das máquinas empobreceram as tarefas nas indústrias, obrigando os operários a migrarem para outros trabalhos mais valorizados e sendo substituídos pelas mulheres, que começavam a ingressar no mercado de trabalho recebendo salários muito mais baixos. Além disso, com a evolução dos componentes eletrônicos surge a necessidade argumentada das empresas de substituir a mão de obra masculina pela feminina por estas apresentarem maior habilidade manual, maior capacidade de trabalho delicado e minucioso e mais paciência para trabalharem com pequenas peças de *microchips* e outros componentes (MELO, 2003). Hirata (2003) identifica essa situação como uma nova divisão sexual do trabalho, ou seja, uma divisão tecnológica, sendo mantidas as relações de dominação masculina nesse campo.

Intimamente ligadas às questões tecnológicas estão as questões econômicas. O desenvolvimento tecnológico trouxe para o mercado novos campos de trabalho, novos produtos e também um novo estilo de vida. Os produtos industrializados fabricados em série permitiram o consumo por praticamente todas as camadas sociais, gerando mudança nos hábitos de consumo da população, promovendo uma cultura pautada pelo consumismo e, também, melhoria na qualidade de vida da população. Essas mudanças levaram à necessidade de complementação da renda familiar e, assim, coube às mulheres ingressarem no mercado de trabalho e assumirem com os homens as responsabilidades pelo sustento da família.

O fortalecimento da mão de obra feminina também vem provocando profundas mudanças culturais. Aos poucos o patriarcalismo se enfraquece, a mulher começa a dividir as responsabilidades por prover as necessidades do lar, assumindo-as, muitas vezes, sozinha. Se em um primeiro momento as mulheres começaram a trabalhar pela necessidade de complementar a renda familiar, em outro, os movimentos feministas, surgidos a partir da segunda metade do século XX, passaram a lutar por igualdade de direitos e condições no trabalho, contestando velhos estereótipos sobre elas mesmas. Esses movimentos resultaram na elaboração de um novo conceito de gênero e, ao mesmo tempo, colaboraram para superar a definição biológica e imutável dos sexos, abrindo maiores possibilidades de inserção ao trabalho feminino. Dessa forma o trabalho profissional da mulher já integra a prática cultural atual.

Assim, não se pode ignorar o fato de as mulheres, ao longo dos anos, virem conquistando novos espaços no mercado de trabalho e, em alguns casos, atingido altos níveis na hierarquia organizacional, de modo a caracterizar a quebra do "teto de vidro". Porém, o crescimento dentro da organização ainda compõe um dos maiores desafios que as mulheres encontram no percurso profissional – poucas mudanças são ainda percebidas quando se observa a estrutura hierárquica organizacional – sem esquecer a inexistência da igualdade de oportunidades para esse crescimento se comparada aos homens.

Analisando casos excepcionais que retratam o alcance da mulher em posições de poder, na visão de Lemons e Danehower (1996), algumas mulheres que ocupam um nível avançado nas empresas negam a existência do "teto de vidro" ou não o aceitam.

Para Junqueira (1990), estas mulheres possuem ilusão de igualdade de oportunidades profissionais entre os gêneros. Mas, apesar de ser de fácil negação e difícil de detectar, autores como Belle (1993) e Martin (2000), analisam que o *"glass ceiling"* ainda permanece, principalmente em organizações com estruturas mais rígidas e de cultura tradicional, cujos obstáculos são maiores. No entanto, acreditamos que esta análise contém fatores redutores de uma realidade mais complexa e fatores generalizados sem considerar especificidades e subjetividades femininas, além de refletirem realidades de década(s) atrás.

Todavia, os cargos ocupados por mulheres possuem pequenas características que incitam o comprometimento com a organização, fundamental para analisar o fenômeno "teto de vidro" (DWYER et al., 1996; MEYERSON E FLETCHER, 2000). Dessa maneira, os executivos do sexo masculino afirmam não rejeitar a mulher devido ao gênero e acreditam na possibilidade desta possuir diferencial ante as habilidades necessárias a gerência, entretanto, se preocupam com o tempo e com os gastos em treinamentos, ao relacionar o abandono feminino na organização para se dedicar à família, o que reforça valores daqueles que possuem cargos de poder, ou seja, o sexo masculino exclui o feminino por acreditar que não é lugar próprio para esse gênero (STEIL, 1997).

Powell e Butterfield (1994) relativizam essa exclusão afirmando que a discriminação quanto ao gênero não é proposital. Os selecionadores tendem a escolher pessoas semelhantes a si para ocupar os cargos, acreditando que esse é o modelo ideal. Nesse sentido Cappelle, Melo e Brito (2004) corroboram que cada organização apresentará formas e intensidades diferenciadas ante ao teto de vidro.

As mulheres empoderadas não são necessariamente aquelas altamente ambiciosas e individualistas, mas aquelas que possuem o conhecimento acerca do grupo, do poder e sobre as relações de homens e mulheres no local de trabalho; conhecimento este significativo para que se possa oferecer apoio ou minorar e melhorar o ambiente hostil de modo a favorecer a aspiração dessas mulheres pelos altos cargos em sua carreira profissional.

O COTIDIANO E A VIVÊNCIA DE MULHERES GERENTES NO NÍVEL INTERMEDIÁRIO

Ainda na perspectiva da sociedade como um todo, Stromquist (1997) e Costa (2004) mencionam quatro componentes imprescindíveis que devem estar inseridos em uma busca da análise de empoderamento de mulheres, quais sejam: os componentes cognitivos, psicológicos, políticos e econômicos. Lisboa (2008) acrescenta, ainda, um quinto componente ou tipo de empoderamento: o social.

Dentro desse contexto, o componente cognitivo está relacionado com o entendimento que as mulheres têm tanto da sua subordinação quanto das causas desta em níveis micro e macro da sociedade. Compreende o "ser" e a necessidade de fazer escolhas mesmo contradizendo as expectativas culturais e sociais. Para Friedmann (1996) e Costa (2004) o componente cognitivo inclui, ainda, um novo conhecimento sobre as relações e ideologias de gênero, sobre a sexualidade, os direitos legais, as dinâmicas conjugais entre outros.

O componente psicológico refere-se aos sentimentos que as mulheres desenvolvem e que podem ser colocados em prática de forma pessoal e social, no sentido de melhorar sua condição, bem como a ênfase na crença de que podem ter êxito nos seus esforços por mudanças. Nesse sentido, a autoconfiança e autoestima são fundamentais (STROMQUIST, 1997; COSTA, 2004). Para as mulheres se empoderarem, segundo Lisboa (2008), devem melhorar a autopercepção que têm sobre si mesmas, acreditar que são capazes de mudar suas crenças em relação à submissão e despertar para os seus direitos. O componente político supõe a habilidade para analisar o meio circundante em termos políticos e sociais, o que significa também ter capacidade para organizar e promover mudanças sociais. O componente econômico supõe a independência econômica das mulheres servindo ainda como apoio essencial ao componente psicológico. O quinto componente ou tipo de empoderamento mencionado por Lisboa (2008) refere-se ao "social". Ele compreende o acesso a certas "bases" de produção doméstica, tais como informação, conhecimento e técnicas, e recursos financeiros. Prevê o acesso a instituições e serviços e à capacidade de influência a nível público.

No entanto, a compreensão do empoderamento das mulheres gerentes demanda um melhor entendimento do que seja esse processo de empoderamento de mulheres nas organizações. Para esta análise, desenvolvemos o modelo de análise desse processo construído pelos seguintes componentes ou fatores devidamente traduzidos para o contexto organizacional: fator cognitivo analítico, fator político, fator econômico, fator social e fator cultural.

Fator Cognitivo Analítico

Este estudo apontou que o fator cognitivo esteve intrinsecamente relacionado aos componentes do saber, do conhecer e do reconhecer das mulheres gerentes. Observou-se a conscientização que as mulheres gerentes pesquisadas têm das suas condições reais no grupo social em termos de qualificação.

> [...] eu acho que um dos caminhos é a formação, a formação acadêmica mesmo, não tem outro jeito, a gente tem que ir buscando uma melhor formação acadêmica [...]. (E10)

> Trabalho, trabalho e trabalho, e estudo, claro, ela tem que se preparar, saber mostrar a sua competência. Conhecimento, competência, comprometimento, e saber lidar com as pessoas. (E11)

Além da valorização da capacitação e do conhecimento serem vistos como fundamentais para a mulher atingir e alcançar a ascensão na carreia profissional, as entrevistadas apontaram que as mulheres precisam ter habilidade e competência para gerenciar pessoas

(30%); priorizar a carreira; demonstrar competência; desenvolver o perfil de gestor e, apresentar bons resultados (25% cada). Outros componentes como querer e gostar da função (20%), ser mais sensível, demonstrar interesse, saber lidar com cobrança e pressão, tomar decisão estratégica (10% cada) também foram citados como importantes para quem deseja estar no cargo gerencial. Fatores como saber administrar o tempo, se adaptar e inovar, demonstrar que é capaz, ter comprometimento, motivação, ambição e ter boa capacidade de análise também foram lembrados pelas entrevistadas.

Alguns itens relacionados à ascensão da mulher na função gerencial também foram destacados pelas gerentes entrevistadas. Para elas, as mulheres estão cada vez mais assumindo lugar de destaque nos postos de trabalho (65%), e concorrendo em condições de igualdade com os homens (35%), e isso vem ocorrendo de forma gradativa no mercado de trabalho (35%). Entretanto, apontam que, para assumirem esse lugar de destaque e igualdade com os homens, precisam investir mais em conhecimento e mostrar para a empresa que têm competência para assumir a gerência (25% cada).

Percebe-se uma mudança no comportamento das mulheres, fazendo com que elas consigam competir com os homens no mesmo nível. A educação feminina contribui sensivelmente para que esse cenário aconteça. Isso pode ser justificado com a expansão nos níveis educacionais e na maior oferta de cursos superiores e na participação feminina nestes. De acordo com o Instituto Brasileiro de Geografia e Estatística (IBGE, 2008) no ano de 2003, aproximadamente 51,3% das mulheres possuíam mais de 11 anos de estudo, passando a 59,9% em 2008. Em consequência, observa-se que o avanço nos níveis de qualificação feminina ajudou bastante para o possível empoderamento da mulher no mercado de trabalho.

Na visão das entrevistadas, a mulher é valorizada pela empresa em que trabalham (20%) e apontam que características tais como se colocar no lugar do outro, terem múltiplas jornadas de trabalho, atuar diferentemente na perspectiva de gênero (15% cada) também são facilitadores para a ascensão das mulheres. Entretanto, para algumas das entrevistadas (10%), apesar de a mulher se destacar em relação ao homem, e mesmo se valorizando e buscando qualificação, obtendo melhores oportunidades na própria empresa, como também no mercado de trabalho, ainda prevalecem antigos paradigmas como a discriminação observada na diferença dos salários entre os homens e mulheres no exercício da função gerencial e até mesmo em momentos coletivos, como em reuniões e encontros, nos quais a mulher é posta de lado.

> A questão salarial é uma discriminação muito clara, e... segundo ponto é... a participação em alguns assuntos, em algumas reuniões que eu principalmente como mulher eu acho que poderia colaborar com o assunto, mas às vezes não sou chamada. (E16)

Outro destaque para a ascensão da mulher em cargos de comando é a introdução de processos seletivos que exigem conhecimento e qualificação.

> [...] dependia muito da visão de quem era seu superior, realmente havia essa discriminação, mas melhorou muito com a instituição de processos seletivos, que são mais democráticos dando mais oportunidades para as pessoas e, a assim, a inclusão da mulher. (E2)

Fator Político
Este fator significa maior participação no âmbito político e acesso aos cargos de representação e direção. Nesse sentido, o estudo apontou o poder político como parte do processo do empoderamento das mulheres, no qual elas vivenciam as relações de poder no espaço organizacional, possuem uma consciência das diferenças entre os gêneros, formalizam as alianças e estratégias para ter sua carreira, para ter autonomia, visto como lugar para tomada de decisão, como ainda, de acesso à informação dentro da organização. Além disso, as entrevistadas sinalizam um ambiente de legitimação

e reconhecimento onde, tanto a empresa, como os superiores, os pares e os subordinados, reconhecem-nas como profissionais.

Ao abordar as relações existentes entre homens e mulheres, grande parte das entrevistadas (80%) afirmou não ter dificuldade de relacionamento com os pares onde trabalham e complementaram que todos são tratados igualmente, não havendo diferença pelo fato de ser homem ou mulher. Para um grupo das gerentes o relacionamento é visto como bom e razoável não apenas com os pares, mas com os superiores também. Outras (15%) acreditam que o relacionamento no trabalho é melhor com os homens do que com as mulheres gerentes.

De acordo com um grupo de entrevistadas (10%), as mulheres ainda sofrem galanteios dos homens nos relacionamentos entre os pares, entretanto, outras enfatizaram que se posicionam de modo profissional, sendo, portanto, reconhecidas como tal.

Para as gerentes, o relacionamento entre os pares sinaliza uma equidade nas relações de poder, em que as mulheres, cada vez mais, se posicionam e assumem um novo lugar, antes ocupado apenas por homens na organização. Na percepção das entrevistadas, as características muitas vezes ditas como "femininas" têm funcionado tanto para justificar o acesso a cargos gerenciais bem como para o acréscimo das responsabilidades no ambiente de trabalho.

> [...] a mulher, normalmente, consegue se colocar melhor no lugar do outro, ela é mais empática, isso são características, são coisas mais da pessoa, coisa do universo feminino, do ambiente feminino, então eu acho que isso acaba favorecendo a mulher ter poder de negociação, de convencimento. (E5)

Aos poucos o conceito do feminino condicionado às características biológicas, o qual reforçava o caráter "natural" das diferenças entre os sexos, vem sendo questionado em decorrência da evolução educativa, de novas formas de relação conjugal e da modificação nos papéis profissionais. O fato de a mulher passar a ocupar postos de responsabilidade, não mais estando limitada apenas a cargos subalternos nas organizações, implica na redefinição da identidade feminina e em alterações nas representações elaboradas em torno de sua inserção no mundo do trabalho.

Fator Econômico

O fator econômico torna-se fundamental por se relacionar ao desempenho de atividades que possam gerar renda e assegurar certo grau de independência financeira, além de servir de apoio ao componente psicológico. Esse fator supõe a independência econômica da mulher que passou a buscar e conquistar seu espaço nas organizações e participar ativamente das despesas financeiras do lar.

Dados da pesquisa apontam que a maioria das gerentes entrevistadas (70%) vivenciou essa questão de ordem econômica em que a mulher saiu de casa em busca do seu próprio dinheiro, além da necessidade de ajudar seu companheiro a complementar o orçamento da família, enquanto apenas 25% das entrevistadas relataram que não vivenciaram essa questão e que sua inserção profissional se deveu ao projeto natural de formação educacional e profissional e a busca do emprego.

> [...] o perfil da mulher hoje mudou muito, ela quer a sua independência, ela é estimulada desde cedo a adquirir essa independência [...]. (E15)

> As mulheres querem independência e sabem que ela vem da questão financeira, [...] E ela está atrelada a não dependência do marido ou do pai. Então, a questão de trabalhar fora, gera essa possibilidade de independência financeira [...]. (E17)

> [...] consegui com o produto do meu trabalho realizar as coisas que eu queria fazer, são questões mais materiais que é viajar, sair, comprar casa, comprar carro, essas coisas [...] (E11)

A maioria das gerentes entrevistadas relataram, ainda, que essas mudanças ocorridas por meio do desenvolvimento econômico foram responsáveis, de uma forma geral, pelo aquecimento do mercado de trabalho, possibilitando a inserção progressiva da mulher na economia. Outras acreditam que essas mudanças beneficiaram, consideravelmente, as mulheres que passaram a atuar de forma conjunta com os homens. Na opinião de gerentes entrevistadas (15%), é necessário que as mulheres estejam sempre atentas aos fatos que estão acontecendo no sentido de melhorar o crescimento profissional para conseguirem melhores oportunidades de trabalho. Para as gerentes entrevistadas, a educação continuada faz toda a diferença para que as mulheres consigam galgar postos gerenciais na atual conjuntura do país.

Nas últimas décadas, diversos estudos têm retratado o acentuado crescimento da participação feminina no mercado de trabalho. Conforme dados da Pesquisa Mensal de Emprego referente a 2008, as mulheres representam 45,8% da População Economicamente Ativa, com relação à proporção de mulheres ocupadas (IBGE, 2008). Segundo dados da Pesquisa Nacional por Amostra de Domicílio (PNAD), entre 1998 e 2008 houve um aumento da participação das mulheres no mercado de trabalho, passando de 42% para 47,2% (IBGE, 2009). Os dados revelam ainda que as mulheres representam 44,9% dos empregados (ocupados), sendo que 29,2% encontram-se em atividade no mercado de trabalho formal e 13,7% no mercado informal. Em se tratando da população em idade ativa 53,4% correspondem às mulheres, enquanto os homens somam 46,6% (IBGE, 2008).

Dados do IBGE (2009) apontam que no ano de 2008 houve um aumento da proporção de famílias chefiadas por mulheres, que já caracterizam 34,9% dos domicílios brasileiros. Um dos resultados dessa pesquisa assinala o fato de que as mulheres hoje estão assumindo o papel matriarcal, ou seja, a mulher já produz sozinha a renda que é minimamente necessária para liderar uma casa, caracterizando uma "inversão" de papéis dentro da sociedade.

As mulheres vêm ocupando uma fatia cada vez maior no mercado de trabalho, seja por necessidade, independência financeira ou mesmo pelo desejo de realização pessoal. Entretanto, uma das dificuldades encontrada pelas mulheres no mercado de trabalho pode ter como implicações o fato de que os domicílios chefiados por mulheres têm um nível de renda inferior aos chefiados por homens.

Isso significa dizer que, não obstante a diferença salarial vir diminuindo gradualmente ao longo dos anos, as mulheres continuam recebendo salários inferiores aos dos homens, desempenhando o mesmo trabalho. Destaca-se que a maior participação das mulheres nas organizações reflete em um aspecto lucrativo do ponto de vista econômico para as próprias organizações em relação à redução de custos.

Fator Social
Em relação ao fator social considerou-se, nesta análise, a percepção das gerentes no que diz respeito ao reconhecimento familiar e organizacional, indicando mudança nas relações patriarcais e matriarcais, bem como o reconhecimento e o estímulo direto ou simbólico dentro do grupo social e organizacional.

Nesse contexto, a maioria das gerentes entrevistadas relatou que mesmo havendo patriarcalismo (60%) ou matriarcalismo (20%), o papel da família, em particular o do pai, foi decisivo para que sua posição no cargo de gerente no espaço organizacional, fosse conquistada. De um modo geral, constata-se que a família configura-se em um grau de importância elevado, podendo contribuir positivamente para o processo de empoderamento da mulher.

> O meu sucesso eu divido com muita gente [...] meu pai principalmente, ele nos criou para o mundo e sempre foi uma pessoa muito aberta [...]. Na família eu vejo que tive um pai e uma mãe simples, com limitações não só financeira, como até de grau de instrução, mas que nos deram espaço. (E12)

É relevante destacar que os dados da pesquisa apontam que para 95% das gerentes entrevistadas existem equidade e as oportunidades entre homens e mulheres são iguais dentro da organização. Para 15% das entrevistadas, a existência tanto de equidade quanto de oportunidades iguais para ambos os sexos deve-se ao processo seletivo pelo qual os gerentes são submetidos para ocuparem cargos gerenciais.

Vários argumentos, mesmo que em um porcentual baixo, foram explicitados pelas entrevistadas como forma de justificar a percepção da equidade e das oportunidades dentro do contexto organizacional no qual estão inseridas, como: as pessoas precisam ser talentosas para ocupar cargos gerenciais, tanto mulheres quanto homens; a empresa sabe lidar com a diversidade, por isso há equidade nas oportunidades; as pessoas precisam ser comprometidas e ter conhecimento técnico para assumir cargos gerenciais, além de precisarem ter bom desempenho, qualificação e competência na realização de suas atividades laborais. Esses dados sinalizam certo questionamento sobre seu significado: trata-se de uma mudança ou de uma negação da existência da situação de dominação masculina no contexto organizacional.

O grupo social constitui outro fator importante no processo de empoderamento da mulher no ambiente organizacional, reforçado pelos relacionamentos e redes sociais.

> [...] Eu acho que o empoderamento é o resultado dessa minha vida no sentido tanto familiar, uma educação familiar muito boa, a formação acadêmica que foi muito importante, eu estudei em escolas públicas no interior, mas escolas muito boas [...] depois fazer faculdade, buscar esse aprimoramento sempre, com opção de estudar, de fazer parte de grupos de estudo e de estar em contato, de ter redes de relacionamento, estar em contato com as pessoas, eu acho que tudo isso, não tenho a menor dúvida que contribuiu para eu estar onde eu estou. (E10)

O empoderamento está relacionado à construção de relações sociais que possibilitam o reconhecimento de movimentos de articulação, formulação e reformulação de alianças entre agentes organizacionais concernentes às relações de gênero, bem como a identificação dos efeitos dessas relações sobre a interação de homens e mulheres no espaço organizacional.

Fator Cultural

O fator cultural refere-se às relações de poder dentro da sociedade que se entrecruzam com o gênero, a classe social, a raça, a cultura e a história. Dentro desse contexto, o fortalecimento da mão de obra feminina vem provocando profundas mudanças culturais e com isso, o patriarcalismo parece perder sua força e as mulheres começam a atuar ativamente em atividades que antes era só de homens.

Percebe-se que a família atua também como fio condutor no processo de empoderamento das gerentes com sua história e exemplos, além de disseminar as primeiras influências culturais no seu papel de socialização primária.

> [...] a minha mãe era uma pessoa que atuava sempre, meu pai era caminhoneiro trabalhava com transporte de carvão e viajava muito. Então, a minha mãe é quem tinha que ir às reuniões junto às companhias que comprava o carvão para decidir o preço do carvão, como é que ia comprar e vender. Então, eu sempre via a atuação dela e se eu tenho esse poder de gestora, de gestão, de autoridade, eu devo muito a ela. Se ela participava de reuniões ela ajudava, ela decidia, então, eu vivenciei isso muito dela, enquanto isso o meu pai trabalhava como se diz, na parte operacional e ela na parte comercial e isso para mim foi fácil na hora de atuar no mercado, [...]. (E13)

Verificou-se no discurso das entrevistadas uma baixa percepção do fator cultural como elemento do seu processo de empoderamento, mesmo que a questão não tivesse sido feita diretamente.

A análise dos dados demográficos parece responder a essa situação: as mulheres gerentes pesquisadas possuem mais de dez anos na organização, com exceção de duas. E os cargos ocupados se dividem em dois grupos: um essencialmente no nível intermediário e outro no início da alta gerência. Os dados mostram que 40% do grupo não possui filhos, mas 60% tem de 1 a 3 filhos. Quanto à formação profissional 50% das gerentes realizaram pós-graduação e 10% o mestrado.

O fator cultural significou, no caso, tanto a reprodução de valores do grupo social como a produção de novos significados culturais, sendo essas gerentes produto, mas também produtoras de significados culturais.

CONSIDERAÇÕES FINAIS

O capítulo buscou analisar o processo de empoderamento de mulheres gerentes nos setores bancário, industrial e de informática localizadas em Belo Horizonte, Minas Gerais, na percepção das entrevistadas. A análise contemplou cinco fatores que nos pareceu os mais adequados para compreender o seu empoderamento gerencial, quais sejam: fator cognitivo analítico, fator político, fator econômico, fator social e o fator cultural.

Por meio do componente cognitivo, observou-se que as mulheres estão procurando melhor qualificação profissional em termos de capacitação, formação contínua, além de um conhecimento mais profundo da organização na qual estão inseridas, pretendendo, dessa forma, concorrer com o gênero masculino em condições de igualdade. Observou-se também que as gerentes consideram a dedicação à carreira, o saber lidar com pressão e cobrança, e o trabalho incessante como um diferencial para o empoderamento da mulher no cargo gerencial. Na perspectiva de gênero, as gerentes, em sua maioria, criticam as diferenças nas oportunidades, exigências e formas de ascensão ao ingressar na função gerencial. Essas diferenças são percebidas em alguns setores, em relação ao nível hierárquico disponibilizado para as mulheres e, principalmente, à faixa salarial.

Com relação ao componente político, observou-se que o relacionamento das gerentes com os seus pares acontece de forma bastante tranquila, respeitosa e sem discriminação na percepção da maioria das entrevistadas.

Dentro de um contexto global, o componente econômico externo contribuiu para a inserção da mulher no mercado de trabalho, impactando positivamente na vida profissional das mulheres, principalmente no que diz respeito à independência financeira, configurando-se como fator importante para as gerentes entrevistadas, em sua totalidade. Na percepção da maioria destas, o crescimento econômico favorece e oferece oportunidades e obriga a mulher a buscar mais conhecimento, dedicação e comprometimento, uma vez que o mercado torna-se mais competitivo.

O componente social permitiu analisar a percepção das gerentes no que diz respeito às relações patriarcais e matriarcais. A maioria das gerentes entrevistadas relatou que vivenciou uma relação de subordinação familiar da mulher na sua juventude. Nota-se, entretanto, que mesmo na situação de patriarcalismo ou matriarcalismo o papel da família, em particular, o do pai na percepção das entrevistadas, foi decisivo para a trajetória gerencial.

No fator cultural, percebeu-se que o fortalecimento da mão de obra feminina vem provocando significativas mudanças culturais. Com isso, o patriarcalismo vem perdendo sua força e as mulheres começam a atuar ativamente em atividades que antes perteciam apenas ao território dos homens.

Os dados da pesquisa suscitaram análises diferenciadas do contexto de empoderamento gerencial das mulheres. Os primeiros estudos sobre empoderamento feminino apresentam como requisito a conscientização da situação de desigualdade e de dominação masculina. Outros mostram estratégias como retirar o empoderamento das questões pessoais (SHEPPARD, 1989), ou o empoderamento mais em função das expectativas que os outros projetam sobre elas (BELLE, 1993), ou ainda o empoderamento de características femininas para o exercício diferenciado de função gerencial em um contexto de reestruturação do sistema capitalista (MELO, 2002).

Além de possíveis ilusões de igualdade de oportunidades apontadas por Junqueira (1999) os fatos indicam novas situações, como o aumento de mulheres em cargos gerenciais em todos os níveis, o afrouxamento do sistema patriarcal, o desejo e a aspiração pessoal das mulheres pela carreira e a busca de condições objetivas para obtê-la.

O estudo partiu também do pressuposto que o empoderamento atingia apenas até certo nível gerencial, o que ainda é verdade, mas não se constitui em situação generalizada e não é confirmado a limitação do empoderamento pelo teto de vidro.

O empoderamento das mulheres, assim, representa um desafio às relações patriarcais nos espaços sócio-institucionais, em especial dentro da família, ao poder dominante do homem e à manutenção de seus privilégios de gênero. Significa uma mudança na dominação tradicional dos homens sobre as mulheres, garantindo-lhes a autonomia no que se refere ao controle dos seus corpos, da sua sexualidade, do seu direito de ir e vir, bem como um rechaço ao abuso físico e à violação impune, ao abandono e às decisões unilaterais masculinas que afetam a família, a organização e a sociedade.

REFERÊNCIAS BIBLIOGRÁFICAS

BARDIN, L. *Análise de conteúdo*. Lisboa: Edições 70, 1979.

BELLE, F. Executivas: quais as diferenças na diferença?. In: CHANLAT, J. F. (Coord.). *O indivíduo na organização*: dimensões esquecidas. São Paulo: Atlas, 1993. v. 2, p.L95-13L.

BEM, S. L. *The lenses of gender*: transforming the debate on sexual inequality. New Haven: Yale University Press, 1993. Business Source Elite, EBSCOhost. Disponível em: http://www.ebscohost.com/academic/business-source-elite. Acesso em: 16 set. 2008.

BILLING Y. D.; ALVESSON, M. *Gender, managers, and organizations*. Berlin/Nova York: W. de Gruyter, 1994.

BILY, S.; MANOOCHECRI, G. Breaking the glass ceiling. *American Business Review*, v. 13, n. 2, p. 33-40, 1995.

BOLTANSKI, L. *Les cadres*: la formation d'un groupe social. Paris: Éditions de Minuit, 1982.

BORDIEU, P. *A dominação masculina*. Rio de Janeiro: Bertrand Brasil, 2005.

BRASS, D. J. Men's and women's networks: a study of interaction pattems and influence in an organization. *Academy of Management Journal*, v. 28, n. 2, p. 327-343, 1985. Business Source Elite, EBSCOhost. Disponível em: http://www.ebscohost.com/academic/business-source-elite. Acesso em: 16 set. 2008.

CALIL, L. E. S. *Direito do trabalho da mulher*: a questão da igualdade jurídica ante a desigualdade fática. São Paulo: LTr, 2007. p. 72-75.

CAPELLE, M. C. A.; MELO, M. C. O. L.; BRITO, M. J. M. Uma análise da dinâmica do poder e das relações de gênero no espaço organizacional. *RAE electron. [on-line]*. v. 3, n. 2, 2004. Disponível em: http://www.scielo.br/pdf/raeel/v3n2/v3n2a06.pdf. Acesso em: 9 mar. 2009.

CATHO ONLINE. Evolução das mulheres no mercado de trabalho por nível hierárquico nos últimos 12 anos. 2009. Disponível em: http://www.google.com.br/#hl=pt-BR&source=hp&q=Evolu%C3%A7%C3%A30+das+Mulheres+no+Mercado+de+Trabalho+por+N%C3%ADvel+Hier%C3%A1rquico+nos+%C3%9Altimos+12+Anos&aq=f&aqi=&aql=&oq=&gs_rfai=&fp=f83753f99b45def. Acesso em: 05 ago. 2010.

COSTA, A. A. *Gênero, poder e empoderamento das mulheres*. A química das mulheres, Salvador, 2004.

DAVEL, E.; MELO, M. C. O. L. *Gerência em ação*. Rio Janeiro: FGV, 2005.

DEERE, C. D.; LEÓN, M. *O empoderamento da mulher*: direitos à terra e direitos de propriedade na América Latina. Trad. Letícia Vasconcellos Abreu, Paula Azambuja Rossato Antinolfi, Sônia Terezinha Gehering. Porto Alegre: Editora da UFRGS, 2002.

DUBAR, C. *A socialização*: construção das identidades sociais e profissionais. 2 ed. Portugal: Porto Editora LDA, 1997.

DWYER, P.; JOHNSTON, M.; MILLER, K. Europe's corporate women. *Business Week*, v. 3455, n. 785, p. 40-42, 1996.

ELKISS, H. Training Women for Union Office: breaking the glass ceiling. *Labor Studies Journal* 19, n. 2 p. 25-42, 1994. Business Source Elite, EBSCOhost. Disponível em: http://www.ebscohost.com/academic/business-source-elite.

FERNANDEZ, J. *The diversity advantage*. Nova York, Lexington Books, 1993.

FIORIN, J. L. *Elementos de análise do discurso*. São Paulo: Contexto, 1999.

FÓRUM ECONÔMICO MUNDIAL (FEM) *Empoderamento de mulheres*: avaliação das disparidades globais de gênero. Genebra, 2005.

FRIEDMANN, J. *Empowerment*: uma política de desenvolvimento alternativo. Oeiras, Lisboa: Celta, 1996.

HILL, L. *Os novos gerentes*: assumindo uma nova identidade. São Paulo: Makron Books, 1993.

HIRATA, H. Tecnologia, formação profissional e relações de gênero no trabalho. *Revista Educação & Tecnologia, Periódico científico dos Programas de Pós-graduação em Tecnologia dos* CEFETS-PR/MG/RJ, p. 144-156, 2003.

INSTITUTO BRASILEIRO DE GEOGRAFIA E ESTATÍSTICA (IBGE). *Pesquisa Mensal de Emprego*. 2008. Disponível em: http://www.ibge.gov.br/home/presidencia/noticias/noticiaimpressao.php?id noticia=1099>. Acesso em: 19 fev. 2008.

INSTITUTO BRASILEIRO DE GEOGRAFIA E ESTATÍSTICA (IBGE). *Pesquisa Mensal de Emprego*, 2009. Disponível em http://www.ibge.gov.br/home/presidencia/noticias/noticiaimpressao.php?id_noticia=1099>. Acesso em: 15 mar. 2009.

INSTITUTO DE PESQUISA ECONÔMICA APLICADA (IPEA). *Mulher e trabalho*: avanços e continuidades. 2010. Disponível em: http://www.ipea.gov.br/portal/index.php? option =com _con tent&view=article&id=1447: comunicado-do-ipea-&catid=161:presi. Acesso em: 10 ago. 2010.

JACOBS, J. Women's entry into management: trends in earnings, autority, and values among salaried managers. *Administrative Science Quarterly*, v. 37, n. 1, p. 282-301, 1992.

JUNQUEIRA, E. B. *A profissionalização da mulher na advocacia*. Rio de Janeiro: Fundação Carlos Chagas, 1990.

LAVILLE, C.; DIONE, J. *A Construção do saber*: manual de metodologia da pesquisa em ciências humanas. Porto Alegre/Belo Horizonte: Artes Médicas Sul/UFMG, 1999.

LEMONS, M. A.; DANEHOWER C. V. Organizational justice and the glass ceiling: the moderating role of gender schemas. *Academy of Management Proceedings*, p. 398-402, 1996.

LEÓN, M. *Empoderamiento:* relaciones de las mujeres com el poder. *Estudos Feministas*. Ano 8, 2000.

LISBOA, T. K. O empoderamento como estratégia de inclusão das mulheres nas políticas sociais. In: FAZENDO GÊNERO – Corpo, Violência e Poder, 8., 2008, Florianópolis. Universidade Federal de Santa Catarina. Florianópolis.

MARTIN, J. Hidden gendered assumptions in mainstream organizational theory and research. *Journal of Management Inquiry*, Thousand Oaks, 2000.

MARTINS, C. H. B. *Trabalhadores na reciclagem do lixo*: dinâmicas econômicas, sociambientais e políticas na perspectiva de empoderamento. [s.n] Tese (Doutorado – Programa de Pós-Graduação em Sociologia) da Universidade Federal do Rio Grande do Sul.

MARX, J. Women in finance: breaking the glass ceiling. *Accounting Today*, p. 6-9, 2-15 Oct. 2006. Business Source Elite, EBSCOhost. Disponível em: http://www.ebscohost.com/academic/business-source-elite.

MELO, M. C. O. L (Coord.). *O espaço da gerência feminina:* Desafios de Gênero e da Função em Instituições Financeiras. 2000. 103f. Belo Horizonte. Relatório de Pesquisa – Núcleo de Relações de Trabalho e Tecnologias de Gestão (NURTEG) da Universidade Federal de Minas Gerais; Centro Nacional de Desenvolvimento Cientifico e Tecnologia (CNPQ).

MELO, M. C. O. L. (2002), Gerência feminina nos setores industrial e bancário: o conservador internalizado versus o moderno em construção. In: ASSEMBLEIA DO CONSELHO LATINO-AMERICANO DE ESCOLAS DE ADMINISTRAÇÃO (CLADEA), 37, Porto Alegre. *Anais Eletrônicos...* Porto Alegre: UFRGS. (CD-ROM).

MELO, M. C. O. L. *A Gerência feminina*: inserção, participação e vivência da mulher no setor industrial. 2002a. Relatório de Pesquisa – Núcleo de Relações de Trabalho e Tecnologias de Gestão (NURTEG) da Universidade Federal de Minas Gerais; Centro Nacional de Desenvolvimento Cientifico e Tecnologia (CNPQ).

_____. Gerência feminina nos setores industrial e bancário: o conservador internalizado versus o moderno em construção. 2002b. In: ASSEMBLÉIA DO CONSELHO LATINO-AMERICANO DE ESCOLAS DE ADMINISTRAÇÃO (CLADEA), 37, Porto Alegre. *Anais Eletrônicos...* Porto Alegre: UFRGS, 2000b. (cd-rom).

_____ (Coord.). *A gerência feminina e seus desafios*: um estudo em instituições financeiras. 2003. 113f. (Relatório de Pesquisa) – Núcleo de Relações de Trabalho e Tecnologias de Gestão (NURTEG), Universidade Federal de Minas Gerais, Centro Nacional de Desenvolvimento Cientifico e Tecnologia (CNPQ).

_____.; MAGESTE, G. DE S.; MENDES, E. L. As questões de gênero no trabalho: inserção, evolução e tendências. In: SEMINÁRIO INTERNACIONAL ENFOQUES FEMINISTAS E O SÉCULO XXI, 1, Salvador, 2005. *Feminismo e Universidade na América Latina*. Salvador: UFBA, 2005.

_____. *O feminino e o masculino na gerência de empresas do setor de serviços da região metropolitana de Belo Horizonte*: desafios e perspectivas. 2006. 43f. Projeto de Pesquisa (NURTEG) da Faculdade Novos Horizontes; Centro Nacional de Desenvolvimento Cientifico e Tecnologia (CNPQ).

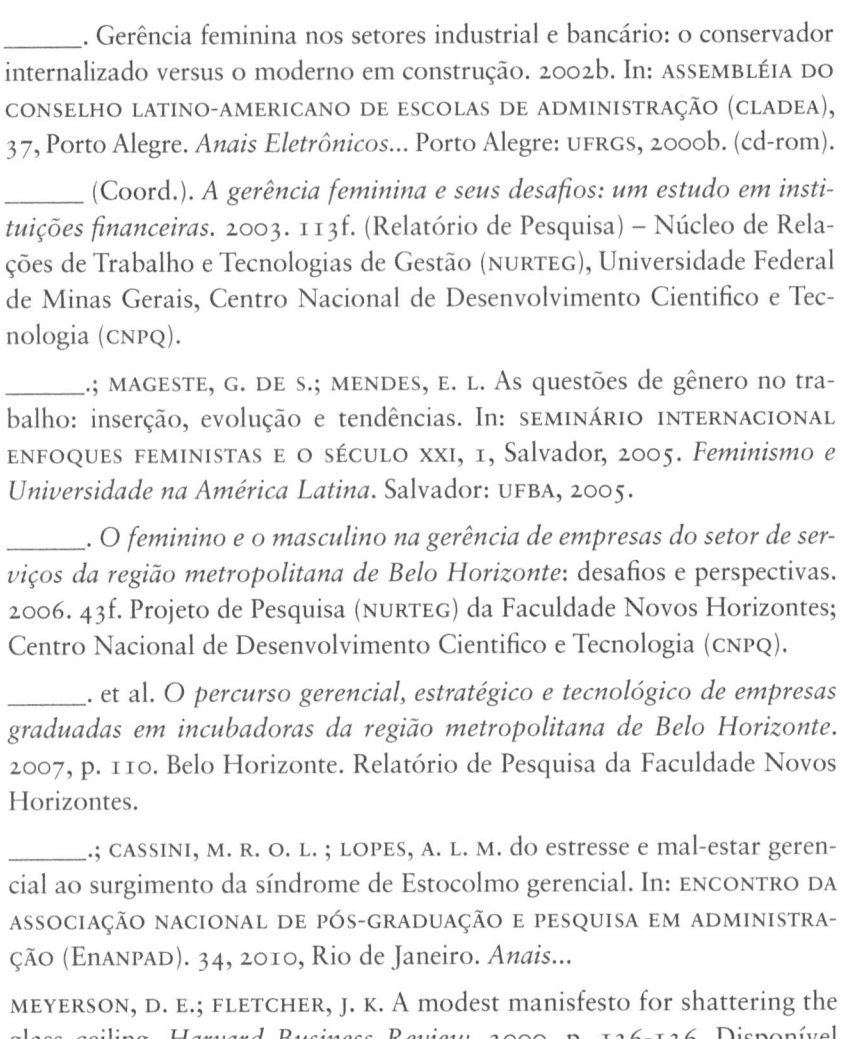

_____. et al. *O percurso gerencial, estratégico e tecnológico de empresas graduadas em incubadoras da região metropolitana de Belo Horizonte*. 2007, p. 110. Belo Horizonte. Relatório de Pesquisa da Faculdade Novos Horizontes.

_____.; CASSINI, M. R. O. L. ; LOPES, A. L. M. do estresse e mal-estar gerencial ao surgimento da síndrome de Estocolmo gerencial. In: ENCONTRO DA ASSOCIAÇÃO NACIONAL DE PÓS-GRADUAÇÃO E PESQUISA EM ADMINISTRAÇÃO (EnANPAD). 34, 2010, Rio de Janeiro. *Anais...*

MEYERSON, D. E.; FLETCHER, J. K. A modest manifesto for shattering the glass ceiling. *Harvard Business Review*. 2000. p. 126-136. Disponível em: http://www.wallnetwork.ca/inequity/meyerson.pdf. Acesso em: 19 set. 2008.

MINAYO, M. C. S. *O desafio do conhecimento*: pesquisa qualitatva em saúde. São Paulo; Rio de Janeiro: Hucitec, Abrasco, 1996.

MORRISON, A.; GLINOW, M. Women and minorities in management *American psychologist*. v. 45, n. 2, p. 200-208, 1990.

OAKLEY, P.; CLAYTON, A. *Monitoramento e avaliação do empoderamento*. Inglaterra: Intrac, 2003.

OHLOTT, P.; RUDERMAN, M.; MCCAULEY, C. Gender defferences in managers developmental job experiences. *Academy of Management Journal*, v. 37, n. 1, p. 46-67, 1994.

OLIVEIRA, S. L. de. *Tratado de metodologia científica:* projetos de pesquisas TGI, TCC, monografias, dissertações e teses. São Paulo: Pioneira, 2006. p. 320.

ORLANDI, E. P. *Análise do discurso*: princípios e procedimentos. 3 ed. Campinas: Pontes, 2001.

PAGÈS, M. et. al. *O poder das organizações*: a dominação das multinacionais sobre os indivíduos. São Paulo: Atlas, 1987.

POWELL, G. *Women & men in management*. 2 ed. Newbury Park: Sage, 1993.

POWELL, G.; BUTTERFIELD, A. D. Investigating the glass ceiling phenomenon: an empirical study of actual promotions to top management. *Academy of Management Journal*, v. 37, n. 1, p. 68-86, 1994.

PRÁ, J. Políticas públicas, direitos humanos e capital social. In: BAQUERO, M.; CREMONESE, D. (Orgs.). *Capital social*: teoria e prática. Ijuí, RS: Unijui. p. 275-297, 2006.

RICHARDSON, R. J. et al. *Pesquisa social*: métodos e técnicas. São Paulo: Atlas, 1999.

ROCHA, C. T. C. *Gênero em ação:* rompendo o teto de vidro. Florianópolis, 2006. 244 f. Tese (Doutorado) – Curso de Ciências Humanas, Departamento de Centro de Filosofia e Ciências Humanas, Universidade Federal de Santa Catarina.

RODRIGUES, S. B. *O chefinho, o telefone e o bode*: autoritarismo e mudança cultural no setor de telecomunicações. Belo Horizonte: UFMG, 1991. (Tese de Professor Titular.)

RODRIGUES, S. B.; COLLINSON, D. L. having fun? Humour as resistance in Brazil. *Organization Studies*, v. 16, n. 5, p. 339-368, 1995.

SENNETT, R. *A corrosão do caráter:* as conseqüências pessoais do trabalho no novo capitalismo. Rio de Janeiro: Record, 1999.

SHEPPARD, D. Organisations, power, and sexuality: the image and self-image of women managers. In: HEARN, J; SHEPPARD, D.; TANARED-SHERIFF, P.; BURRELL, G. (Eds.). *The sexuality of organisations*. London: Sage Publications, 1989.

SOIHET, R. História, mulheres, gênero: contribuições para um debate. In: AGUIAR, N. *Gênero e ciências humanas:* desafios às ciências desde a perspectiva das mulheres. Rio de Janeiro: Rosa dos Tempos, 1997. p. 95-115.

STEIL, A. V. (1997), Organizações, gênero e posição hierárquica: compreendendo o fenômeno do teto de vidro. RAUSP São Paulo, v. 32, n. 3, 1997. Disponível em: <www.rausp.usp.br/busca/artigo.as p?num_artigo=200>. Acesso em: 19 set. 2008.

STROMQUIST, N. *La busqueda del empoderamiento:* en qué puede contribuir el campo de la educación. In: LEÓN, M. (Org.). Poder y empoderamiento de las mujeres. Bogotá: MT Editores, 1997.

TRIVIÑOS, A. N. S. *Introdução à Pesquisa em Ciências Sociais.* São Paulo: Atlas, 1987.

WATSON, T. *In search of management: culture, chaos and control in managerial work.* London: Routledge, 1994.

WATSON, T.; HARRIS, P. *The emergent manager.* London: Sage Publications, 1999.

SOBRE OS AUTORES

ANA PAULA CORTAT ZAMBROTTI GOMES
Graduada e Mestre em Administração Pública. Coordenadora Acadêmica Executiva do MBA em Gestão de Pessoas e Professora do FGV-Management. Seus interesses de pesquisa são relacionados à questão de gênero, comportamento organizacional e métodos de pesquisa em Administração.

AUGUSTO ANDRADE
Mestre em Comunicação e Especialista em Educação pela Universidade de Brasília. Ativista gay, fundador e conselheiro do Grupo Arco-Íris de Conscientização Homossexual do Rio de Janeiro e conselheiro do "Estruturação Grupo LGBT" de Brasília.

CLÁUDIA SIRANGELO ECCEL
Graduada em Psicologia, Mestre e Doutora em Administração de Empresas, pela UFRGS. Professora do Curso de Pós-Graduação em Psicologia Organizacional do Instituto de Psicologia da UFRGS.

Atua como psicóloga organizacional na indústria petroquímica, especialmente nas áreas de Recursos Humanos e Saúde Mental. Estuda temáticas relacionadas a gênero, masculinidade e subjetividade no trabalho. É pesquisadora do Núcleo de Estudos Organizacionais e Sociedade da UFMG. Contato: *claudiaeccel@hotmail.com*

CLÁUDIO GARCIA CAPITÃO

Psicólogo pela PUC-SP, com especialização em Psicologia Clínica e em Psicologia Hospitalar. Mestre e Doutor em Psicologia Clínica, pela UNICAMP. Pós-doutorado em Psicologia Clínica, pela PUC-SP. PhD pela Glendale University (USA). Professor nos Cursos de Graduação e Pós-Graduação da Universidade São Francisco.

HÉLIO ARTHUR R. IRIGARAY

Graduado em Economia pela University of Northern Iowa (USA), é Mestre em Administração de Empresas pela PUC-RJ e Doutor em Administração de Empresas pela FGV-EAESP. Professor da EAESP/FGV. Líder do tema Trabalho e Diversidade, da Linha Gestão de Pessoas e Relação de Trabalho da ANPAD. Autor de diversos artigos apresentados em congressos nacionais e internacionais na área de Estudos Organizacionais. Contato: *a.irigaray@globo.com*

JOSÉ ROBERTO HELOANI

Graduado em Direito pela USP e em Psicologia pela PUC-SP. Fez o seu Mestrado em Administração de Empresas na FGV-EAESP e Doutorado em Psicologia Social na PUC-SP. Pós-Doutorado em Comunicação pela USP e Livre-Docente em Teoria das Organizações pela UNICAMP. É Professor Titular da Faculdade de Educação da UNICAMP. Pesquisador na área de Saúde Mental no Trabalho e Assédio Moral e Sexual. Publicações mais importantes: *A imagem intencional do discurso adequado*, Pannartz, 1991; *Organização do trabalho e administração*, Cortez, 2004; *Gestão e organização no capitalismo globalizado*, Atlas, 2007 e *Assédio moral no trabalho* (co-autoria) pela CENGAGE, 2008. Contato: *Roberto.heloani@fgv.br*

LÍVIA BARBOSA
Mestre em Ciências Sociais pela Universidade de Chicago e Doutora em Antropologia Social pelo Museu Nacional (UFRJ). É Professora e Diretora de Pesquisa do CAEPM/ESPM (SP). É autora de vários artigos e livros, dentre os quais: *O jeitinho brasileiro; Igualdade e meritocracia; Sociedade de consumo; Cultura e empresas; Cultura, consumo e identidade*. É co-organizadora da coletânea *O Brasil não é para principiantes*, e organizadora da obra coletiva *Cultura e diferença nas organizações*. Contato: *livia.barbosa3@gmail.com*

LUIZ ALEX SILVA SARAIVA
Doutor em Administração pela UFMG. Professor Adjunto da Faculdade de Ciências Econômicas da UFMG. Pesquisador do Núcleo de Estudos Organizacionais e Sociedade da UFMG, do Núcleo de Estudos Organizacionais e Tecnologias de Gestão da Universidade Salvador, do Núcleo de Estudos sobre o Trabalho, Ocupações e Profissões da Fundação Joaquim Nabuco. Professor dos Cursos de Graduação e Pós-Graduação em Administração. Publicou diversos livros, capítulos de livros e artigos em periódicos científicos nacionais e internacionais. Contato: *lassaraiva@uol.com.br*

MARCELO DANTAS
Graduado em Comunicação, Especialista em Gestão Pública e Mestre em Administração pela UFBA. Doutor em Sociologia das Organizações, pela Universidade de Paris VII. Professor Associado do Departamento de Estudos Organizacionais, da Escola de Administração da UFBA e Pesquisador do CIAGS e NPGA – Núcleo de Pós-Graduação em Administração da UFBA. Áreas de interesse: identidade cultural, interculturalidade e gestão cultural (mercado da cultura, das artes e do entretenimento e festas populares). Publicou o livro OLODUM – *De

bloco afro a holding cultural. Participa de diversos livros e congressos nacionais e internacionais. Publicou vários artigos em revistas e periódicos nacionais. Contato: *mdantas@atarde.com.br*

MARCUS VINICIUS SIQUEIRA
Mestre em Administração Pública pela FGV-EBAPE e Doutor em Administração de Empresas pela FGV-EAESP. Pós-Doutor em Psicologia pela Universidade Católica de Louvain (Bélgica) e em Sociologia Clínica pela Universidade Paris VII. Professor Adjunto de Administração da Universidade de Brasília. Pesquisador na área de Gestão de Pessoas e Subjetividade, relação indivíduo-organização e diversidade nas organizações, cujo foco é o indivíduo gay e as relações de trabalho, particularmente temas como homofobia e dificuldades no ambiente de trabalho. Contato: *marcusvs@unb.br*

MARLENE CATARINA DE OLIVEIRA LOPES MELO
Graduada em Comunicação Social – Jornalismo pela UFMG, fez especialização (DEA) na Universidade Paris IX, Mestrado em Administração na UFMG e Doutorado em Ciências das Organizações na Universidade Paris IX. Professora Titular aposentada da UFMG. Diretora Geral e Coordenadora do Curso Mestrado Acadêmico em Administração da Faculdade Novos Horizontes (Belo Horizonte). Áreas de interesse: gestão de pessoas, relações de poder, relações de gênero, regulação de conflitos, identidade e simbolismo organizacional. Co-organizadora e autora da coletânea *Gerência em Ação* (FGV, 2005), co-autora nas coletâneas: *Simbolismo organizacional*; *Mulheres policiais, relações de poder e de gênero na polícia militar de MG* e *Gestão de pessoas e competências – teoria e prática*. Contato: *lenemelo@unihorizontes.br*

MARIA ESTER DE FREITAS
Mestre e Doutora em Administração de Empresas, pela FGV-EAESP. Pós-Doutora em Administração Intercultural, pela HEC/França. Foi

Pesquisadora Visitante na Universidade de Paris VII e na New York University. Professora Titular e Pesquisadora NDP da Linha de Pesquisa em Estudos Organizacionais, da EAESP/FGV. Autora de vários artigos em análise, cultura e imaginário organizacional. Participa de diversas coletâneas e congressos internacionais. Publicou diversos artigos em periódicos nacionais e vários livros, entre os mais recentes: *Cultura organizacional-evolução e crítica* (CENGAGE), *Assédio moral no trabalho* (co-autoria, publicado pela CENGAGE), *Cultura organizacional – identidade, sedução e carisma* (FGV), *Viva a tese* (FGV) e co-organização de *Vida psíquica e organização* (FGV). Contato: *Ester.freitas@fgv.br*

MARIA TEREZA FLORES-PEREIRA
Graduada, Mestre e Doutora em Administração, pela UFRGS, foi Pesquisadora Visitante na HEC-Montreal. Professora Adjunta dos cursos de pós-graduação da PUC-RS. Áreas de interesse: corpo sóciohistórico e cultura, diversidade e artefatos nos estudos organizacionais. Participa de congressos nacionais e internacionais. Autora de diversos artigos em periódicos nacionais e autora nas coletâneas: *Gestão contemporânea de pessoas* e *Simbolismo organizacional no Brasil*. Contato: *Maria.flores@pucrs.br*

NEUSA ROLITA CAVEDON
Graduada em Ciências Econômicas e Administração de Empresas e Pública, pela UFRGS. Mestre e Doutora em Administração, pelo PPGA/EA/UFRGS e Mestre em Antropologia Social pela UFRGS. Professora Associada na Escola de Administração, da UFRGS e Pesquisadora do CNPq. Áreas de interesse: cultura organizacional, representações sociais, organizações familiares e segurança pública. Publicação de vários artigos em periódicos nacionais e internacionais. Autora do livro *Antropologia para administradores* (UFRGS, 2003 e 2008), co-organizadora das coletâneas: *Pós-Modernidade e etnografia nas organizações* (EDUNISC, 2005), *Cultura organizacional* (Juruá, 2008)

e *Representações sociais na área de gestão da saúde* (Decasa, 2005). Contato: *nrcavedon@ea.ufrgs.br*

RAFAEL ALCADIPANI
Graduado em Administração pela ESPM, Mestre em Administração de Empresas pela FGV-EAESP e PhD em Business Management pela Manchester Business School (UK). Professor Adjunto da EAESP/FGV, Pesquisador NDP e Editor Associado do periódico Critical Perspectives on International Business. Foi Pesquisador Visitante na Manchester University. Áreas de interesse: pós-estruturalismo, perspectivas críticas em organizações, poder e práticas nas organizações, teoria das organizações e métodos qualitativos de pesquisa. Autor de vários artigos publicados nacional e internacionalmente. É autor de *Michel Foucault – poder e análise nas organizações*. Contato: *Rafael.alcadipani@fgv.br*

RODRIGO MAURÍCIO FREIRE SOARES
Mestrando em Desenvolvimento e Gestão Social (CIAGS/UFBA). Graduado em Comunicação Social pela Universidade do Estado da Bahia (UNEB) e possui especialização em Gestão da Comunicação Organizacional (UFBA). Pesquisador integrante do Projeto Maestria em Artes e Ofícios Populares: Mapeamento dos Mestres Artesãos do Território do Sisal/BA (FAPESB) e do Projeto Identidade e Fazer Cultural: Criatividade e Excelência no Trabalho Artístico-Artesanal (CAPES/MINC PROGRAMA PRO-CULTURA). Co-autor do livro *Metodologias participativas no meio rural: uma visão interdisciplinar*. Atua prioritariamente em projetos e programas nas áreas de comunicação, cultura e avaliação.

SYLVIA CONSTANT VERGARA
Graduada em Pedagogia, Mestre em Administração e Doutora em Educação. Professora Titular da FGV-EBAPE e Pesquisadora NDP. Autora de diversos livros, entre eles, o mais recente, *Métodos de*

pesquisa em administração e artigos em periódicos nacionais sobre gênero, gestão de pessoas, ensino e pesquisa em Administração no Brasil. Contato: *Sylvia.Vergara@fgv.br*

TÂNIA FISCHER

Doutora em Administração pela USP. Professora Titular da UFBA e Coordenadora do Centro Interdisciplinar de Desenvolvimento e Gestão Social, da Escola de Administração da UFBA. Membro da Comissão Executiva do programa de Pró-Administração da CAPES. Pesquisador DT/1ª do CNPq. Vice-Coordenadora do Fórum Nacional dos Mestrados Profissionais. Foi condecorada com a medalha de 50 anos da Pós-Graduação brasileira, conferida pela CAPES e Presidência da República. Áreas de interesse: poder local, organização e gestão, interculturalidade e impactos no desenvolvimento local, gestão social, estrangeiros nas organizações Baianas e ensino e aprendizagem nas organizações. Contato: *taniafischer@ciags.org.br*